陕西师范大学"211工程"建设项目资助

跨语言文化研究

Cross-Linguistic & Cross-Cultural Studies

第六辑

主　编　张京鱼

副主编　王　文　田　兵

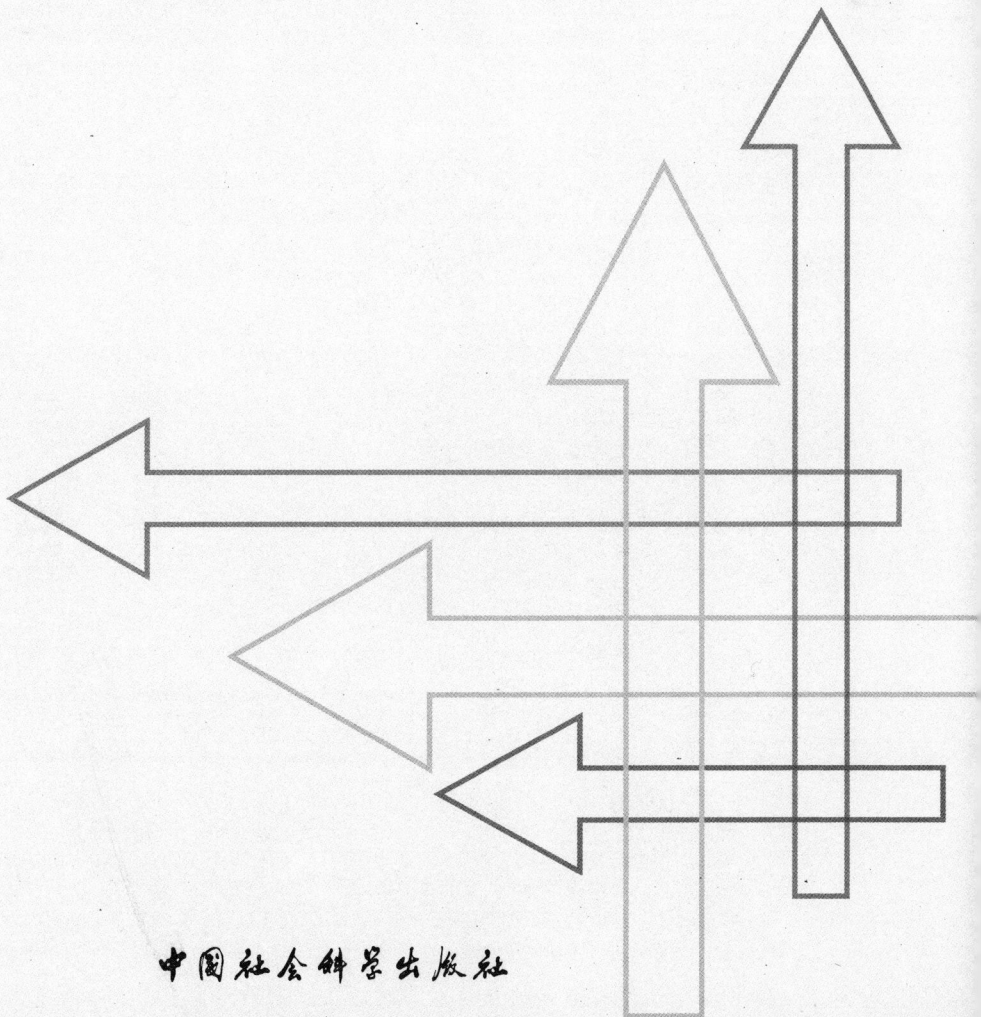

中国社会科学出版社

图书在版编目（CIP）数据

跨语言文化研究. 第六辑 / 张京鱼主编. —北京：中国社会科学
出版社，2013.10
ISBN 978 – 7 – 5161 – 3480 – 1

Ⅰ.①跨…　Ⅱ.①张…　Ⅲ.①语言学 – 研究②文学研究 – 世界
Ⅳ.①H0②I106

中国版本图书馆 CIP 数据核字（2013）第 252087 号

出 版 人	赵剑英
责任编辑	任　明
特约编辑	李晓丽
责任校对	石春梅
责任印制	李　建

出　　版	中国社会科学出版社
社　　址	北京鼓楼西大街甲 158 号（邮编100720）
网　　址	http://www.csspw.cn
	中文域名：中国社科网　　010 – 64070619
发 行 部	010 – 84083685
门 市 部	010 – 84029450
经　　销	新华书店及其他书店

印　　刷	北京奥隆印刷厂
装　　订	北京市兴怀印刷厂
版　　次	2013 年 10 月第 1 版
印　　次	2013 年 10 月第 1 次印刷

开　　本	710×1000　1/16
印　　张	22.75
插　　页	2
字　　数	381 千字
定　　价	68.00 元

目　　录

语言与文化

文学与文化

翻译与文化

语言与教学

Table of Contents

LINGUISTICS AND CULTURE

LITERATURE AND CULTURE

TRANSLATION AND CULTURE

LANGUAGE AND LANGUAGE TEACHING

语言与文化

英语和维吾尔语心理谓词的形态句法

艾哈买提　张京鱼

摘要：英语心理谓词分两类：主语感事（fear-type）和宾语感事（frighten-type）心理谓词。这些动词在语义上有关系，但句法上却出现了颠倒的匹配。英语这两类心理动词在维吾尔语中对应的表达主要依据动词的语态：fear-type 动词用主动态，frighten-type 类动词用使动态。维吾尔语里具有一种 N + qil 的动宾结构，其主动态既可表达 fear-type，也可表达 frighten-type 动词的意义，这全取决于它所带的名词格位。我们将名词代宾格的 N + ni N + qil 动宾构式称做分析性使役构式。维吾尔语里没有词汇使役形式，因此使役态的动词形式就是维吾尔语里的词汇使役性式，这种形式遵守 T/SM 限制的约束。分析性的使役形式 N + qil 的不存在 T/SM 限制的约束反过来证明我们对维吾尔语中分析性使役形式的分析站得住脚。

关键词：心理谓词；主动态；使动态；词汇使役形式；使动句；T/SM 限制

一　引言

"心理谓词"指的是与人的内心活动和心理状态有关的动词和形容词。心理谓词过去 40 多年来引起了不少语言学家的兴趣，其原因是从跨语言的角度来看它们具有很明显的非规则映射特征（Lakoff，1970；Postal，1971；Belletti & Rizzi，1988；Grimshaw，1990；Pesetsky，1995 等）。心理谓词是二元动词，有两个有区别的论元，即感事（Experiencer）和客体（Theme）。有些心理谓词把感事作为主语，而另一些是把客体作为主语，如：

（1）a. The boy liked the toy.

　　　b. The toy pleased the boy.

　　佩塞兹基（Pesetsky，1995）将感事处于主语位置的动词称做主语感事（SE）类动词，如 fear "害怕"、enjoy "喜爱，欣赏" 和 like "喜欢"等；他将感事处于宾语位置的动词称做宾语感事（OE）类动词，如 frighten "使…害怕，吓唬"、please "使…高兴，取悦" 和 distress "使苦恼；使痛苦" 等。针对英汉心理谓词的研究，嘉夫斯（Juffs，1996）提出了 "词根词素使因/状态聚合参数"（Root Morpheme Cause/State conflation Parameter），指出英语词根词素和使因或者状态聚合是很普遍的现象，而汉语里此参数的值为负。张京鱼（2004）指出英语最典型的使役化结构是词汇使役法（lexical causatives），而汉语典型的句法使役形式是使动句。

　　张京鱼（2000）对壮族语和张京鱼、木其尔（2009）对蒙古语心理谓词的形态句法进行了研究，发现壮语和汉语一样没有词汇使役形式，使动句是它们典型的使役化结构，而蒙古语像日语一样通过动词的 "态"标记和名词的 "格" 来表达蒙古语致使关系。和蒙古语一样，维吾尔语属于阿尔泰语系，与汉语和壮族语不同，维吾尔语是一种几乎完全依赖后缀的黏着语。维吾尔语像另一黏着语——日语一样，无标记的语序是（主—宾—谓）。哈米提·铁木尔（1987）指出 "维吾尔语形态丰富，多数表示使役关系的词语可通过附加 '使动态' 标记来表达出来的"，因此我们认为形态使役形式（morphological causative）是维吾尔语中使用最为普遍的语句，也最具有典型性。

二　维吾尔语形态句法特点

　　维吾尔语在形态结构上属于黏着语类型。黏着语的词汇变化和各种句法变化都是通过在实词词干上缀接各种附加成分的方式来表现的。维吾尔语的形态句法主要依赖动词、名词、形容词等实词后加后缀成分来完成的。如：

（2）　tinič　　tinič-liq　　tinič-lan　　tinič-lan-dur
　　　　安静　　和平　　　安静　　　　使安静
　　　　形容词　名词　　　动词　　　　使役动词

　　从例（2）我们能够看到，在名词 tiničliq（和平）是从形容词 tinič（安静）派生出来的，而使役动词 tiničlandur（使安静）是动词 tiničlan（安静（下来））后加使动态附加成分-dur 派生而来的，动词 tiničlan 本身又是从形容词 tinič 后加动词标记-lan 派生而来的。

维吾尔语在语态方面有主动态、自复（反身）态、被动态、使动态、交互—共同态等五种表达方式。当语义结构只包含施事项时，只构成主动态；如果施事项和受事项同现，主动态与被动态之间存在互补关系。当句子的主语不是行为动作的施事，而是行为动作的致事时就出现使动态。维吾尔语"使动态"词缀的分布很广泛。动词无论是及物的还是不及物的，都可附加使动态，附加了使动态的不及物动词就变成了及物动词，要求受事带宾格充当宾语。表示致使的"使动"态语缀有-t-，-dur-，-dür-，-tur-，-tür-，-küz-，-güz-，-quz-，-ɣuz-，-ar-，-ur-，-ür-，-er-等，如（3）——（4）：

（3）We let them meet/see each other.

　　Biz　ular-ni　kör-üš-tür-duq

　　我们 他们-宾格 见-看-使动态-过去式

（4）We made them sing a song.

　　Biz　ular-ɣa　　　　naxša（-ni）　eyit-quz-duq

　　我们 他们—向格（状语）歌（宾语）唱-使动态-过去式

维吾尔语心理谓词的表达具有独特性。维吾尔语 SE 和 OE 两类心理谓词在语序上和英语是相同的，只是论元角色和语法功能有区别。在主动态句子里，感事处于主语位置，客体处于宾语位置，带宾格标记；而在使动态句子中，客体处于主语位置上，感事处于宾语位置上，带宾格标记，维吾尔语里的主格是零位形式（Ø），如（5）：

（5）a. Mary enjoyed this movie.

　　Mari　bu　kino-ni　yaxši kor-di.

　　玛丽 这个 电影-宾格　好　看-过去式

　　"玛丽很喜欢这个电影"。

b. The movie moved Mary.

　　Bu　kino Mari-ni　　täsirlän-dür-di.

　　这个 电影 玛丽-宾格 感动-使动态-过去式

　　"这个电影使玛丽很感动"。

在（5a）里，动词短语 yaxši kor 是主动态，它所带的名词 kino-ni 带宾格，是其宾语。在（5b）里英语心理谓词 moved 本身含隐性的使役义素［致使］，属于词汇使役法，而对应的维吾尔语心理谓词原始形式是

tāsirlän-（感动、激动），此词干后面附加"使动态"词尾-dür-后把原来
的动词改成了具有使役义素的心理谓词。

三　英语 SE 谓词与维吾尔语动词主动态

英语 SE 类心理谓词的论元结构，与一般及物动词的语义—句法连接
相似。SE 类心理谓词的感事被映射在主语的位置，这是因为感事论元语
义和体态两个层面上都是最显著的。英语 SE 类动词宾语的题元角色柏来
娣和瑞兹（Belletti & Rizzi，1988）称为客体（Theme），而佩塞兹基
（1995）使用情感的目标（target）或内容（SM）来分析。正如佩塞兹基
所述，哲学家们将目标与内容合并成情感的对象（object of emotion）。英
语的 SE 类动词的语序表达在维吾尔语是用主动态来表示的，我们觉得维
吾尔语主动态句子里主格主语是感事，而动词后宾格名词是情感对
象，如：

（6）I like Hemingway's novels.

　　　Män Himingway-nig romani-ni yaxši köri-män

　　　我　海明威-领格 小说-宾格 好　看-第一人称单数对应

　　　我喜欢海明威的小说。

英语 SE 动词在维吾尔语里用主动态，英语的宾语名词在维吾尔语里
除了宾格标记外，还可以有离格（ablative）、向格（dative）等，如
（7）—（8）：

（7）I fear dogs.

　　　Män　it-tin　　qorqi-män.

　　　我　狗-离格　害怕-第一人称单数对应

　　　字面意义：我害怕来自/因为狗

　　　"我害怕狗。"

（8）We admire him.

　　　Biz　uniŋ-ɣa　hawas qil-i-miz.

　　　我们 他-向格　爱好 产生-i-第一人称复数

　　　字面意思：我们对他产生了爱好。

　　　"我们羡慕他。"

在（7）里，狗 it-tin 是离格，表示害怕是来自或者因为狗。在（8）
里，心理动词是由 N + qil 组成的动宾短语。维吾尔语的语序是 SOV，宾

语在动词之前，没有格的标记。英语句宾语在维吾尔语变成了向格 uniŋ-ɣa，表示对他产生了爱好，即喜欢、羡慕他。例（8）N + qil 的动宾短语所带的名词是向格-ɣa，句子没有使动意义，我们下文还要论及这点。

四　英语 OE 动词与维吾尔语使动态

英语 OE 类心理谓词的客体被映射到主语的位置，这是因为客体论元在语义和体态两个层面的显著性存在着冲突，在致事体态层级上客体高于或者显著于感事，起决定作用，因此客体被映射在主语位置，而感事处于宾语位置（Grimshaw，1990）。英语使役心理动词大部分都是词汇使役形式，即隐含着一个零位的［致使］，也就是这个与句法相关的语义成分决定了它将客体，或者致事映射到主语位置（Pesetsky，1995）。不同的语言表达使役的形式也不一样，英语典型的使役化形式是词汇使役动词，而维吾尔语典型的使役化结构是形态使役句。力提甫·托乎提（1999）在讨论阿尔泰语言的"态"的时候指出阿尔泰语系语言中动词的语态是由动词最末尾的语态成分体现的，不管动词语态怎么变化，表示主宾关系是不会变化的，主语的标记是零位的，宾格的标记是-ni：

（9）a. The child was frightened.

　　　Bala　čöči-di.

　　　孩子　惊吓-过去时

　　　"孩子受到惊吓了。

　　b. The dog frightened the child.

　　　Bu it　bali-ni　čöči-t-ti.

　　　那只狗 孩子-宾格　惊吓-使动态-过去时

　　　"母亲使孩子受到惊吓了。"

例（9a）里受事论元"bala"处于主语的位置上，带的是主格，是主动态句子主语。而在相应的（9b）句里，动词末尾出现使动态成分-t 时，致事论元（bu it）成为主语，并带上了主格，原（9a）主语"bala"后附加了宾格标记-ni，bala 的末元音 a 弱化为 i，成为了使动态句子的宾语。也就是说（9a）主动态句子是一个非宾格结构，动词čöči 是起始性非宾格动词，只表示目前的心理状态（受惊了），bala 是受事或者感事主语。但是，由于致事项 bu it 在主语位置的出现，bali-ni 成为了宾语，谓词čöči 发生了使动态变化——添加了致使词缀-t-，变成了致使动词，句子变成了使动态结构。在（9b）里čöči-t-ti 和英语的"frighten"、汉语的"惊吓"一样属于宾语感事动词，bali-ni 是感事宾语。应该指出的是，（9a）英语的对应句外貌同被动句的形式，其实根据恩比克（Embick，2004），frightened 有两种解读：动词分词（verbal participle）和形容词分词（adjectival participle）；（9a）的一般解读是形容词分词，只表状态。（9a）的维语句式是主动态，并非被动态，如其被动态的句子（10），类似于英语动词被动式：

（10）The child was frightened by the dog.

　　　Bala bu it tärpidin   čöči-ti-l-di.

　　　孩子 那只狗 被 惊吓-使役-被动-过去式

　　　"孩子受那只狗吓着了。"

在（10）里，tärpidin 等同于英语的介词"by"和汉语的"被"，动词的形式也是使役态后加被动态标记-l-而组成的被动态形式。也就是说（9a）是非宾格主动态结构，而（10）是被动态结构，而（10）结构里含有（9b）的使役态结构。我们将维吾尔语使动态句式称做合成式（synthetic causatives），或者词汇使役形式（lexical causatives）。当然，如果和英语对比细分，维语的词汇使役形式是英语的形态（morphological causatives）使役化形式（Zhang，2007），如英语的 gladden，既（整体来看）属于词汇使役动词，也叫形态使役动词（gladden 由形容词 glad 附加使役后缀-en 派生而成）。因为维吾尔语没有词汇使役形式，因此其形态使役形式就成为词汇使役形式。宫川（Miyagawa，2010）指出日语里有部分词汇使役动词，它的致使词缀-（s）ase 附加在动词上构成日语的分析式致使结构。没有词汇使役形式的动词加上此词缀，兼有词汇使役动词的性质，即可以出现在成语或者俗语里。有词汇使役形式的动词，其分析式是不能出现在习语或者俗语里，这就是所谓的阻挡效应（blocking effect）。我们将维吾尔语中使动态的动词称做合成或者词汇使役形式带来两个问题或者后果。问题一是维吾尔语还有分析性使役形式；问题二是如果我们的分析准确的话，那么维吾尔语里含使动态的心理动词也遵守 T/SM 限制的约束。这些我们在下文分别讨论。

五　维吾尔语分析性使役形式

英语 OE 类词汇使役动词的维吾尔语的对应形式除了上文提到的使动

态词缀外，还可以采取名词或形容词加动词的"动宾"结构来表达，动词是 qil 类，表示"生成、产生、引起、吸引和增强"等意义，如（11）：

（11）My sister's smile delighted me.

　　　Ačam-niŋ　　külkisi　　mi-ni　　xošal qil-di.

　　　姐姐—领格　　笑容　　我—宾格　　高兴　产生—过去式

　　　"姐姐的笑容使我很高兴。"

在（11）里 qil 的本意是"做、干"，在和心理形容词（名词）一起使用的动宾构式里意义就是"引起、产生"，等同于汉语的"使、令、让"的使令动词，也与英语的 make/cause/have 等使役动词的功能一样。请注意（11）里动宾短语 xošal qil 也是主动态，所带的名词是宾格，句子有使动意义，这点与（8）动词短语所带的名词是向格情况不同。我们将如（11）里的使役结构，称做分析式或者迂回使役化构式（analytical/periphrastic causative construction）。换句话说，维吾尔语 N + qil 的动宾短语在是否表达使动意义上是中性的，关键是这个动宾结构所带名词的格位。我们所称的分析性致使构式是所带名词是宾格的句式：NP + NP［-ni］+ Adj/N + qil-。

需要指出的是 N + qil 是主动态，而维语里 qil 类动词还有使役态，即合成（词汇使役形式）与分析性使役两种形式同时出现来表达使役化结构，如（12）：

（12）His performance excited us.

　　　U-ning　ipadisi biz-ni　　hayaran qal-dur-di.

　　　他—领格　表现　我们—宾格　　振奋 qal-使动态-过去式（形容词加 qil + dur-形式）

　　　"他的表现使我们很振奋。"

在（12）里"hayaran"后的"qal"本意是"放下、留下"等，也是表示产生、引起等意义的动词，后面附加使动态标志-dur-。我们将如（12）里的合成和分析式共现的使役构式称做复合使役构式。

总结以上的发现，我们认为维吾尔语使役化结构分下列三种：合成式、分析式和复合式，如（13）：

（13）a. 合成式 NP + NP［-ni］+ V［-dur-］

　　　b. 分析式 NP + NP［-ni］+ Adj/N + qil-

　　　c. 复合式 NP + NP［-ni］+ Adj/N + qil［-dur-］

六 英语 V-ing 形容词在维吾尔语的表述

英语心理形容词分 V-ed 和 V-ing 两种形式，作定语时位置在所修饰的名词前，本文仅分析 V-ing 形式的形容词在维吾尔语里的表达方式。维吾尔语中对应形式位置也在所修饰的名词前，由形动词来表达。形动词如名称所示兼有动词和形容词的语法特点，一般起修饰名词的作用，其构成是动词的使动态后，或者 qil 类分析式使令动词后加 "-ɣan-，qan-" 等后缀所派生的，如：

(14) He has a surprising/shocking performance.

Un-ing kiši-ni čöči-ti-di-ɣan ipadisi bar.

他-领格 人-宾格 吃惊-使动态-过去式-形动词 表现 有

"他有惊人的表现。"

(15) Here are pleasing scenes.

Bu yärn-ing kiʃ i-ni maptun qili-di-□an mänzirisi bar.

这里-领格 人-宾格 沉醉 做-过去时-形动词 景色 有

"这里的景色很怡人。"

在 (14) 里，形动词 čöči -ti-di-ɣan 是由非宾格动词 čöči 加使役态 -t-，再加过去时标记（此处表示一般现在），最后加形动词标记 -ɣan 构成的，其前之宾格人 kiši-ni 是它的宾语，它们一起修饰名词 ipadisi。(15) 使用的是分析式的使役构式，或者使动句，形动词标记是直接附加在 qil 类的使令动词上的。

七 OE 类谓词的 T/SM 限制

Pesetsky (1995) 观察到英语心理谓词的目标/内容限制 (target/subject Matter Restriction)：尽管情感的致事和情感的目标/内容不同，但它们不能与同一个 OE 谓词共现，而表达相同内容的使动句却可以。英语使动句结构没有此限制，而词汇使役动词形式存在此限制。赤塚 (Akatsuka, 1976) 注意到日语的心理谓词也存在 T/SM 限制，同为黏着语的维吾尔语是否存在此限制？答案是肯定的，原因是维吾尔语心理谓词主要用词汇形态使役形式来实现使役化，这和日语是相同的，如 (16) — (17)：

(16) The article in the Times angered Bill.

Däwir ʒornilidiki maqalä Bel-ni ɣäzäplan-dür-di.

时代　杂志上的　文章　比尔-宾格　生气-使动态-过去时

"《时代》的文章使比尔很生气。"

"《时代》的文章激怒/触怒了比尔。"

（17）　＊ The article in the Times angered Bill at the government.

　　　＊ Däwir ʒornilidiki maqalä Bel-ni　hökümät-kä　ɣäzäplan-dür-di.

《时代》杂志上的　文章 比尔-宾格 政府-向格 生气-使动态-过去时

　　　＊《时代》的文章激怒了比尔对政府。

在（16）—（17）里 ɣäzäplan-dür-di 是"使生气"的意思，它是个词汇加使动态标记的词汇形态使役形式，（16）里情感的目标/内容没有出现，因此句子合法；而在（17）里情感的目标/内容没有出现违反了 T/SM 限制，因此不合法。我们预测英语使动句维吾尔语的表述也是合法的。如（18）：

（18）The article in the Times made Bill angry at the government.

　　　Däwir ʒornilidiki maqalä Bel-ning hökümät-kä bolɣan ʁäzäpi-ni qozɣu-di.

时代 杂志上的 文章（主格）比尔-领格 政府-向格 对　气愤-宾格　增强-过去时

　　　字面意思是："《时代》上面的文章增强了比尔对政府的愤怒。"

　　　"《时代》的文章使比尔对政府很生气/气愤/愤怒。"

（18）是（17）对应的使动句或者分析型构式。在（18）中 ʁäzäpi-ni qozɣu-di 的 qozɣa 是"引起、增强"的意思，它跟心理名词 ʁäzäp 结合构成了表达相同内容的使动句，因此没有违反 T/SM 限制，合法。我们预测复合式的使动结构也存在 T/SM 限制，因为它们的动词后附加了使动态标记——t/dur 等，如（12）的 T/SM 对应句就不合法，如（19），而它的分析式使动句像英语里的一样是合法的（20）：

（19）　＊His performance excited us about his future.

　　　＊U-ning　ipadisi Biz-ni　u-ning　kalgüsi-ga bolɣan hayajenimizni qozaɣat -tur-di.

他-领格 表现 我们-宾格 他-领格 未来-向格 对 振奋 处于-使动态-过去式

　　　＊"他的表现振奋我们对他的未来。"

（20）His performance made us excited about his future.

U-ning　ipadisi biz-ni　u-ning　kalgüsi-ga　bolɣan　hayajini-miz-ni qoɣi-di.

他-领格 表现 我们-宾格 他-领格 未来-向格 对 振奋-复数-宾格 引起-过去式

"他的表现使我们对他的未来很振奋。"

因此，维吾尔语里带使动态的心理动词的遵守 T/SM 限制的约束，反过来又证明我们对 N-ni N + qil 使动句或者分析性使役形式的分析是正确的。

八　结语

形态句法方面依赖后缀的维吾尔语，其心理谓词的表达主要是通过动词的"态"来表达心理状态的。英语里 SE 类心理谓词在维吾尔语里与其他动词几乎没有区别，都使用主动态。英语 OE 类心理谓词在维吾尔语里是在心理谓词后缀加 dur/tur 等使役态来实现。英语 OE 谓词偏向于词汇使役形式，而维吾尔语是词汇形态使役形式。除词汇使役形式外，维吾尔语也像英语一样具有分析性的使动构式，或者使动句。特别的是，维吾尔语中 qil 类表示使令的"引起、增加"等动词还具有使动态形式，我们将这种形式称做复合使役构式。像另一黏着语——日语一样，维吾尔语也存在致事和目标/内容题元角色不能和同一个谓词共现的限制，此限制仅限于词汇使役形式，在使动句等结构中不存在此限制。

参考文献

Akatsuka, N., "Reflectivization: A Transformational Approach", In M. Shibatani (Ed.), *Syntax and Semantics* 6: *The Grammar and Causative Construction*, New York: Academic Press, 1976, pp. 51—116.

Bellettie, A. & Rizzi, L., "Psych Verbs and Theta-theory", *Natural Language and Linguistic Theory*, 1988, 6: 291—352.

Grimshaw, J., *Argument Structure*. Cambridge, MA: MIT Press, 1990.

Juffs, A., *Learnability and the Lexicon: Theories & Second Language Acquisition*, Amsterdam: John Benjamins, 1996.

Lakoff, G., *Irregularities in Syntax*, NY: Holt, Rinehart and Winston, 1970.

Miyagawa, Shigerru, "Blocking and Causatives: Unexpected Competition across Derivations", *Proceedings of the Formal Approaches to Japanese Linguistics* 5, MITWPL, 2010.

Pesetsky, D., *Zero Syntax*: *Experiencers and Cascades.* Cambridge: MIT Press, 1995.

Postal, P. M., *Cross-over Phenomenon.* NY: Holt, Rinehart and Winston, 1971.

Zhang, J., "The Morpho-syntax of Causative Psych Verbs in Zhuang", paper presented at Annual Research Forum, Linguistic Society of Hong Kong, Hong Kong, 2000.

力提甫·托乎提:《维吾尔语动词及其阿尔泰语言的生成句法研究》,民族出版社1999 年版。

张京鱼:《心理谓词与英语典型的使役化结构》,《四川外语学院学报》2004 年第5 期。

张京鱼、木其尔:《蒙汉英心理谓词的形态句法对比研究》,载张京鱼主编《跨语言文化研究》第一辑,中国社会科学出版社 2010 年版。

俄语动词 иметь 及俄语
领属结构的表达①

王　翠

摘要：语言学传统上将俄语归于 be 型语言，在表达领属意义时对属有主体或其他主体的表达多采用空间概念来折射并使用相关的间接表达方式，即 y + 第二格 + （быть）等结构。实际通过对领属动词 иметь 的考察，我们发现俄语领属动词 иметь 在表达领属意义时有自己的使用特点，其语言作用不可忽视。

关键词：领属动词 иметь；使用特点；have 型语言；be 型语言

语言学家们将当代欧洲语言分为 have（иметь）型语言和 be（быть）型语言两种类型，并认为俄语是斯拉夫语中的纯 be 型语言。伊萨琴科、尤斯图斯（Isačenko，1974；Justus，1999）认为，与 иметь 型语言不同，俄语对属有主体或其他主体的表达多采用空间概念来折射并使用相关的间接表达方式。如果欧洲 иметь 型语言中领属模式的原型为积极模式，那么俄语中基本的领属结构源于最早为非积极的方位模式。在表达所有时，俄语 y + 第二格 + （быть）结构是高频使用的语言结构。因此伊萨琴科（A. V. Isačenko，1974）认为俄语中的动词 иметь 具有边缘性，是非俄语固有词。该权威性观点得到许多语言学家的赞同，如莫罗什娜娅（Моло-шная，1987：96）和钦奇列伊（Чинчлей，1996：101）等。通常认为俄罗斯民族的思维方式和认知世界的概念决定了这种表达方式。实际通过对俄语领属结构的考察，我们发现俄语中含 иметь 的领属结构与含 быть 的领属结构相比，иметь 的使用并不具边缘性，其语言作用不可忽视。

---

① 本文是 2013 年教育部人文社科项目（13YJC740091）的阶段性研究成果

一　从历史角度看 иметь

在标准俄语的形成历史中，иметь 的使用呈现不断扩大的趋势。从历史语言学角度看，俄语自古至今都在使用 иметь 一词，且在历史发展中不断受到其他 иметь 语言的影响。在所有现代斯拉夫语中也都有动词 иметь，并是主要动词之一。

除某些方言，动词 иметь 在许多古斯拉夫语和古俄语书面语中就已存在。伊萨琴科（1974）、丁利（Dingley，1995）的研究说明，原始斯拉夫语晚期和古斯拉夫语时期出现了专门模仿希腊语的仿造词 iměti，并收录在古斯拉夫语词典中。иметь 最早曾是复杂形式的将来时中的辅助动词。Иметь 在历史上已具表达领属的功能，如古俄语中有 печаль имети，любовь имети，имети смирение（кротость，желание），其客体多为非动物的抽象客体。阿万涅索娃（Аванесова，1991：150—151；Dingley，1995）认为，иметь 是及物动词，不含任何情态意义。这也使得 иметь 的使用相当固定和能产，直至现代俄语。

现代标准俄语在形成过程中，受法语影响最大，在 18—19 世纪初期，俄语中借入了大量的法语词汇，出现了大量的仿造词，其中抽象名词占很大比重。而动词 иметь 则是客观引入配价为抽象名词的句法算子。这类抽象名词实际充当述谓，句子的主语往往要和这类述谓的主体配价相符合，如 иметь влияние на ＝ влиять на。大量的借入词和仿造词激活了动词 иметь 的使用功能（иметь представление о чем-либо，иметь претензии к кому-либо 等），受外来语的影响，出现了部分含 иметь 外来语（如法语和德语）式的表达结构，如 иметь дело с，иметь в виду что-либо 等。在杰里巴斯（Дерибас，1983）的词典中，列举了 90 多条该类表达，其中使用频率高的有：иметь в виду，иметь значение，иметь право，иметь отношение к，иметь смысл，иметь влияние，иметь возможность，иметь доступ，иметь место，иметь намерение，иметь основание，иметь понятие，иметь свойство，иметь связь 等。

二　иметь 的使用特点

俄语领属意义的表达主要是使用动词 иметь 和 быть。实际上 быть 并不是领属动词。只有在与 y ＋ 第二格搭配使用时，含 быть 的结构才具有领属意义。因为 у + 第二格明确地指出了所有者。含 быть 语法结构表达存在意义和领属意义时，句子有潜在的同音异义。当表达领属意义时，быть 结构表达 иметь 结构的语义。通过对俄语中大量的含 иметь 结构的分析，我们可以看到由于受语义、修辞、词汇和句法等因素的制约，иметь 和 быть 为补充分布的关系。动词 иметь 是纯粹的领属动词，领有者为句法上的主语成分。动词性领属结构中除 иметь，还有 обладать，владеть，располагать 等动词。其中只有 иметь 有直接支配的及物模式，且不带有附加的语义因素。在所有的领属动词中，иметь 是最中性和高频的。频率词典也证明该词是俄语中使用频率最高的动词之一。

（一） иметь 的使用类型

иметь 可用于人称句和无人称句中。иметь 通常用于以下领属结构中①：

1. 具有隐含主体的语法结构

　　—无人称句

（1）Чтобы *иметь* много денег, надо много работать. 要有很多钱，必须多工作。

（2）Ему так хотелось *иметь* эти две книжки！〔В. П. Катаев. Алмазный мой венец（1975—1977）〕他多想拥有这两本书啊！

　　—确指人称句

（3）—*Имею* диплом с отличием（С. Довлатов）. 我有优秀毕业证书。

（4）И не *имеем* никакой возможности ни вернуться в прошлое, ни попасть в будущее…〔В. Н. Комаров. Тайны пространства и времени（1995—2000）〕没有任何可能可以回到过去，也不能进入将来。

　　—泛指人称句

（5）—Хватает，—сказал он и обобщенно добавил：—С мяса всегда что-то *имеешь*（Ф. Искандер）. 够了，他说道，并补充，有肉总有别的。

（6）Ведь полноценный анализ возможен только если *имеешь* всю информацию.〔Новая тема, которую никто пока не трогает（форум）（2008）〕只有拥有全部的信息之后才可能具有有价值的分析。

---

① 文中例句主要出自俄罗斯国家语料库，部分出自文后参考文献。

2. 含否定语义的语法结构

（7）Этот, подошедший в сумерках к моему костру, ножа при себе *не имел*（Ю. Коваль）. 这个在黑暗中走近我的篝火的人没有带刀子。

也可与否定性质的抽象名词连用，如 дерзость, наглость, неосторожность, глупость, подлость, бестактность, бесстыдство 等，其后引导动词不定式。

（8）Она *имела дерзость* сказать это своему научному руководителю. 她无礼地对自己的导师说了这个。

3. 情态词之后的不定式结构

иметь 为积极支配模式，多有情态语境。虽然 быть 也可有情态表达，但在经济原则下多选择含 иметь 的结构。如下列两句：

（9a）Тебе надо *иметь* с собой побольше теплых вещей. 你应随身带更多的棉衣物。

（9b）Надо, чтобы у тебя было с собой побольше теплых вещей.

иметь 表达情态语境时多与以下词汇连用：можно, надо, нужно, важно, интересно, полезн, приятно, хорошо, модно, удобно, достаточно, трудно, лучше, охота, положено, запрещено, должен, может, полагается, раз-решается, требуется, хотеть, мечтать, бояться, любить, помогать, разрешать, совето-вать, желание, нежелание, требование, мысль, шанс, задача, способ 等。

（10）Ты уверена, что это не скрытое желание иметь ребёнка?! ［Что тебе снится, крейсер Аврора? （форум）（2007.01.04）］你确定，这不是想要孩子的潜在希望吗？

（11）Требование иметь в автомобиле аптечку не носит повсеместного характера. ［Автоответчик（2002）//《Автопилот》, 2002.02.15］汽车里要有药箱的要求不具有普遍性。

而与 быть 不定式连用的通常只有情态述谓：должен 和 может。

（12）— Но ведь у него должен быть мотив, чтобы убить ее? ［Максим Милованов. Рынок тщеславия（2000）］但要知道，为了杀害她，他应有动机吗？

（13）Они знают и большее: какая еще у них может быть война… ［Вершина айсберга（2003）//《Театральная жизнь》, 2003.08.25］他

们知道的更多：他们可能会有怎样的战争……

　　иметь 用于不定式的因素主要有结构复杂，句子冗长，主语部分长或主语不表达等。

　　（14）Я не думаю о том, будет ли фильм *иметь* коммерческий успех, потому что такой подход предполагает соревнование, а я по натуре терпеть не могу соревноваться. ［Кейт Уинслет：《Наше прошлое должно быть с нами》（2004）//《Экран и сцена》, 2004.05.06］我没考虑，电影是否会商业成功，因为这种方法要求竞争，而我天生不能忍受竞争。

　　（15）Эта техника будет *иметь* не очень много общего с привычными нам приборами. ［Александр Волков. Одеться с иголочки и без ниточки //《Знание-сила》, 2003］这种设备与我们已熟悉的仪器没有更多的共同点。

　　（16）Учителю важно знать о них, *уметь* ими воспользоваться и *иметь* желание сделать это. ［З. Б. Минина. Творческие мастерские //《Первое сентября》, 2003］对老师而言，重要的是要知道他们会用它们并希望做这个。

　　4. 形动词和副动词短语结构

　　（17）Учитель, не *имея* никакого инструмента, вместе со всеми толкал камень руками. ［Василь Быков. Камень（2002）］没有任何工具，老师和所有人一起用手推石头。

　　（18）*Имея* деньги — предпочитает отраву за рубль сорок. ［Сергей Довлатов. Заповедник（1983）］有了钱——更想用40多卢布买毒药。

　　（19）—Сейчас каждый *имеющий* персональный компьютер может создавать музыку. ［Макс Горелик. Андрей Борисов：Наши консервы это пища для мозга（2002）//《Вечерняя Москва》, 2002.01.10］现在每个有电脑的人都可以创作音乐。

　　（20）Мне в первый раз пришла в голову ясная мысль о том, что не мы одни, то есть наше семейство, живём на свете, что не все интересы вертятся около нас, а что существует другая жизнь людей, ничего не *имеющих* общего с нами, не заботящихся о нас и даже не *имеющих* понятия о нашем существовании. ［Л. Н. Толстой. Отрочество（1854）］我

第一次清楚地想到，不只是我们，即我们的家族，生活在世上，不是所有有趣的事物都围绕着我们，还存在另一种人类生活，和我们的完全不同，不关心我们甚至是不知道我们的存在。

5. 成语结构和祈使结构

另外大部分含动词 иметь 的结构是成语式的，如 иметь право，иметь в виду，иметь смелость，иметь честь 等。这些成语也可以是祈使式形式的。

（21）Но *имей в виду*，приготовься（Ю. Домбровский）. 而指的是准备好。

（22）Но только не смей идти сейчас же за мной，*имей* терпение，подожди здесь.［М. А. Булгаков. Мастер и Маргарита，часть 2（1929—1940）］只是别敢跟着我，忍耐，在这里等。

（23）Запах свой *имей*，свой собственный запах，вот что!［И. С. - Тургенев. Гамлет Щигровского уезда（1849）］要有自己的气味，自己独特的气味，就是这样!

（二）иметь 的使用限制

иметь 多不能用于描述现实情景，此时常用 у + 二格 +（быть）结构表达领属意义。

（24）* Он *имеет* книгу（в руке）. — У него книга（в руке）. 他手里有一本书。

（25）* Он *имеет* грипп. — У него грипп. 他感冒了。

（26）?? Ты *имеешь* спички，чтобы зажечь газ? — У тебя есть спички，чтобы зажечь газ? 你有点煤气的火柴吗?

动词 иметь 可作为报道信息的焦点，关注是否拥有的事实。此时，该用法不受其他任何条件的限制。

（27）Меня останавливало только то，что я до сих пор не *имею* королевского костюма（Н. Гоголь）. 是至今没有国王的衣服的原因才使我停了下来。

（28）Хоть сердце у него и колотилось，как у пойманного воробья，но он все же *имел* смелость смотреть（М. Шолохов）. 虽然他的心脏像被抓住的麻雀的心那样跳动，但他仍有勇气看。

三 俄语领属结构分析

含动词 иметь 和 быть 的述谓结构是表达领属意义最常用的结构。含 быть 结构的语义，语用和交际特征已被详细研究。而含动词 иметь 的领属结构却未被充分研究。动词 иметь 所表达的关系的特点取决于主体和客体之间的语义联系。该联系具有普遍性，充当客体的名词指称包括在主体的指称中。这种指称包括三种类型。第一，客体为主体的一部分，主客体的关系为部分与整体的关系（如房顶与房子 крыша-дом，手与人 рука-человек）。在该类结构中，客体一般是用于正确鉴定关系的术语或普通名词，如 Машина имеет маленький багажник。第二种类型中的指称特点为，客体为主体所领属，如 дом-Антон 房子— 安东。此时，主体通常情况下是有生命体，而客体为非关系名词，如，У Антона есть машина。（Антон имеет машину.）第三类情况与第一类情况相关，客体是主体语义特征之一，如房间—套房，即为同位包含，如 В квартире Петра три кровати. 该类领属结构在俄语中体现不显明。因为在语法水平上，结构中的主客体均为一格形式，区分不显明。因此，动词 иметь 不单纯安排客体与主体的关系，而且实现二者之间的第一类和第二类的关系。

除核心领属动词 иметь 之外，俄语领属意义的表达还可借助动词 владеть 和 обладать。这些动词的语义结构中作为范畴词汇义子的"主体范畴中客体的称名"具有统一的语义特征。主体对客体的领属特征就是语义特征的一致性。动词 иметь 的语义结构中义子统一的表达形式多样，上述动词的使用形式最为常见。当客体有非动物的具体特征时，统一的义子则表达为客体隶属于主体范畴，如 Он имеет несколько домов。如果客体有动物的具体特征，则主客体之间为平等的相对关系。在同等对应的关系中，统一的领属特征义子体现为客体作为某种品质归入主体的范畴。例如，Почти все иностранные генералы имели с собою своих жен и детей, по той причине, что в случае разлуки срок свидания неизвестен（Пушкин）。非同等对应关系是由另类领属特征所决定的，即客体服从于主体的范畴，主体作用于客体。如，Езерский сам же твердо ведал, Что дед его, великий муж, Имел двенадцать тысяч душ（Пушкин）。

四　总结

　　动词 иметь 是抽象程度高的词汇单位，可表达各种领属关系。用于无人称形式时，多数情况下是没有限制的，因为此时含动词 быть 的所有结构受局限而不能使用。而 иметь 的人称形式的使用受语义、修辞等因素的限制。多用于所有者为人，被领有者为具体或抽象的事物等。当上下文含有情态动词时更多用动词 иметь。当 быть 结构不能表达某些领属意义时，也会用 иметь 结构代替，如副动词形式、形动词形式、动词不定式形式、祈使形式，或隐含主体的语法结构。иметь 也多用于表达否定语义的领属结构中。如果关注是否拥有的事实，则 иметь 的使用不受任何条件的限制。唯一对其使用有限制的是不能描述现实情景。动词 иметь 主要用于书面语。随着语言的发展，在正式公文和大众信息中 иметь 的使用频率逐渐增高。在网络用语中其频率也在增高。鉴于 иметь 的广泛使用和历史发展，有学者提出俄语应属于 have 型语言和 be 型语言之间的类型。对此，还有待我们进一步的深入研究。

参考文献

Dingley, J., "Iměti in the Laurentian redaction of the Primary Chronicle", *The Language and Verse of Russia: In Honor of Dean S. Worth on his Sixty-Fifth Birthday*, Moscow: Vostočnaya Literatura Publishers, 1995.

Isačenko Alexander, V., "On have and be Languages: A Typological Sketch", *Slavic Forum: Essays in Linguistics and Literature*, The Hague: Mouton, 1974.

Justus Carol, F., "Indo-European 'have': a Grammatical Etymology", *Language Change and Typological Variation: in honor of Winfred P. Lehmann's 83rd birthday*, Vol. 2, Washington, D. C.: Institute for the Study of Man, 1999.

Аванесова Р. И. (ред.) *Словарь древнерусского языка XI-XIV вв.*. т. 4. М., 1991.

Дерибас Б. *Устойчивые глагольно-именные словосочетания русского языка*. М.: Русский язык, 1983.

Маргерит Гиро-Вебер, Ирина Микаэлян. В защиту глагола иметь. *Сокровенные смыслы*. М., 2004.

Молошная Т. Н. Глагольные конструкции со значением обладания и посессивный перфект в славянских языках. *Советское славяноведение*. М., 1987. № 4.

Чинчлей К. Г. *Типология категории посессивности*. Кишинев, 1990.

空间语言学研究现状及展望

戴　琨

摘要：传统空间语言学研究范式已经难以适应符号学当前研究的需要，本文探讨了以虚拟现实技术为支持的虚拟空间语言学的研究现状及其创新点，以及在跨文化非言语交际学研究领域中所呈现出的重要理论价值和实践意义。

关键词：虚拟空间语言学；跨文化非言语交际学；符号学；个人空间；虚拟现场实验研究

一　传统空间语言学及其研究范式

（一）传统空间语言学简介

跨文化非言语交际学长期以来一直被认为是跨文化交际学的重要组成部分，具有显著的文化差异。其中，"个人空间"，亦称"人际距离"，是一种备受研究者关注的跨文化非言语交际行为。个人空间行为体现并调节人际互动的亲密程度，具有潜意识特性和无意识特性，因此难以采用以有意识距离加工为特征的实证方法精确研究。跨文化交际学创始人霍尔（Hall，1966）率先提出了"空间语言学（Proxemics）"概念。布朗等（Brown et al.，2005）指出：该学科实质是符号学在跨文化交际情境中的应用，其研究重点在于考察人类的个人空间行为规律并建构相应理论。然而，科斯塔（Costa，2010）、利姆和利姆（Lim & Lim，2010）、那西里等（Nassiri et al.，2010）、维赛尔等（Wieser et al.，2010）、埃里埃克巴瑞等（Aliakbari et al.，2011）众多研究者一致指出：传统空间语言学相关研究盛行于20世纪七八十年代，后来，研究几乎处于完全停滞状态。原因在于传统空间语言学研究范式存在根本缺陷，例如：研究的生态效度低、精确性缺乏等。

（二）传统空间语言学研究范式简介及不足性分析

传统"空间语言学"主要有四种研究范式。

（1）模拟法/投射法：采用木偶摆放法或者"适宜人际距离量表（Comfortable Interpersonal Distance Scale，简称 CID）"等纸笔投射测验探讨个人空间行为。在研究过程中，向被试提供代表人的图像或者符号，并令其根据记忆构建在特定社交情境下的人际距离，将实际的人际距离转换为按比例缩小的投射距离。该方法易于施测、计分，节省研究经费和时间，但这种投射测验涉及较强的意识加工，信度、效度较低。一些研究者针对该范式的真实性提出了质疑，认为真正测量的可能是社会交往时互动者之间的主观人际距离感而非其客观的个人空间。研究范例如下：辛哈和纳亚尔（Sinha & Nayyar，2000）、耐禅坎等（Nechamkin et al.，2003）、韦伯和韦伯（Webb & Weber，2003）。

（2）实验室止步距离法：采用主试接近被试法或者被试接近主试法，即让被试站立不动，主试逐渐靠近被试，被试用言语指出能使其保持舒适个人空间的人际距离，或者当被试主动接近主试时，若觉得已达到适宜的人际距离时便止步不前。该方法同样涉及被试对距离行为强烈的意识加工问题。虽然同早期曾占主导地位的模拟法/投射法相比而言具有较强的可操作性和较高的信度、内部效度、生态真实性并因此而获得了广泛的应用，但是以严格实验控制为核心特征的传统实验室实验法与生俱来的较强人为性、较弱外部效度仍使其难以准确地反映真实情境下的距离行为趋势。同时，真人主试、被试非距离行为的多变性、易变性等其他未经严格控制的复杂额外变量也可对内部效度构成显著威胁。研究范例如下：杨治良等（1988）、吉福德和赛斯嵝透（Gifford & Sacilotto，1993）、阮内柯（Vranic，2003）、凯茨等（Kaitz et al.，2004）、吴藻和霍恩（Uzzell & Horne，2006）。

（3）椅子选择法：在不告知被试真实实验目的的情况下，通过考察被试选择就座的椅子同目标人物椅子之间的距离，来考察其坐姿人际距离。该方法属于现场实验研究，存在多种无关干扰因素，同时在椅子大小、类型、间距上均有所差异，虽可在一定程度上提高外部效度、避免对距离行为的意识加工，但却以牺牲内部效度和精确测量为代价。研究范例如下：比利（Beaulieu，2004）、凯茨等（Kaitz et al.，2004）。

（4）自然观察法：在被观察者不知情的条件下，通过隐秘的高倍变焦照相机或摄像机拍摄各种真实生活情境下的人类被试，然后利用地板瓷砖的块数、尺寸等线索估算被观察者之间的人际距离。该现场研究方法不涉及对距离行为的意识加工，虽然具有高水平外部效度、生态真实性和广泛的推广应用价值，但是却在无法实现随机抽样、严格控制、精确测量和个人空间决定因素界定的同时牺牲了研究的内部效度并且在一定程度上违反了实证研究的伦理道德规范。研究范例如下：欧兹德梅尔（Ozdemir，2008）、科斯塔（Costa，2010）、埃里埃克巴瑞等（Aliakbari et al.，2011）。

二　虚拟空间语言学—传统空间语言学的未来研究发展方向

（一）虚拟空间语言学简介

计算机虚拟现实技术（Virtual Reality，VR）为空间语言学的研究带来了新的契机。博德（Burdea，2003）指出：虚拟现实技术具有沉浸性、交互性、构想性三个突出特征。虚拟现实不但能够逼真再现真实存在的现实环境，而且能够任意创设客观不存在的甚至是不可能发生的各类环境，从而为用户提供一个能够启发创造性思维的无限想象空间。

一种理想的浸入式虚拟现实系统应支持在自然条件下发生并获得的知觉行为，即在日常生活中由运动—知觉内隐行为法则所调控的各种人类运动—知觉行为，例如：弯腰运动、伸展运动、伸手运动、四处走动等。桑切斯—比韦斯和斯莱特（Sanchez-Vives & Slater，2005）、斯莱特（Slater，2009）提出：当前，头部跟踪式头盔显示器虚拟系统、洞穴式虚拟系统等虚拟现实设备均可在一定程度上支持上述自然行为，从而在虚拟现实环境中营造出真实存在感。同时，假如所呈现的一切均合情合理，那么就反应变量指标而言，即使被试确信自己所经历的一切均是虚幻的，仍旧会倾向于对各类虚拟事件和虚拟情境作出真实反应。上述论点已在虚拟空间语言学研究中获得了充分的验证，例如：拜伦森等（Bailenson et al.，2001，2003）、布拉斯柯威柯（Blascovich，2002）、布拉斯柯威柯等（Blascovich et al.，2002）、威尔科克斯等（Wilcox et al.，2006）、弗里德曼等（Friedman et al.，2007）、勒博若等（Llobera et al.，2010）。虚拟现实技术会提升传统"空间语言学"研究的控制性和准确性，并形成了一个新兴研究领域：虚拟空间语言学，其研究重点在于考察现实世界中的空间语言学内隐行为规范在虚拟世界中的适用程度。萨默（Sommer，2002）强调：如何实现以及怎样实现由传统空间语言学研究范式向虚拟空间语言学研究范式的变革已构成空间语言学家新近关注的一个焦点。

（二）虚拟空间语言学的突破性创新

在秉承传统空间语言学研究范式优点的基础上，虚拟空间语言学研究实现了突破性创新。诸项创新包括以下内容。

（1）兼顾高内部效度和外部效度。虚拟现场实验研究能够在不牺牲严格实验控制的前提下最大限度地保障生态真实感并提高外部效度，从而能够有效弥补传统社会科学实验研究范式无法同时确保高内部效度和外部效度的重大缺陷。传统社会科学实验研究范式包括传统实验室实验研究范式和真实现场实验研究范式。前者以牺牲外部效度为代价而获取以严格实验控制为基础的高内部效度。后者虽为当代社会科学实证研究现场化转型阶段所大力推崇的主要发展趋势，但却以牺牲内部效度为代价而获取以成果普遍推广性为特征的高外部效度。虚拟现场实验研究能够在不牺牲内部效度的前提下保证高外部效度，这可从根本上解决社会科学实证研究无法同时保证高内部效度和外部效度的难题。

（2）保证个人空间的无意识加工特性。在虚拟现场实验研究中，通过完成各项隐藏真实实验目的的掩饰性任务，例如：标签阅读与记忆任务（拜伦森等，2001）等，令被试完全不知道真正的研究对象是其个人空间，从而保障了对个人空间行为内隐的无意识加工并遵从了非言语行为研究的无意识性原则。并且，在保证这种加工特性的同时可通过高端虚拟现实追踪系统对个人空间实施精确测量。

（3）可精确控制非言语行为额外变量。对真人研究对象而言，不同类型的非言语行为变量彼此之间通常具有高度的相关性和密切的协变关系。因此，传统空间语言学实验室研究虽然有时目的在于针对个人空间单一变量实施严格控制，但是实际上却有可能同时控制着多项非言语行为变量，例如：难以令主试（或实验助手）丝毫不改变自身面部表情、凝视行为、呼吸模式、双手摆放位置等非言语行为额外变量，这就无法判断研究结果究竟是由个人空间自变量单独作用造成的还是由多种非言语行为变量综合作用造成的。然而，对于虚拟人物表征研究对象而言，则可通过电脑程序设计严格控制各种非言语行为，减少人为失误的负面影响，从而保证变量之间的独立性，即在排除额外变量干扰影响的情况下，一次仅针对一种非言语行为变量展开研究。

（4）保证凝视的平衡作用。根据平衡理论，相互凝视作为一种标志着亲密感的重要非言语线索对个人空间发挥着调节作用，两者存在着互补关系（拜伦森等，2001）。虚拟实验能够确保参与者双眼所在高度同虚拟人物双眼所在高度完全一致，该实验操作不但可以增强凝视自变量的实验效应，而且可以排除由双方双眼高度差异所造成的社会地位差异及其对个人空间的影响作用。

（5）实现拥挤压力源的实验研究。拥挤压力源是空间语言学研究的重要内容。"个人空间侵犯"是拥挤压力源形成的重要物理因素。虚拟实验易于考察"个人空间侵犯"对生理唤醒的重要影响，可采用多导生理记录仪精确测定各项拥挤压力生理唤醒指标。在虚拟环境中不但能够逼真模拟人体周围的个人空间侵犯现象，而且能够采用力反馈操纵杆、触觉数据手套等设备营造真实拥挤临场感。

三 结论

虚拟空间语言学的问世不但可以有效弥补传统空间语言学在研究方法上存在的不足，而且具有重大的现实意义和广阔的研究前景。当前国内已有多所高校及科研机构建成了虚拟现实实验室，这可为虚拟空间语言学的本土化试点研究提供一个强大而有力的高端技术支持平台。未来该领域虚拟现场实验研究可通过灵活改变参与者和虚拟人物的国籍来实现跨文化研究，并且将相关本土化实证研究成果应用于出国留学人员的预科培训及欲从事跨文化交际事业的人才培训之中。同时，虚拟空间语言学必定也能进一步推动中国跨文化非言语交际学本土化实证研究的发展。

注：本篇论文获得陕西省社科界 2013 年重大理论与现实问题研究项目（2013C009；项目名称：高等教育内涵式发展"瓶颈"及对策研究）；教育部陕西师范大学基础教育课程研究中心陕西师范大学基础教育研究专项基金（JCJY201206）；陕西师范大学中央高校基本科研业务费专项资金项目（11SZYB04）资助。

参考文献

Aliakbari, M., Faraji, E., Pourshakibaee, P., "Investigation of the proxemic behavior of Iranian professors and university students: effects of gender and status", *Journal of*

Pragmatics, 2011, 43 (5): 1392—1402.

Bailenson, J. N. , Blascovich, J. , Beall, A. C. , Loomis, J. M. , "Equilibrium theory revisited: mutual gaze and personal space in virtual environments", *Presence: Teleoperators and Virtual Environments*, 2001, 10 (6): 583—598.

Bailenson, J. N. , Blascovich, J. , Beall, A. C. , Loomis, J. M. , "Interpersonal distance in immersive virtual environments", *Personality and Social Psychology Bulletin*, 2003, 29 (7): 819—833.

Beaulieu, C. M. J. , "Intercultural study of personal space: a case study", *Journal of Applied Social Psychology*, 2004, 34 (4): 794—805.

Blascovich, J. , "Social influence within immersive virtual environments", In R. Schroeder (Ed.), *The Social Life of Avatars: Presence and Interaction in Shared Virtual Environments*, New York: Springer, 2002, pp. 127—145.

Blascovich, J. , Loomis, J. M. , Beall, A. C. , Swinth, K. R. , Hoyt, C. L. , Bailenson, J. N. , "Immersive virtual environment technology as a methodological tool for social psychology", *Psychological Inquiry*, 2002, 13 (2): 103—124.

Burdea, G. C. , Coiffet, P. , *Virtual Reality Technology*, New Jersey: John Wiley & Sons, 2003.

Brown, K. , Anderson, A. H. , Bauer, L. , Berns, M. , Hirst, G. , Miller, J. , *Encyclopedia of language and linguistics* (*2nd edition*), Oxford: Elsevier, 2005.

Costa, M. , "Interpersonal distances in group walking", *Journal of Nonverbal Behavior*, 2010, 34 (1): 15—26.

Dror, H. A. , Steinberg, D. M. , "Robust experimental design for multivariate generalized linear models", *Technometrics*, 2006, 48 (4): 520—529.

Friedman, D. , Steed, A. , Slater M. , "Spatial social behavior in second life", In C. Pelachaud, J. -C. Martin, E. André, G. Chollet, K. Gifford, R. , Sacilotto, P. A. , "Social isolation and personal space: a field study", *Canadian Journal of Behavioural Science*, 1993, 25 (2): 165—174.

Hall, E. T. , *The Hidden Dimension*, New York: Doubleday Co. , 1966.

Kaitz, M. , Bar-Haim, Y. , Lehrer, M. , Grossman, E. , "Adult attachment style and interpersonal distance", *Attachment & Human Development*, 2004, 6 (3): 285—304.

Karpouzis, D. Pelé (Eds.), *Proceedings of the 7th International Conference on Intelligent Virtual Agents*, Berlin, Germany: Springer, 2007, pp. 252—263.

Lim, B. K. , Lim, S. L. , "Nonverbal communication", In S. C. -E. Caroline (Ed.), *Encyclopedia of Cross-cultural School Psychology*, New York: Springer, 2010, pp. 686—689.

Llobera, J. , Spanlang, B. , Ruffini, G. , Slater, M. , "Proxemics with multiple dynamic characters in an immersive virtual environment", *ACM Transactions on Applied Perception* (*TAP*), 2010, 8 (1): 38—55.

Nassiri, N. , Powell, N. , Moore, D. , "Human interactions and personal space in collaborative virtual environments", *Virtual Reality*, 2010, 14 (4): 229—240.

Nechamkin, Y. , Salganik, I. , Modai, I. , Ponizovsky, A. M. , "Interpersonal distance in schizophrenic patients: relationship to negative syndrome", *International Journal of Social Psychiatry*, 2003, 49 (3): 166—174.

Ozdemir, A. , "Shopping malls: measuring interpersonal distance under changing conditions and across cultures", *Field Methods*, 2008, 20 (3): 226—248.

Sanchez-Vives, M. V. , Slater, M. , "From presence to consciousness through virtual reality", *Nature Reviews Neuroscience*, 2005, 6 (4): 332—339.

Sinha, S. P. , Nayyar, P. , "Crowding effects of density and personal space requirements among older people: the impact of self-control and social support", *The Journal of Social Psychology*, 2000, 140 (6): 721—728.

Slater, M. , "Place illusion and plausibility can lead to realistic behaviour in immersive virtual environments", *Philosophical Transactions of the Royal Society*, 2009, 364 (1535): 3549—3557.

Sommer, R. , "Personal space in a digital age", In R. B. Bechtel, A. Churchman (Eds.), *Handbook of Environmental Psychology*, (pp. 647—660) New York: John Wiley & Sons, Inc. , 2002.

Uzzell, D. , Horne, N. , "The influence of biological sex, sexuality and gender role on interpersonal distance", *British Journal of Social Psychology*, 2006, 45: 579—597.

Vranic, A. , "Personal space in physically abused children", *Environment and Behavior*, 2003, 35 (4): 550—565.

Webb, J. D. , Weber, M. J. , "Influence of sensory abilities on the interpersonal distance of the elderly", *Environment and Behavior*, 2003, 35 (5): 695—711.

Wieser, M. J. , Pauli, P. , Grosseibl, M. , Molzow, I. , Mühlberger, A. , "Virtual social interactions in social anxiety — the impact of sex, gaze, and interpersonal distance", *Cyberpsychology, Behavior, and Social Networking*, 2010, 13 (5): 547—554.

Wilcox, L. M. , Allison, R. S. , Elfassy, S. , Grelik, C. , "Personal space in virtual reality", *ACM Transactions on applied perception* (*TAP*), 2006, 3 (4): 412—428.

杨治良、蒋弢、孙荣根:《成人个人空间圈的实验研究》,《心理科学》1988 年第 2 期。

英语双重否定句

曹春阳　符玉亭

摘要：英语双重否定句是一种非常特殊也较为普遍的句型，能够起到一般否定句和肯定句所无法实现的表达功能。双重否定句通常只被理解为是肯定语气，鲜为人知的是英语中的双重否定除了能够表达肯定外，它还可以表达否定，即强调否定和委婉否定。

关键词：双重否定；表达功能；标准英语；电影

一　引言

无论在任何语言语法中，一般来说，双重否定表示肯定，然而语言是一种相当灵活的交流工具，我们发现了一种非常有意思但同时也让人难以理解的语言现象，即，双重否定最终却表示否定，而非肯定，本文旨在揭开其中"迷人的"面纱。本文着重以电影和现实为背景来讨论和展示不为大众所知的双重否定的另一面，即，双重否定仍然表示否定。

二　双重否定的句子结构

《大英百科全书》（*Encyclopedia Britannica*）在线版是这样定义双重否定之否定的：双重否定就是两种否定形式使用在同一句子当中的一种句型。在所有语言当中，否定形式通常是固定地去表达单一的否定的，但也有些语言，是用双重否定的形式来表达一种肯定的意思，表示强调。如果在正式场合，这有时候会让人难以理解或者双重否定的说话人会犯一定的语义上的错误的。比如在做演讲，写信或者工作面试当中。

表1	英语否定词
否定代词、副词	否定动词
no, not, never, none, no one, no-body, nothing, nowhere, neither 等	doesn't, don't, didn't, isn't, wasn't, won't, wouldn't, can't, couldn't, shan't, shouldn't 等

如果我们把上表 1 中的任意两个否定词放在同一个句子中，那这个句子就表示肯定，如（1）—（2）：

（1）I am <u>not</u> going to pay <u>no</u> bills.

这句话的意思 = I am going to pay <u>some</u> bills. 我会付些钱的。

（2）She <u>can't</u> make friends with <u>nobody</u>.

这句话的意思 = She <u>can</u> make friends with <u>somebody</u>.

他还是能与人交朋友的。

（1）和（2）和下面（3）和（4）的句子意义不一样，后者只有一个否定词，所以整个句子在语义上是否定的：

（3）a. I am <u>not</u> going to pay any bills.

b. I am going to pay <u>no</u> bills.

我不会付钱的。

（4）a. She <u>can't</u> make friends with anybody.

b. She can make friends with <u>nobody</u>.

他和其他人无法做朋友。

规则：否定 + 否定等于肯定，所以我们通常要表达否定的意思时只在句子当中加入一个否定词即可，如（5）—（10）：

（5）Since his last speech gained little acceptance, the writer <u>hasn't</u> had <u>no</u> request to visit the forum again. 自打上次人们对这位作家的演讲不怎么认可之后，再也无人请他上论坛了。

（6）The explorers finally discovered that the place where they landed did <u>not</u> have <u>none</u> of the minerals they wanted. 这些探索者们最后才发现他们落脚的地方根本就没有他们想要的矿石。

（7）The pilot could <u>not</u> find <u>nowhere</u> to land. 飞行员找不着降落的地方。

（8）After being replaced, the pipes did <u>not</u> run <u>no</u> water as expected. 管道被换之后，水流不如想象的那样好。

（9）Arizona had <u>scarcely no</u> rain last summer. 去年夏天，在亚利桑那州几乎没下什么雨。

（10）The storm rose so quickly that the road crews could <u>not</u> do <u>nothing</u> about clearing the highways. 道路施工队想清理高速公路，因为暴风雨来得如此神速，所以他们对此又无计可施。

三　双重否定表否定的特定语言区域

在大多数标准的英语中不使用双重否定表示肯定。比如："I do not want nothing!"在约定俗成的标准英语当中，其意思是说："I do not want anything!"但在标准的英语当中，我们可以使用这样的双重否定的句子来表示讲话的人是"想要点东西的而不是什么也不要"的："I do not want nothing"。虽然双重否定一般不在标准英语当中使用，但在很多英语方言中，其是用的频率是非常高的。南美英语，黑人英语，以及大多数英国地方方言英语，但最明显的要数伦敦东区土话和东安格利的方言了。从语法上讲，双重否定表示否定是错误的。

四　双重否定在现实生活中的应用

我们首先以电影 *Surviving Christmas*《煎熬圣诞》中，Brian（布莱恩）的妈妈就用双重否定表示否定的句式告诉她丈夫不要再对她大喊大叫了，其对话如下：

Dad：Did Brian（their son）eat?

Mom：I don't know.

Dad：[shouting] Get down here and eat your dinner.

Brian：I'm not hungry!

Dad：Yeah, you are!

Mom：Stop yelling at me.

Dad：I'm not yelling at you. [shouting] Brian!

Mom：[shouting] Brian! Get down here please, so your father can stop not yelling at me!

Brian：I'm busy!

Dad：We shouldn't have put the computer in his room, he's gonna spend all his time there.

Mom：Oh, Tom. Welcome to the future, dear, he's advancing his skills, one day that computer's gonna get our baby a good job.

分析："so your father can stop not yelling at me!"意思是"so your father can stop yelling at me!"如果要是用标准的英语去理解，这句话就成了"这样你爸爸就可以继续对我大喊大叫了"的意思。但是上下文语境让我们非常清楚 Brian 妈妈根本就不是这个意思。

例不过十不足为证。在电影 It Takes Two《好事成双》中也有这种现象。这是发生在一对双胞胎之间的对话当中的。

场景一：Amanda（阿曼达）发现了一个和她长得一模一样的女孩 Alyssa Callaway（安丽萨·康乐薇），阿曼达是个孤儿，而安丽萨·康乐薇则出身富贵但不太喜欢现在得这个家，所以她俩打算互换身份做一回彼此。因为她俩出身背景悬殊，所以讲出来的英语也就大相径庭了。

Alyssa Callaway：I wanted to see what it was like to be an orphan.

Amanda：What? Why?

Alyssa Callaway：Because it looked like fun.

Amanda：Fun? Being an orphan? What's the matter with you? Okay, just don't talk so good, use lousy English like：Ain't ya never gonna wanna doncha hafta go to the bathroom? That sort of thing.

Alyssa Callaway：You ain't got nothing to worry about.

Amanda：I say, you do catch on rather quickly.

Both：Stables, noon.

分析：首先，在 Amanda（阿曼达）教 Alyssa Callaway（安丽萨·康乐薇）不要说那么标准的英语，要说龊龊点的英语时，用了否定之否定表示否定的句式，她说："just don't talk so good, use lousy English like：Ain't ya never gonna wanna doncha hafta go to the bathroom?"其中 ain't（am/is/are not）和 never 都表示否定，而这句话全句的意思还是否定的："你就从不上厕所吗？"

再者，Amanda（阿曼达）说完上面的话，Alyssa Callaway（安丽萨·康乐薇）表示："You ain't got nothing to worry about."这个句子中也出现了两个否定词，即 ain't（am/is/are not）和 nothing，本来按照标准英语语法规则双重否定表示肯定，但从这个对话整个语境分析，这句话明显就是在表达否定意思，即"这个你不用操心（说龊龊的英语谁不会呀）！"

场景二：夏令营时，孩子们在玩"看手势猜字谜游戏"游戏，现在轮到 Amanda（阿曼达）表演了，对于 Amanda（阿曼达）来说这是小菜一碟，但不知怎么她今天有些怪怪的，大家也都丈二和尚摸不着头脑了。

A Boy：Look at her, she's nervous!

Another：Yeah, so?

A Boy：The old Amanda wasn't scared of nothing.

分析：从 A Boy 的第一句话"你看看她，她竟然紧张！"的语境中我们不难看出 Amanda（阿曼达）以前肯定是天不怕地不怕的人，所以如果拿我们固定的语法模式来分析这句话是行不通的：The old Amanda wasn't scared of nothing.（以前的阿曼达见什么怕什么），从逻辑上讲，很明显这样的翻译是错误的。所以，词句就是否定之否定整个句子句意还是否定的语法结构，其意思是：以前的 Amanda 可是什么都不怕呀。

场景三：Amanda（阿曼达）昨天夜里被一只青蛙给吓坏了，第二天清晨她把这件事儿讲给了孤儿院的一位工作人员。

Orphanage worker：Usually you're such a tough guy.

Amanda：Don't tell anyone, okay?

Orphanage worker：Scout's honor.

Amanda：I mean, after all, I wouldn't want to spoil my reputation none.

Orphanage worker：None. I've got an idea, let's go spy on the boys.

分析：根据上下文语境，我们非常肯定这句话（I wouldn't want to spoil my reputation none.）的意思是："我可不想把我的名声给毁了"。但在这句英文原句里我们发现有两个否定词，即 wouldn't 和 none，说话人是为了强调整个句子的否定效果才这样做的，即在句子中使用了两个否定词。

双重否定表示否定在电影 *Because of Winn-Dixie*《都是戴茜惹的祸》中出现的最为频繁。

场景一：超市里突然闯入一条狗，总经理 Boyd（包爱德）正在组织大家抓狗。

Loudspeaker：Boyd? Boyd Lee, could you please approach the produce section?

Boyd：What, what in the Sam Hill is going on? What is going on?

Loudspeaker：Please report to the produce section, Boyd.

Boyd：I'm in the produce section, what? What is it?

Loudspeaker：It's a dog, Boyd.

Boyd：We can't have no dog in the Winn-Dixie（a supermarket）, well, don't let him get by the eggs! he's gone left, we're going left! Look, there he goes, stop him, stop him! Hey, he's going around, go get him."

　　分析：因为超市的广播里通知总经理 Boyd（包爱德）说有狗闯入超市，要他马上处理，所以这句话 "We can't have no dog in the Winn-Dixie" 毫无疑问意思是：在温迪科超市，狗不得入内。英文原句中的两个否定词 can't 和 no 同时出现在同一个句子，表达了否定的意思。

　　场景二：Opal（欧普）收养了超市里的那条狗，但是这狗非常不省事儿，麻烦不断，特别是 Opal 的邻居那老头 Alfred（阿尔弗拉德）恨透了这条狗。

Mr. Alfred：Get rid of that dog.

Opal's father：Oh, Lord. What did he, uh, what'd he do now?

Mr. Alfred：Nothing. He doesn't have to do nothing. I make the rules here, and it's plain："no pets."

Opal's father：Well, you know been very responsible with the dog, Mr. Alfred; she's still looking for a home.

Mr. Alfred：Well, get me a photo. I'll post it on eBay."

　　分析：因为 Opal（欧普）从超市领养的那条狗已经给邻居那老头 Alfred（阿尔弗拉德）制造了不少的麻烦，所以老头就想把狗给赶出他的这个社区，所以当 Opal（欧普）的父亲问 Alfred（阿尔弗拉德）够"狗又做错什么了？"的时候，Alfred（阿尔弗拉德）说："不是一定要等它干了什么坏事我才能这样说吧"。在原英语句子中也出现了两个否定词，即 doesn't 和 nothing，整个句子表达了否定的意思。

五　结束语

　　在标准英语中，双重否定表示否定式是不允许的，是错误的，但在人们现实的生活中却被频频使用，其原因是：第一，在英国和美国讲英语的大多数都是普通老百姓，他们用英语不计较其语法和逻辑等，并不认为否定之否定就一定是肯定，而是从直觉上觉得两次否定是更强烈的否定，正如其中的一个例子中说的："别说太正规的英语，说些龌龊的英语……"（just don't talk so good, use lousy English like：Ain't ya never gonna wanna doncha hafta go to the bathroom? That sort of thing）同时也表明说话人在一定程度上文化程度有限，用英语极不规范。"其实路上本没有路，走的人多了也便成了路"，只要人们用了觉得方便，觉得能够有效地表达他们想表达的意思，我们就不应该歧视这种做法，相反，这正是语言的魅力所在。

参考文献

Because of Winn-Dixie，Twentieth Century Fox，America，2005.

Encyclopedia Britannica online，http：//www. britannica. com/.

It Takes Two，Warnerbros，America，1995.

Surviving Christmas，Dream Works Pictures，America，2004.

高校英语教师语用能力现状调查报告

陶 源 姜占好

摘要：本文在厘定语用能力内涵的基础上，通过编制语用能力问卷，调查了来自三类院校的英语教师，发现被试教师的语用能力只在言语行为层面上的地位丨权利以及语言形式上存在着学历上的差异；受试教师对待学生的语言形式错误和语用错误以及课堂教学提高学习者语用能力的态度和现有的研究结果相悖；受试教师还没有对构成语用能力的非言语交际内容给予足够的重视。

关键词：语用能力；师资语用现状；言语行为层面；语用问卷

一 引言

外语教育的基本要素是外语教师、学生、外语和教育环境。其中教师发挥着至关重要的作用。这一点为外语教育改革进程中的现实和我们的教学实践所证明：教师是改革的最重要媒介。这正如著名课程学学者斯坦豪斯（Stenhouse，1985）所说的："把握改革关键的是教师，而非别人。"胡锦涛主席在清华大学百年庆典讲话中提到：百年大计，教育为本；教育大计，教师为本。

作为交际能力重要组成部分（Bachman，1990；Bachman & Palmer，2010），学习者的语用能力及其培养在国内外越来越受到研究人员的重视（Barron，2003；何自然等，2003；冉永平，2004；Ishihara & Cohen，2010）。

至此，作为学生语用能力培养者的英语教师的语用能力现状如何，国内外相关研究文献还不是太多。为此，本文拟在厘定语用能力定义和分类的基础上，探讨高校英语师资语用能力状况。

二　语用能力

不同的研究者对语用能力进行了不同的描述（Thomas，1983；Leech，1983；Bialystok，1993；Bachman & Palmer，1996；Rose，1997；Barron，2003；李怀奎，2005）。总结前人的研究，我们认为语用能力是交际能力的一个重要组成部分，它指人们在言语交际活动中能够适宜、得体和有效地使用和理解语言，实现话语效能并达到交际目的的能力。它的基本构成要素有：语用行事能力、语用推理能力、语用心理能力、语用文化能力、语用语境能力和语用效能能力（张晶薇，2007）。语用能力具有以下的基本特征：（1）在语用语言层面上遵守语言规则；（2）在社交语用层面上注重文化差异；（3）在心理认知层面上了解态度和行为的制约；（4）在时空情境层面上讲究语境的限制。语用能力不是抽象、孤立和空泛的，在语言的具体运用中，它是人们有效地使用和理解语言的保障和手段（何自然、张巨文，2003：3）。

语用能力分为语用语言能力和社会语用能力。语用语言能力指的是学习者如何理解话语的命题含义（propositional content）和言外之意（illocutionary force）的能力，以及如何估价语言形式和手段的礼貌价值的能力。它以语法能力为基础，涉及语言的使用规则，包括正确使用语法规则遣词造句的能力以及在一定的语境中正确使用语言形式实施某一交际功能的能力。社会语用能力指的是学习者如何看待社会环境中的以及语言行为本身的变量的能力，指话语者遵循语言使用的社会规则进行得体交际的能力，是更高层次的语用能力（姜占好，2013）。

三　研究方法

根据语用能力的定义和描述，我们知道它聚焦于言语行为和社会文化的层面，体现于语言形式和其语境的有机融合之中。而言语行为包含交际双方的权势、地位、言语行为的强加度、实现言语行为的语言形式的间接性和正式度，等等；社会文化层面包括文化语境、非言语因素，等等。那老师在这方面的识别和意识如何呢？

（一）问卷设计

根据语用能力内涵，我们研制了我国语境下的英语师资语用问卷（高校师资）。问卷由如下部分构成：

第一部分：个人信息。如学校类别、性别、教龄、职称、学历、联系方式等。

第二部分：言语行为。该部分由三个小节构成。

第一和第二小节主要是调查教师在教授言语行为的时候，在多大程度上会从如下层面提醒学生注意语言形式和语言功能之间的对应关系：

1. 交际双方的地位和权力，
2. 交际双方间的空间和心理距离、熟悉程度，
3. 交际行为的强加度（如请求行为中借电脑和借火柴），
4. 语言形式的正式度与否，
5. 语言形式的间接性与否。

第三小节为多项选择。基于昔日语用问卷（何自然、阎庄，1986；洪岗，1991；Yates，2005；黄，2012），选取了七种场合，每个场合都有相应的语境描述和四个备择选项，让受试根据语境选取最合适的选项。

第三部分：语言形式知识和语用功能知识。

该部分针对教师在教学过程中会特别关注哪个层面进行设计的：如语音、词汇和结构、词汇和意义还是语言形式的应用和礼貌程度？以及当学生在这几个层面学生犯错误的时候，老师在纠正时会更加关注哪个层面？

第四部分：该部分由三个小节构成。

第一小节关注老师对中国文化和西方文化的总体知识。

第二小节针对高语境文化和低语境文化的具体内容，设计了判断正误题目。

第三小节是非言语交际行为（Non-verbal Communication）知识。

整个问卷涵盖了构成语用能力和语用知识及语用意识的绝大部分。由于语用能力是个动态的概念，语用能力的构成不能完全穷尽，这里的问卷也只是一种尝试性的研制，依然需要进一步的修订。

（二）研究问题

根据问卷的内容，我们的研究假设如下：

1. 高校教师教学实践过程中，在言语行为各层面提醒学生的频率是否会存在教师所在学校类别方面的差异？［言语行为各层面有：交际双方的地位和权力，交际双方间的空间和心理距离、熟悉程度，交际行为的强加度（如请求行为中借电脑和借火柴），语言形式的正式度与否，语言形式的间接性与否，以及是否会就实现同一语言功能的各语言形式间的差异

进行讲解？] 推而广之，在言语行为各层面提醒学生的频率是否会存在教师性别、教师职称、教师学历、教师教龄方面的差异？

2. 高校教师教学实践过程中，在语言形式和语用知识层面的重视度是否存在差异？（语言形式和语用知识层面包括语音、结构、词汇及意义、语言的社会实践以及礼貌意义）

3. 高校教师教学实践过程中，在语言形式和语用知识层面，对于哪个层面是学生最需要在课堂教学环节进行的判断是否有差异？

4. 高校教师教学实践过程中，在学生语言产出错误的时候纠正的频率是否存在差异？语言形式和语用知识各层面的错误纠正的频率是否存在差异？

5. 高校教师教学实践过程中，对于语言形式和语用知识的哪个层面通过教学达到最好教学效果的判断是否存在一致性？

6. 高校教师教学实践过程中，在文化知识层面上是否存在差异？（文化知识层面包括静态的文化知识和非言语交际方面的知识）

（三）研究对象

我们选择了三类学校的外语教师进行了问卷调查，描述数据如下（见表1、表2）：

表1   **被访教师个人信息一览表**

序号	学校	性别	职称	年龄	学历	教龄	研究兴趣
A1	1	2	1	36	2	3	1
A2	1	2	4	41	3	4	3
A3	1	2	2	37	2	2	3
A4	1	2	2	34	2	2	1
A5	1	2	3	42	2	4	5
A6	1	2	2	42	2	4	6
A7	1	2	2	34	2	2	4
A8	1	1	3	37	2	3	7
A9	1	1	4	46	3	4	2
A10	1	2	2	35	2	2	4
B1	2	2	3	43	2	3	8
B2	2	2	3	43	2	4	3
B3	2	1	2	32	2	2	9
B4	2	2	2	30	2	2	10

续表

序号	学校	性别	职称	年龄	学历	教龄	研究兴趣
B5	2	1	2	30	2	2	10
B6	2	1	4	51	2	4	2
B7	2	1	2	32	2	2	2
B8	2	2	2	34	2	3	8
B9	2	1	3	41	3	3	11
C1	3	2	2	35	2	2	1
C2	3	2	1	25	2	1	3
C3	3	1	2	47	1	4	3
C4	3	2	2	32	1	2	2
C5	3	1	3	46	2	4	2
C6	3	2	1	32	1	2	5
C7	3	2	2	33	2	1	9
C8	3	2	2	35	1	3	5
C9	3	2	1	27	2	1	4
C10	3	2	2	32	2	1	1

说明：学校：1 = 985/211，2 = 二本院校，3 = 三本院校（民办高校）

性别：1 = 男，2 = 女

职称：1 = 助教，2 = 讲师，3 = 副教授，4 = 教授

学历：1 = 本科，2 = 硕士，3 = 博士

教龄：1 = 0 < X ≤ 5　2 = 5 < X ≤ 10，3 = 10 < X ≤ 15，4 = 15 < X

研究兴趣：1 = 教学法，2 = 跨文化交际，3 = 应用语言学，4 = 二语习得，5 = 文学，6 = 网络和机辅教学，7 = 理论语言学，8 = 国别研究，9 = 翻译研究，10 = 心理语言学，11 = 功能语言学

表 2　　　　被访教师性别、职称、学历、教龄具体分布一览表

		985/211	二本院校	三本院校（民办高校）	总计
性别	男	2	5	2	9
	女	8	4	9	21
职称	助教	1	0	3	4
	讲师	5	5	6	16
	副教授	2	3	1	6
	教授	1	1	1	3

		985/211	二本院校	三本院校（民办高校）	总计
性别	男	2	5	2	9
	女	8	4	9	21
学历	本科	0	0	4	4
	硕士	8	8	6	22
	博士	2	1	0	3
教龄	5 年以内	0	0	4	4
	5—10 年	4	4	3	11
	10—15 年	3	3	0	6
	15 年以上	1	2	5	8

很明显，性别方面，女老师占据了被试人数的 72.4%；职称方面，讲师占据了被试人数的 55.17%；学历方面硕士占据了被试人数的 75.86%；教龄方面，工作在 5—10 年的老师占据了被试的 37.93%。这些百分比将为性别、职称、学历和教龄层面上的语用能力和语用意识对比作好铺垫。

（四）研究过程

数据的收集采取问卷作答的方式，请被试回答问题的时候，不限时间，不限地方，尽可能将自己的所思所想诉诸于笔端，写在问卷上。

对于客观题部分，研究人员使用外籍教师的选择作为"参考答案"，对中方被试进行了评判；对于主观题部分，研究人员转录了所有被试的作答部分，从中发现规律和共性的地方。

四 结果和讨论

（一）对假设问题 1 的回答

假设问题 1 集中于言语行为层面数据分析。在调查问卷里，言语行为层面的题目由三部分构成：第一部分涉及构成言语行为的各层面，如地位和权力、交际方的空间和距离、行为的强加度和语言形式的正式度以及语言的间接性。数据表现形式为等级数据。第二部分为语言形式和对应的语言功能之间的关系，请被试对是否就一种语言功能讲解语言形式之间的细

微差别，进行频率程度的标注，数据为等级数据。第三部分为选择题，由
七个小题构成，总分为等距数据。

　　首先，利用统计软件 SPSS 18.0，我们来看言语行为层面存在的差异，
回答假设 1 的问题。由于样本来自三个不同的学校，每组被试为 9—10 人
不等，数据为等级数据，我们采用非参数检验中的克—瓦检验（Kruskal-
Wallis）。言语行为共有六个层面（地位 I 权利、距离、强加度、正式度、
间接性以及形式间差异），教师信息有五类（见表 3）。

表 3　　　　　　被访教师学校类别、性别、职称、学历、教龄
各言语行为层面渐进显著性值

言语行为层面　教师信息	地位 I 权利	距离	强加度	正式度	间接性	形式间
学校类别	.359	.861	.432	.814	.785	.327
性别	.362	.581	.081	.076	.308	.830
职称	.137	.109	.255	.299	.293	.848
学历	.043	.062	.277	.678	.675	.041
教龄	.216	.790	.090	.341	.674	.676

　　综览所有的渐进显著性值，我们发现若在给定显著水平 alpha = 0.05
下，只有教师的学历信息在言语行为的地位 I 权利和形式间层面存在差异
（分别为 .043 和 .041，都小于 .05），其他 P 值（渐进显著性-Asymp. Sig）
大于 alpha = 0.05，根据此样本无法拒绝 Ho，从而我们可以看出，在教学
实践的过程中，来自不同学校的老师，其性别、职称、学历（部分）和
教龄信息层面，在言语行为各层面没有统计学意义上的差异。

　　现在我们来看下两个有差异的层面：

表 4　　　　　不同学历老师对地位 I 权利的给分均值均数分布

	学历	频数	给分均数
地位 I 权利	1	4	8.75
	2	22	14.98
	3	3	23.50
	总计	29	

表5 **不同学历老师对语言形式间的给分均值均数分布**

	学历	频数	给分均数
形式间差异	1	4	6.63
	2	22	16.77
	3	3	13.17
	总计	29	

我们发现学历和地位 | 权利间的具体差异，从排序（Ranks）看，本科学历的老师的均值偏低（8.75），博士学历的老师的均值偏高（23.50），硕士学历的老师的均值居中（14.98）。对于言语行为交际双方的地位 | 权利的关注，随着教师学历的增加而增加；学历和语言形式间的具体差异：本科老师关注实现某一语言功能的语言形式间的频度较低（6.63），硕士老师的为16.77，博士老师的为13.77。

（二）对假设问题2和3的回答

表6 **教师对语言知识和语用知识各层面重要性的标注频率**

项目 \ 级别	语音	结构	词汇和意义	社会应用和礼貌
1. 不很重要	6	4	3	7
2. 重要	9	4	7	6
3. 很重要	9	9	12	9
4. 最重要	5	12	7	7

从表4我们可以看出，在教学实践中，29位老师中分别有12位老师将"结构"和"词汇和意义"标注为"最重要"和"更重要"，而涉及语用知识的"社会应用和礼貌"的频率分别是9（"更重要"）和7（"最重要"），只占到总人数的31.03%和24.14%。这说明，实际的课堂教学中，老师的重要关注点还没有落到语用知识的层面上。

下面我们对数据进一步分析，以发现语用知识的标注频率是否因学校类别、性别、职称、学历和教龄等产生差异？使用SPSS 18.0中的非参数检验中的卡—瓦检验，汇总所有P值后得到表5：

表7 语用知识在教师信息各层面的 P 值

教师信息	学校类别	性别	职称	学历	教龄
语用知识	.272	.479	.622	.199	.947

我们发现若在给定显著水平 alpha = 0.05 下，由于所有 P 值（渐进显著性-Asymp. Sig）大于 alpha = 0.05，根据此样本无法拒绝 Ho（Ho：不同学校类别、性别、职称、学历和教龄的老师在标注语用知识（社会实践和礼貌）重要性上都没有统计学意义上的显著差异），结合表4的结果，从而我们可以看出，在教学实践的过程中，各位被试老师教学的关注点还没有落到语用知识的层面上，这在下一题也得到了印证：

Which, do you believe, are the areas where learners need the most emphasis in instruction? Please tick（选择一个层面进行打√即可）.

    a）Pronunciation   （   ）

    b）Structures   （   ）

    c）Vocabulary and meaning   （   ）

    d）Social practices and politeness   （   ）

因为在29位受访的老师中，只有12位老师标注了 d 选项，占据总受访人数的41.38%。这也回答了问题——教学实践过程中，在语言形式和语用知识层面，对于哪个层面是学生最需要在课堂教学环节进行的判断是有差异的。

同时，有17位老师在如下的题目中，认为 social practices and politeness 不需要教师有意识地进行教学，学生能够自然习得。

Which are for you the areas where learners can acquire language naturally, without instruction? Please tick one or more boxes（do not tick any boxes if you believe instruction is always needed）.

    a）Pronunciation   （   ）

    b）Structures   （   ）

    c）Vocabulary and meaning   （   ）

    d）Social practices and politeness   （   ）

（三）对假设问题 4 的回答

在29位受访老师中，有17位老师会纠正学生产出的错误，有12位老师不会纠正。在语言知识和语用知识各层面纠正错误的频率如表8：

表 8 语言知识和语用知识各层面纠正错误的频率

项目 级别	语音	结构	词汇和意义	社会应用和礼貌
1. 从不	4	2	4	7
2. 不很经常	6	10	5	12
3. 常常	12	6	14	6
4. 经常	7	11	6	4

从表中，我们可以看出，对于学生语音和词汇的错误，老师进行反馈的比率比较高，"常常"分别为 12 和 14，对于结构错误的反馈，"经常"占据了 11。比较而言，对于社会实践和礼貌（语用知识内容），"不很经常"和"从不"的频率分别为 12 和 7，这说明教学实践中，教师对于学生的语用输出不当还没有引起高度的重视。

（四）对假设问题 5 的回答

表 9 通过教学达到最好教学效果的判断频率

项目 级别	语音	结构	词汇和意义	社会应用和礼貌
1. 最有效	7	5	10	6
2. 较有效	10	8	7	6
3. 很有效	6	7	8	6
4. 很无效	5	8	3	10

从该表中我们可以看出，通过课堂教学手段达到理想教学效果，老师认为在"词汇和意义"和"语音"层面上是有作用的（频数分别为 10 和 7）；而在"社会应用和礼貌"层面上，课堂教学达不到理想的教学效果（很无效）（频数为 10），这一点和过渡语语用学研究中的课堂语用教学研究结论相悖。不管是凯斯珀和罗斯（Kasper & Rose，2002），还是金昂和卡亚（Jeon & Kaya，2006）都指出课堂明示教学对语用能力和语用意识培养的重要性。因此，就被访的老师而言，强化课堂语用教学对于学习者的语用能力培养的重要性迫在眉睫。

（五）对假设问题 6 的回答

问卷中关于文化部分的内容分为两部分：静态的文化知识和动态的非

言语交际内容。首先，让我们来看下受试教师的文化得分情况以及是否存在差异？

表 10　　　　　　　　　被试老师文化知识得分分布

老师序号	老师得分	老师序号	老师得分	老师序号	老师得分
A1	9	B1	10	C1	7
A2	8	B2	10	C2	10
A3	8	B3	2	C3	6
A4	10	B4	9	C4	11
A5	10	B5	10	C5	3
A6	4	B6	10	C6	5
A7	9	B7	11	C7	8
A8	10	B8	5	C8	10
A9	10	B9	2	C9	8
A10	10			C10	9

从表格中我们可以看出，在满分为 12 分的前提下，在 5—10 分（含 5 分和 10 分）间的被试老师有 23 人，低于 5 分的老师 4 人，11 分的有两人。在及格分为 7.2 的标准下，有 21 人得分大于等于 8 分，及格率为 72.41%。

方差分析结果显示，所有的 Sig 值都大于 .05，这表明被试老师的文化得分也没有因为学校类别、性别、职称、学历、教龄的不同而产生差异。见表 11。

表 11　　　　　　　文化得分和教师信息各层面的方差值

教师信息	学校类别	性别	职称	学历	教龄
文化得分	.585	.203	.833	.639	.877

接着我们来看下动态的非言语交际部分，被试教师的反应状况。原题题目如下：

How often do you remind your students of the non-verbal codes in cross-cultural communication besides verbal codes. For example, crying and smiles are universal signs while the OK sign may have different meanings in America,

France, Belgium, Japan, Greece and Turkey. Personal space is also different between Anglo-Saxons, Asians and Latinos, not to mention patterns of eye contact (A direct gaze is ok in Latin America, the Arab world and southern Europe while hostility in other parts of the world).

1. never; ( )　　2. not very often; ( )　　3. quite often; ( )
4. very often ( )

对四个频率标注的老师人数如下：

1. never;（1 人）　　　　　　2. not very often;（10 人）
3. quite often;（14 人）　　　　4. very often（4 人）

虽然，作为语用能力重要的组成部分，非言语交际发挥着重要的作用（Bardori-Harlig，2013），14 人对"quite often"进行了标注，但是只有 4 人对"very often"进行了标注。

五　结论

本研究通过语用能力问卷，调查了三类院校英语教师的语用能力状况，初步得出如下结论：

1. 在言语行为的各层面中，除了地位 | 权利以及语言形式在教师信息的学历上存在差异外，其他层面在教师信息上没有统计学意义上的差别，这说明被访教师在语用能力中的言语行为层面上水平相当，存在着大体统一性；

2. 在教学实践过程中，对于语言形式知识和语用知识的关注度层面，被试教师对待学生的语言错误和语用错误，课堂教学能够有效提高学生语用能力，依然存在着和现有研究结果不一致的地方，教师授课的关注点还没有落到语用知识的层面上；

3. 对于构成语用能力的重要组成部分，非言语交际的知识还没有引起被试教师的足够注意。

注：本文系 2012 年陕西师范大学教师教育研究专项资助项目（JSJY2012YB17）、教育部人文社会科学研究规划基金项目"过渡语语用学视阈下的高校英语教师语用培养模式研究"（12YJA740030）、陕西省教育厅科研计划项目"多媒体语境下中小学英语师资语用培养模式研究"（2013JK0309）、西安外国语大学重点教研项目"过渡语语用学视阈下的

外语师资语用培养模式研究"（XJG 201103）、陕西省教育科学"十二五"规划 2012 年度课题"中小学外语师资语用培养模式研究"（SGH12478）的阶段性成果，一并致谢！

参考文献

Bachman, L. F. & Palmer, A. S., *Language Assessment in Practice*, Oxford: OUP., 1996/2010.

Bachman, L. F., *Fundamental Considerations in Language Testing*, Oxford: OUP., 1990.

Barron, A., *Acquisition in Interlanguage Pragmatics—Learning How to Do Things with Words in a Study Abroad Context*, Philadelphia: John Benjamings Publishing Company, 2003.

Bialystok, E., "Symbolic representation and attentional control in pragmatic competence", In G. Kasper & S. Blum-Kulka (eds), *Interlanguage Pragmatics* (pp. 43—57), Oxford: Oxford University Press, 1993.

Ishihara, N. & Cohen, A. D., *Teaching and Learning Pragmatics: Where Language and Culture Meet*, London: Pearson Education Limited., 2010.

Jeon, E. H., Kaya, T., "Effects of L2 instruction on interlanguage pragmatic development: A meta-analysis. In J. M. Norris and L. Ortega (eds), *Synthesizing Research on Language Learning and Teaching* (pp. 165—211), Amsterdam: Benjamins., 2006.

Kasper, G. & Rose, K. R., *Pragmatic Development in a Second Language*, Oxford: Blackwell Publishing Limited, 2002.

Leech, G. N., *Principles of Pragmatics*, London: Longman., 1983.

Rose, K. R., "Pragmatics in teacher education for nonnative-speaking teachers: A consciousness-raising approach", *Language, Culture and Curriculum*, 1997.

Stenhouse, L., "Research as a basis for teaching", In Rudduck, J. & Hopkins, D. (eds.), *Research as a Basis for Teaching: Reading from the Work of Lawrence Stenhouse*, Oxford: Heinemann, 1985.

Thomas, J., "Cross-cultural pragmatic failure", *Applied Linguistics*, 1983, 4: 91—112.

Yates, L. & Wigglesworth, G., "Researching the Effectiveness of Professional Development in Pragmatics", in Bartels, N. (eds.), *Applied Linguistics and Language Teacher Education* (pp. 261—280), Springer Science + Business Media, 2005.

何自然、阎庄：《中国学生在英语交际中的语用失误——汉英语用差异调查》，《外语教学与研究》1986 年第 3 期。

何自然、张巨文：《外语教学中的语用路向探索》，《山东外语教学》2003 年第 4 期。

洪岗：《英语语用能力调查及其对外语教学的启示》，《外语教学与研究》1991 年第 4 期。

黄绍荣：*Culture and Communication*，西安外国语大学英文学院讲座，西安，2012 年。

姜占好：《过渡语语用学视角下的语用能力研究》，北京大学出版社 2013 年版。

李怀奎：《国内关于学习者外语语用能力的实证研究：调查与分析》，《山东外语教学》2005 年第 5 期。

冉永平：《语用学与二语习得交叉研究的新成果——〈第二语言中的语用发展〉评介》，《外语教学与研究》2004 年第 2 期。

张晶薇：《语用能力与语用教学》，《河北理工大学学报》（社会科学版）2007 年第 2 期。

全国大学英语四级考试对二年级大英课堂教学的反拨效应

刘 薇

摘要： 本文以陕西师范大学非英语专业 217 名大二第一学期学生为研究对象，基于语言测试对语言教学与学习影响的反拨效应的理论研究，通过课堂观摩、问卷调查及结构式访谈三种形式试图寻求大学英语四级统考对于大二第一学期英语课堂教学的影响及其程度。结果表明，四级统考指挥棒作用于课堂教学的反拨效应显著，而反拨效应的发挥程度受到教师教学方法和水平以及学生英语水平及心理等多方面的影响。此外，本研究会对教师在大二上学期适当进行英语课堂教学措施改进等具体实践方面提供相应的指导。

关键词： 四级；二年级教学；反拨

一 前言

自从 1987 年在全国实施大学英语四级统考以来，四级统考成为了不可撼动的检测《大学英语教学大纲》落实情况以及非英语专业本科生英语语言知识与技能掌握水平的最具权威性标准。由于当下社会就业压力给本科生所带来的激烈竞争，四级证书的获得的渴求会直接有效地作用于大学英语课堂的教学与学习。毋庸置疑，四级统考对于推动《大纲》的落实，广泛提高大学生英语水平，提高大学英语教学质量等方面起到了广泛的积极的反拨效应。但是，在学生进入大学二年级第一学期后，面临着课堂教材学习与四级统考的双重压力，我们只有通过对于四级统考对二年级大学英语的教学反拨作用的有效的研究与理性的思考，教师才能更好地发挥四级统考的积极的反拨效应，有针对性地调整该阶段的教学措施，引导学生扎实学习语言，成功渡过考试，有效地将教、学、考三位一体地结合起来。

二　文献综述

休斯（Hughes，1989）认为反拨作用（washback）就是测试对教与学的影响。影响可能是负面的，也可能是积极的。测试如何影响教学的研究始于 20 世纪 50 年代。70 年代比较突出的研究是 1974—1977，克拉汉和马德斯（Kellaghan，Madaus）调查了爱尔兰引进标准化测试对小学、小学教师、小学生及其父母所产生的影响，该研究主要基于师生陈述，未有有效的资料收集。20 世纪 80 年代有关反拨作用的理论和实证研究得以迅速发展，而反拨作用的概念往往与测试的其他概念结合起来理解。到了 20 世纪 90 年代，人们对反拨作用的研究更加深入、系统化，测试影响课堂教学的实证性研究逐渐增多。1991—1993 年，奥德森和沃尔（Alderson & Wall，1993）在针对英语测试影响课堂教学开展调研中，通过问卷调查与课堂观摩，发现测试的反拨作用并非简单的积极或者负面反拨作用的问题，而是复杂的，因此提出了测试影响教学的 15 种假设（Washback Hypotheses）：

测试会影响教师的教学；测试会影响学生的学习；测试会影响教师的教学内容；测试会影响教师的教学方法；测试会影响学生的学习内容；测试会影响学生的学习方法；测试会影响教师的教学进度和教学安排；测试会影响学生的学习进度和学习安排；测试会影响教师的教学方式和深度；测试会影响学生的学习方式和深度；测试会影响教师的教学态度和学生的学习态度；重要的测试才有反拨作用；不重要的测试不会有反拨作用；测试会对所有的教师和学生产生反拨作用；测试对有些教师产生反拨作用，对有些教师和学生不产生反拨作用（Alderson & Wall，1993）。

他们通过这些假设来说明测试的影响不能凭主观推断，要想了解测试如何影响教学以及测试影响教学的程度，就必须进行实证研究。

在我国，随着我国大规模考试的增多，测试对教学的反拨作用也日益成为人们关注的焦点。国内学者对测试这一方面的研究也越来越重视。近十年来已有很多学者专注于研究 CET-4 对于大学英语教学的反拨作用，特别是从 CET-4 对于英语课堂教学反拨效应研究转向 CET-4 口语考试对于英语教学的反拨效应研究，以及近年来对 CET-4 新题型的结构调整与 CET-4 听力网考对于英语课堂教学反拨效应的研究。金艳（2000）指出大学英语四、六级考试口语考试对教学产生了良好的反拨作用；原萍

（2002）认为，成就测试对外语教学具有正面反拨效应；亓鲁霞（2004）研究了中国高等院校统一招生英语考试是否引起了出题者的预期反拨效应；辜向东（2007）认为大学英语四、六级考试同时产生了正面和负面的反拨效应；陈晓扣（2007）提出了反拨效应研究的理论模型；侯新民和王伟力讨论了新大学英语四级听力考试对学生的正面和负面反拨效应；叶碧慧（2008）认为大学英语四级考试新题型"选词填空"对大学英语教学有积极反拨效应；丁黎明（2009）分析了主、客观测试对英语专业教学的负面反拨效应并提出了针对性建议。

此外，"二年级现象"指大学本科外语学生在经过初级基础学习和训练，进入二年级后在语言运用能力方面出现的停滞不前的徘徊现象（陈亚平，1997）。大学本科二年级的非英专业学生作为大学英语两年学习阶段中的一个特定群体，在此阶段英语学习过程中，他们在英语课堂的沉默现象、课堂逃课率的增多以及相较于大一时期的英语学习动机的显著变化等多方面的转变都受到了诸多教育学者的广泛关注。

本文，鉴于此阶段 CET-4 考试对于"二年级现象"中非英语专业学生的心理影响从而带来其英语学习动机的转变以及对该学期课程安排需求的变化，笔者将视点缩聚于二年级第一学期的非英语专业本科生。试图通过观摩、问卷、访谈的手段来了解 CET-4 对于大二第一学年非专业英语课堂的反拨效应。

三　研究方法

（一）目的

非英语专业学生在大学二年级第一学期面临新学期的英语课程学习目标及任务，与全国大学英语四级考试，"二年级现象"的大环境，对其时间安排、心理变化、英语学习动机造成了明显的影响。本文以大学二年级第一学期的非英语专业本科生为研究对象，通过问卷调查了解学生在该阶段英语学习动机、课堂需求的转变，CET-4 对课堂英语学习的影响等。此外，笔者还观摩了三位教师精读课的教学实况。最后，笔者通过访谈的形式对学生以及四位英语教师（个人访谈，三位是我们观摩过的教师）进行了采访，使我们的此项调查结果更具说服力。从而对于我们的教师怎样在大学二年级第一学年这个特定的时段更好地利用学生英语学习动机的转变，满足学生特定时期的英语需求，更好地把握并发挥 CET-4 对于该阶段学生的反拨效应，具有实践性的指导意义。

（二）对象

实验样本为随机抽取的陕西师范大学二年级第一学期的非英语专业理工科本科生共 217 人。且全部样本都将在本学期 12 月中旬第一次参加 CET-4 全国统考。

（三）工具

为了能够更加真实地反映出 CET-4 对于二年级第一学期的非英语专业本科生英语课堂学习的反拨效应，本文通过三种方法进行了数据收集。（1）问卷调查。鉴于课堂录音取样相对较小且效果不甚理想，笔者采用了问卷调查的方法了解学生大二新学期与大一时期相较，其英语学习动机有什么变化；了解学生对于 CET-4 统考的看法，以及在本学期他们所期待的英语课堂教学，借以获得一些有意义的数据和资料。为了使问卷更具针对性，笔者首先将把本研究所涉及的问题设计成开放式问题，并在 52 名学生中进行测试，经过仔细研究，设计出多项选择题 19 个。9 月初发出问卷调查表（学生）221 份，收回有效问卷 217 份，所有问卷调查表都用 SPSS 统计分析结果。（2）课堂观摩。笔者于 2012 年 9 月中上旬观摩了陕西师范大学的三位教师（简称为甲、乙、丙）的四级课堂教学（共八节），并用录音笔从头到尾录音。其中甲教师教龄六年，第四次教四级；乙、丙两位教师教龄皆为 9 年，第六次教四级。（3）结构式访谈。统计完问卷，笔者对学生的一些选项感到意外，于是又随即抽取了 15 位学生进行了访谈。此外，因为在二年级的第一学期初，个别教师的课堂还多少会涉及四级教学的内容，我们就采访了四位教师（个人访谈，三位为观摩过的教师）。访谈使笔者收集的资料和信息更加全面。

四　研究发现与讨论

本部分主要根据问卷调查，运用了 SPSS 软件进行了相应的数据统计分析，以了解学习者在该阶段的英语学习动机情况、对四级统考的看法以及对该学期英语课堂教学的期待值。通过课堂观摩来了解二年级第一学期英语课堂教学的实况。此外，笔者又通过与部分学生及教师的访谈，试图了解四级统考的压力对于英语课堂教学的影响。最终探索出全国四级统考对于大二第一学期课堂英语教学的反拨效应，从而采取有效的措施来应对四级统考对该阶段英语教学的反拨效应，以更好地指导开展该阶段的教学工作。

（一）学习动机问卷调查

研究结果表明（见表 1），对于大学二年级第一学期的非英语专业本科生，四级成绩（Mean = 3.8673，Std. = .81720）与个人发展（Mean = 3.5471，Std. = .87261）是其当下学习英语的最主要的动机。最弱的动机是出国（Mean = 2.1732，Std. = 1.08630）和内在兴趣（Mean = 2.4896，Std. = .99093）。

表1 大二第一学期初英语学习动机问卷调查

动机类型	Min	Max	Mean	Std. D
内在兴趣	1.00	5.00	2.4896	.99093
四级成绩	1.00	5.00	3.8673	.81720
学习情境	1.00	5.00	2.5892	.88765
出国	1.00	4.80	2.1732	1.08630
社会责任	1.00	5.00	2.4476	.98974
个人发展	1.00	5.00	3.5471	.87261
信息媒介	1.00	5.00	2.7164	1.06425

（二）教师四级课堂观摩与访谈记录

表2 三位教师的四级英语精读课堂的教学实况

	甲	乙	丙
所用教材	《新标准大学英语》	《新标准大学英语》	《新标准大学英语》
课堂教学时间	100 分钟	100 分钟	100 分钟
应到学生人数	56	47	50
实到学生人数	51	43	49
精读教学	抽查上次课堂表演，朗读生词，讲课文并翻译难点，提问课文内容，布置作业。	听写单词，课文导入，听歌曲填空，分组讨论文章大意及个别细节题，展示本课学习目标，分析文章结构，布置作业。	做 10 个四级模拟题的听力段对话，并有选择地讲解听力段对话做题技巧。讲解课后题。特别是翻译与填空练习，顺带讲解做不同类型题的一些相关技巧。布置作业。

续表

	甲	乙	丙
师生互动次数	6	33	12
学生互动次数	0	7	2
教师表扬学生	6 次	2 次	0 次
课堂学生的笑声	5 次	6 次	0 次

从对甲、乙、丙三位教师进行二年级第一学期初的课堂观摩的情况来看（见表2），我们发现只有丙一位教师已经将四级的听力模拟题明确地引入了日常的英语课堂教学，且在讲解课后题的时候也会与四级相关题型进行对比。该班的学生出勤率高，上课时，特别是教师在讲解四级技巧及练习时学生神态专注，但课堂气氛不够活跃，学生课堂参与较少。甲、乙两位教师目前还没有太多地在课堂教学中明确增加与四级相关的训练及讲解。教师甲还是采用传统教学模式，以"教"为主，学生爆发的五次笑声均停留在观看同学表演阶段；教师乙试图在上课初展示其本节课的教学目标，通过多模态教学促进学生的思考，并激发学生的英语学习兴趣，课堂师生互动次数较多。此外，在与教师的个人访谈中，笔者了解到几乎所有的教师在本学期初都被学生要求进行英语课堂教学内部的四级模拟及讲解辅导。针对教师谈及的课时有限的实际问题，甚至有部分学生表态愿意将书本的教学内容移至课下，自己学习。对待四级统考这样迫切的态度让教师体会到了学生的焦虑，同时，教师也应该对于自身的日常英语课堂教学情况进行反省。

（三）　学生对二年级第一学期课堂教学内容及形式的期望

表3　　　　大二第一学期，你希望教师英语课堂怎样教学（可选多项）

	人数	百分比
讲解形式技巧	178	82.1
停课自己复习	32	14.6
教师帮助系统复习一遍	101	46.2
组织模拟考试	172	79.2
照常上课	71	32.7
讲解模拟题	177	81.6

表4		你希望第三学期在英语课组织几次四级模考			
次数	1—2	3—4	5—6	7—8	9—10
人数	89	43	112	33	31
百分比	4—1	19.6	51.6	15.2	9.5

　　表3及表4显示：由于第一次面临四级统考，学生会在二年级第一学期对于英语教学有着非常不同的需求。当学生的需求无法同时满足的时候，不仅会给任课教师的课堂教学的开展、教学目标的完成增加难度，同时还会打击学生的学习积极性。

　　此外，被访谈的15位学生对于该学期学生对于英语课的希望有着如下的解释："教师平时只是边读边解释课文，做课后练习题占用的时间太多了"；"我们比较喜欢教师对于课文的引申讨论。平时的英语课太死板了，不讨论，就是讲语法、写答案，没意思"；"我们觉得英语课讲课文就是翻译课文，对我们一点用也没有，提高不了我们的英语水平"；"这学期第一次考四级，大家都没底，很担心，所以我们觉得教师应该给我讲讲考试的技巧之类的知识"；"大一的时候，没有正式考过什么试了，感觉手很生，老师应该多给我们组织四级模拟考试，然后讲题。上课固然也重要，但在这儿节骨眼，老师应该抓主要矛盾，毕竟四级证书对于我们每个人都是更重要、更现实的东西"。

　　由此看来，四级统考对于大二第一学期的英语课堂教学的影响程度以及影响方式是个复杂的问题，它对不同的人产生不同程度的影响。那么，学校和教师应该怎样更好地发挥四级统考这根灵敏的指挥棒促进学生在该阶段的课堂英语学习呢？教师在创造轻松愉悦的课堂学习气氛的同时，应该适时地、有针对性地引导学生以正确的态度面对第一次四级统考，既要有压力，但也要学会调节压力，以增强他们的学习动力和学习兴趣。

（四）　CET-4对于二年级第一学期英语学习的影响

　　没有焦虑学不好外语，而焦虑感过重也影响学习（刘润清，1990）。

　　调查发现，四级统考对于大二第一学期学生的压力比较大。认为压力很大的占到学生的12.6%，认为有压力的占到72.3%，认为有些压力的占到15.1%。同时，认为这种压力能够促进英语学习的占到58.1%，认为不影响的占到29.4%，只有12.5%的学生认为四级统考的压力会阻碍其英语学习（见图1）。

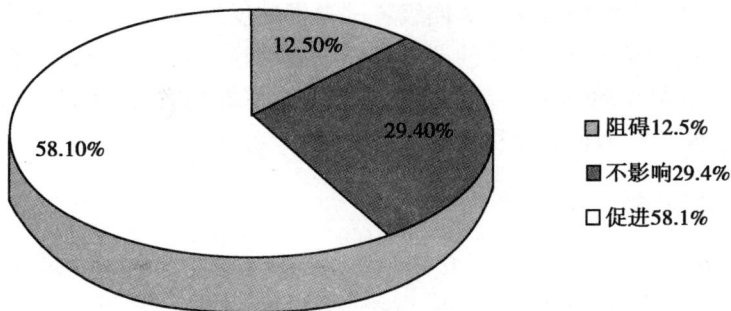

图1　该阶段 CET-4 考试压力对于英语学习的影响

五　本研究的教学意义

1. 大二上学期的英语课堂教学仍需坚持以学生为中心，并兼顾学生应试 CET-4 的心理需求。

外语是一门实践课，学生在实践中进行可接受的语言输入与输出才能使语言技能得到培养和提高。而以学生为中心的课堂才可能为学生创造更多的语言实践的机会以增强英语学习兴趣。因此，教师在大学英语的两年课程中应扮演好组织者、管理者、鼓励者以及合作者的角色，从长远着眼，组织好英语课堂。但是，由于学生面临着激烈的学习深造、就业的压力，对于第一次参加 CET-4 的考试的、习惯于应试的大部分学生而言，对于该学期的英语课堂教学的要求在实际上肯定有了一定的变化。那么如何在该阶段充分发挥 CET-4 的积极的反拨作用，削减消极的反拨效应，都是值得我们一线教师思考并落实的现实问题。

2. 明确教学目标可以促进 CET-4 的积极反拨效应。

为适应该阶段学生备战 CET-4 的心理需求，任课教师应当充分利用这个相较特殊的英语学习阶段，不仅适当地为学生讲解应试技巧，也应适时地为学生传授一些学习策略。帮助学生明确学习目标：学习英语不仅是为了通过四级考试，更重要的是打好语言基础，使英语成为将来不同专业学生及时了解该学科全球前沿信息，参与跨文化交际合作的有效工具。

3. 充分利用 CET-4 反馈数据信息可以更好地发挥其对课堂教学的长远反拨效应。

当非英语专业学生在大二第一学期结束 CET-4 统考后，教师应及时、认真地总结、分析所教学生的四级考试提供的反馈数据信息，帮助学生找出进步和差距，并提出相应的课堂教学改进措施。只有如此，才能为第四学期的英语课堂教学进行有效的铺垫，才能更好地发挥 CET-4 对于大学英语课堂教学更为长远的积极的反拨效应。

参考文献

Alderson. J. C. , C. Claphen & D. Wall, *Language Test Construction and Evaluation*, Beijing: Foreign Language Teaching and Research Press, 2000.

Alderson. J. C. & D. Wall, "Does Washback Exist?", *Applied Linguistics*, 1993, 4/2: 116—129.

Dornyei, Z. , "Motivation in Second Language Learning", *Language Teaching*, 1998, 31: 117—133.

Hughes, A. , *Testing for Language Teachers*, Cambridge: Cambridge University Press/ Beijing: Foreign Language Teaching and Research Press, 1989/2000.

Oxford, R. L. , *Language Learning Strategies: What Every Teacher Should Know*, Rowley, Mass: Newbury House, 1990.

Oxford, R. L. & J. Shearin. , "Language Learning Motivation: Expanding the Theoretical Framework", *The Modern Language Journal*, 1994, 78/1: 12—28.

陈亚平:《"二年级现象"的心理学解释及对策》,《外语教学与研究》1997 年第 4 期。

丁黎明:《主、客观测试对英语专业教学反拨效应辨析》,《外语学刊》2009 年第 1 期。

辜向东:《正面的还是负面的——大学英语四、六级考试反拨效应实证研究》,重庆大学出版社 2007 年版。

侯新民、王伟力:《大学生对新大学英语四级听力考试的态度研究——新大学英语四级听力考试对学生的反拨效应》,《西安外国语大学学报》2008 年第 3 期。

金艳:《大学英语四、六级考试口语考试对教学的反拨作用》,《外语界》2000 年第 4 期。

叶碧慧:《CET4 新题型"选词填空"对大学英语教学的反拨作用》,《疯狂英语》(教师版) 2008 年第 6 期。

亓鲁霞:《意愿与现实:中国高等院校统一招生英语考试的反拨作用研究》,外语教学与研究出版社 2004 年版。

原萍:《成就测试对外语教学的正面反拨效应》,《外语教学》2002 年第 4 期。

英语听力教材学生评价的实证研究

刘 丹

摘要：教材是实施课堂教学的核心组成部分，教材评价是外语教学中的一个重要环节。本文通过问卷调查英语专业学生对英语听力教材"Listen This Way"的评价，统计结果表明，学生对该教材在实用性、难易程度方面感到比较满意，而对其趣味性方面则感到不满意。针对这些问题，本文对该教材进行了分析和讨论，并对现行听力教材提出建议。

关键词：英语听力教材；实用性；趣味性；难易程度

一　引言

英语教材一般是指依据教育行政部门颁布的"英语教学大纲"或"英语课程标准"的目标要求、针对特定学生群体的需要而编写，供学校师生实施课堂教学使用的英语教学用书。教材是实施课堂教学的核心组成部分，它不仅对学生知识的增长、能力的提高及终生的发展起到不可低估的作用，还对教师的教学理念、教学方法、活动设计等产生重大影响，因此选择理想的、适合学生现有水平和教学实际的教材也就显得尤为重要了。在我国，有500多家出版社出版了大量的各类教材，其中不乏优秀教材，也有一些粗制滥造的教材，特别是最近几年，随着外语教学改革和课程改革的迅猛发展，越来越多的教材走向市场，给教材的正确评价、选择增加了难度。

作为实现教学大纲和英语课程的重要媒介，教材不仅应该符合教学大纲宏观要求以及英语教学的客观规律，而且应该充分满足教材使用对象（包括教师和学生）的需求。素质教育的核心是以人为本，充分发挥个人的潜能，实现个别化发展。因此，如何使英语教学和教材满足学生的需求显得越来越重要。为了使教学和教材充分满足学生的需求，首先要了解学生有哪些方面的需求。根据哈钦森和沃特斯（Hutchinson & Waters,

1987）的研究，可将外语学习者的需求分成目标需求（target needs）和学习需求（learning needs）两大类。目标需求包括需要（学习者将来语言使用的客观需要）、差距（学习者将来语言使用的客观需要与现有语言水平之间的差距）、愿望（学习者自己希望学习的内容）。学习需求可以归纳为物质条件、心理条件、知识技能条件和支持条件四个方面。随着对第二语言（外语）学习者个体因素研究的进一步发展，人们认识到，学习者的学习风格和学习策略对学习过程和学习结果有非常重要的影响，这就要求在进行需求分析时要充分考虑学习者在学习风格和学习策略方面的倾向性。因此，对教材的评估应该体现：教材是否能满足学习者的需求和兴趣；教材是否适合学习者的学习方法；学习者能否在教材中识别出所学的语言知识和技能；教材是否鼓励学习者表明其对教材内容和编排的看法和态度；教材是否允许学习者在活动内容和活动方式上作出选择；教材是否允许学习者自己解决问题，调查自己的学习状况，评估自己的练习结果（Breen & Candlin，参见张雪梅，2001）。教材是否真正满足了学生的需要，学生的评价应该是主要的，因为使用教材从事教学活动的最终目的是使学生获得一定的语言综合运用能力并养成好的学习习惯，学生对教材是否感到满意是衡量教材是否成功的一个重要因素。

二　研究设计

（一）研究问题

本研究通过对英语专业听力教材 *Listen This Way* 进行学生角度的用后评价，力求探索：（1）学生对现行使用的英语听力教材的满意程度；（2）学生对英语听力教材中的哪些因素比较关注。

（二）研究对象

我们选取了高等教育出版社出版的英语听力教材 *Listen This Way* 作为调查对象。该教材于1998年第一次出版，2006年再版，作为专业英语听力教材具有非常重要的地位，学生和教师反应不错。我们选择英语专业二年级学生为调查对象，研究时学生已使用该教材三个学期，对教材的熟悉程度有利于评价任务的完成。

（三）研究方法

本研究采用问卷调查的方式来搜集学生评价方面的数据。根据教材评价的基本原则，参照"外语教材评价项目表（Checklists of Materials Evaluation)"（夏纪梅，2003）、"教材评价标准（Criteria for Coursebook Assessment)"（Ur，2000：186）和"麦克多诺和肖的教材评估细则"（张雪梅，2001），我们自制了一份"英语听力教材评价表"。该评价表由 12 个单项组成，主要针对英语听力教材的教学内容、教学任务和教材设计等方面进行调查。为了便于定量分析，评价表以 5 级李克特量表（Likert Scale）的形式设计。在这一量表上，从左至右表示赞同程度的项目是：a. 非常不同意、b. 不同意、c. 一般、d. 同意、e. 非常同意，它们的分值分别是 1、2、3、4、5 分，中间值为 3。对每个单项的评价得分低于 3 则视为对该项不满意，高于 3 则表示满意。个人总得分应该在 12—60 分之间，中间值为 36 分。高于 36 分表示对所用教材满意，低于 36 分表示不满意。所有受试者总分平均值体现他们对教材的满意程度。问卷总共发放了 90 份，其中有效问卷 83 份，有效问卷回收率为 92.2%。笔者运用社会调查统计软件 SPSS 17.0 进行数据分析。问卷的信度值 a = 0.769，表明实验的测量有较强的信度。

三　研究结果与讨论

（一）满意度得分

表 1　　　　　　　　　　总满意度评分结果统计

人数	最小值	最大值	平均值	标准差
83	27.00	53.00	39.84	5.214

表 1 说明了 83 名学生对所使用的英语听力教材满意度评分结果，总平均值 M = 39.84，标准差 Std = 5.214，最高分 53，最低分为 27。而根据表 2 各单项评分统计结果，总平均值为 M = 3.32。两个平均值均大于相应的中间值 36 和 3，这表明学生对所使用的听力教材满意。

表 2　　　　　　　　　　各单项满意度评分结果统计

项目	1	2	3	4	5	6	7	8	9	10	11	12
平均值	3.55	3.47	3.08	3.45	3.66	2.90	3.34	3.13	3.70	3.17	3.53	2.86
标准差	0.753	0.801	0.815	0.815	0.649	0.709	0.753	0.852	0.972	0.998	0.738	0.885

（二） 因子分析

因子分析（factor analysis）就是根据相关性大小给变量分组，使同组变量之间的相关性较高，异组变量之间的相关性较低，从而把多个指标归结为少数几个综合指标（也称公共因子）的多元统计方法（温忠麟、邢最智，2001）。

因子分析结果与我们预先的估计基本一致。第一个因子可称为教材实用性评价。第一个因子（贡献率为50.19%），主要由第1、2、8项决定。表明学生把听力教材能否满足他们实际的需要放在最重要的地位。从表2可以看出，这3项的单项平均值 M = 3.38，大于3，证明大多数学生认为现行英语听力教材能满足他们实际的需要。第二个因子（贡献率为21.94%）可称为教材内容趣味性评价，主要由第3、6项决定。表明学生对听力教材是否富有趣味性、是否能激发和维持学生的学习兴趣比较关心。从本测量得分来看，该因子两项平均值 M = 2.99，小于3，表明学生对现行听力教材内容的新颖性、任务的趣味性等方面不太满意。学生关注的第三个因子可称为教材难易程度评价（贡献率为18.25%），主要由第4、5、7项决定。表明学生非常注意教材是否有利于自身听力水平的提高，他们对练习的难度是否合理，教材是否符合学生的听力水平比较重视。表2显示该因子的三个单项平均值 M = 3.48，大于3，说明学生对现行听力教材内容和任务设计的合理性方面满意。第四个因子可称为教材设计评价（贡献率为9.62%），主要由第9、10、11项决定。表明学生比较注意教材是否使用方便，配套光盘的效果是否良好等。三项平均值 M = 3.47，大于3，说明学生对教材的设计基本满意。

（三） 讨论

1. 教材实用性评价

从本次调查来看，55.42%的学生同意第一项"你认为该英语听力教材的内容对你提高英语听力水平重要"；50.6%的学生同意第二项"你认为该英语听力教材的内容新颖、富有时代特征"，表明学生对该教材的实用性还是比较满意的。这主要是由于该教材力求听力材料的语言真实性、典型性和实际应用性，选择的题材广泛，涉及生活、文化、教育、科技、经济等各个方面的内容。教材的第一、二册考虑学生刚刚进入大学阶段学习，听力水平参差不齐，整体水平较差的现状，因此内容多为人们日常生活及语言交际中最常用的话题，如听电话、天气预报、时间、日期、方位等。通过这些单项技能的训练，不仅提高了学生对常用话题中的表达方式、数字的反应能力，而且也使他们学会在日常交际中灵活运用这些表达方式，加强自身的交际能力。而三、四册则在一、二册的基础上，增加了听力材料的广度和深度，内容包括环境保护、自然灾害、金融贸易等，不仅训练了学生的听力水平，也扩大了学生的知识面，所提供的听力材料对学生的口语、写作也会有极大的帮助，这正是学生在学习语言时所需要的。

2. 教材内容趣味性评价

调查中有 21.69% 的学生不同意第三项"你认为该英语听力教材的内容符合当代大学生的兴趣"，有 48.19% 的学生选择一般，只有 28.92% 的学生表示满意；对第六项"你认为该英语听力教材中的练习设计有趣"，只有 13.25% 的学生满意。这说明教材的内容和练习设计不能很好地满足学生的兴趣。教材生动有趣对激发学生兴趣、调动学生积极性以及提高教学效果具有重要作用。兴趣可以推动学生学习的积极性，成为他们学习的动力。该教材虽然内容题材广泛，但同类练习重复率太高，四册书的练习总是根据所听内容填空、选择、回答问题，有时连着几个单元每个部分的练习形式都一样，学生无须翻开书都知道该干什么，慢慢也就失去了练习的兴趣。因此增多同类练习只会使学生学起来兴味索然。

3. 教材难易程度评价

调查中 56.62% 的学生同意第四项"你认为该英语听力教材符合你目前的英语听力水平"；45.78% 的学生同意第七项"你认为该英语听力教材所提供的练习或活动难度合理"，说明该听力教材还是比较符合学生现有听力水平的。克拉申（Krashen，1985）的输入理论认为，可理解性输入是语言习得的必要条件和关键。语言的输入只有具备 i+1 的特征，才能生效。可理解性输入理论强调，语言输入的意义必须为学生所理解，而输入的语言形式或功能应超出现有水平。这一点说明教学材料的难易程度必须符合 i+1，也就是让学生的语言能力由现阶段（i 阶段）达到相邻的更高阶段（i+1 阶段）。因此在选择教材内容时，难易必须适当，符合学生现阶段的要求。该教材所选取的对话和短文的生词量、速度、理解的难易程度都在学生的接受范围之内，因此学生感到比较满意。

4. 教材设计评价

从调查中我们可以看出大部分学生对教材的版面设计和配套光盘都是

满意的，这有助于学生的课堂学习和课后学习。

四　结论

通过抽样调查英语专业学生对现行英语听力教材的评价，问卷调查因子分析表明学生对其使用的教材在实用性、难易程度方面感到比较满意，而对其趣味性方面则感到不满意。这就要求我们在编写英语教材时在教材内容的选择和安排上充分考虑学生的兴趣和爱好，尽可能通过提供趣味性较强的内容来激发学生的学习兴趣和学习动机。在练习设计上应形式多样，避免同类练习反复出现而使学生感到枯燥。只有兼顾系统性、知识性、趣味性，才能使教材真正符合学生学习的需要。

参考文献

Cunningsworth, A., *Evaluation and Selecting EFL Teaching Materials*, Oxford: Heinemann Educational Books Ltd, 1984.

Grant Henning, *A Guide to Language Testing: Development, Evaluation and Research*, Beijing: Foreign Language Teaching and Research Press, 2001.

Hutchinson, T. & Waters, A., *English for Specific Purposes: A learning-centered approach*, Cambridge: Cambridge University Press, 1987.

Krashen, S. D., *The Input Hypothesis: Issues and Implications*, London: Longman, 1985.

Ur. P. A., *Course in Language Teaching: Practice and Theory*, Beijing: Foreign Language Teaching and Research Press, 2000.

程晓堂：《英语教材分析与设计》，外语教学与研究出版社 2002 年版。

黄友嫦：《英语写作教材学生评价的实证研究》，《国外外语教学》2004 年第3 期。

钱瑷：《介绍一份教材评价一览表》，《外语界》1995 年第 1 期。

温忠麟、邢最智：《现代教育与心理统计技术》，江苏教育出版社 2001 年版。

夏纪梅：《现代外语课程设计理论与实践》，上海外语教育出版社 2003 年版。

周雪林：《浅谈外语教材评估标准》，《外语界》1996 年第 2 期。

张民伦、张锷等：《英语听力教程》，高等教育出版社 2006 年版。

张雪梅：《关于两个英语教材评估标准》，《解放军外国语学院学报》2001 年第2 期。

大学语文"复兴"对高校英语教师汉语修养的挑战

樊 静

摘要:"全球汉语热"带来了新时代的"国学复兴",随之而来的大学语文"复兴"对高校英语教师的汉语修养也提出了新的挑战。鉴于当前许多高校英语教师"重英轻汉"而汉语水平下降的现象,本研究通过问卷和深度访谈的形式,对该问题的内在原因进行探究。研究表明,导致多数高校英语教师汉语水平下降的原因主要围绕三个方面,即,高校英语专业课程设置、高校教师职业压力以及高校教师专业素质评估体制。本研究旨在能引起广大高校一线英语教师对汉语修养重要性的认识,进而提高自身的职业综合素质

关键词:大学语文热;高校英语教师;汉语修养

一 引言

近十年来,随着中国经济的迅猛发展,综合国力的日渐提升,"全球汉语热"在不断升温。两界"世界汉学大会"的成功举办,孔子学院在世界各国如雨后春笋般地蓬勃兴起,都是"全球汉语热"最直接的反映。与此同时,国内再次迎来新一轮的"汉学热"、"汉学复兴"。在这样的文化思潮下,中共中央办公厅、国务院办公厅于2006年9月发布的《国家"十一五"时期文化发展规划纲要》指出,高等学校要创造条件,面向全体大学生开设中国语文课。近年来,许多高校掀起了如火如荼的大学语文"复兴运动"。例如,北京大学设置了"素质教育通选课",要求包括理工科类的所有学生都要选择一或两门语言文字类的课程。清华大学要求所有理工科学生必须学习有关语言、文学等方面的两门"文化素质教育核心课程"。北京航空航天大学和南开大学等高校更是把"大学语文"列在全校所有本科生的必修课表上。此外,华中科技大学也已决定面向所有本科

生开设"中国语文"必修课程，等等。由此可见，大学语文的"复兴"浪潮势不可当，并有逐步升温之趋势。

有文称："汉语素养和能力的提升，是关乎中国和平发展与民族振兴的大事。大学生作为民族文化的传承者，在其中起了很重要的作用。"这即阐明了大学生学习汉语的意义，又从教育的角度揭示了大学语文课与大学生人文素质的培养关系密切。然而，在大学语文"复兴"的今天，高校英语教师的汉语修养是否也能"与时俱进"呢？如果仔细考核高校英语教师的汉语水平及其实际应用能力，则不难发现，大多数教师虽然能够讲一口标准、流利的英语，熟谙欧美文化背景知识，其汉语水平之低却令人汗颜。教师汉语水平如此，那么要求学生具备较好的汉语素养岂不是缘木求鱼？另据调查，在某高校英语教师的一次中国文化知识摸底中，其结果表明，88.1%、76.2%和47.5%的教师知晓中国民俗文化、汉语拼音文化和历史文化，其中，92.85%的教师对自己的汉语修养感到不满，甚至有85.71%的老师承认自己当前相对薄弱的汉语基础已阻碍了自己深入、顺利地实施教学与科研工作（张明芳，2011）。

如果英语教师长期忽略汉语修养的提高，而强调"英语至上"的职业观，其研究和发展的空间会越来越狭窄，研究和创作的灵感会逐渐枯竭，最终成为"四不像"——英语研究不能深入，汉语文化传播不能到位。正如外语界前辈许国璋先生所认为："学习外语，从事语言学研究的人不要把自己圈在只读洋文的狭小天地里，一定要具备良好的国学基础。"（许国璋，1991）鉴于此，本研究通过问卷调查和访谈的形式，对高校英语教师的汉语修养状况进行调查，并试以分析引起该现状的原因，旨在能引起广大高校一线英语教师对汉语修养重要性的认识，进而提高自身的职业综合素质。

二　研究方法

该调查在某四所高校外语学院中随机选取的50位英语教师中（既有担任公共外语教学的教师，也有担任本科英语专业课程的教师）进行，调查群体以中青年英语教师为主，调查形式有问卷和深度访谈两种。问卷包括十个陈述句，从"绝对同意"到"强烈反对"，分成五个等级，设立A、B、C、D、E五个选项（见附录）。调查对象根据自身具体情况作出回答。根据问卷的回答情况，笔者再次对一些教师进行深入访谈，以能够与他们进一步探讨高校英语教师汉语修养状况，及其存在的原因。问卷题目和访谈题目由笔者在阅读了大量相关文献后自行设计。共发放被试调查问卷50份，收回47份。

三 分析与讨论

（一）高校外语系课程设置之影响

谈到"大学语文热"，就不得不联系"大学英语热"。改革开放后的30年，外语学习被越来越多的国人所重视。20世纪90年代末，李阳的"疯狂英语"在高校风靡一时，并激起了"大学英语热"的浪潮，校园里随处可以感受到学生呐喊英语的激情。不得不承认，当时的高校学生，尤其是外语专业的学生，对英语学习的过度重视造成了母语水平的下降，以及母语文化知识的匮乏，使我国传统文化面临危机，因此，早在21世纪初，就有学者发出"拯救汉语，光大汉语"的呼声（辜正坤，2000）。故此，有97.33%的教师在问卷的第一个问题中表示曾经把主要的学习精力放在了培养自己的英语语言技能上，而不是拓展自己的汉语语言能力，其中79.12%的教师表示"绝对赞成"。

另外，很多学校的英语专业课程设置偏重培养学生的英语基础知识能力，以及语言理论知识和英语国家社会文化知识的掌握。据王政等（2008）调查发现，在我国各类高校的英语专业中，只有36.76%的高校英语专业开设了中国文化或类似中国文化的课程。而在笔者所调查的教师中，只有一位教师承认当年所在的英文学院开设过三门（或三门以上）的中国文化课。大多数受访教师坦言，在三四年的大学外语学习中，除过几门公共课本是中文，其他各门专业课全是英文授课，学生在课堂上使用汉语的机会都不多。专业课中能用到汉语的就是翻译课，但课时又非常少。这样的教学模式，即只强调目标语言与文化的重要性，而忽视母语文化在英语学习者知识结构中的重要作用，所培养出来的学生虽然外语知识掌握得很好，但是汉语文化知识却严重匮乏。值得重视的是，当前高校不少英语教师，特别是青年教师正是在这种教学模式下培养出来的，他们的汉语文化基础薄弱不是无根之木。

吕叔湘先生（1982）认为，"介绍（外语）的目的是借鉴，是促进我们的研究。我们不能老谈隔壁人家的事情，而不联系自己家里的事情"。由此可见，学习外语最终是为了更好地介绍和推广本国的文化精髓。因此，不论是介绍"隔壁人家的事情"还是推广"自己家的事情"，都要求外语工作者有扎实的母语文化基础，精通本国文化，这样才不至于贻笑大方。"博晓古今，可立一家之说；学贯中西，或成经国之才。"对于高校英语教师而言，既要研究汉语语言文化，也要研究英语语言文化。只有同时深谙中西文化，才有可能使自己在科研工作中有所建树。

（二）高校英语教师职业压力之影响

由高校教育体制改革而带来的本科生、研究生扩招制，使得高校英语教师，特别是公共外语教师的备课、授课任务繁重。在调查中，有91.15%的教师表示："我所使用的英语教材是全英文版的，我上课所使用的语言是英文，所以，我很少花时间，甚至是没有时间和精力来提高自己的汉语修养。"

由于不少英语教师把更多的精力投入教学当中，忽略了自身中文修养的提高，结果导致中文表达能力的减退。但是，他们在搞科研的过程中才意识到汉语语言文化知识的必要性。有86.76%的教师承认："作为一名高校英语教师，我也有搞科研和撰写论文的压力。然而，国内很多期刊要求用中文投稿，我常常由于自己写不好中文而怯于投稿。从某种程度上讲，我的中文表达能力的减退阻碍了我在科研上的进步。"

笔者对问卷中的第4、5、6项同时选A的教师，进行了深度访谈。发现这些英语教师都是本院系很敬业、很受学生爱戴的老师。他们的职业使命感使得他们非常注重自身专业素质的提高，因此，他们不惜花费很多时间和精力来训练自己在外语方面听、说、读、写、译的能力，即使在寒、暑假中也不无例外。有位教师声称："我们没有英语国家的语言环境，所以，我们要在学生面前说出标准而流利的英文，就必须自己给自己创造英语语言环境，包括平时尽可能用英语作口头、笔头的交流；听英语新闻，读英文报纸，看英文电影。有机会，还要去国外进修等。"另有一位教师表达出自己职业"尴尬性"的一面："英语不仅是学生的第二语言，也是我们的第二语言。本来就没有英语语言环境，如果每天再不勤奋学习，语言水平下降得很快，我们的饭碗可能就丢掉了。但是，顾了英语，汉语就退步了。文章写不好，科研搞不上去，饭碗也就保住了……"

68.12%的教师同意问卷的第8项，即"在处理课后练习时，我不太花时间讲英译汉的技巧，但会强调汉译英的翻译技巧。其原因之一是：我自己的汉语功底也很薄弱，怕翻译得不好"。其中几位教师都承认，他们在课堂上遇到比较难译、难解的英语句子时，要么生硬地用"蹩脚的汉语"翻译，要么采取"解构主义"手段，将复杂句子化解为若干简单句，以应付课堂教学之需。这些教师有一个共同的困惑是：并非不明白英语意思，而是找不到恰当的汉语表达。

由此可见，掌握英汉对比语言学理论以及加强母语意识对高校英语教师至关重要。英汉对比理论研究关乎两种语言的各个层面的结构和功能，该理论知识能使语言教师更加精确、完备地了解其所教语言的内部体系和外部生存环境，从而为教学目标和教学内容的确定、语言教材的编写，宏观上提供理论依据。此外，英汉对比理论所提供的英、汉两种语言的异同点也可以帮助语言教师预见教学的难点及母语的干扰程度，从而为采取预防措施、组织好课堂教学而提供理论依据和实际的解决办法（杨自检，2000；刘洪泉、唐书哲，2008）。王菊泉先生（2002）曾提倡，要大力提倡母语意识，废除在翻译中只注意和尊重外语，而忽视甚至无视汉语的"不平等条约"。他鼓励在外语界掀起一个学习和研究汉语的热潮。

（三）高校教师专业素质评估体制之影响

值得注意的是，收上的 47 份问卷中，100% 的教师在最后一项上选择A，即，学校除了要求英语教师通过普通话资格考试外，至今，对英语教师没有组织过任何形式的汉语语言能力的评估。这就凸显了目前高校缺乏对英语教师汉语水平的客观评估。从表面上看，这样似乎是强调英语教师的"专业"性，而实际上却加重了英语教师，尤其是青年英语教师对语言学习和教学的认识误区。其实，由于语言是思维的产物，任何一门外语的教与学都要依赖母语，并以母语为认知的中介。例如，在英语课堂上，教师通过对汉语和英语在意义和功能上的差异分析，使学生能更恰当地使用外语；学生的外语基础良莠不齐，在大学的外语教学中适当地使用母语可以起到兼顾较差学生的作用；另外，外语教学中，教师在讲解抽象的语法概念或词义时，适当利用母语讲解可提高课堂教学效率。

访谈中，笔者了解到大多数高校在每学期期末都会对教师进行教学评估，其评估的重点是教师的科研成果、教学方法以及教学效果。学校通过问卷和访谈的形式，从学生中了解教学方法和教学效果。但是，评估结束后，学校并没有及时地将评估报告反馈给任课教师，造成教师和学生在教学效果方面认识的偏差，影响教学效果的提高。一些受试教师在访谈中也意识到，由于自己在教学过程中尽量不使用汉语，使得有些英语水平低得学生有较高的学习挫败感，进而失去对英语学习的兴趣，出现学生上课注意力不集中、出勤率下降等课堂问题。因此，笔者建议学校在英语教学评估体系中增加汉语修养评价的比重。汉语水平既是高等院校推进素质教育的要求，也是提升、改善高校英语教师综合素质的重要内容。因此，及时对英语教师的汉语语言知识和应用能力进行考核，从某种程度上可帮助提高课堂教学效果。

四　结语

从许多学贯中西的语言大师身上，我们可以看到，要想真正学好一门外语，没有母语功底几乎不可想象。我国许多的外语大家，无一不同时是国语大师。许多前辈语言学家如赵元任、罗常培、林语堂、吕叔湘，都是中外兼通的。他们本来精通国学，又把外语研究和汉语研究结合起来。这些学者出入中外、熔铸古今，徜徉于语言文史诸学科之间。而如今，高校英语教师在教学和科研成长的道路上，不仅要练就过硬的英语语言基本功，搞好科研和本职教学；更要注重培养和提高综合业务素质。汉语是我们民族精神、文化的重要载体，因此，高校英语教师，特别是青年教师在具备丰厚专业知识的基础上，还要用心培养、"修炼"汉语素养，学贯中西。这不仅顺应时代的要求，也促使教师提升教学水平，提高教学质量，使教学内容更加丰富多彩，同时更好地培养学生跨文化语言交际能力。

参考文献

辜正坤：《语文教学与中华的命运》，《语文教学通讯》2000 年第 2 期。

刘洪泉、唐书哲：《汉语水平与翻译能力的关系——长江大学英语专业学生汉语水平调查报》，《长江大学学报》（社会科学版）2008 年第 8 期。

王菊泉：《从外语界的现状看加强对汉语的学习和研究的必要性》，载杨自检编《英汉语比较与翻译》，上海外语教育出版社 2002 年版。

王政、陈智淦：《英语专业教学的中国文化课程设置的探讨》，《高师英语教学与教学》2008 年第 2 期。

许国璋：《许国璋论语言》，外语教学与研究出版社 1991 年版。

杨自俭：《简论对比语言学中的几个问题》，载杨自检编《英汉语比较与翻译》，海外语育出版社 2000 年版。

张明芳、付艺：《"汉学热"下高校青年英语教师的汉学修养》，《宜春学院学报》2011 年第 33 期。

附录　问卷调查

1. 当年作为英语专业的学生，我把主要的学习精力放在了培养自己的英语语言技能上，而不是拓展自己的汉语语言能力。

A. 绝对同意　B. 同意　C. 不表态　D. 反对　E. 绝对反对

2. 我当年所在的英文学院在课程设置上侧重于培养学生英语语言交际技能。

A. 绝对同意　B. 同意　C. 不表态　D. 反对　E. 绝对反对

3. 我当年所在的英文学院没有开设过三门（包括三门）以上有关汉语语言文字、文化的科目。

A. 绝对同意　B. 同意　C. 不表态　D. 反对　E. 绝对反对

4. 作为一名中国高校英语教师，我希望自己有过硬的英语语言基本功。由于没有得力的英语语言环境，所以我平时倾注了相当多的时间和精力来提高自己听、说、读、写、译的能力。

A. 绝对同意　B. 同意　C. 不表态　D. 反对　E. 绝对反对

5. 作为一名高校英语教师，我的备课、授课任务相当繁重。我所使用的英语教材是全英文版的，我上课所使用的语言是英文，所以，我很少花时间，甚至是没有时间和精力来提高自己的中文修养。

A. 绝对同意　B. 同意　C. 不表态　D. 反对　E. 绝对反对

6. 作为一名高校英语教师，我也有搞科研和撰写论文的压力。然而，国内很多期刊要求用中文投稿，我常常由于自己写不好中文而怯于投稿。从某种程度上讲，我的中文表达能力的减退阻碍了我在科研上的进步。

A. 绝对同意　B. 同意　C. 不表态　D. 反对　E. 绝对反对

7. 在英语课堂上，我很少把课文翻译成中文后，再讲解。一方面，我认为学生在课堂上应该有更多的机会听、说英语，我用英文讲解可以给学生提供一个良好的语言学习环境；另一方面，我觉得自己的中文表达不规范，不能有效地帮助我讲解英语课文。

A. 绝对同意　B. 同意　C. 不表态　D. 反对　E. 绝对反对

8. 在处理课后练习时，我不太花时间讲英译汉的技巧，但会强调汉译英的翻译技巧。其原因之一是：我自己的英译汉技巧也很薄弱。

A. 绝对同意　B. 同意　C. 不表态　D. 反对　E. 绝对反对

9. 一直以来，我尽可能使自己"浸泡"在英语中，甚至希望自己的英语水平近乎以英语为母语的说英语者。我一直认为"忘记母语，尽量用英语思维"可以让我的英文表达更纯正。

　　A. 绝对同意　B. 同意　C. 不表态　D. 反对　E. 绝对反对

　　10. 学校除了要求英语教师通过普通话资格考试外，至今，对英语教师没有组织过任何形式的汉语语言能力的评估。

　　A. 绝对同意　B. 同意　C. 不表态　D. 反对　E. 绝对反对

对外汉语学习词典现状调查及理论反馈

周石平　李　霞

摘要： 通过对国内流行的五部对外汉语学习词典在宏观和微观层面上的调查和比较，本文发现，国内对外汉语学习词典已经取得了较大的进步，表现出学习词典不同于普通语文词典的一些自有特征。但同时也表现出诸多不足之处，对内而言，并没有完全摆脱《现汉》等语文词典的影响，对外而言，也没有完全形成汉语学习词典的特色，以展现出汉语语言文化的独特之处。另外，本文还对近30年来有关汉语学习词典的研究论文进行了回顾和分析，指出国内对外汉语词典学发展相对滞后，远未达到理论的高度，并且与语言学及其他学科理论的最新发展也结合不够。

关键词： 学习词典；对外汉语学习词典；宏观特征；微观特征

近年来，随着我国综合国力和经济地位的提高，汉语和汉文化在全世界的影响力与日俱增，汉语正以前所未有的热度风靡世界。据教育部公布的2011年来华留学人数的最新统计数据，全年在华学习的外国留学人员总数首次突破29万人，与2010年相比，总人数增长27521人，同比增长10.38%。另外，在海外，通过各种方式学习汉语的人数已超过3000万人，100个国家超过2500所大学在教授中文，越来越多的中小学开始开设汉语课程，各种社会培训机构也不断增加。

在这个汉语学习的浪潮中，如何根据留学生的实际情况，制定出科学、高效的对外汉语教学方案和策略，推动对外汉语教学研究，进一步提高教学效果，已成为当务之急。其中，作为对外汉语教学研究的重要成分，开展对外汉语学习词典的系统理论研究以及以此为基础的真正适合面向国外汉语学习者的汉语学习词典的编纂工作，更已是大势所趋。

一　学习词典的特征和向型

学习词典（Learner's Dictionary），就是供语言学习者使用的词典，因此又称学生词典或教学词典（Pedagogical Dictionary）。学习词典可以指面向某种语言的所有学习者的、旨在培养语言编码能力的积极型词典，也可以专指面向外语学习者的词典（雍和明、罗振跃、张相明，2006）。

学习词典素有"外向（external-oriented）"和"内向（internal-oriented）"之分，然而辞书学界对这两个概念的区分存在着两种不同的划分标准和依据。一种观点把词典中的语言信息流向作为区分"外向"和"内向"的依据。如果信息由学习者的母语流向目标语，则属外向型词典，反之则为内向型词典。另一种观点则根据词典的服务对象来确定学习词典的向型，为非本族语学习者服务的便是外向型词典，为本族语学习者服务的则属于内向词典（陆嘉琦、郑定欧，2005；田兵、陈国华，2009；杨祖希、徐庆凯，1992）。我们认为，第一种观点能带来某种程度的争议及界定上的混淆。例如，单语学习词典的向型如何界定？这个问题单纯用语言信息流向的观点似乎很难说清楚。另外，这种观点还涉及视角的问题。例如，从国内词典编纂者的视角出发，供国内英语学习者使用的汉英词典和供国外汉语学习者使用的汉英词典都应属于外向型词典，而从词典使用者的角度出发，前者属于外向型词典，后者属于内向型词典，这就使问题复杂化了。既然无法忽视视角问题，第一种观点还是回避不了词典服务对象的标准。我们认为，对一部学习词典而言，选择什么样的编纂体例，主要由词典面向的服务对象的母语状况、文化背景、目标语水平等因素决定。因此，以词典的服务对象为标准来区分词典的向型的第二种观点就显得更合理、更直接，也更简单明了。

为了更好地为词典使用者服务，在进行学习词典的编纂时，就应该充分考虑本族语学习者和二语学习者的不同特征，以及二者对于学习词典的不同需求。这些不同特征主要表现在：首先，后者已经建立起了一套完备的概念系统以及用于表达该概念系统的一整套语言体系。而前者正处于认知世界以及与之对应的语言系统形成的过程之中。因此，对前者而言，语言的习得过程就是学习如何用语言来表达意义的过程（learning how to mean）（Halliday，1975；参看 Cook，2008），而后者在学习目标语之前，已经学会用母语表达意义；其次，二者所处的语言环境完全不同，所具备的文化知识以及百科类知识也有很大的不同；再次，二者对于词汇的学习过程也不一样。前者是通过"去语境化（decontextualization）"的过程，从语言的使用中抽象出词汇（Langacker，2008），而后者往往先通过教材学习抽象的词汇，再运用到实际语境中。因此，二者对目标语词汇的"深度"知识（包括词汇的横向组合知识和纵向聚合知识）的掌握是不一样的；最后，出于上述原因，二者使用词典的目的是不同的。前者对词典的要求是解释性的、规范性的，而后者对词典的要求是生成性的、实践性的（施光亨、王绍新，2011）。

正是考虑到词典服务对象的不同特征，当前市面上流行的语言学习词典，如英语学习词典中的《牛津高阶》、《朗文当代》、《科林斯》等，在编纂体例、选词、立目、释义和例证的风格，以及特色栏目的设置等方面都表现出与普通语文词典不同的一些特征，例如控制收词量和释义用词数量、尽量避免循环释义、增设例证、增加同义词近义词辨析栏目、添加文化信息，等等。国内的一些汉语学习词典，如《现代汉语学习词典》等，也在一定程度上体现出了上述的一些特征。

二　汉语学习词典

按照词典服务对象的标准，目前国内比较流行的汉语学习词典也可分为内向型和外向型两类。前者种类繁多，例如众多针对不同层次用户的学生汉语词典，再如李临定等编著的《现代汉语疑难词词典》（商务印书馆，1999）、郭良夫主编的《应用汉语词典》（商务印书馆，2000），以及符淮清等编纂的《现代汉语学习词典》（商务印书馆，2010）等。而外向型汉语学习词典（常称为对外汉语学习词典）近年来也得到了长足的发展，一批词典应运而生，其中比较有代表性的有孙全洲的《现代汉语学习词典》（1995）（以下简称《孙本》）、李晓琪等的《汉语常用词用法词典》（1997）（以下简称《李本》）、徐玉敏等的《当代汉语学习词典（初级本）》（2005）（以下简称《徐本》）、鲁健骥和吕文华的《商务馆学汉语词典》（2007）（以下简称《鲁本》），以及施光亨和王绍新的《汉语教与学词典》（2011）（以下简称《施本》），等等。

内向型汉语学习词典由于针对的服务对象语言能力层次不一，很难提出一个统一的衡量标准。而汉外词典针对的读者语言情况和文化背景区别更大，针对不同目标语言的词典很难相互比较。因此，本文对于内向型汉语学习词典以及汉外词典都不作论述。我们主要就单语外向型汉语学习词典，即对外汉语学习词典的总体编纂现状以及各部词典的特色和优缺点进行对比分析，并在此基础上，对近年来对外汉语词典的理论研究进行汇总。

出于影响力和时代性等方面的考虑，我们选取了上文提到的五本外向型词典，并对其进行了宏观和微观层面的分析。

三 宏观特征对比

词典的宏观结构是指词典中的词目总体及相应的编排方式。一部词典的宏观结构，通常包括了该词典的收词范围、立目原则、词条排列顺序、总体的释义风格、释义词汇的控制、例证的丰富程度，以及特色栏目的设置等（黄建华，2001；田兵、陈国华，2009）。

对于汉语词典的宏观结构设计来说，情况又有些特殊。例如，在立目方面，汉语中存在单音节字和多音节词的区别，单音节字又有成词单字和不成词的语素、词缀及非语素字的区别。这些不成词的单字该不该立目就成了必须考虑的问题。

对上述五部词典进行各方面宏观对比分析之后的结果如下表所示（词典按照出版时间先后排序）：

表1　　　　　　　　五部对外汉语学习词典宏观结构对比

词典	《孙本》(1995)	《李本》(1997)	《徐本》(2005)	《鲁本》(2007)	《施本》(2011)
收词数量	5500 个字，2.3 万余条词	低于 8821 个词，以甲、乙、丙级为主	4337 个条目，以甲、乙级为主	2400 余字，1万余词	3100 余字，共 6300 余条目
立目原则	多义词视为同一条目的不同义项	多义词视为同一条目的不同义项	义项立目	多义词视为同一条目的不同义项	多义词视为同一条目的不同义项
单字立目情况	非成词单字立目（标明）	排除非成词单字	排除非成词单字	非成词单字立目（标明）	非成词单字立目（标明）
释义词汇数量	未加说明	控制在大纲以内 *	限制在本词典所收词条范围之内	用常用词释义	控制在大纲以内
例证数量	例证较多	例证较多	例证较多（各词条设3—8条例证）	例证较多	例证较多

续表

词典	《孙本》 (1995)	《李本》 (1997)	《徐本》 (2005)	《鲁本》 (2007)	《施本》 (2011)
特色栏目	［同义］、［反义］、［类义］栏目	［注意］栏目和［补充词语］栏目	无	［注意］栏目	［提示］、［比较］、［扩展］栏目

* "大纲"指《汉语水平词汇与汉字等级大纲》。

从表 1 来看，各部词典在收词、立目、释义、例证等方面都体现出一些不同特点。

收词：从数量上看，《孙本》收词量最大，共收入 5500 多个单音节字，2.3 万多个多音节词；《徐本》收词量显然最小，只收入 4337 个条目，其他三部词典收词量基本相当。因此，单纯从收词数量上看，《孙本》的定位应该是中高级水平的汉语学习者，《徐本》主要面向初级汉语学习者，而其余三本大致面向中级学习者。

立目：在立目方面，除《徐本》外，其余四部词典都采用了传统的立目原则，把多义词（包括可以充当不同词性的兼类词）的不同义项归于同一条目下。《徐本》则采用了义项立目，即一义一目的原则，这种立目原则与《剑桥国际英语词典》（CALD）异曲同工。这样做的好处有三：（1）每个词条都有单一、明确的词义、词性和用法；（2）排除了非成词语素义项；（3）把多义词和与之同形的同音词统一转化成了若干个单义词，摆脱了多义词与同形同音异义词的区分困扰（徐玉敏，2009）。但是，这种方法在某种程度上掩盖了词义引申的机制，割裂了义项间的逻辑语义联系，反而不利于学习者对于词汇的总体掌握。

另外，除《徐本》外，《李本》也把非成词单字排除在外，如并没有把非成词语素"民"，立为词目，而是直接把"民兵"、"民航"等多音节词立为词目。其余三部词典都把非成词单字立为条目并用不同方式标明，如《孙本》和《鲁本》用［素］，《施本》则用［名素］等加以标明。上述两种处理办法难说优劣，但都能有效防止学习者误用非成词单字的情况。

释义词汇：控制释义用词数量是学习词典与普通语文词典的重要区别之一。国外一些重要的英语学习词典都将释义用词控制在常用词范围内，如《朗文当代》将释义用词控制在 2000 以内，《牛津高阶》3000 以内，《科林斯高阶》2500 以内。虽然所调查的五部汉语学习词典没有明确说明释义用词数量，但除《孙本》外，都有意将释义用词控制在《大纲》范围之内。

例证丰富程度：由于各部词典并没有明确说明例证数目的总数，我们只能抽样考察单个词条例证的配置情况。我们选择了一个常见词"办法"进行横向考察，并以《现汉》作为参考，结果如表2所示。

很显然，从单个词条的配置来看，各词典例证比内向型的《现汉》丰富，已经基本具备了外向型学习词典的特色。

特色栏目：除《徐本》外，各部词典纷纷增设一些特色栏目，如"同义"、"反义"、"提示"、"注意"等，这些栏目补充说明了词的意义、用法、搭配条件、语体色彩、近义词辨析等方面的信息，对于读者更好地掌握词的意义和用法无疑能起到积极的作用，

表2　　　　　　　　　　　　　　例证配置数量

词典	《现汉》	《孙本》	《李本》	《徐本》	《鲁本》	《施本》
"办法"的例证配置	1	2	5	6	4	4

四　微观结构特征对比

微观结构指的是词条的内部信息结构。就普通语文词典而言，这些信息可包含词形、读音、词性、词源、释义、义项编排、示例（或称例证、用例，以下通称示例）、特殊义、百科信息、词组、成语、熟语、谚语等有关词的构词能力的信息，同义词、反义词、近义词、类义词、派生词等与其他词的联系方面的信息，等等（黄建华，2001）。对于学习词典而言，其中的一些信息是可选的，例如词源信息、特殊义、百科信息等，而释义、义项编排、示例、构词（搭配）能力、与其他词的纵聚合关系等，都是微观结构的核心部分。另外，词的语法和语用信息在学习词典中也应占据一席之地。

以下我们主要就义项的认定、划分和排列，释义示例，语法和语用信息，构词和搭配处理等五个微观层面对上述五部词典进行分析，并以《现汉》作为参考，总结出当代汉语学习词典的普遍特征及各部词典的独特风格。

1. 义项的认定、划分、和排列

为了全面考察这几部词典的义项认定、划分和排列的情况，我们选择

了"包"作为考察对象。之所以选择该词，主要考虑到该词是兼类词（同时具备名词、动词、量词词性），义项较多，同时各义项之间存在着较为明显的词义引申关系。

各词典的义项认定、划分和排列情况可见表3。

就义项认定和划分而言，各部学习词典基本都是以《现汉》为蓝本，对其中不常用义项进行合并或删减。其中《孙本》最接近《现汉》，只去除了《现汉》中最后一个"姓氏"义项；《李本》去除了名词义项中的"帐篷"义、动词意义中的"包围"义和"容纳"义，以及"姓氏"义；《施本》则去除了名词义项中的"鼓包；疙瘩"义和"帐篷"义、动词意义中的"包围"义，以及"姓氏"义；《鲁本》去除了"包围"义和"约定专用"义，并将"负责完成"义和"担保；保证"义合为一个义项；《徐本》只保留了名词义项中的"装东西的口袋"义项和"鼓包；疙瘩"义项、量词义项，以及动词义项中的"包裹"、"担保；保证"、及"约定专用"义项。

表3　　　　　　　　　　　　　　　**义项数目、划分和排列**

词典	《现汉》	《孙本》	《李本》	《徐本》	《鲁本》	《施本》
义项数目	12	11	8	6	6	8
义项排列	义项相关性；不标词性，按词性排列	词目下按词性分类，并按义项的相关性排列	词目下按词性分类，并按义项的相关性排列	一义一目（按词性、使用频率及义项的相关性排列）	词目下按词性分类，并按义项的相关性排列	义项相关性；标明词性，按词性排列

就义项排列而言，《施本》最接近《现汉》，除了去除的义项之外，排列顺序和《现汉》几乎完全一致；《孙本》、《李本》和《鲁本》风格较为接近，都把属于同一词性的各义项集中在一起，在词性内部再根据义项相关性进行排列；《徐本》则采用了一义一目并按词性和义项频率的高低先后排列各义项（词目）的原则。

各部词典对于多义词"包"各义项的选择取舍以及排列标准存在着明显的不同。其一，《孙本》、《李本》以及《鲁本》的义项数量与《现汉》接近，从整个词来看，义项的精细程度（或称"粒度"，参看田兵、陈国华，2009）应该更高，但由于《徐本》采用的"一义一目"的立目原则，从单个词目与义项的关系来看，《徐本》的精细程度无疑是最高

的；其二，《孙本》、《施本》和《鲁本》与《现汉》一样，都把动词性
的"包裹"义置于第一位，义项排列顺序也基本一致，说明这几部词典
对于该词的基本义项及各义项的逻辑语义关系的认识存在异曲同工之处；
《李本》和《徐本》分别把名词性的"包好了的东西"和"装东西的口
袋"义项置于首位，原因可能在于，《李本》认定"包好了的东西"是该
多义词的基本义项，而《徐本》采用的是使用"频率优先"的原则（徐
玉敏，2009）。

　　2. 释义

　　释义是指对词目含义的注释或解释，是读者理解词义的重要途径。因
此，释义是词典微观结构中的核心内容之一。黄建华（2001）提出了词
典释义的四条指导性原则：（1）避免循环互训；（2）紧扣词目进行释义；
（3）释文中所使用的每个词一般都应在本词典中能找到其释义（或称释
义的"闭环性"，参看章宜华，2011）；（4）以易释难，以简释繁，以通
用释冷僻。以这些原则为标准，我们考察了上述五部词典的释义情况，并
将基本情况列入表4：

表4   释义和示例配置

词典	《现汉》	《孙本》	《李本》	《徐本》	《鲁本》	《施本》
释义风格	短语释义，同义对释较多	短语释义为主，结合整句释义，同义对释较多	短语释义结合整句释义	整句释义为主（85%）	短语释义为主，避免以词释词	短语释义为主，避免以词释词
例证来源	自撰	自撰	自撰	自撰	自撰	自撰
例证形式	短语例为主	整句示例为主	短语示例或整句示例	整句示例为主	整句示例为主	整句示例为主

　　除《徐本》外，其余四部词典都基本以短语释义为主，其中《孙本》
和《李本》都或多或少地采用了同义对释的方式。如"办理"，上述两部
词典都沿袭了《现汉》的释义方式，释为"处理（事务）"，"办事"则
都释为"做事"。而《鲁本》虽声称尽量避免以词释词，实际上对于上述
两个词的释义与《现汉》并无区别，仍然是"处理（事务）"和"做
事"。相比之下，《施本》的释义方式比较特别，如将"办理"释为"负
责做某事"，并通过"比较"栏对"办理"和"办"的意义和用法区别
进行了辨析；而对于"办事"，虽然也释为"做事"，但接下来却用"提

示"栏辨析了"办事"和"做事"的区别，这种补充释义的方法对于帮助读者准确理解词义无疑会起到积极作用。

与上述词典相比，《徐本》采用了一种全新的释义方式——"完整句释义法"，不直接解释词义，而是在词目之下先举例句，然后给例句提供释文。例如，对于"办法"一词，先用一个句子"这件事不难，我有办法"演示该词的用法，再将"我有办法"的意义解释为"我知道该怎么做"。毫无疑问，这种用例释义的方法具有一定的优势，它不仅能让读者认识到词在语境中的意义和用法，还能帮助读者形成语言的编码能力，正如王力（1980）所言："无论怎样好的注释，总不如举例来得明白。"（参看刘川平，2009）

然而，这种用例释义的方法也并非没有局限性。首先，用例释义会使释义的准确性、周延性受到制约（刘川平，2009）。黄建华（2001）也指出，词在例句中离不开与其语境相关联的特定意义，唯有释义才可能概括词义的丰富内涵。其次，用例释义将极大地增加词典的篇幅，因此该释义方法对于收词量较小的词典（如《徐本》）也许适用，却不一定具有广泛的应用前景。

另外，上述对外汉语学习词典在释义的简单性和闭环性方面，也还存在一些问题（参看章宜华，2011）。

3. 示例

示例作为词典微观结构中的另一项核心内容，其功能和重要性是不言而喻的。李尔钢（2002）曾提出示例的四大功能：印证词目、帮助释义、验证义项、展示用法。而对于学习词典而言，用例往往用作词语用法的"范例"，"证明"功能往往并不明显，因此，帮助释义和展示用法功能就成了示例最重要的两项功能（刘川平，2009；田兵、陈国华，2009）。也就是说，学习词典的示例配置理应与普通语文词典有所区别。为此，刘川平提出了对外汉语学习词典示例的九项原则：解释性、功能性、适应性、现实性、交际性、浅易性、协调性、兼容性和多样性（刘川平，2006）。

以这些原则为基础，我们在本节中主要在示例来源和示例形式两个方面考察上述五部词典的示例配置情况（由于功能性、适应性、交际性等方面涉及语法、语用信息及搭配处理等其他微观结构层面，将在以下部分陆续介绍），并将结果列入表4。

从示例来源看，所有五部词典基本上全部采用自撰例，也有引自

《现汉》等语文词典的例句。自撰例的优势在于其简略性和针对性，但囿于编撰者个人的有限的经历、见识和知识面，实际上很难反映词在语境中的真实用法和语用功能的方方面面。在当今语料库技术快速发展，以及国外学习词典（如《朗文当代》和《科林斯》等）普遍从大型语料库中筛选例证的大环境下，不能不说这是一个急需改变的现状。

　　汉语词典中的例证从形式上可分为构词例、短语例和句子例（刘川平，2006）。就上述九项原则来说，构词例的效用无疑是最低的，短语例主要用于展示搭配，但由于缺乏语境，其对于词语使用的语用条件的展示显然要逊色于句子例。可喜的是，五部词典都注意到了这一点，与《现汉》相比，句子例在各部词典中都占了较大的比重。

　　4. 语法和语用信息

　　与印欧语系的众多语言不同，汉语的字词缺乏形态标志和曲折变化，在汉语词典中，词性的标注和语法信息的处理就成了难题。因此，很多汉语语文词典（比如《现汉》）是没有词性标注的。这对于读者，尤其是欧美国家的读者来说，通过词典掌握汉语字词的用法将十分困难。不过，令人欣慰的是，上述五部学习词典都标注了词性。对兼类词的处理，一些词典也形成了一些较为成熟的方法，如《徐本》的"一义一目"和其他词典的按词性将义项归类等。

　　对于词语的语法（用法）信息以及语用信息的标注，《孙本》无疑是最成熟的。语法（用法）信息标注方面，主要采用了如下方法：（1）词条逐一标明所属词性，动词还用＜及物＞、＜不及物＞加以标明；（2）词典说明中介绍词的用法句型，并在词目中标明该词所属句型，如"工人必须掌握现代化的生产技术（'名'句1）"；（3）可拆开的离合词，在可拆开的语素中间用"∧"标明，如"睡∧觉"。语用信息方面，《孙本》则用＜口＞、＜方＞、＜褒＞、＜贬＞等标志表明字、词或有关义项的语体色彩等。

　　相比之下，其他几部词典除词性标注外，基本未见采用元语言手段来表明字词的语法信息和语用信息，而是采用了隐性的手段，将用法和语用信息融合在释义和例证之中，供读者体会和模仿。

　　除此之外，一些词典还通过"特色栏目"补充字词的语法和语用信息。例如，《施本》用"提示"对读者不易从举例中体会的有关用法特点作进一步的说明。《鲁本》用"注意"提供语用信息，如对于词条"老太婆",就有"注意:当面称呼人'老太婆'不礼貌"的提示。在《李本》中,一些词语的用法在释义后面作了说明。如在介词"向"的释义后,加上"用在动词前"、"用在动词后"、"常用在表示抽象意义的宾语前面"等用法说明,并分别举例。

总的来说,对于字词的语法和语用信息的标志和说明,一些词典已经作出了一些有益的尝试,其他词典尚在摸索之中。如何制订出一整套科学而直观的以"元语言"作为手段的词语的语法和语用标志,也许将成为今后的汉语学习词典编纂的一个新的任务和挑战。

5. 搭配处理

搭配,是指"能形成一定的语法结构、具有一定的语义关联,且具有一定共现显著性的两个或两个以上词语的自然(习惯性)组合"(田兵、陈国华,2009)。搭配可分为语法搭配和实词搭配。语法搭配和词性有关,如动词和名词构成"谓宾"结构。实词搭配和词义有关,如"发扬"往往同积极的词语搭配,不能同消极的词语搭配(张寿康、林杏光,1992)。在英语学习词典的编纂和研究中,搭配的重要性已日益受到重视,如《牛津高阶》、《朗文当代》和《科林斯》等词典纷纷采用了括注、短语例证、粗体凸显、设置搭配栏等手段对词语的常见搭配加以标明。

汉语作为一种缺乏形态标志和曲折变化的语言,语言的表达更多地依赖于习惯用法和搭配,因此掌握相当数量的常见搭配对于汉语学习者来说就显得异常重要。那么,作为对外汉语教学的重要构成部分,对外汉语学习词典对搭配问题是如何处理的呢?在考察和比较了上述五部词典之后,我们发现在搭配处理方面,这五部词典做得还相当不够。

只有《孙本》明确地标明了搭配关系,但范围很窄,仅仅用〔量—名〕和〔动—量〕标志标明了量词与实词的搭配,对于其他的搭配关系都没有涉及。其他词典基本没有设计搭配标志,只通过释义和示例展示搭配关系。进一步考察了这五部词典的释义方式之后,我们发现,只有《李本》的部分释义能起到展示搭配的效果,如"奔腾",《李本》释为"(许多马)奔跑跳跃;也用于比喻江河、大海的奔流",再如"沉闷",《李本》释为"天气、气氛等使人感到沉重而烦闷",这种释义方式比较形象展示了"主谓"搭配关系。相比之下,《徐本》是整句释义,只能展示某一种具体的搭配。其他词典基本上都是解释性释义,很难展示搭配关系。

当然，用例证展示搭配也是一种比较好的办法，但是用具体的例证展示搭配容易造成搭配的过度限制，读者很难举一反三地将这种搭配关系用到其他词上。因此，这种办法对于培养读者的语言运用能力的效果实际上非常有限。

五　总结

通过以上宏观和微观结构层面的分析，可以看出国内对外汉语词典近年来发展迅速，取得了一些突破和进步，所调查的各部词典都各具特色和创新之处。

从宏观结构层面上看，本文调查的五部学习词典在收词、立目、释义词汇的控制、例证的丰富程度，以及特色栏目的设置上都表现出了与普通语文词典不同的一些特征。例如，收词量明显减少，基本上只收高频词；有些词典的立目也颇具特色，如《徐本》的义项立目；都注意将释义词汇控制在《大纲》和常用词的范围之内；例证明显比《现汉》丰富得多；用特色栏目补充说明字词的同义辨析、用法及语用等方面的信息，等等。

但是，在宏观层面上，这些词典还没有完全摆脱语文词典的影响。就收词而言，有些词典收入了一些低频词、古旧词、方言词等。以《孙本》为例，仅在字母"A"部分，就收录了"欸乃"、"霭"、"嗳哒"、"揞"、"擗"、"鹜"、"鏊"等生僻字词或只在成语中出现的字词。在立目方面，有些词典如《孙本》、《李本》和《施本》，多音词立目时没有遵循按语义立目的原则，将具有同样意义的字头的多音词放到同一个义项下，而是将多音词置于字头所有义项后面，不利于读者掌握多音词的意义。

在微观层面上，各部词典在众多方面也或多或少体现出一些创新之处。例如，在义项认定和排列方面，都在不同程度上进行了义项删减和重新排列，其中尤其以《徐本》的义项立目和按频率排序最具特色；在释义方面，《徐本》的整句释义法无疑是最大的创新；在例证方面，几部词典都采用了句子例的形式，体现出了学习词典的特色。

但是，不能否认的是，即便在微观层面，这几部学习词典仍然表现出诸多不足。例如，义项的认定和排列基本上还是以《现汉》为蓝本，有的词典义项分得过细，并且未能反映出义项之间的逻辑语义关系和认知联系；示例全部为自撰例，未能有一部词典以大型语料库为基础；微观层面上的最大问题在于语法和语用信息及搭配信息设置得不足，只有《孙本》用类似于元语言的形式系统地提供了字词的句法和语用信息；此外，除了《李本》用释义提供部分搭配信息外，其他词典在明示搭配信息方面基本上都处于"不作为"状态。

另外，作为汉语学习词典，在词性、句法、搭配和语用信息方面，上述词典基本上没有形成有效的模式，展现出汉语不同于其他语言的一些特点，对于中国社会和汉文化的信息也提供得不够。

总而言之，国内流行的对外汉语学习词典都取得了较大的进步，表现出了学习词典的一些自有特征，但对内而言，并没有完全摆脱《现汉》等语文词典的影响，对外而言，也没有形成汉语学习词典的特色，并展现出汉语语言文化的区别性特征。

六　理论思考

毫无疑问，词典编纂与词典学理论的发展是相互推动、相辅相成的关系。对外汉语学习词典到目前为止体现出来的一些进步和不足，自然也反映了国内对外汉语词典学发展的状况。

为了真实地对国内对外汉语词典学的发展情况作出一个汇总和客观评价，我们在中国知网（http：//epub. cnki. net/）以"对外汉语"和"词典"作为关键词进行搜索，共命中 59 篇相关论文（包括博硕士论文）。这些论文的年代分布如图 1 所示。

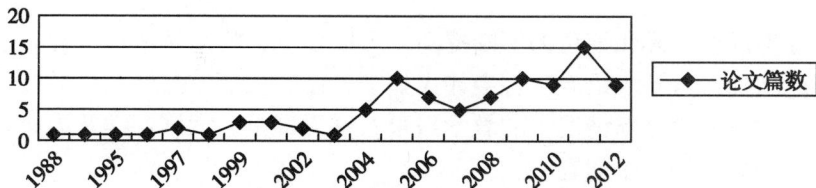

图1　对外汉语词典学相关论文历年发表情况

1986 年孙全洲的《〈现代汉语学习词典〉编纂中的探索》，是第一篇研究对外汉语学习词典的论文。自那以后直到 2003 年，对外汉语学习词典研究进展缓慢，每年只有一两篇论文散见于有关期刊。2004 年是明显的分界线，这一年，郑定欧先生发表了《对外汉语词典学刍议》，标志着对外汉语学习词典学初步形成。自此以后，有关论文逐渐多了起来，到

2011 年已达到 15 篇之多。不过，作为应用语言学的一个重要分支，与其他相邻学科蔚然大观的论文数量相比，这个数目无疑是杯水车薪，远远无法满足对外汉语词典理论发展和编纂实践的需求。

对所有检索到的论文主题分析的结果表明，这些论文中，一部分是词典编纂者在编纂实践中的经验总结，一部分是其他学者对某部或某些词典的评介，还有一部分是针对词典编纂中某个具体问题（如立目、释义、示例设置等）进行分析和研究。这些研究无疑能对于对外汉语词典的编纂实践起到直接的指导作用，但未能形成系统，也远未达到理论词典学的高度。

另外，检索到的论文之中，结合语言学其他领域以及其他相关学科进行研究的论文屈指可数，涉及心理语言学的 1 篇，题元理论 1 篇，语用学 3 篇，语料库技术 3 篇，还有计算机技术的 1 篇。语义学是词典学的直接支撑学科之一，可就检索到的结果来看，竟没有把语义学、特别是认知语义学的最新发展纳入对外汉语词典学中的研究，这不能不说是个遗憾。

通过以上的调查和分析，我们可以就对外汉语词典学的发展状况得出如下结论：

（1）国内对外汉语词典学发展相对滞后，并且远未达到理论的高度。

（2）对外汉语词典学与语言学及其他学科理论的最新发展结合不够。

（3）词典学和语言学研究的新成果也未能及时应用到词典编纂中。

七 展望

随着汉语国际化地位的不断提高，可以预见，将来学习汉语的人数只会不断增加，对外汉语教学将会如火如荼，蓬勃发展。对外汉语词典学该如何发展才能满足新情况下的教学需求？这无疑是广大语言学及词典学研究者必须思考的一个问题。

在对国内已有的对外汉语学习词典以及对外汉语词典学方面的研究和论文作了一定的调查和分析之后，我们对于今后对外汉语词典学的发展方向作出了大胆的展望。

1. 与语料库语言学结合的方向

语料库无论对于词典编纂中义项的认定和排列、释义和示例的编写，还是搭配的认定和处理等方面，都具有举足轻重的意义。可以预见，随着汉语书面语语料库、口语语料库，尤其是中介语语料库的建立和完善，语料库语言学和对外汉语词典学的结合将日益紧密。

2. 与认知语言学及二语习得理论结合的方向

认知语言学中的原型理论、概念隐喻和概念转喻、认知模型、认知框架、心理空间、概念整合等理论，以及二语习得理论，等等，有助于词典编纂者转换视角，充分考虑词典使用者的认知视野、词义的习得顺序等问题，由以词典编纂者为中心向以词典使用者为中心转换。

3. 与心理语言学，尤其是心理词库的研究结合的方向

例如，作为表意的语言，汉语的字词在心理词库中的组织方式与表音的语言（如英语）是否有所差别？如果有，这种差别如何体现在汉语学习词典的编纂实践之中？这些问题是汉语学习词典能否独树一帜，充分体现出汉语的特点，让汉语学习变得事半功倍的关键。

参考书目

Cook, V. , *Second Language Learning and Language Teaching* （4 ed. ）, London：Hodder Education, 2008.

Langacker, R. W. , *Cognitive grammar：a basic introduction*, Oxford：Oxford University Press, 2008.

黄建华：《词典论》，上海辞书出版社 2001 年版。

李尔钢：《现代辞典学导论》，汉语大词典出版社 2002 年版。

刘川平：《对外汉语学习词典用例的一般原则》，《辞书研究》2006 年第 3 期。

刘川平：《对外汉语学习词典用例效度的若干关系》，《汉语学习》2009 年第 5 期。

陆嘉琦、郑定欧：《试论外向型汉外词典与内向型汉外词典的区别》，载《对外汉语学习词典学国际研讨会论文集》，香港城市大学出版社 2005 年版。

施光亨、王绍新：《汉语教与学词典》，商务印书馆 2011 年版。

田兵、陈国华：《英语高阶学习词典设计特征研究——兼及多义词的认知语义结构和义项特征》，科学出版社 2009 年版。

徐玉敏：《对外汉语学习词典的条目设置和编排》，《辞书研究》2009 年第 3 期。

杨祖希、徐庆凯：《辞书学辞典》，学林出版社 1992 年版。

雍和明、罗振跃：《现代汉语实词搭配词典》，商务印书馆 2006 年版。

章宜华：《对外汉语学习词典释义问题探讨——国内外二语学习词典的对比研究》，《世界汉语教学》2011 年第 1 期。

论法律俄语的语言特征

李　琳

摘要： 法律俄语是一门有别于日常俄语的工具性语言，具有独特的词汇和句法特征。法律俄语中广泛使用现代通用、正式的俄语词汇，单义性俄语法律术语，模式化的词组和缩略词；句子结构多为陈述句和完整的复合长句、被动语句和带形动词短语的复杂句，体现了俄语法律语言的正式庄重性、准确专业性、逻辑严谨性的特点。

关键词： 法律俄语；语言特征；法律术语

法律俄语（русский язык права），也可称为 юридический русский язык 或 русский язык по юридическим направлениям，是指具有特定法律意义的俄语语言。法律俄语是一门交叉学科，兼有法学和俄语语言学的双重特点，因其法律所具有的规范性、权威性和概括性特点，法律俄语逐步演变、积累、构建成为有别于日常俄语的"技术语言"、"工具性语言"，并具有独特的词汇和句法特征。

一　法律俄语的词汇特征

法律俄语的词汇广泛用于法律、法规、法律文书、法学著作以及具体的诉讼法律事务中，俄语法律文体使用大量的法律专业术语，一般均为书面语体，用以清楚、准确、系统地叙述法律问题，严谨地通过逻辑推理解释法律事实。

1. 使用现代通用、正式的俄语词汇

俄语法律文本严肃而规范，频繁使用正式的书面文体词汇，用词正式、语意严谨，属于庄严文体，以正式、严谨为首要特点。俄语法律文本运用俄语法律词汇力求准确无误，仅使用正式语词的书面语，没有华丽的辞藻和由普通词、口语词组成的丰富修饰语，更不使用比喻、夸张和委婉的语气。如在法律条文中"由于"常用"в силу"而不用"от"，二者的

语义是一样的，"от"可以用于各种文体，"в силу"常用于较庄重正式的文体，如"в силу малозначительности не представлять общественной опасности"（由于情节轻微而不构成社会危害性）。法典用"кодекс"而不用"списки законов"；调查用"дознание"而不用"поиск"；诉讼使用"иск"而不用"судебное требование"；同谋用"пособник"而不用"единомышленик"；损失用"вред"而不用"потеря"；条例章程用"регламент"而不用"правило"；财产用"имущество"而不用"капитал"；事件用"инцидент"而不用"история"。

又如《俄罗斯联邦民法典》第 421 条，"Стороны могут заключить договор，как предусмотренный，так и непредусмотренный законом или иными правовыми актами."（当事人可以订立合同，此合同包括法律或者其他法律文件规定及未规定的条款。）其中的当事人、合同、规定、法律文件分别为正式的俄语词汇"сторона"、"договор"、"предусмотреть"、"правовой акт"，而不是日常使用较多的"клиент"、"контракт"、"назначить"、"правило"。法律文本在用词上注重正式庄重，使用书面正式词语以增加法律规范的权威性、客观性、科学性。

2. 使用单义性俄语法律术语

法律俄语使用大量单义性的法律术语和专业词汇，有明确的、特定的法律意义，能够准确表达特有法律概念和法律意义。俄语法律术语一般分为两类，一类又可称为纯法律术语或法律专用术语，即具有严格意义上的法律标准词汇语言，多用于法律规范或法律文件中，表示单一的法律概念与法律意义。如上诉人"апеллянт"；原告人"истец"；被告人"ответчик"；豁免权"иммунитет"；司法管辖权"подсудность"；行为能力"дееспособность"；未遂罪"покушение"；自然人（公民）"физическое лицо"；法人"юридическое лицо"，等等。

另一类是并非为法律文体所独有的术语，可出现于其他文体，是普通词汇在法律文本中的独特使用，具有更为明确的法律内涵和意义。如"Гражданин может быть по заявлению заинтересованных лиц признан судом безвестно отсутствующим，если в течение года в месте его жительства нет сведений о месте его пребывания."（如果在公民的住所地已逾一年没有关于他下落的消息，可以根据利害关系人的申请由法院确认该公民失踪。）其中 заинтересованные лица 对应于汉语中法律专业术语"利害关系人"而不能翻译为普通词汇"有关系的人";безвестно отсутству-ющие 对应于法律术语"失踪人"而不能理解为普通词汇"不知名的缺席者"。

此外，一些源于日常词汇的俄语词汇因为用于法律语境而被赋予与普通意义不同的法律意义，从而形成一词多义（法律意义）的现象。如"действие"的普通意义是"活动、行动"，但在下面的四个法律语境中分别表达不同的法律意义：Действие и применение норм гражданского права（民法规范的效力和适用）；Не является преступлением действие, хотя формально и содержащее признаки какого-либо деяния, предусмотренного настоящим Кодексом（作为虽然在形式上含有本法典规定的某一行为，但不是犯罪）；досрочное прекращение действия патента на изобретение（提前终止发明专利证书的作用）；виновные действия（罪行），分别指代规范的"生效"；行为的"作为"；专利的"作用"；犯罪的"行为"。这类普通多义词汇作为法律术语出现，具有了区别日常意义的不同法律意义，在某一法律语境中只表达单一的法律含义，限于单一的法律概念。

3. 使用模式化的复合词组

法律俄语遣词造句力求准确完整，法律语言中广泛使用模式化固定搭配的复合词组，许多"大词"一般包含两个或两个以上的词组合而成。如公诉人"государственный обвинитель-прокурор"；侦查"предварительное следствие"；级别管辖"родовая подсудность"；无罪推定"презумлция невиновности"；起诉书"обвинительный акт"；紧急避险"крайняя необходимость"；正当防卫"законая самооборона"，等等。因此，普通词汇一旦进入法律语言范畴往往失去自由组合的能力，而变成类似于成语的固定型结构，不能任意改变。

法律俄语在词汇使用搭配上有严格的模式化要求，具有固定的专业用语和固定程式，为了避免产生歧义和多义模糊，词与词之间的连用和顺序是不能互换或替换的。如名词"меры"在日常用语中通常与动词"принимать"连用，表达"采取措施"（принимать меры）之意。但"меры поощрения"（奖励措施）、"меры пресечения"（强制措施）、"меры наказания"（刑罚）等法律术语中的"меры"只能与书面语动词"применять"搭配使用。再如动词"обременить"（增加麻烦）用作普通词汇时，只与动物名词连用，"обременить родителей"（成为父母负担），但在法律文本中只与非动物名词连用"обременить имущество"译为"抵押财产"。

4. 使用缩略词

俄语法律词汇的固定组合还形成了大量的缩略词，能够清晰明确地揭示法律概念和法律范畴，是俄语法律词汇的重要组成部分。从其组合的形式看，主要包括有词首字母型缩略词，如"ГК"（Гражданский кодекс 民法典）、"УПК"（Уголовно-процессуальный кодекс 刑事诉讼法典）、"ВАС"（Вышший арбитражный суд 最高仲裁法院）、"КС"（Конституционный суд 宪法法院）、"ПМЖ"（постоянное место жительство 长期居住地）；音节型缩略词，如"Госнаслужба"（Государственная налоговая служба 国家税务局）、"вещдок"（вещественное доказательство 物证）、"Минюст"（Министерство юстиции 司法部）、"спецназ"（отряд специального назначения 特种部队）；首尾型缩略词，如"теракт"（террористический акт 恐怖行动）、"загранпаспорт"（заграничный паспорт 护照）、"Госдума"（Государственная дума 国家杜马）、"спецоперация"（специальная операция 特别行动）。

二　法律俄语的句法特征

法律俄语的句子结构多为陈述句和完整长句，基于表达法律意义的严谨周密和准确明晰，常使用结构复杂的并列复合句或从句套从句的主从复合句；基于表达法律规则判决裁定的中立客观和完备翔实，常使用不带主观色彩的被动语句和带形动词短语的复杂句。

1. 使用复合长句

俄语法律语言一般不使用疑问句和感叹句，多是完整的陈述句，行文周密严谨，以带两个或两个以上从句的并列复合句和主从复合句为主要形式。例如：Если новый уголовный закон смягчает наказание за деяние, которое отбывается лицом, то это наказание подлежит сокращению в пределах, предусмотренных новым уголовным законом. （如果新的刑事法律对正在服刑犯人的犯罪行为规定了较轻的刑罚，则应在新刑事法律规定的限度内减轻刑罚）上句属于递次的带两个从句的主从复合句，主句的主语是 наказание，谓语是 подлежит，条件从句连词"Если"带有

"которое" 引导的定语从句。

  法律俄语句式中大量使用同等从句、非同等从句或递次从句的复合结构，运用层层叠加的连接词保证了法律文书的严谨性和逻辑性。如：Если имущество возмездно приобретено у лица，которое не имело права его отчуждать，о чем приобретатель не знал и не мог знать（добросовестный приобретатель），то собственник вправе истребовать это имущество от приобретателя в случае，когда имущество утеряно собственником или лицом，которому имущество было передано собственником во владение，либо похищено у того или другого，либо выбыло из их владения иным путем помимо их воли.（如果财产系从无权转让人那里有偿取得，取得人并不知悉或不可能知悉向他转让财产的人没有转让该财产的权利（善意取得人），而当财产原是被其所有权人遗失或者被他交付其占有的人遗失时，或者是从他们二者那里被盗窃时，或者由于他们意志以外的其他方式而丧失其占有时，则财产所有权人有向取得人要求返还的权利。）

  这个句子的主句"собственник вправе истребовать это имущество…"前面是很长的条件从句"Если имущество возмездно приобретено…"，在条件从句中又包含了一个定语从句"которое не имело права его отчуждать"和一个说明从句"о чем приобретатель не знал и не мог знать"。主句本身也很复杂，谓语动词实现的方式方法分别由时间从句"в случае，когда имущество утеряно…"、限定从句"которому имущество было передано…"、区分连接词连接的并列复合句"либо похищено у того или другого，либо выбыло из их…"层层修饰和限定，形成一个冗长、复杂而独立的复合句。

  2. 使用被动句式

  法律语言应准确、客观地阐述法律事实，坚决避免主观随意性。阐释法律的客观普遍性而非主观判断，不能使用第一人称"Я думаю… Я считаю…"等。法律俄语中广泛使用书面语体的被动句式，其用意就在于清晰表达法律事实和行为，隐藏和弱化法律行为的主体。法律俄语被动句式通常是通过三种语法形式实现的，分别是被动形动词、被动形动词短尾、带"-ся"动词。

  如：Ответственность перевозчика за вред，причиненный жизни или здоровью пассажира，определяется по правилам главы 59 настоящего

Кодекса, если законом или договором перевозки не предусмотрена повышенная ответственность перевозчика. （承运人对旅客生命和健康损害的责任，除法律或者运送合同规定承运人加重责任的情形外，依照本法典五十九章的规则确定。）上句是条件从句的主从复合句，其主句和从句的主语均是"ответственность"，谓语分别用带"-ся"动词"определяется"和被动形动词短尾"предусмотрена"表示，用以强调责任的客观事实，弱化行为主体的法律意义。被动形动词 причиненный 做 вред 的限定成分，仅强调生命和健康被损害这一法律事实，但并未指出做出"损害"这一法律行为的主体，模糊了对法律行为主体的认定。

　　3. 使用带形动词短语的复杂句

　　在以严谨、精确、清晰为特点的俄语法律语言中，形动词的使用频率远高于其他文本体裁，如：Уголовный закон, устраняющий преступность деяния, смягчающий наказание или иным образом улучшающий положение лица, совершившего преступление, имеет обратную силу, то есть распространяется на лиц, совершивших соответствующие деяния до вступления такого закона в силу, в том числе на лиц, отбывающих наказание или отбывших наказание, но имеющих судимость. （规定行为不构成犯罪，减轻刑罚或以其他方式改善犯罪人状况的刑事法律，有溯及既往的能力，即适用于在该法律生效之前实施相应行为的人，其中包括正在服刑或已经服刑完毕但有前科的人。）此句运用八个形动词："устраняющий"、"смягчающий"、"улучшающий"、"совершивший"、"совершивший"、"отбывающий"、"отбывший"、"имеющий"将连续的短语有机地联合在一起，层层修饰法律条款的细节部分，使其表述得更加明晰准确。

　　再如：Уголовный закон, устанавливающий преступность деяния, усиливающий наказание или иным образом ухудшающий положение лица, обратной силы не имеет. （规定行为构成犯罪，加重刑罚或以其他方式恶化犯罪人状况的刑事法律，没有溯及既往的能力。）此句为简单句，句子成分非常简单，主语 закон 通过三个形动词"устанавливающий"、"усиливающий"、"ухудшающий"短语做修饰限定成分，既保持了句子的美观和连续性，又实现了法律语言准确的表达效果。

三　结论

俄罗斯对本民族法律语言文字的研究由来已久，50 年前苏联著名法学家乌沙科夫（Ушаков. A. A.）就在其著作《苏联立法修辞文集》中指出："法律语言是法律概念形成的唯一要素，是法律范畴中的首要因素"，积极倡导并关注俄语在法律语言中的运用。他强调，法律的规范性决定了俄语法律语言正式性、专业性、确定性的特点；法律的至上权威性决定了俄语法律语言严谨性、逻辑性、庄重性的特点。

当前中、俄两国建立睦邻友好的战略协作伙伴关系，进行全方位的合作，并谋求更深层次的立法与司法协作，法律关系更为紧密，法律合作更为频繁。日益增多的涉外法律事务要求我们的俄语工作者和研究者应充分了解和掌握俄语法律语言的特点，提高自如运用法律俄语参与国际法律事务的能力，增强俄语法律语言运用及交际能力。对法律俄语语言特征的研究，一方面有利于中俄法律合作交流与司法协助的顺利开展，促进中俄法律学术研究的繁荣昌盛；另一方面有利于借鉴和吸收俄罗斯法律制度和法律文化的精髓，"会通中西"，进一步完善我国社会主义法律体系。

参考文献

Александр A. Ушаков，Очерки Советской законодательной стилистики，учебное пособие，Пермь，1967г.

杨文成：《法律俄语翻译》，《外语与外语教学》（大连外国语学院学报）1998 年第 6 期。

窦可昀：《俄语法律术语中的同义、多义和歧义现象》，《吉林师范大学学报》（人文社会科学版）2006 年第 4 期。

谯绍萍：《论俄语语文词典法学术语互训问题》，《外语与外语教学》（大连外国语学院学报）1998 年第 6 期。

略论中日佛教素食中的
文化心理差异

许赛锋

摘要： 汉传佛教在中国本土文化的影响和作用下形成了"戒肉食素"的传统，而东传到日本后，在沿革汉传佛教饮食传统的同时，也出现了像净土真宗这样不戒肉食的宗派，禁肉与食肉从一个侧面反映出两国接受佛教文化的差异。中国佛教素食后来又衍生出了"仿荤素菜"，看似矛盾的中国"吃假肉"和日本"吃真肉"其实关联着两国不同的文化心理背景，进一步剖析这种差异产生的原因，正是两国国民性中值得注目和思考之处。

关键词： 中日；佛教；素食；文化差异性

一 中国佛教素食的形成

佛教传之于中国，有汉传佛教、藏传佛教、南部佛教三支。其中谈及汉族佛教的各种戒律，最广为人知的当数"戒食肉"一条。《涅槃经》讲"夫食肉者，断大悲种"，又所谓出家人有好生之德，不杀生物，"一切诸肉，有无量缘，菩萨于中，当生悲愍，不应啖食"（《大乘入楞伽经》）。

但是原始佛教教义其实对僧侣食肉并没有什么要求。僧侣无有家室，四处云游化斋，得到食物绝无嫌择之理，也就是无论荤素，托钵乞到什么就吃什么，因此如《十诵律》就规定"不见、不闻、不疑为为我而杀之肉"（三净肉）就可以吃。更有藏传佛教和南部佛教，由于僧侣生活的地域所获食物种类有限，所以至今其主要教派都依然不忌荤食。

汉地佛教素食传统的形成，一般认为始于南朝梁武帝。其笃信佛教，针对当时僧尼的奢侈骄逸，作四篇《断酒肉文》，倡素食制度，开始干涉和规定僧尼的饮食。但戒酒戒肉的习俗并未在当时迅速形成，它是逐渐结合了佛教传入之前中国就已具有的素食习俗和诸多儒家思想主张而慢慢发展起来的。例如《孟子·离娄下》有云"虽有恶人，斋戒沐浴，可以祀上帝"；《后汉书·申屠蟠传》记载"（申屠蟠丧父满孝后仍）不进酒肉十余年"，从中可以看出，在诸如祭祀和服丧的时候，汉族当时也是有素食习俗的。再加上儒学思想中不杀生的观念，如《孟子·梁惠王上》："君子之于禽兽也，见其生，不忍见其死；闻其声，不忍食其肉。是以君子远庖厨也。"进而宋明朱子理学宣扬"存天理，灭人欲"，也要求人们在饮食上克制和约束自身，这些都进一步影响和巩固了中国佛教的饮食观念，最终形成汉族僧人、居士不吃肉腥，注重清淡的素食传统。

因此，中国佛教素食传统的形成，与其说是对佛教教义的遵守，倒不如说是在中国本土的社会习俗、历史背景、思想学说的共同作用下的一种必然选择。

二　日本佛教对肉食的"戒与不戒"

关于日本佛教的饮食制度，最早可以在 718 年颁布的《养老律令·僧尼令》中找到一些相关条项，其内容大致和当时中国唐朝佛教的律令制度相当，直到明治维新时期颁布《太政官布（第 133 号）》令——"自今僧侣肉食妻带蓄髮等可為勝手事"之前，大部分佛教宗派还是以"戒食肉"为饮食准则之一。由于在日本本土的神道中也有一种称做"洁斋"的活动，即在写经、做法会、举行神道仪式等场合，要在饮食中尽力避免吃鱼吃肉，这在一定程度上和佛教的素食教义相吻合。逐渐地，主要以蔬菜、豆腐、蘑菇等为主要食材的"精进料理"成为日本寺院饮食文化的代表，其烹调方法追求素朴简单、口味清淡，和中国佛教素食饮食情况基本一致。

另一方面，佛教东传到日本社会后，经过几百年的发展，也不断地与日本本土文化相互影响、相互融合，到镰仓时期，开始产生和形成了诸多有日本特性的佛教派别，如净土宗、净土真宗、日莲宗等。在这些被称做新兴佛教的宗派当中，亲鸾创立的净土真宗十分值得注目。他所宣扬的很多教义都打破了既有传统佛教的戒律，比如允许佛教徒可以"肉食妻带"（食肉娶妻）。虽然他的言行在当时也遭到其他派别的抨击和诋毁，但是这一教派依然不断发展壮大，到今天信徒总数达到 1300 多万，成为日本最大的佛教宗派（「週刊ダイヤモンド」2009 年 9 月 12 日号ダイヤモンド社）。换句话说，在今天的日本，有数量众多的信佛者或出家者，都是可以像常人一样吃肉，可以娶妻生子的。

亲鸾"食肉娶妻"、"恶人正机"、"女人往生"等教义主张，都是基于肯定人性的存在、追求心灵意义上的无我境界而提出的，他认为本来就在酒肉与情色的尘世中诞生的众生无用为了向佛而刻意根除什么，保持原有的生存模式依然可以得到佛法的庇佑，在居家度日的过程中一样可以修行成佛。

三　佛教素食与仿荤素菜

中国佛教饮食到了宋元时期，开始向大众开放、接近，到了明清更是进一步世俗化，不但成为庶民喜爱的菜品种类之一，而且经过一步步的发展与改良，出现了品目众多的"仿荤素菜"，即利用豆腐、面粉、蘑菇等素菜将其加工成肉、鱼之类的荤状食物，不但形色兼备，而且口味也与真物不相上下。有时甚至可以以假乱真。近代如著名佛门弟子赵云韶创立的"上海功德林蔬食处"，就堪称是佛教素食的典型代表。

时至今日，中国佛教饮食被进一步发扬、接受，在城市中可常常见到打着"斋菜"、"素食"招牌的主题餐馆（有一部分为了提升口感而加入了肉汁等物），无论其究竟是否真的为出家人（信佛人）所开设，但是设有佛龛、佛乐绕梁的餐馆内部，却已然是一派佛家景象。在满足一般民众文化需求、给人一种异样感受之余，我们就不得不深思另一个问题——吃着形似鸡鸭鱼肉的素食，我们在思想里究竟是怎样认识着佛教？

学者钱文忠曾说，吃着假肉念佛和吃着真肉念佛，究竟哪一个才是真正意义上的笃佛行为呢？当然，这里面还有许多情况要具体分析，比如中国寺院的饮食还是以素食为主，"仿荤素菜"只是兴起于宫廷，后流传于市井肆坊；日本现今也有传自于中国的此类做法，或根据口味而加以改进，或根据地土之宜而进行了自创，经营此种菜品的料理屋生意也是十分兴隆。

但是，抛开这些细节，我们要是把中国的"吃假肉"和日本的"吃真肉"作一对比的话，究竟谁更具佛性呢，这似乎像是在讨论一个公案，自然我们更加推崇的是"本来无一物，何处惹尘埃"的无我境界，但是所谓的"酒肉穿肠过，佛祖心中留"永远是少数特立独行的"另类僧人"的专利，就如同讥骂"酒肉和尚"一样，我们骨子里对佛教行为上的不守"清规戒律"无法容忍，更难以在现实中给其发自心底的认同。

如果把这个现象作为探寻两国文化差异的一个切入点的话，倒很是有一番趣义与价值的。

四 佛教素食习俗与文化心理差异

总的来说，中日佛教素食习俗的形成，一方面是由于受佛教本身相关教义的影响，一方面也是各自结合了本国固有的素食习俗，同时素食这一行为在情感上和已有的价值观上并没有发生大的冲突和背离之故。

铃木大拙在《日本的灵性》一书中，明确提出日本镰仓时代产生和发展起来的禅宗与净土真宗最能够体现和代表"日本的灵性"，这种灵性与特质在知性方面是禅宗，在情性方面是净土真宗。亲鸾对于教义的阐述和发挥，从一个侧面反映出佛教思想在日本保持和发展的自由性。

由于儒教传入日本，并未像在中国一样取得绝对的优势，大部分时间都在依附着佛教和神道来发展，"佛教得兼儒教，儒教不得兼佛教"，千百年来，入华的求法僧成为儒学在日本的主要传播者，佛教成为儒学进入日本的桥梁和载体。这样一来，占据着"镇护国家"高位的佛教在日本可以说长期是以一种纯粹的形态来运行的，没有被过多地掺杂进其他的意识和思想，自身保持着一个相对自由的发展空间。作为禅宗精神集中体现的茶道、花道等艺术之所以能够在日本确立和发扬光大，就是得益于禅宗思想在日本发展的纯净性。

进而，之所以日本佛教文化中可以产生出"不禁肉食"的观念，除了缺少儒家伦理道德的束缚外，更在于它的民族文化心理也与中国不同。在自然险恶的岛国中生活的日本人，对"生"的感悟和珍惜是超常的，同时原始性的神道对人的本能和欲望并没有作太多修正——不干涉或者保持信者的饮食本性，其实就是对人的自然性的一种肯定。

相反，禁食肉的中国佛教到后来衍生出了"仿荤素菜"，一方面说明劳动者的创造才智和中国饮食文化的博大精深，但是，另一方面似乎也显露出了我们民族的一些特质和根性。"中国人的烹调术就明显地反映出'和合性'。酸与甜，苦与辣，腥与淡，可以彼此作阴阳调和。"（孙隆基，2006：97）这种"和合性"在我看来就是将原本道义上不可以调和到一起的概念和物质，通过折中和曲线的方式化解开来——既不破坏固有的教义与戒律，又用素菜做出荤菜的样子和味道来最大限度地满足品尝者的口食之欲。

五　对国民性的一点思考

1. 一种宗教信仰的形成，会同时受到内外各种因素的影响，如佛教中食肉与禁肉。再如对女色的态度，禁与不禁，甚至只是人为主观的一种干预和选择，像日本的一休禅师一样，他可以酒肉，也可以情色，这些都不妨碍他在日本人心中的高僧大德形象。可见宗教作为人类的一种精神产物，并不会亘古不变，它会随着主导者与参与者的意识而进行相应的改动和变化。

2. 日本民族近代两次跨越式的发展（明治维新和二战后的经济腾飞）给我们留下了太多思考，创造了这种奇迹的日本人的精神世界更值得我们去探讨和学习。正如众多先贤所说的那样，中国近代的变革的困难之一就是受儒教思想的禁锢太深，"由于儒学的这种作用，情感被高度的，甚至过度的'合理化'：自然情欲、兽性冲动、本能要求等原始力量被长期规范、控制、消融在强大的礼乐教化即社会理性之下"（李泽厚，1997：20）。宏观来看，以儒学为核心的中国传统文化心理，又使得中国长期不能摆脱以己为优的华夷思想，"我国自古一统，环列皆小蛮夷，无有文物，无有政体，不成其为国，吾民亦不以平等之国视之"（梁启超，1900：积弱溯源论），这一观念，以致康有为在变法革新的时候也要在"托古改制"的名义下进行，这种厚重且强大的文化思想惯性使得我们在接受新文化、新思想上举步维艰。

而在日本，所谓"万物并育而不相害，道并行而不相悖"，当日本对外来儒教、佛教和本土神道采取这样的处理态度时，无疑在近代的变革转身中少了诸多束缚。有学者提出，中华民族为古老民族，是原生文化；大和民族为新兴民族，是根植文化。也就是得益于这种无厚重思想禁锢的根植文化，日本"更为自由地发展为一种多元而开放的'有用即真理'的立场：可以采新弃旧，也可以新旧并存；可以坚持到底，也可以一百八十度的转弯；……只要忠于君、神，符合现实利益，便无可无不可，不必有思想情感上的争论和障碍"（李泽厚，1997：18）。这种立场，正是在近代发展史上日本比中国能更无阻碍接受西方自然科学的优势之一。

3. 中国文化在以正统性自居的前提下，首当其冲的是喜欢将外来的思想纳入自己的思想和价值体系中，"中国历史上鲜见宗教迫害，……（略）反而，中国思想家常常提倡儒、道、佛'三教合一'。明明是理论架构完全不同的三套东西，却认为可以像菜肴的三种佐料般炒成一碟"（孙隆基，2006：282）。这种能力从积极的方面看，显示出了中华传统文化的博大与包容，体现了历史上一代代士人大夫的思辨与智慧。但是反过来说，这种能力也恰恰反应了我们文化中原则性的缺失以及对事物执著力的匮乏。"（日本人）不论是工作还是发泄，守秩序还是放纵，都是发挥到极致。相形之下，中国人造成的局面，是公与私两败俱伤，是工作时想到游戏，游戏时想到工作。"（孙隆基，2006：280）或许有人可以说日本文化中充满了自我与偏执甚至是疯狂，未必是什么优点，但是，当今中国社会中人情世界的阳奉阴违、似是而非，官场里的"上有政策下有对策"，难道不是传统文化心理的现代版表象吗？

4. 扩大来看，日本对近代西方文明的受容恰似对中国古代佛教的受容，既可以对传来的佛教进行全盘吸收和沿革发展，也可以在需要的时候对内容进行调整改动：食肉娶妻只要符合当时的教化背景、符合民族的生活本性，就可以大胆地打破常规，开创一种新的更为实用的佛教理论。不去计较究竟是"和魂唐才"还是"和魂洋才"，这种大胆吸收、大胆模仿改造的能力使它可以学习外来文明而又超越外来文明，而反观我们自己，"奇技淫巧"论调的产生，在起跑的心理上已经输掉了一拍。

六　结语

佛教文化是中、日两国文化的重要组成部分，而素食习惯的差异在一定程度上只不过是两国文化心理的不同反映：一边是传统思想的禁锢与流于形式的圆滑，一边是本土文化的自由与对人性和发展的认同。当然我们进行对比，不是为了贬低自我崇媚他国，而是相信我们厚重的传统文化和包容调和能力始终是一笔巨大的财富——在经过重新审视和认真反思之后。因为在全球科技化的浪潮之下，未来国与国之间技术层面的差别将会越来越小，而助力一个国家不断成长和繁荣的，将是那潜在于一个国家、每个国民血液里的气质和意念。

参考文献

铃木大拙：《日本的霊性》，橋本峰雄校注，中央公論新社 2008 年版。

中村雄二郎：《日本文化中的罪与恶》，孙彬译，北京大学出版社 2005 年版。

李泽厚：《中日文化心理比较试说略稿》，《华文文学》2010 年第 5 期。

孙隆基：《中国文化的深层结构》，广西师范大学出版社 2006 年版。

万建中：《佛教的饮食习俗》，《佛教文化》1995 年第 4 期。

林克智：《生活中的佛教》，宗教文化出版社 2006 年版。

依田憙家：《日中两国近代化比较研究》，卞立强等译，上海辽东出版社 2004 年版。

文学与文化

不是天使亦非妖魔

——评《我的安东妮亚》

马　珊

摘要：传统的父权制语境下的文学创造了两种极端的女性形象——"天使"与"妖妇"。这两种形象都是扭曲的、虚假的女性形象，不能够诠释现实生活中的女性。美国著名女作家薇拉·凯瑟在其小说《我的安东妮亚》中塑造的安东妮亚一角色，颠覆了将女性"神化"和"妖魔化"的传统，摒弃了对女性形象的刻板书写，展示给读者一个既非"天使"亦非"妖妇"的新女性形象，这对于女性身份的建构、女性经验的书写以及对于广大现实中的女性找准自己的坐标都具有积极的启示作用。

关键词：天使；妖妇；女性主义；薇拉·凯瑟；安东妮亚

一　引言

《我的安东妮亚》（*My Antonia*）是美国著名女作家薇拉·凯瑟（Willa Cather，1873—1947）最有影响力的代表作之一。该小说作为薇拉·凯瑟的拓荒三部曲之一，以19世纪末20世纪初的美国西部为背景，展现了边疆苍茫荒凉而又蕴涵无限生命力的原始风貌，讴歌了拓荒者不屈不挠的开拓精神。尤其令广大读者难以忘怀的是，作者在小说中塑造了几名性格丰满、特点鲜明，并且自信、自立、自强的新女性，如安东妮亚、莉娜、蒂妮等。她们的不同命运、不同的人生轨迹，以及对待自身女性身份的不同态度在女性主义势头高涨的今天仍具有非凡的启示意义。笔者认为，薇拉·凯瑟在小说中塑造的女性人物，尤其是安东妮亚这一角色的塑造，颠覆了传统父权制文学对女性"神化"或"妖魔化"的描写，是对怎样建构真实的女性身份这一问题的理想答案。

在《我的安东妮亚》中，薇拉·凯瑟借助安东妮亚幼时的伙伴同时也是小说男主人公吉姆·博丹之口，叙述了东欧移民的女儿安东妮亚的故事。波西米亚女孩安东妮亚十几岁时随父母背井离乡来到美国内布拉斯加大草原，最初他们的生活穷困潦倒，甚至一度要靠吉姆一家的接济才能过活，雪上加霜的是，不久后安东妮亚的父亲因为无法面对沉重的生活压力和强烈的思乡之情而开枪自杀。此后，安东妮亚便承担了养家糊口的责任，农活使她从一位美丽的少女变成了一个黝黑、强壮的农妇。命运多舛的她在镇上当帮工时又遭遇了未婚夫的遗弃却坚强地生下孩子，独自抚养。安东妮亚最终嫁给一个同样是波西米亚人的丈夫，并与其同甘共苦，顽强创业，建立起一个生机勃勃的大农场和一个充满幸福和希望的大家庭。

评论界一般把薇拉·凯瑟看做美国拓荒时代的代言人，是美国在"不断的物质文明过程中精神美的捍卫者"，其作品《我的安东妮亚》被誉为是一首"拓荒时代"的颂歌。然而，笔者却认为《我的安东妮亚》更应该被视为是一首新女性的颂歌，这主要是因为薇拉·凯瑟在小说中非常关注女性经验和女性的生存状况，通过女性视角及作者自己的叙事视角展现了内布拉斯加大草原的外部世界和小说中那几位女性的内心世界。作者在小说中消解了"宏大叙事"，采用"琐碎记述"，借吉姆·博丹之口娓娓道来，笔触相当细腻，清新质朴。薇拉·凯瑟在小说中所塑造的女主人公安东妮亚具有永恒的艺术魅力和人格魅力，她既不是"天使"，亦非"妖魔"，而是一个有血有肉，敢爱敢恨，不怨天尤人，不愤世嫉俗，对生活热情、勇敢，普通而又不平凡的真实女人。

二 安东妮亚的人物塑造与"神化"和"妖魔化"文学传统

薇拉·凯瑟对安东妮亚这一女性身份的建构颠覆了父权制的文学传统。"父权制的文学传统塑造了'天使'和'妖妇'这两种不真实的女性形象，一方面大力推崇纯洁、顺从、牺牲奉献、缺乏主体性的女性天使形象，另一方面把不肯屈服于父权、有能力学识、有独立自主意识的女性妖魔化。"（刘岩、马建军，2011：3）长期以来，"天使"女性一直维系着现实社会中的道德信念、审美情趣和人性原则，对现实生活中的女性有着极强的文化规范作用。而现实生活中的女性，也常常根据这些文学女性形象来调整、设计自己的生活。西方文学中的天使女性大多传承了圣母的美德：贞洁温顺、恬静安宁、富有母性。如歌德（Johann Wolfgang Von Goethe）笔下的绿蒂，屠格涅夫（ИванСергеевичТургенев）在《贵族之家》中塑造的丽莎娟，《红楼梦》中的李纨等。她们美丽、善良、顺从、天真，从不或很少表现出自我意识或自我愿望。维多利亚时期著名性学家威廉·阿克顿（William Acton）便指出，高尚、完美的女性应具备以下特征：天真、纯洁、顺从，是家中的天使（Lyn Pykett，1992：16）。"顺从"和"被动"亦是男权社会中女性最为重要的美德，维多利亚时期广为流传的行为手册就规定女性必须顺从、谦卑、无私，"她们首要的职责是服侍和取悦丈夫"（Sandra Gilbert and Susan Gubar，1998：600）。

然而，在《我的安东妮亚》中，薇拉·凯瑟避免了将女性刻画为善良而无力，小说中的几位主要女性都表现了很强的主体意识，不愿意受人控制，敢作敢为，把命运掌握在自己的手中，安东妮亚尤其如此。在父亲死后，安东妮亚没有沉湎于悲伤，而是主动承担起了养家糊口的责任，"她整天把袖子高高卷起来，她的两臂和喉咙口像水手似的晒得黑黑的，她的颈子从双肩之间苗壮地耸出来，有如草根泥上戳出的一根树干"（薇拉·凯瑟，2004：85）。才过15岁的她已成了"长马脖儿的农妇"。当吉姆问她上学之事时，她自豪地说："我没得时间去学，我现在能像男子汉那样干活了。我阿妈再不能说所有的活儿都是安布罗希干的，没有人给她帮忙这样的话了。我可以同他干一样多的活儿。上学嘛，那是些小娃儿的事。我要帮忙把这块土地变成一个好农场。"（薇拉·凯瑟，2004：85—86）"尽管她曾在背地里哭过，但明白事理的她始终没有因为艰苦的劳动而丧失乐观和自信，她总是欢欢喜喜的，为自己长成一个身强力壮、力气大的姑娘而感到骄傲，为自己隆起的肌肉而自豪。她不怕在田里干活会消损她漂亮的外表，她喜欢自己像个男子汉，与男性站在同一地平线上参与生活。"（蒋梅玲，2006：90）显然，这年少时安东妮亚的形象绝不符合传统文学作品中的"天使"形象。

安东妮亚在黑鹰镇做帮工的时候，舞蹈班子来到当地，安东妮亚迷上了跳舞，成为了小伙子们关注的焦点，然而，她的雇主哈林先生却对此非常不满，视安东妮亚的行为不检点，因此让安东妮亚自己选择"留"或"走"。安东妮亚为了自己的自由和追求毅然选择了后者，虽然她在此之前与哈林一家相处融洽，生活快乐。后来她去卡特家帮工，主人却试图占有她，安东妮亚聪明地逃了过去。她不愿意委曲求全，也不愿意屈从于老板的淫威，而是大胆追求自己想要的生活。虽然后来安东妮亚被爱情冲昏了头脑，遭人玩弄又被抛弃，独自一人回到乡村，她没有喊一个人帮忙，也没有哼一声，躺在床上，生下了她的孩子。以传统的标准来衡量，安东妮亚的纯洁被毁，而且还生下了一个私生子，她的人生就此完了。可是，安东妮亚这个人物的塑造并没有落入这个窠臼，她依然保持着做人的尊严，依然热情地拥抱生活，还自豪地将孩子的照片放大并挂在照相馆的橱窗里，并不以此为耻。从这里我们可以看到，安东妮亚并不认同传统的价值观，相反，她肯定自己的价值，不受世俗关于女性"贞洁"观念的左右。

父权制试图控制和影响女性的另一策略就是把不符合父权制语境下女性气质的女性塑造为"妖妇"，与上文所提到的"天使"形象相反，"妖妇"形象是一种对女性的"丑化"，是以男性单一的性别偏见为出发点的，把凡是不肯顺从男性、不肯放弃自我的女性"妖魔化"。

如《圣经》故事中的夏娃、希腊神话中的潘多拉、萨克雷（William Makepeace Thackeray）笔下的丽蓓卡等。这些女性"妖魔"总是或虚荣贪婪，或阴险毒辣，或淫乱堕落，总而言之，她们的存在对男性社会的稳定产生了极大的威胁，所以男性作家在塑造这种女性形象时，往往会表现出深恶痛绝的感情色彩，并使用最恶毒的语言加以攻击。与被"妖魔化"女性不同，安东妮亚虽然美丽，但她并不以此为资本，虽饱受贫苦生活之折磨，但她依然自尊、独立，并不利用他人达到利己目的，虽遭人伤害、背弃，但她依然保持健康向上的心态，不愤世嫉俗，不打击报复，依然对生活充满热忱。成家之后，安东妮亚成为了农业家庭的主要支柱，辛勤耕耘，努力劳作，带领丈夫和孩子创造了一个生机勃勃的大农场，然而，她也绝对没有成为一个"悍妇"——另一种被"妖魔化"的女性形象，当吉姆20年后回到内布拉斯加再见到安东妮亚时，就被她创造的那个温馨的大家庭深深感染。

三　结语

其实，无论是"天使"还是"妖妇"都是扭曲的、虚假的女性形象。成为"天使"就意味着戴上了社会套在女性身上的枷锁，必须牺牲自己的意志和愿望，压制自己的声音。吉尔伯特和格巴在《阁楼上的疯女人》一文中一针见血地指出："不管她们变成了艺术对象还是圣徒，她们都回避着她们自己——或她们自身的舒适，或自我愿望，或两者兼而有之——

这就是那些美丽的天使一样的妇女的最主要的行为，更确切地说，这种献祭注定她走向死亡和天堂。因为，无私不仅意味着高贵，还意味着死亡。"（转引自阚鸿鹰、李福祥，2006：60）"妖妇"形象是"天使"形象的另一个极端，它通过丑化、"妖魔化"女性，而使世人唾弃这类女性，使女性沦为彻彻底底的"他者"。由于"妖魔"化的女性身上承载着社会不认同的价值观，破坏了父权制社会的秩序，挑战了男性中心的文化，于是被人视若敝屣，对现实社会中的女性可以起到警示的作用，潜移默化地使女性避免成为"妖妇"，同时以"天使"为楷模来约束自己，这种思想成为了女性的一种集体无意识，从而磨灭女性的个性和自我。

薇拉·凯瑟对塑造女性的真实形象情有独钟，她的小说充满了对女性生存状况的关怀，因而带有很强的女性主义倾向。女性主义的代表人物之一，英国作家伍尔夫（Virginia Woolf）曾经说过："女人写的东西总是女性的；它不能不是女性的；她的佳作亦是最为女性的；难只难在给我们所说的女性下定义。"（肖瓦尔特，1991：260）女性究竟应该是什么样子的，这个问题一直没有定论。亚里士多德（Aristole）曾宣称"女性之为女性在于特质之匮乏"，圣托马斯·阿奎那（St. Thomas Acquinas）则相信"女人是不完整的人"。法国著名哲学家西蒙娜·德·波伏娃（Simone de Beauvoir）指出："女人并不是生就的，而宁可说是逐渐形成的。"（波伏娃，1998：309）读者们见过太多被"神化"、被"妖魔化"的女性，广大女性们也受此误导而以"天使"为自己做人的目标，以"妖妇"作为唾弃的对象，殊不知，这样一来，女性永远找不到自己真正的坐标。薇拉·凯瑟的小说《我的安东妮亚》可谓是为女性树立了一座灯塔，指引着她们在解放自己、实现自己的道路上前进。她笔下的安东妮亚虽然美丽、纯真，但绝不是传统意义上的"天使"，相反，她的身上体现着新女性那独立、自信、坚韧的风采，然而，安东妮亚也绝不是"妖妇"，她的无所畏惧、热情奔放和聪明能干散发着正面的力量，不像某些小说中的女性，当不了天使，那么就索性成为"妖魔"。事实上，"天使"和"妖妇"都是一种强加给女性的刻板形象，都无法诠释真实的女性，现实中的女性应该摆脱这种思想的桎梏，从而成为安东妮亚式的、有血有肉的、美丽而又有力的、善良又拥有主体意识的女性。这样的女性，是生活的宝藏，就像吉姆·博丹20年后再见到安东妮亚时所说的那样："她如今已是一个苍老憔悴的女人，不是一个美丽可爱的姑娘了；可是她仍然具有一种能点燃想象力的东西，仍然能以一个眼色或手势使人惊得停止呼吸片刻，这种眼色或手势，把普通事物的意义泄露无疑。"（薇拉·凯瑟，2004：241）

参考文献

Gilbert, S. & Gubar, S., *The Madwoman in the Attic*, *Literary Theory*：*An Anthology*, eds. Fulie Riukin & Michael Ryan, Malden：Blackwell, 1998.

Pykett, L., *The Improper Feminine*：*the Women's Sensation Novel and the New Woman Writing*, New York：TJP, 1992.

蒋梅玲：《内布拉斯卡走出的新女性——从女性主义看薇拉·凯瑟的〈我的安东妮亚〉》，《绥化学院学报》2006年第1期。

阚鸿鹰、李福祥：《天使与妖妇——男性文本中的女性形象解读》，《西华大学学报》（哲学社会科学版）2006年第6期。

刘岩、马建军等：《并不柔弱的话语——女性主义视角下的20世纪英语文学》，重庆大学出版社2011年版。

［美］肖瓦尔特：《荒野中的女权主义批评》，韩敏忠译，载王逢振等编《最新西方文论选》，漓江出版社1991年版。

［美］薇拉·凯瑟：《我的安东妮亚》，周微林译，人民文学出版社2004年版。

［法］西蒙娜·德·波伏娃：《第二性》，陶铁柱译，中国书籍出版社1998年版。

互文性理论的建构与
20世纪中美诗歌

郭英杰

摘要： 互文性作为一个理论术语，最早被克里斯蒂娃提出之后，便开始日益影响人们的思维方式和理解能力。互文性理论的建构经历了一个复杂的过程，这从互文现象与互文性、传统的影响与互文性、现代诗学转型与互文性以及后现代文本"游戏"与互文性等几组关系中就可"一管以窥豹"。而且，互文性理论为解读20世纪中美诗歌提供了新视角和新思路。

关键词： 互文；建构；20世纪中美诗歌

一　引言

"互文性"（intertextuality）是一个理论性很强的词。根据李玉平（2004：1—7）等学者的考证，该词源于拉丁语 intertexto，在法语中还有对应词 intertextualité。从词汇构成方式来看，"inter-"意为"交互的、从此到彼的、在……之间的"，"texto"系指"编织物、编织品"，"intertexto"则意指"编织或纺织时线与线的交织或融合"。它反映了事物间相互联系、相互作用、相互表述的本质。"互文性"一词作为正式术语，最早出现在法国当代文艺理论家朱莉叶·克里斯蒂娃（Julia Kristeva）所著的《符号学：解析符号学》一书中，其另一部著作《小说文本：转换式言语结构的符号学方法》以一章的内容阐释了"互文性"的概念（王瑾，2005：27—28）。但是，真正引起读者兴趣并且广为批评界关注的是克里斯蒂娃于1967年在法国巴黎《批评》杂志上发表的学术论文《巴赫金：词语、对话和小说》。该论文有两个突出贡献：一是首次向西方世界介绍了原苏联文艺理论家巴赫金（Mikhail M. Bakhtin）的对话主义思想（Dialogism），另一个是用简明扼要的语言界定了"互文性"的内涵和特征：

"文学词语"是文本界面的交汇，它是一个面，而非一个点（拥有固定的意义）。它是几种话语之间的对话：作者的话语、读者的话语、作品中人物的话语以及当代和以前的文化文本……任何文本都是由引语的镶嵌品构成的，任何文本都是对其他文本的吸收和转化（Kristeva，1986：36—37）。

在克里斯蒂娃看来，互文性融合了词语与词语、文本与文本之间的关系，而且这些词语和文本都不是孤立存在，它们别无选择地要与其他词语和文本构成关系网络。这些关系网络将历史和现实融为一体，将现在、过去和将来形成一个不断变化又互有所指的系统。该系统可以为个人创作提供广阔的创作空间、丰富的创作素材和磅礴的社会背景。基于此，克里斯蒂娃主张"文本间性的概念应该取代主体间性的概念"（Kristeva，1986：36）。这无疑具有历史性的贡献。

国内学者对"互文性"的研究始于 20 世纪 90 年代，殷企平（1994）、程锡麟（1996）、黄念然（1999）等学者进行了奠基性的研究工作，李玉平（2002、2004）、陈永国（2003）、赵宪章（2004）、辛斌（2006）等学者把互文性理论的研究引向了深入，并把该领域的理论探讨逐步向国外理论前沿靠拢。这期间还诞生了王瑾撰写的重要的理论专著：《互文性》（2005）。当前，受上述先驱的影响，国内学者在互文性研究领域已形成"百花齐放"、"百家争鸣"的局面，其研究视角也不再仅限于文本理论，而是触及翻译学、文体学、大众传媒等其他领域。

二　互文性理论的建构

互文性概念的提出以及互文性理论的建构是对世界文艺理论界及文学界的重大贡献。从某种意义上讲，互文性理论的建构过程也是互文性逐渐被人熟悉和认知的过程。客观地来看，对互文性理论的理解离不开对以下几组关系的考察。

1. 互文现象与互文性

互文是一种存在。互文的存在不一定依赖于文本或文本的存在，因为互文是现象的和具体的，只要两个事物之间有某种联系，不管是直接的还是间接的、历史的还是人文的，我们都可以认为它们是互文的。互文与作为主体的人有很大关系，人的存在使互文成为可能，使互文本成为可能，也使互文性成为可能（蒂费纳·萨莫瓦约，2003）。互文所依赖的环境比互文性要自由和内容丰富。从广义上来讲，在人类诞生之际，互文就已经开始了，因为人要成为人，就必须与周围的世界和环境发生这样那样的关系。人与人的交流、人与社会的沟通、人与自然的接触都是互文发挥作用的条件。人在生产劳动中产生的互文式的语言、思想、想象等，都成为人们日后文学创作的源泉。历史性地来看，互文的存在使互文性的存在成为必然。但是，互文性与互文有本质的不同。互文性通常是指："两个或两个以上文本间发生的互文关系。"（王瑾，2005：1）强调文本的"镶嵌"和"对其他文本的吸收和转化"（Kristeva，1986：36—37）。这说明互文性的存在必须依赖文本的存在，文本的存在是互文性产生的基础。从根本上来讲，互文性也是一种毋庸置疑的客观存在，因为它所诞生的土壤——文本（text）——是一个客观存在。作为一个抽象概念，互文性有其特定的内涵和所指，但是它的内涵和所指必须依赖文本而产生。而且，文本的属性从某种意义上决定了互文性的属性。

2. 传统的影响与互文性

传统与互文性的关系密不可分。在人类历史上，苏格拉底（Socrates）、柏拉图（Plato）、亚里士多德（Aristotle）等先驱的哲学思想、世界观和方法论（如对话模式与模仿说）以极大的传统力量影响着后世，为互文性的诞生奠定了基础。文艺复兴及新古典主义时期产生的文艺理念也为互文性的发展准备了条件，而且有些发现已明显证实了互文现象的存在。如亚历山大·蒲柏（Pope Alexander）在阅读维吉尔（Virgil）的作品中发现了荷马（Homer）的影子。维吉尔和荷马在创作各自的作品时，不可能互相讨论和借鉴，但是他们都关注自然并且"模仿自然"。基于此，他们发自肺腑的对自然的热爱使他们在作品里无意识地"走到一起"，实现了诗学层面的"殊途同归"。蒲柏同时认为，后人要实现诗学批评的健康发展，就必须向传统和前辈们学习。他告诫世人："你的判断要驶向正确航程，／就需要深知每个古代作家的本性，／他每一页的故事、主题、范围的划分，／他的宗教信仰、国情风土、时代精神。"（王瑾，2005：3）但是，对传统的理解涉及互文性的基本精神的学者，无疑是艾略特（T. S. Eliot）。艾略特（1989：2）曾经说："我们称赞一个诗人的时候，我们的称赞往往专注于他在作品中和别人最不相同的对方，我们自以为在他作品中的这些或那些部分看出了什么是他个人的……实际呢，假如我们研究一个诗人，撇开了他的偏见，我们却常常会看到：不仅最好的部分，就是最个人的部分也是他前辈诗人最有力地表明他们不朽的地方。"艾略特此处想揭示，所有诗人的作品都具有相互指涉性，"不仅最好的部分，就是最个人的部分"也是对"前辈诗人"作品的影子或重复。正如王瑾（2005：4—5）指出的，传统在艾略特这里已不是激进主义者认为的那样是无形的枷锁，而是能够为个人创作提供广阔的舞台和知识背景的力量。这种力量有助于使所有作品形成一个有机体系，"融入过去与现在的系统，对过去和现在的互文本发生作用"。

3. 现代诗学转型与互文性

法国文论家蒂费纳·萨莫瓦约（2003：1）在其《互文性研究》中指出："互文性让我们懂得并分析文学的一个重要特征：即文学织就的、永久的、与它自身的对话关系，这不是一个简单的现象，而是文学发展的主题。"互文性是一种理论，也可被视为一种解读文本的方法，尤其是在互文性走向现代化的过程中，互文性不仅为文学与文化研究引入多种新观点并与其他视角相关联，而且成为学者们理论研究和实践探索的重要武器。巴赫金（Mikhail M. Bakhtin, 1998：177）首先把"对话性"（dialogism）作为一种语言哲学方法，正式运用于文本分析和文化考察中。他批判索绪尔（Ferdinand de Saussure）结构主义语言学对规则固定语言体系的强调，同时指出："任何一个表述就其本质而言都是对话（交际和斗争）中的一个对语。言语本质上具有对话性。"在阅读陀思妥耶夫斯基的小说文本时，边赫金还发现了小说文本的"复调性"、"狂欢化"等特质。这些为克里斯蒂娃提出互文性理论奠定了坚实的基础。克里斯蒂娃不仅为文艺理论界"发现"了巴赫金，还首创"互文性"一词，丰富并发展了巴赫金的"对话主义"。她指出："文字词语之概念，不是一个固定的点，不具有一成不变的意义，而是文本空间的交汇，是若干文字的对话。"克里斯蒂娃还认为"文本是一种生产力"，"首先，文本与语言的关系是一种（破坏—建立型的）再分配关系，人们可以更好地通过逻辑类型而非语言手段来解读文本；其次，文本是诸多文本的排列和置换，具有一种互文性"（Kristeva, 1986：36）。罗兰·巴特（Roland Barthes, 1981：39）对此作了进一步解释："任何文本都是互文本；在一个文本之中，不同程度地并以各种多少能辨认的形式存在着其他文本：例如，先前文化的文本和周围文化的文本。"而且，巴特于1970年出版了 *S/Z* 一书，并首先使用"互文本"一词。他同时在该书中把文本分为"可读的文本"（readerly text）和"可写的文本"（writerly text）。巴特理论的内核，就是"结构在开放中消解，内容在互文中互现，意义在游戏中消除，以达到文本意义的不确定、非中心和多元化的目的"（王瑾，2005：61—62）。耶鲁大学教授哈罗德·布鲁姆（Harold Bloom）的"误读诗学理论"刚面世就被誉为"过去 20 年来最大胆、最有创见的一套文学理论"。他在《影响的焦虑》中指出："误读"是一种强调读者创造性的文学阅读方式。"诗的影响——当涉及两位强大的、真正的诗人时——总是通过对前一位的误读而进行的。这种误读是一种创造性的纠正……"（王瑾，2005：71）布鲁姆（1976：3）对诗歌的互文还有他独到的见解，他在《诗歌与压抑》中说："诗歌不过是一些词，这些词指涉其他一些词，这其他的词又指涉另外一些词，如此类推，直至文学语言那个无比稠密的世界。任何一首诗都是与其他诗歌互文的……（写作）诗歌不是创作，而是再创作。"在布鲁姆之后，互文性理论的发展有两个转向：一是以德里达等为代表的解构方向，另一个是以吉拉尔·热奈特等为代表的诗学方向。

　　4. 后现代文本"游戏"与互文性

　　20 世纪 50 年代以来，西方社会和文化进入后现代时期（post-modernism）。后现代文化语境成为互文性理论走向多元化的土壤。与此同时，文化的后现代使互文性的后现代成为历史发展的必然。拉斯（S. Lash，1990：11—12）在《后现代社会学》中论述道："如果文化的现代化是一个分化的过程的话，那么，后现代化则是一个去分化（de-differentiation）的过程……首先，在某种过程中，有三个文化领域失去了自己的自律性。比如，审美领域开始将理论的和道德—政治的领域加以'殖民化'。其次，文化领域不再是具有本雅明意义的'韵味的'领域，即是说，它不再系统地和社会因素分离开来……第三，'文化经济'逐渐变得去分化了。"普费斯特（Manfred Pfister）更是石破天惊地说道："互文性是后现代主义的一个标志，如今，后现代主义和互文性是一对同义词。"（Bertens，1997：249）那么，互文性手法在后现代语境中将起到什么样的作用呢？首先，互文性使传统意义上的作者不复存在，使所谓的原创作品消失，任何一部作品都将是其他作品或文本的"镶嵌"和"组合"。其次，互文性在宣告"作者之死"的同时，换来了读者的解放。任何读者在习得一部作品的内容和精神的过程中，都可以根据自己的知识体系和理解力加入自己的"声音"，形成"多声部"的唱和，带来阅读的快感。再次，互文性使后现代文学抛弃"文学模仿自然"的传统观念。"自然之境"被打破，历史与现实、古代与现代、经典与非经典、想象与真实等曾经的悖论主题在互文性的演绎下变得界限模糊，开始互相指涉。最后，互文性使文本的拼贴和粘连成为"永恒的游戏"，意义的"无限回归"和"循环"变成自然之物的创造。有学者为此总结道，"每一个文本都指向前文本，而前文本又指向更前的文本，如此循环，以至无穷"（Bertens，1997：253）。

三　互文性与 20 世纪中美诗歌

　　互文性是 20 世纪中美诗歌研究的新视角。20 世纪中美诗歌是一个纷繁复杂、充满独特艺术魅力的文学存在。尽管中美诗歌在 20 世纪这个特殊的历史时期各有其发展的特点和路径，但是本质上它们有相通之处。一方面，中美民族诗歌在内在演化的过程中，不可避免地与先前的历史和传统发生互文关系；另一方面，中美诗歌之间由于民族诗歌的自身发展和进步，需要借鉴和学习彼此诗歌的优势及长处。这种互文关系可以是整体的还可以是局部的，是潜意识的还可以是有意识的，是内在映射的还可以是外在包容的，等等。因为"文学是文本交织的或者叫自我折射的建构"，互文性是其建构的基本方式（乔纳森·卡勒，1998：35—36）。

　　无论是在中美诗歌内部还是中美诗歌之间，由于民族文学大厦本身就是由诸多题材和体裁的文学文本建构起来并且形成一个庞大的关系网络，就在实践上促使这个关系网络不可能静止不动、各自独立，而必须相互关照和彼此对话。其对话的对象不仅是作者与作者之间的，还有作者与作品之间的、作品与作品之间的，甚至是读者与作者、读者与作品以及读者与读者之间的"互动"关系，这种互动关系都包含在互文性的视野之内。客观地说，中美诗歌在 20 世纪这个发生巨大变革的时代，曾经进行过极为明显的互文式的借鉴和学习，尤其是在 19 世纪末 20 世纪初这个特别的时期。当时，美国急于摆脱来自英国文学传统的"影响的焦虑"，他们想颠覆传统，找到"美国个性"，创造真正属于他们自己文学的东西。但是，历史的巧合使他们遇到了中国古典诗歌，中国古典诗歌里丰富的想象和意象激发了他们创作的热情和激情，以庞德（Ezra Pound）为代表的先锋诗人从中国诗歌里汲取营养，再加入美国因素形成了独具艺术魅力的美国现代诗歌，后来发展成为美国诗歌的主流。中国诗歌在 19 世纪末 20 世纪初也面临重大的抉择：是继承先人的传统继续保持古典诗歌的"卓越风姿"，还是摆脱困扰创造民族新文学，这成了摆在中华炎黄子孙面前一个难题。康有为、梁启超等人的文学改良未取得历史性的突破，在美国留学的胡适发言了："诗学革命何自始？要需作诗如作文。"（胡适，1998：155）胡适以先锋者的姿态要革中国文学的"命"。事实上，以胡适为代表的新文学运动的干将确实刮起了"新文学革命"的旋风，对中国新文学的发展起到了"釜底抽薪"的作用。胡适的"新文学革命"思想虽然着眼于中国诗歌本身，并从中国诗歌本身特有的发展轨迹考虑问题，但是他的理念和经验的取得不能不说他没有受到美国新诗运动的影响。从该意义上讲，中国诗歌运动也与美国诗歌运动有着千丝万缕的联系。只是这种联系比较含蓄。不管怎样，从互文性视角看，中美诗歌的相互借鉴和影响有其偶然性也有其必然性，因为中美诗歌之间是相互借鉴和对话的。

　　这里，在研究 20 世纪中美诗歌的互文性问题上，我们必须得区分两种模式，即影响模式和互文性模式，因为这两种模式各有内涵和特点。"影响模式"在文学的层递关系上表现为流线型的、进化论的、渗透性的，它往往认为过去只是过去，现在不过是过去的延续或扩展，"过去作为一种前提决定着现在，因而现在被认为是过去的产物"。况且，"影响"在词源学上有"征服"、"殖民"之意，带有"等级权威意识"，充满了"复杂的权力运作和种族、性别偏见"（王瑾，2005：138-139）。但是在"互文性模式"中，文学文本之间的关系是非流线型的、多元共生的、和谐共存的。它们之间的关系不是牵制、胁迫、征服，而是使所有的诗歌文本自觉地处于一个平面，或"处于一个四通八达、纵横交错的文本网络中"，在该网络中，"权威被消解，经典被取消，中心被颠覆"，过去与现在的界限被模糊，过去可能演变成现在的产物。杜夫海纳（Dufrenne，1979：205）在对艺术创造和历史关系问题上曾经指出："富有创新的艺术作品，一旦解决了某一实践时刻所提出的不可预料又无法回避的问题时，便获得了某种历史出发点；它在回溯中赋予以前的作品以意义，并且打开了通向其他作品的道路……一旦这个新作品问世，它本身就孕育了可以照亮过去的未来。"鉴于此，在研究 20 世纪中美诗歌问题上，我们必须倡导一种"民主平等、多元共生、良性互动"的模式，以凸显互文性的价值和意义。

四　结语

　　总之，互文性概念的提出以及互文性理论的建构是世界文艺理论界及文学界的大事，其辐射面目前已超出人们的想象。从我们的现实来看，互文性已不再局限于诗歌、小说、戏剧等领域，而是延伸到翻译、广告、电影等其他领域。互文性理论正日益影响人们的思维方式和理解能力。本文以互文性为视角解读20世纪中美诗歌，还只是一个初步的尝试，要切实以互文性为突破口厘清20世纪中美诗歌的内在和外在关系，还有很长一段路要走。

　　基金项目：教育部人文社会科学研究规划项目"20世纪中美诗歌的互文和戏仿性研究"（10YJA752031）

参考文献

Barthes, Roland, *Theory of the Text. Untying the Text*：*A Post-structuralist Reader*, London：Robert Young and Kegan Paul, 1981：39.

Bertens, Hans and Douwe Fokkema, Ed. *International Postmodernism*：*Theory and Practice*, Amsterdam and Philadelphia：John Benjamins Company, 1997：249.

Bloom, Harold, *Poetry and Repression*：*Revisionism from Blake to Stevens*, New Haven：Yale University Press, 1976：3.

Dufrenne, *Main Trends in Aesthetics and the Sciences of Art*, New York：Holmes & Meier, 1979：205.

Kristeva, Julia. Word, Dialogue and Novel, *The Kristeva Reader*, Toril moi ed. , Oxford：Blackwell Publisher Ltd. , 1986：36 – 37.

Lash, S. , *Sociology of Postmodernism.* , London：Routledge, 1990：11 – 12.

［美］艾略特：《艾略特诗文全集》，王恩衷编译，国际文化出版公司1989年版，第2页。

［俄］巴赫金：《对话、文本与人文》，河北教育出版社1998年版，第177页。

陈永国：《互文性》，《外国文学》2003年第1期。

程锡麟：《互文性理论概述》，《外国文学》1996年第1期。

［法］蒂费纳·萨莫瓦约：《互文性研究》，邵炜译，天津人民出版社2003年版，第1页。

胡适：《胡适文集》第1卷，北京大学出版社1998年版，第144页。

黄念然：《当代西方文论中的互文性理论》，《外国文学研究》1999年第1期。

李玉平:《互文性批评初探》,《文艺评论》2002 年第 5 期。

李玉平:《"影响"研究与"互文性"之比较》,《外国文学研究》2004 年第 2 期。

[美] 乔纳森·卡勒:《当代学术入门:文学理论》,李平译,辽宁教育出版社 1998 年版,第 35—36 页。

王瑾:《互文性》,广西师范大学出版社 2005 年版,第 2—7 页、第 9—13 页、第 59—63 页。

辛斌:《互文性:非稳定意义和稳定意义》,《南京师范大学学报》2006 年第 3 期。

殷企平:《谈"互文性"》,《外国文学评论》1994 年第 2 期。

赵宪章:《超文性戏仿文体解读》,《湖南师范大学学报》2004 年第 3 期。

浅析托马斯·哈代自然主题诗的特点及现实意义

黄　梅

摘要：托马斯·哈代不仅是英国 20 世纪初伟大的小说家，他更是位杰出的诗人，他的自然主题诗是其整个诗歌创作中重要的组成部分。本文通过简要介绍哈代作品中自然诗的主要特点，阐明了人与自然之间的关系及现实意义。

关键词：托马斯·哈代；自然主题诗；特点；现实意义

一　引言

托马斯·哈代（Thomas Hardy，1840—1928）是英国 19 世纪末 20 世纪初著名的作家和诗人。在小说方面，他表现出了非凡的写作技能，创作出了《德伯家的苔丝》、《无名的裘德》、《卡斯特桥市长》和《还乡》等一系列的优秀作品，它们丰富和发展了英国维多利亚时代的文学。除此之外，哈代更是位杰出的诗人。他的诗歌在他 1928 年逝世后越来越引起世界文坛的关注和赞赏。在西方文学界，哈代作为诗人的声誉近年来甚至已超过了小说家哈代。有的评论家认为哈代的诗比其小说更有光彩，因而应作为抒情诗人永远受到崇敬和怀念。著名诗人和评论家菲利普·拉金甚至认为哈代是 20 世纪最伟大的、超越艾略特和叶芝的杰出诗人，其伟大之处在于他的诗能"年复一年地让人感到惊喜"（Gibson，1978：13）。哈代一生共写了近 1000 首诗，出版了 8 卷诗集，是位多产的诗人。其中自然诗近百首，诗风质朴清新，亲切感人，成为哈代整个诗歌创作中重要的组成部分。在哈代的自然诗中，无论描写人物日常生活，还是自然山水，都是围绕着人和自然紧密、平等关系的主题展开，他的自然诗有对自然的敏锐观察和细致入微的描写，也有对人类生存状况的深切关注和对人生意义的探索。阅读他的作品，可以深刻地感受到西方传统文化的内涵，人和自然和谐相处的思想对后人影响深远。本文通过解析哈代作品中自然诗的特点及人与自然关系的现实意义，帮助人类社会树立起正确、和谐的自然观。

二　哈代自然诗的主要特点

（一）人对大自然的无限喜爱和炙热追求

哈代从小生活在英格兰西南部沿海的多塞特郡，他对乡村生活和大自然有一种天然的亲密关系，恬静优美、古朴寂寥的田园风光让他学会领略大自然的美，培养了对大自然的热爱，重视人和自然的关系。对哈代来说，"自然是现实，是人类在这个世界上的栖息之地"（Hynes，1961）。哈代热爱大自然，领略着"大自然的美感、神秘、恐惧和诗意"（聂珍钊，1992）。他像一个怡然自得的邻居，无拘无束地同自然交谈，倾听着它的诉说。伍尔夫曾经评论说"他是一位细心而老练的大自然的观察家；他了解雨滴落到树根和耕地上的差别，了解风儿穿过不同树林的枝桠时的声音的不同"（陈焘宇，1992）。多塞特郡大荒原是他进行文学创作的主要自然背景，哈代十分注重对大自然美丽风景的描写，他把自身对自然万物强烈的喜爱之情融入人物的塑造和环境的烘托中，大自然经过他的描述变得生机勃勃、魅力十足。在他看来，自然界的一切事物包括山峦、溪流、日月、星辰、山谷、草原、花草、树木都是充满了生机和活力的存在体。在他的诗歌中，仿佛大自然中的一草一木都找到了自己的位置，风雨雷电、飞禽走兽都具有了生命和情感，人与自然可以共同呼吸，共同感受彼此的变化。在哈代的自然主题诗歌中经常能看见一些人性化了的自然意象，这是哈代表达对自然的崇尚之情的一种方式。哈代常常借助于自然界的意象，来使自己的情感"移位"，将主体的情感和客观的具象紧密地结合起来，同时也把自己浓烈的情感以及亲身的经历巧妙地隐藏起来。自然意象要想表达出人类的情感，把自然意象人性化的手法是再好不过的了，人性化了的自然意象就和人一样可以通过喜怒哀乐来表达丰富的情感世界。在《十月的最后一个星期》中，哈代把树上的叶子落下比作卸妆，"它们绚丽的长衫、饰带和黄色花边飘在很多地方"，"当蛛网缚住一片下落的树叶"时，"另一片绿色树叶高高在上，仿佛害怕会有同样遭遇，浑身打颤"。这是秋天里常见的景象，叶子变黄，飘落在地，绿叶依然挂在树上，哈代视为是因为绿叶害怕，所以不敢落下，而风吹着绿叶的摆动被比作是害怕时的打颤。哈代用人性化的手法让读者真切地感受到了当时落叶时的情景，也感受到了充满人性、充满活力的大自然。

（二）人与自然的和谐统一

哈代热爱自然，渴求人与自然万物保持和谐的关系，渴望人与自然能够合二为一，人与物之情能够完全契合，情感得到完美的释放。在《区别》这首诗中，就表达出了人和自然景物融为一体的意境：我在门边看到薄月下沉，乌鸫在松树间试着古曲，但月亮悲哀，曲调凄惨，因为此地为我恋人所不知。/假若我恋人时而出没此地，歌儿会欢畅，月儿会兴奋，但她永远看不见这小径和树枝，我在景色和曲调中也找不到一份欢欣（哈代，1992：5）。诗歌分为上下两节，题目与形式相互呼应，清晰地表明两节中的情景是有很大区别的，决定着是悲伤还是欢快的因素在于恋人是否来到此地；没来，月亮都消瘦得无精打采，慢慢下沉，鸫鸟唱着悲哀的曲调；来了，月亮会兴奋地雀跃，鸫鸟唱出的歌是欢畅的。诗人将自己的悲与喜通过月亮和鸫鸟来表述，把人类的情感和大自然中的生物融洽地合为一体，达到了事半功倍的艺术效果。读者也会跟随着月亮和鸫鸟的情绪起伏跌宕，似乎看到了月亮看到恋人后高兴地一跃而起，升到空中，把自己皎洁的月光洒在她身上；鸟儿看到恋人远远走来也兴奋地在枝头跳跃，唱起欢快的歌。这种人和自然融为一体的表现手法比直接诉说更能感染读者，更让读者感受到人和自然的和谐，这就是通过大自然所表现出来的感染力。

哈代在《威赛克斯高地》中描写了一种天人合一的理想境界：威赛克斯有些高地，好像被仁慈的妙手所制作，供人思索、梦想、渴望。当我站在险峻之处，即东面的英格彭灯塔，或是西面的威尔斯岩颈，我觉得这是我生前的所在之地，和死后的归宿（哈代，1992：98）。诗人站在威赛克斯高地上凝神眺望时，他的整个生命都从自我狭窄的天地中涌出，把无知无觉的自然吸入自我之中，而自我又融合于自然中，同无形的宇宙生命合二为一：孤独的诗人在沉默的高地的怀抱中获得一丝安慰，寂静、空旷的高地将诗人与尘世相隔绝，他可以自由地思索和梦想。诗人对自然无限地向往，大自然向人们展示了一种永不消竭的力量。东面的英格彭灯塔和西面的威尔斯岩颈慰藉了诗人的抑郁苦闷，远离了尘世的喧嚣和嘈杂，得到了平静似水的心态。在如此纯洁的自然中，诗人竟觉得自己似乎回归了生前所在，来到了逝后的归所。突破了尘世中生死的界限，极大地延伸和扩展了时间和空间，使读者在广袤的时空中充分体味了人与自然合二为一的感觉。这是诗人的人生信仰，是他所向往和追求的人生境界：在孤独和焦虑的现代生活之外寻得静谧恬宁的处所，解脱人生羁绊，享受自然赋予的甜蜜，与大自然和谐地融为一体。正是这人与自然的合二为一的思想，使哈代把自然界中的一切都召唤到他的诗歌中，表现出沉浸于自然的真诚的喜悦，洋溢着热爱自然的精神，希望在大自然中找到精神的归宿，得到心灵的抚慰。

（三）自然具有双重特性

哈代笔下的自然具有双重特性，一方面自然是美丽可爱的，从中可以找寻到美的源泉、丢失的智慧以及同情之心，具有让人心旷神怡的作用；另一方面，自然也是野蛮原始、异常恐怖的，带有阴郁和残酷的色彩。在他的一些自然诗中常是昏暗、阴沉的灰色调，总是让黄昏、黑暗、寒冬、风雪和落叶充满于其中，读者在诗中看到的是薄月下沉，黑山蹙额，听到的是小鸟凄叫，横扫落叶的寒风。这种对自然有双重分裂的感受力体现了哈代多角度观察和思考生活的能力，自然既是美好的又是阴森的，都不是绝对的好或坏。

在《灰色调》（*Neutral Tones*）的第一节中："那个冬日，我俩站在池边，太阳苍白得像遭了上帝责备，枯萎的草坪上几片树叶发灰，那是一棵白蜡树落下的叶片。"（哈代，1992：5）这里诗人把忧伤、凄凉的自然展示在读者面前：惨淡的冬日，飘零的落叶，贫瘠的土地，这些可悲的自然意象和池塘边一对男女爱情的悲哀和谐地统一于一体，寄托了诗人内心的抑郁苦闷，表现了诗人感受人世沧桑的心怀。又如在《黑暗中的鸫鸟》一诗中，诗人通过自然突出了人类之悲凉。萧索、凄凉的寒冬，霜打的冬日本来就给人以寒气逼人之意，加之一个"dregs"（残渣）大大强化了寒的袭人之势，寒气中纠缠的藤蔓，宛如生命里交织的坎坷和纷扰；取藤之形喻为弦，本该奏出生命的乐章，却又有"broken"（断的）修饰，不也让人为之惨淡一笑吗？尔后诗人又将陆地轮廓喻为斜卧的世纪的尸体，阴沉的天穹则为墓室，整个空间便是阴森的坟茔，风的吹动已为不息的恸哭，"大地上每一个灵魂与我一同似乎都已丧失热情"。自然和人类的情感达到了高度的统一，这又是一种人与自然的合二为一的呈现方式。他凭自己对自然的独特观察，抓住最能体现自己心情的某一点自然色彩，寻觅合适的诗体，将其入诗，便达到人与自然的契合。

（四）人与自然的矛盾

哈代认为一切生命都遵循"无所不在的意志"的自然和进化法则生活着。人按照两条法则生活——自然法则与人类自身愿望及志向的法则。当自然法则和人类的愿望发生冲突时，人与自然的矛盾就产生了（L. 巴特勒，1992）。人类对自然的征服是由来已久的，人类通过征服的过程和结果向大自然示威：我们才是真正的主人！但是人类的某些利己行为已经造成了人类与自然之间的矛盾。在《十一月的日落十分》，诗人用深沉的眼光洞察一切：使正午呈黄的山毛榉叶子，像颗颗微粒浮动在眼前；我在壮年栽植的每棵树木，现在已经遮暗了苍天。漫步于此地的孩童，总以为在这块地方，高大的树木生来就有，将来却难见在此生长（哈代，1992：106）。诗人看着如同微粒般的山毛榉叶子，不禁为将来的孩子们担忧。诗人壮年植树的经历和孩子们认为树木生来就有的想法形成了鲜明的对比，其结果是截然相反的，前者珍惜，后者随意砍伐。诗人带有前瞻性的诗句不禁引起了我们的思考；难道人类就不能和自然和谐相处吗？

哈代在和大自然的亲密接触中对自然有了更多的感悟和体验，他认为大自然是高深莫测的，从根本上是不可改变的。自然仿佛神灵一样，虽不会对人类社会加以直接的干预，但最终却能实现对人类的必然性制约和支配，如果人类非要背叛它，企图用粗暴的手段来改变它，那人类将会付出沉痛的代价。在《合二为一》这首为"泰坦尼克"号失事有感而做的诗歌中，描绘到："钢铁的房屋，新近的火堆，她的火如同火蛇，穿透股股冷流，变成富有节奏的琴声般的潮水。"这是何等的威风，人类骄傲地眺望着茫茫的大海。可是鱼儿疑惑不解地发出了"这个豪华巨物在干什么"的询问，它们困惑的是：难道人类只有通过凌驾于自然之上才能实现生存价值吗？没有人能预测到这个向自然示威的举动会带来什么后果，直到"岁月的编织者"发出命令后，人们才知道了答案：等待他们的是震惊两个半球的灾难。诗人用旁观者的角度阐释了人和自然的矛盾激化后的结果，警示人类早点醒悟。

三　现实意义

通过对哈代自然诗的特点分析，我们可以看出哈代对于自然的关注以及对自然与人类和谐共生的向往。他以有机的观点看待自然，把自然刻画成是有主观意识、有人类情感并和人类平等的生命体。他倡导回归大自然，消除自然和人类的二元对立，提高自然的地位，这一思想颠覆了那种认为只有人类才是万物的中心，只有人类才享有生存和伦理关怀的权利的人类中心主义观点，对现实社会具有积极的借鉴意义。

（一）人与自然和谐共处，人不是中心和主宰

哈代用诗歌中透露出的哲理告诉人们：人类不能以控制自然的身份自居，成为驾驭自然的主人，必须要意识到自然和人的紧密联系，一切行动建立在自然这个基础上，两者相辅相成、共同完善。人类为了实现工业化，无休止地向自然索取甚至违背自然的生长规律，富饶充足的自然资源已经被抢夺得所剩无几了。如果只是一味地看到眼前的利益或者向其他主体不停地索取，会让世界出现不平衡的现象，最终埋下难以估量的隐患，无论是人还是自然都会两败俱伤。哈代表达的观点正是人类应该反思和付诸行动的，人类从自然获取生活和发展的资源的同时也要注意两者之间的平衡，在保护自然的前提下争取共赢的局面。

（二）回归自然

徜徉在大自然的世界中是哈代理想的生活方式，山水田园对他来说是最亲切的，他能够尽情地释放自我、生产劳作。从哈代的作品中我们可以学习到人类现阶段急需贴近大自然的思想，让现代化进程的脚步变得不那么急促。随着工业化的发展日益加快，人与人和人与自然之间的关系逐渐疏远，高楼大厦、工厂制造都在拉远甚至隔离人和自然的关系。人们的生活质量变得越来越好，但是这并不能满足人们对高尚精神和宁静自然的向往，这就需要人类反思现实，重新回到大自然的怀抱中，让物质和精神生活共同提升。

（三）自然会对人作出惩罚

仔细研究哈代的诗歌，可以看出他构造人与自然之间的相处方式。只要是尊重、顺应大自然的人，大自然给予他们的回报是生活和内心的双重宁静和祥和；凡是破坏自然，把自己放在远高于自然的位置上的人都会接受惩罚。凡事都是两面性的，物极必反，人和自然唯有和谐相处，才能创造出平衡的环境。现实中人类遭受自然的各种惩罚证明了一切。经济的快速发展是建立在破坏环境的前提下，化学物品的广泛应用、大量消失的动植物导致生态环境变得千疮百孔。现阶段世界各国发生的海啸、地震、洪水、山体滑坡等灾害现象都是自然在报复人类无休止破坏的最好证明；而对污染物的随意排放同时危害着人类自身的健康状况和生命安全。我们必须认识到自然对于人类的重要性，把创造和谐自然、和谐人类作为永恒的目标。

参考文献

Gibson, James, *Chosen Poems of Thomas Hardy*, London: Richard Clay (The Chaucer Press) Ltd. , 1978.

Hynes, Samuel, *The Hardy Tradition in Modern English Poetry*, London: Oxford University Press, 1961.

陈焘宇:《哈代创作论集》，中国社会科学出版社 1992 年版。

聂珍钊:《悲戚而刚毅的艺术家》，华中师范大学出版社 1992 年版。

［英］托马斯·哈代:《梦幻时刻——哈代抒情诗选》，飞白、吴笛译，中国文联出版公司 1992 年版。

L. 巴特勒:《哈代创作论集:"生活给予——可又拒绝!"》，中国社会科学出版社 1992 年版。

西方男权社会中女性形象
和地位探析
——女性主义视角下的《伟大的盖茨比》

戴 瑞 兰 军

摘要：《伟大的盖茨比》是菲兹杰拉德最为出色的作品。本文采取女性主义批评的视角，分析了小说中所显示的西方男权社会下女性的形象和地位，女性形象都被刻画成虚伪自私、爱慕虚荣、矫揉造作、道德沦丧的反面人物，都依附于男性而存在，是当时男权社会的附属品，她们的悲剧命运，对当代女性成为独立的、有意义的个体具有警示作用。

关键词：女性批评；厌女症；女性双重价值观

一　引言

菲兹杰拉德（Fitzgerald）（1896—1940）是美国文坛最杰出的代表作家之一，其作品为广大读者栩栩如生地展现了一战后美国社会的众生相，敏锐捕捉到了时代气息。《伟大的盖茨比》（*The Great Gatsby*）无疑是菲兹杰拉德最负盛名的小说。作品生动形象地表现了第一次世界大战后美国人的物质生活和精神状态，是对表面上一片大好的美国深刻而尖锐的讽刺和批判。无论是写作技巧、叙事风格，还是遣词造句、主题主旨，《伟大的盖茨比》都达到了菲兹杰拉德作品的最高水平。T. S. 艾略特（T. S. Eliot）在给菲兹杰拉德的信中称这部小说是"自亨利·詹姆斯以来美国小说跨出的第一步"（Donalson，1984：310）。著名文学批评家马尔科姆·考利（Malcolm Cowley）、埃德蒙德·威尔逊（Edmund Wilson）、约翰·皮尔·毕晓普（John Pil Bishop）等都在这部小说中发现了"新事物"。

但是，《伟大的盖茨比》也成为了女权主义者笔头抨击的靶子。这是由一位男性叙事者讲述的一个关于男人的故事，故事的字里行间充斥着男权主义观念和对女性的敌视。小说中的女性都是依附于男性而存在，她们都被刻画成虚伪自私、爱慕虚荣、矫揉造作、道德沦丧的反面人物，小说中女性的形象和地位恰恰反映出了西方男权社会中女性的真实生活状况和处境。

二　文学作品中的男权社会中女性的形象和地位

"依据大英百科全书，男权社会是一种以父亲或年长男性在家族中拥有绝对权威为基础的社会系统。在男权社会中，男性在社会的各个方面占有绝对的统治地位，在男权社会体系中生活的女性就必然附属于男性，女性自身存在的意义是由男性来决定和诠释的"（王茜，2009：225）。

西蒙娜·德·波伏娃（Simone de Beauvoir）在《第二性》中谈及了五位男性作家并分别分析了这五位作家在他们的小说和诗歌中对女性的各种反应。她发现男性作家们依靠自己想象而创作的女性人物是彻头彻尾的虚构的、不真实的，无论是生活中还是文学中的女性形象都来自于女性之外，"而女人 par excellence［尤其］是'他手中的泥'，这块泥是被动的，任他加工，任他塑造。她在屈从中反抗，让男性的主动性有可能得到无限发展。一种可塑性很强的物质，对它的加工和处理很快就会完成，因为做这项工作是轻而易举的"（西蒙娜·德·波伏娃，1998：206）。因此，女性就成为了失去个性和主体性的"他者"。

西方文化各个层次上充斥着一种"性别类推"（thought by sexual analogy）的思维习惯，即人们习惯于以男性或女性的特征对人的行为和社会现象等进行分类，当然也包括文学上的。朱刚（2006：339）在《二十世纪西方文论》中提道："文学作品中的女性或是轻浮做作甚至下流放荡，或是多愁善感，俯首听命，恪守妇德，被男性作家肆意误征。"玛丽·埃尔曼（Mary Elmann）在《想想妇女们》中从男性作家笔下的女性形象和男性批评家笔下的女性作品中总结出了十种女性模式：无形；不稳定；封闭；贞洁；物质性；精神性；不理智；顺从；悍妇以及巫婆，她揭示了在男性主导的文学中，女性角色是多么的不真实，男性作家又是为了满足他们作品的需要而多么随意地创作女性人物，以及文学中这些模式化的女性形象对现实中的女性又起着多么大的消极影响。《伟大的盖茨比》一书就是一个鲜明的例证。

三　它是"一本男人的书"

尽管菲兹杰拉德坚信《伟大的盖茨比》是他的创世佳作，但他仍担心因作品缺少"重要的女性角色"（Fitzgerald，1963：180）而影响小说的销量。小说的叙述者以及其他重要角色都是男性，而女性角色都是围绕与这几个男性的关系而刻画安排的。正如菲兹杰拉德在给好友的信中提到，这部小说中的女性"在感情上都是被动的"，这部小说是"一本男人的书"（Fitzgerald，1963：173）。

总体而言，故事中的男性人物在小说中占有绝对主要的地位，作者对女性人物不重视，刻画得不丰满，尤其是黛西这个最主要的女性人物。菲兹杰拉德自己也承认黛西与盖茨比重逢之后，就没有关于她对盖茨比的感情描写是这本书的"一大败笔"（Fitzgerald，1963：341）。

细读《伟大的盖茨比》，读者们不难发现，不仅从字面上看，这是一个由一位男性叙事者讲述的一个关于男人的故事，故事中没有任何重要的女性角色，而且故事的字里行间也潜伏着对女性的敌视和男权观念。但凡这部小说中出现的女性，无论主要次要，有名无名，都无一例外地被进行了消极负面的刻画，都被刻画成虚伪自私、爱慕虚荣、矫揉造作、道德沦丧的反面人物，都依附于男性而存在，是当时男权社会的附属品，比如在比赛中动手脚、开车疏忽大意的贝克，她代表的是女性自私自利，无责任心的一面；来自社会底层的梅朵则是爱慕虚荣，矫揉造作；那些出现在鸡尾酒会上醉生梦死的无名女性则成为了轻浮放荡、粗俗愚蠢的代表。

四　审视女性形象，揭示作者的女性观

在《伟大的盖茨比》中，尼克是故事的叙述者，读者对人物情节、故事发展的了解都是透过尼克的视角。尼克是菲兹杰拉德精心设计的故事的陈述者，他既是一个能够以旁观者身份来叙述故事、观察人物的剧中人，又是一个能够置身于小说之外、冷眼旁观的局外人。尼克对女性的态度在某种程度上也是菲兹杰拉德对女性的观点和立场，他对女性人物刻画的不确定性反映出他对女性的双重价值观。

在菲兹杰拉德眼中，女人和金钱既是他文学创作的灵感源泉和动力，也是他一生的毁灭性力量。菲兹杰拉德像盖茨比一样，把对女人的追求看做他成功的一个标志。女人是他的梦想，为了赢得女人的芳心，不惜付出

一切代价。另一方面，他把女性看做"红颜祸水"，"万恶之源"，女人不断膨胀的物质欲望耗费了他的才能与精力。菲兹杰拉德对女性可谓是又爱又恨，这种矛盾的态度正如菲兹杰拉德在小说中的代言人尼克所概括："我既身在其中，又身在其外，对人生的千变万化既感到陶醉，同时又感到厌恶。"（司考特·费兹杰拉德，2002）这种态度正是男权观念的表现，是男权社会里对待女性的矛盾态度的真实写照，对女性既需要、缺少不了，是生活中不可或缺的一部分，但同时又对女性固执偏见，极端地厌恶。

　　菲兹杰拉德有意把尼克塑造为一个可靠的故事叙述者，说他"待人宽厚"、"不妄下断语"，是"世上少有的诚实的人之一了"，然而尼克的叙述真的是值得信任吗？他对女性的偏见和误解使得他难以作出客观公正的评价。他的"女人不诚实，是司空见惯的事"的话语淋漓尽致地暴露出了他的厌女情结。尼克对待黛西的态度自始至终都是反感和厌恶。众多的读者和评论家便通过尼克观察分析的角度，把盖茨比美国梦的破裂都归咎于他把爱和希望都投注在一个不值得去爱和付出的黛西身上。黛西似乎成为了这一悲剧的最终源头。尼克对女性的态度充分反映了作者对于女性的态度和立场：厌女症。

　　"厌女症"（misogyny）从字面理解是"厌恶女性"，其实质是对女性夸张地厌恶。20世纪晚期，女性文学批评家提出这一术语，把它定义为"文学中歪曲贬低妇女形象，把一切罪过都推到女人头上的情绪或主题"（胡天赋，2006：92）。"女性主义理论家认为'厌女症'既是构成男权社会结构的原因，又是男权社会结构所导致的结果。"（王茜，2009：226）

　　女性文学理论家指出，在男性作家的文本中，女性的魅力总是占据着至关重要的地位，而这一点恰恰是来满足男性作家的创作需求的。在男性作家的笔下，女性是天生恶毒狠心，她们利用自己的美貌去吸引心地善良的男性，时机一到，便去伤害这些男性。黛西就成为了这种固定模式下的女性角色。对于叙述者尼克而言，黛西除了拥有美貌，没有任何其他优点。

　　一战后的美国社会仍然是父权社会的一个延续。婚前遵从父亲，婚后遵从丈夫仍是女性不能逃脱的命运。黛西就是一个典型的受害者。婚前她与盖茨比的爱情由于父亲强行干涉而结束，婚后丈夫的自私粗鲁以及对婚姻的不忠背叛更令她苦不堪言。就连她的女儿也成为了黛西用来炫耀的玩偶。这正是黛西生活的真实写照：她被囚禁在了笼子里，当有人来，她就表现出一副幸福洋溢、讨人喜欢的模样。当人离开了，她就又成为了无人关心、无足轻重的家庭主妇了。黛西的丈夫汤姆生性暴躁，举止粗鲁，对黛西漠不关心。他们的女儿出生还不到一个钟头，"汤姆就不知道跑到哪里去了"（司考特·费兹杰拉德，2002：17）。汤姆一次次地搞婚外情，非但毫无忏悔之意，还公开炫耀他的情妇们。他给黛西留下了对婚姻无法愈合的伤痕和挥之不去的阴影，以至于黛西看着刚出生的女儿，流着泪对她说："希望她长大后是个傻瓜，在这世界上女孩子最好是傻瓜，一个漂亮的傻瓜。"（司考特·费兹杰拉德，2002：17）女人成为了"傻瓜"，就对丈夫的风流韵事一无所知，继续无知而快乐地生活。男权社会下广大女性的命运真是令人心寒。黛西没有得到妻子本应得到的爱和温暖，这就是为什么她那样需要爱，为什么盖茨比会再一次走进她的生活。

那么，盖茨比对黛西的感情是真情实意吗？为了得到黛西，他不惜一切手段，不计后果，哪怕黛西已经为人妻母。盖茨比已经搞不清对黛西的执著是源于真爱还是源于他对自己编织的年轻时的理想的固执的追求。黛西作为人，她的感情和思想被忽视，她变成了盖茨比实现梦想的一个工具。黛西不仅是盖茨比悲剧的受害者，更是整个男权社会的牺牲者。

五　结束语

菲兹杰拉德所刻画的"爵士时代"已过百年，但小说仍具有很强的现实意义和理论意义，小说中一度被忽略的女性形象吸引了越来越多的关注，她们的生活状况和社会地位对当代的女性有着强烈的警醒作用。经过女性同胞们一代又一代的奋斗，女性在当今社会中的地位已经得到了质的提高。然而，没有人会断言社会中不存在任何男权社会的残渣，事实上对女性的歧视仍然存在，只是不同时代，性别歧视化装成不同的形式而存在，正如玛丽·沃斯通克拉夫特（Mary Wollstonecraft，1995：43）所说："也许我们不能确认，女性的受压迫现象可以追溯到多么久远的时代，但不可否认的是，这种现象在今天依然显而易见俯拾皆是"。

在一个以男性权力为中心的社会里，女性受到压迫和抑制的根本原因在于：男权社会的社会和行为标准已经被内化到了女性的意识形态之中。美国女权代表凯特·米利特（Kate Millet）曾经说过："男性对女性的'内部殖民'比任何一种隔离都更加顽固，这种'内部殖民'比社会等级更加严格，更加统一，当然就更加持久。"（王茜，2009：226）

中国社会中相当一部分现代女性似乎已经将男权社会对于女性的标准

和要求"内化"到自己的人生观、价值观和处世行为之中，如现代年轻女性中流行的言论：（学习）学得好，不如嫁得好。相当一部分的年轻女性的择偶标准仅仅是："有车、有房、有钱"，还有的女性甘愿被有钱人供养、包养，整天无所事事、无所追求，她们将自己的生活、幸福建立在男性的"给予"基础之上，构建在虚无的对金钱和物质生活的追求之上，成了彻头彻尾的"拜金女"。而《伟大的盖茨比》中描绘的这些爱慕虚荣、追求物质享乐和纸醉金迷生活的女性形象以及她们的悲苦生活和卑微的地位恰恰给年轻的女性朋友们敲响了警钟：人对物质和金钱的需求是有限的，它们不能带给人真正的满足与快乐；女性要自强、自立，不能将自己的生活和追求仅仅寄托在男性的身上，那样女性必然会丧失生活和精神的自主性，成为男性的附属品。

女性只有自强自立、物质上独立才能摆脱寄生的命运，这是精神独立的前提。只有达到精神与物质的双重独立，女性才能真正地立足于社会，才能撑起属于自己的"半边天"。

参考文献

Donalson, Scott, *Critical Essays on F. Scott Fitzgerald's The Great Gatsby*, Boston：G. K. Hall and Co. , 1984：310.

Fitzgerald, F. Scott, *The Letters of F. Scott Fitzgerald. Ed. Andrew Tusnbull*, New York：Charles Scribner's sons, 1963.

胡天赋：《菲兹杰拉德的厌女症——菲兹杰拉德小说的女性主义解读》，《名作欣赏》2006 年第 1 期。

［英］玛丽·沃斯通克拉夫特：《女权辩护》，王蓁译，商务印书馆 1995 年版。

［美］塞尔登等：《当代文学理论导读》（第四版），外语教学与研究出版社 2004 年版。

［美］司考特·费兹杰拉德：《大亨小传》，邱淑娟译，哈尔滨出版社 2002 年版。

王茜：《女性视角下〈伟大的盖茨比〉评析》，《金卡工程·经济与法》2009 年第 1 期。

［美］西蒙娜·德·波伏娃：《第二性》（全译本），陶铁柱译，中国书籍出版社 1998 年版，第 206 页。

余锦云：《非道德女性群像——评〈了不起的盖茨比〉中的女性人物刻画》，《湘潭师范学院学报》2002 年第 4 期。

朱刚：《二十世纪西方文论》，北京大学出版社 2006 年版，第 339 页。

美国电影的隐蔽文化解读
与跨文化认知
——从"Gump"到"Liz Murray"

刘 丹

摘要： 隐蔽文化是文化中最深邃、最精要的部分，包括世界观、人生观、价值观等深层次的文化意识与观念。解释隐蔽文化是进行跨文化交际研究、跨越跨文化交际障碍的关键。本文试图通过两个时代、三部不同的美国电影揭示美国文化的隐蔽部分，跨文化解读"美国梦"的传统内涵与时代变迁。

关键词： 隐蔽文化；美国梦；跨文化交际

一 引言

跨文化交际学创始人爱德华·T. 霍尔（Hall，1991）曾经指出：文化存在公开文化（overt culture）和隐蔽文化（covert culture）两个层面。其中隐蔽文化是看不见摸不到、难以察知的，它所占的比例远远大于公开文化，而且是文化中最深邃、最精要的部分。隐蔽文化渗透着世界观、人生观、价值观等深层次的文化意识与观念，其中价值观是最深层文化的核心。电影作为一门集文学、音乐、美术等文化形式于一身的综合艺术，其每一部作品都蕴涵浓缩的文化精华。银屏上呈现的真实情景又为跨文化交际提供生动的第一手素材。因此，通过电影的研究可以更好地解读隐蔽文化，促进跨文化认知。本文试图通过"Forrest Gump"、"The Pursuit of Happiness"以及"Homeless to Harvard"三部不同时期的美国影片所提供的文化线索，揭示美国文化中的隐蔽部分，解读"美国梦"的隐蔽内涵，探寻其时代的变迁。

二　隐蔽的"美国梦"（American Dream）

美国的建国之父们将美国定义为民族国家（nation-state），将"美国性"定义为一种共同的思想意识形态。乔尔·巴洛曾这样说道"美国人的思想即是美国人"（What Americans think is what Americans are.）。也就是说美国人的"美国性"是一种无形的意识、思想和梦想，一个永恒的"美国梦"。"美国梦"是美国人最为珍惜的信仰和梦想。其本质是机会均等，人人都有成功的希望和创造奇迹的可能。这种"美国梦"的意识与信仰渗透在很多美国文学作品、影视作品中。在美国人眼中，美利坚民族和美利坚合众国代表着自由、民主、多元宗教……每个美国人都可以拥有自己的"梦"，"美国梦"赋予了每个美国人做梦的权利。它既是理想的、宗教的；又是世俗的、物质的，是多元中的统一。解读"美国梦"中的隐蔽文化，可以从三个角度着手。

（一）隐蔽的"本位主义"（individualism）

大部分中国人在提到"本位主义"或"个人主义"时，认为这是一种自私的表现，往往把它同利己主义联系起来。事实上美国文化中的个人主义并不同于中国文化中的利己主义或自我主义。美国的个人主义源于西方，英国哲学家约翰·洛克认为：每个个体都是独特的、独一无二的、完全和他人不同的，是自然的最基本单位。所有的价值观、权利和责任都来源于个体。富兰克林也说：自助者上帝助之。因此，美国的个人主义是一种政治哲学思想和意识形态，个人方面强调个人价值、个人目标、个人愿望和自立。这实际上也是人文主义的表现形式（谢枝龙，2012）。所以很大程度上，美国的个人主义是一个褒义词，蕴涵着自立、自我完善、自我实现的内容。这一点在三部影片中都有体现。

拍摄于90年代的《阿甘正传》中，主人公阿甘从不考虑成败得失，努力做好每件事。他的信念和行为简单而率性，他的乐观、坚韧不拔和坚定信念是数百年来美国主流社会公认的价值观。贯穿影片始终的"奔跑"可以提炼成一种执著的精神力量，暗示坚持不懈的努力总能给人带来希望和力量。阿甘的成功与其说是"天佑愚者"不如说是体现"只要努力，人人都有机会创造奇迹"的美国梦，体现了自力、自我完善的本位主义内涵。正如影片中阿甘的母亲所说："笨也有笨的作为"，"奇迹每天都会发生"。

　　电影《当幸福来敲门》上映于2006年，反映的是美国梦下的另一个现代"阿甘"，演绎了普通美国人凭借智慧和努力追求幸福和成功的故事。影片一开始就通过主人公自述，提到了《独立宣言》中的一句话："人人生而平等，每个人都被造物主赋予不可剥夺的权利，其中有生命权、自由权以及追求幸福的权力。"（刘祚昌，1996）片中主人公对儿子说："不要让任何人告诉你你做不到，即使是我也不行；如果你有梦想，就努力去实现它。"这些片段都是美国人所信奉的个体奋斗原则的表现，他们的身体里深深地烙有个体本位的印记。值得一提的还有影片的片头：主人公对着幼儿园墙面上的拼写"happyness"纠正："There is no Y in happiness"，以此暗示：在追求幸福的过程中，面对困难永远不应抱怨"为什么"（Y），而应该依靠"我"（I），即个人的努力和奋斗来实现，这更是突出了隐蔽的行为趋向中个体本位的价值观。与《阿甘正传》异曲同工的是，《当幸福来敲门》中也出现了"奔跑"，主人公自述"奔跑是自己人生的一部分"：跑着去面试、跑着去推销、跑着去挤地铁公车、跑着去领救济，主人公的每一天就是奔波于求职生计中。即便如此，他仍一如既往的勤奋和坚韧，只要有百分之一的希望，就会付出百分之百的努力，因为他相信：有了梦想就要好好守候，梦想只有靠自己的奋斗才能实现。"个人主义构成了美国文化模式的基本特征和主要内容。"（朱世达，2001）而个人主义价值观中重要的一点就是独立精神（王恩铭，1997）。

　　另一部影片《风雨哈佛路》改编于美国"传奇女孩"莉丝·默里（Liz Murray）的亲笔传记《破晓》，讲述了主人公莉丝在坎坷的命运面前不屈不挠、顽强乐观，通过不懈奋斗成就梦想、步入哈佛的故事。莉丝的成功再次印证了美国社会主流意识所公认的核心价值体系——个体奋斗原则。不难看出，机会均等是隐蔽的"美国梦"的灵魂，而勤奋、坚韧不拔、自力、自我完善的本位主义是其实现的必要条件。

（二）隐蔽的"物质主义"（materialism）

　　美国人追求幸福和成功的观念中具有高度的物质主义。物质本位是美国隐蔽文化的重要组成部分。可能没有哪个国家的人比美国人更重视对金钱的追求了（陈俊森，2000）。美国人评价一个人是否成功，多从物质的角度加以评价，物质的多少是衡量一个人创造力和成就的标准。个人成就感取决于对物质的占有程度。这也是为什么影片中的主人公们，或有意或无心、夜以继日追求财富、追求"金领"职业的动机和动力来源。《阿甘正传》中的小配角巴巴，一生唯一的梦想就是拥有一艘属于自己的捕虾船，通过自己的努力改变生活。巴巴的梦想反映出物质本位的隐蔽内涵：追求物质财富是每个人的自由权利，舒适的物质生活是"幸福"的保障。

物质主义的价值观在《当幸福来敲门》中也得到了充分体现。影片中大量涉及金钱问题的片段在深层上展现了美国文化中夫妻间、朋友间、雇佣关系中物质本位的影响与渗透。片中主人公的妻子因不堪生活的窘迫，抛下丈夫、儿子去寻找她所谓的"幸福"，这种因经济而变故的婚姻在美国并不少见。尽管美国人并不轻视家庭观念，但可以看出，在隐蔽的物质主义影响下，婚姻的纽带是不敌经济、物质的考验的。夫妻间如此，朋友间，雇主、雇员中更为明显。"利益为上"是社会认可的相处原则。朋友间追债、为劳动付出索要报酬，在美国都是极为常见的现象，也是无可厚非的事情。朋友间并不承担过多的义务，正所谓亲兄弟也要明算账。雇主与雇员间保持绝对的经济明晰，雇主欠雇员哪怕一美元的小钱也会归还，而雇员也会欣然接受。同时，受物质本位和个体本位的共同影响，在美国，人与人间轻易是不借钱的。我们看到片中的主人公宁可睡救济床、宁可带着儿子流浪，也不曾向别人开口借钱。所谓"美利坚不相信眼泪"，泄露家庭困难即使能够获得别人的援助，也可能导致丧失经济独立，甚至导致雇主对其工作能力的质疑。

美国俗语说："The person who dies with the most toys wins"。美国文化对个人价值的如此定位，深层体现出物质本位的价值观。

（三）隐蔽的"宗教文化"（religion）

罗思·本尼迪克（Ruth Benedict，1934）在《文化模式》中认为，基督传统、共和主义和个人主义构成了美国文化模式的三大要素。其核心是基督思想影响下的人人平等自由和个人奋斗价值观。

在影片《阿甘正传》中，关于人与神关系的探讨贯穿始终。在阿甘很小的时候，母亲就告诉他："阿甘，不要让任何人告诉你不如他们。""上帝对待每个人是一视同仁的……"临终前，母亲最后鼓励他："我相信你会把握自己的命运，你一定会用上帝所赐予你的做到最好。"阿甘对母亲的话坚信不疑，他始终相信上帝无处不在。这种坚定的信仰在他与丹中尉的对话中有充分的体现："你找到上帝了吗？甘？""我不知道我该去找他。""他们说只要心里有他（上帝），就会跟他走进天堂……""我会进天堂的，丹中尉。"这种信仰文化其实从影片一开始就体现出来：一片飘浮在空中的羽毛，轻轻掠过庄严肃穆的教堂十字架尖顶，随风飘浮，缓缓地向下面的城市飘落，几经辗转，他飘落到了等车的阿甘脚下。阿甘轻轻地将它捡起，若有所思地看着，然后将它放入自己的箱子中……这个精心设计的片段是对美国基督文化的着意暗示，这种信仰文化贯穿了整个影片，通过主人公阿甘的虔诚、教化和救赎得以全面展现。

　　宗教是美国人的精神寄托，也是美国立国的精神支柱。历史上美国国家的建立与基督教有着很深的关系。当初来到新大陆的很多人都是为了躲避本国宗教迫害而来的。在《当幸福来敲门》一片中，剧情多次提到上帝和杰弗逊的《独立宣言》，意图向观众传递这样一个信息：尽管美国是一个宗教信仰自由和多元文化的国家，美国人的行为深受基督教义的影响。片中有两处独具匠心的安排：一处是主人公五岁的儿子讲述关于"落水者等待上帝救援"的寓言：一艘船过去了，落水者拒绝被救；第二艘船过去了，他仍然拒绝，原因是"上帝会来救我"。后来他死后到了天堂，问上帝为什么没去救他。上帝回答说："我已经派去了两艘船啊！"影片借由孩子的口传递一个明确的基督教义：God helps those who help themselves.（自助者天助之）另外，影片中主人公抱着儿子在教会听圣歌的情景，也令人印象深刻："重担虽负于肩，苦难难以忍受，但我不会也不曾放弃，只因你曾经的承诺：赐予我翻越攀登的力量，指引我前进的方向。"在美国人心中，他们不祈求上帝为他们去除苦难，也不想因苦难而退却，他们只祈求上帝赐予他们勇气，战胜自己，直面人生。应该说基督教影响下的人人平等和个人奋斗的价值观在影片中展现得巧妙而充分。

　　综上所述，传统的"美国梦"内涵包含了"本位主义"、"物质主义"、"宗教"三重隐蔽的文化内容，深深烙着美国印记、体现着"美国性"。

三　"美国梦"的变迁

　　尽管"美国梦"是一个被众多美国人普遍推崇的信念，并在西方世界广为传播，但随着时代变迁，其内容精髓也在悄然发生着变化，这种变化是时代变迁的必然，是传统"美国梦"的延伸与推进。

　　变化1：奋斗动机来源

　　在《当幸福来敲门》一片中，主人公面对接连不断的困难和挫折时，儿子成了他勇敢面对挑战的精神支柱。在最窘困的时候，作为父亲的他仍不忘给孩子以安慰、乐趣以及一个幻想的乐园。而孩子也是懂事的、敏感的，从不抱怨、不责怪。这反过来激励他坚强地承受生活和社会所施加的种种磨砺，并最终战胜困难、成功地成为一名证券经纪人。这里，与传统美国梦不同的是，主人公优秀的个性特质并非源于纯粹的"美国梦"信仰，而有很强的奋斗动机来自寻常小人物对亲情的执著与信念。这一点在《风雨哈佛路》里也有相似的演绎。

片中主人公莉丝饱受颠沛流离之苦，母亲的早逝、父亲的酗酒、吸毒令她早早就尝尽生活的苦痛。但她并没有因为命运多舛而抱怨父母、怨天尤人，而是决定要改变自己的命运。她把父亲从收容所接出来并真诚地说："因为你的缘故，我总能发现另外的出路"；当她成功获得哈佛通知书接受采访时，记者问她："你是如何做到的？"她坦然回答："我怎么能做不到呢？我的父母教会了我可能。"可见，同《当幸福来敲门》一样，两部影片反映出一个不同于以往的现代"美国梦"，它与传统"美国梦"的最大区别在于来源于亲情的奋斗动机。

变化2：优秀的个性特征

众所周知，"机会均等"是"美国梦"的灵魂，勤奋和坚韧不拔是传统"美国梦"实现的必要条件。为此，影片《阿甘正传》中主人公75的智商也不曾影响他成功的一生。相反这75的智商反而卸掉了阿甘精神和肉体上的所有负担，让他渡过了种种难关，创造了传奇的一生。

而《当幸福来敲门》与《风雨哈佛路》中主人公们的成功却着意强调着人物个性天赋的优秀特质。《当幸福来敲门》中，主人公偶然与证券公司经理邂逅，这次偶遇使他在数字方面的天赋以及长期推销中所练就的人际交往能力得到发挥和认同，并为他赢得宝贵的面试机会。对比《阿甘正传》，影片这里体现的其实是两代美国梦的追求主体在不同的社会经济背景下所要求具备的个性特质差异。不难发现，影片暗示美国在进入知识经济时代后，美国梦追求主体的行业天赋因素对其成功产生着重大的影响。

这种主体的优秀、敏锐特质也体现在了《风雨哈佛路》。主人公莉丝不止一次地告诉自己抓住机会：站在约翰哈佛的雕塑前，她默默对自己说："尽管我有可能不会被录取，但至少我是有机会的"；面对评委她真诚地说："我是多么想要这次机会，我总想勇于接受事实……"莉丝以优异的成绩被哈佛录取，实现了自己的美国梦，这是她善于抓住机会、利用机会的结果，而机会也总是给有准备的人的。

　　与《阿甘正传》中纯粹的机会均等、只要肯干遍地是机会的传统"美国梦"不同，《当幸福来敲门》与《风雨哈佛路》都将主人公优秀的个性特征蕴涵于浓烈的亲情之中。虽然下层阶级向上层阶级的流动依然是"美国梦"表现出来最为显著的特征，但成就梦想的条件除了传统的勤奋、坚韧之外，还多了智慧、敏锐等优秀的个性特质。这一传统"美国梦"至现代"美国梦"的变迁是社会经济背景变化下的必然产物。

四　"美国梦"与中国文化的融合与冲突

　　爱德华·T. 霍不在其《超越文化》一书中曾提到，某种文化创立之初，身居其中的人们的行为和思想都是任意的，一旦这种文化被确立后，人们的行为和思想就会相对固定下来难以改变。而且这些人会很自然地认为其他文化背景下的人也应当按照他们的方式来思考和行事（Hall，1976）。因此，文化是矛盾的、有冲突的。"美国梦"文化与传统中国文化的冲突主要源于两种不同的哲学思想和价值观。美国价值观以基督教、自由主义和个人主义为基础，而中国的价值观则主要以孔孟儒学为基础，这两种不同的哲学思想产生了不同的思维和行为方式，从而引发对文化的解读不同。尽管如此，文化也有相通、相融的地方。例如对于"阿甘"这一人物，无论身置哪种文化，对他的解读都有一致的地方，那就是阿甘并不愚蠢，他75 的智商让他卸去了凡人的劣根，只留下了人类最宝贵的美德：真诚、乐观、坚韧。法兰克福学派曾指出，处于后工业化社会和消费社会的美国人被无尽的虚假物质欲求所控制，不断以牺牲内在精神来换取外在的物质享受。而阿甘似乎对于尘世中的物欲浑然不知，他更关心的是他的精神家园。然而没有物质欲求的阿甘却渡过了种种难关，实现了所有正常美国人梦寐以求的"美国梦"。这种成功的经历似乎与中国哲学中"无欲则刚"、"无为而为"的思想文化达成了很好的契合。阿甘虽然是常人眼中的"愚"，但正是这种"愚"使他的生活和追求归于朴素、真实。这也印证了中国哲学中道家的"朴素，则天下无人能与之争美焉"的思想。这是文化贯通、融合的有力表现。

五　结语

　　艺术来自特定的文化。电影《阿甘正传》、《当幸福来敲门》与《风雨哈佛路》虽拍摄于不同时代，但都是实现"美国梦"、体现美国主流价值观的完美范本。作为一个民族、国家的文化载体，这些影片可以帮助我们进一步透视独特的异域文化、了解其主流的社会价值观、揭示隐蔽的文化内涵；同时，觉知文化的异同、追溯文化变迁，提高跨文化认知。

参考文献

Edward T. Hall，*Beyond Culture*，New York：Anchor Press，1976.

［美］爱德华·T. 霍尔：《无声的语言》，上海人民出版社 1991 年版。

Ruth Benedict，*Pattern of Culture*，New York，1934.

刘祚昌：《杰弗逊集》，三联书店 2003 年版。

朱世达：《当代美国文化》，社会科学文化出版社 2001 年版。

王恩铭：《当代美国社会与文化》，上海外语教育出版社 1997 年版。

陈俊森：《外国文化与跨文化交际》，华中科技大学出版社 2000 年版。

浅析川端康成《雪国》中的景物描写

张 灵

摘要：川端康成是日本现代文学的代表人物，是日本唯美主义代表作家，也是日本第一个诺贝尔文学奖的获得者。他的小说为我们塑造了一个个感人的、美的艺术形象，他以"美"与"悲"为基调描写了她们——这些不幸的、弱者们的悲欢离合的恋情和孤独、死亡的结局。他的作品既包含着深刻、丰富的思想内容，又表现出娴熟、精湛的艺术造诣，其中，景物描写尤为突出。大自然的美在川端笔下起到了烘托人物的感情变化，以及刻画人物性格的作用。他把传统的景物描写与现代的心理刻画融为一体，形成了川端康成文学的美韵风格，使读者充分感受到了"物哀れ"（悲之美）这一日本文学、美学的传统理念。

关键词：景物描写、美、爱、情、悲；徒劳、渲染和烘托、暗示和象征

一 引言

景物描写是文学艺术宫殿的一个特殊构件。构建虽小，但是它可以陶冶人们的情操，感染和启迪人们的艺术力量，给人们以艺术美的享受。在川端康成一生所写的几百部作品中，《雪国》中的景物描写应该说是非常成功的，它获得了极高的艺术效果。

《雪国》没有复杂的情节，主要讲述的是岛村三次从东京到雪国与艺妓驹子之间所发生的故事。岛村是《雪国》的男主人公，是一个舞蹈研究者，同时也是一个玩世不恭的男人。为了借旅行来排泄工作中的非现实性所带来的不安，他三次从东京前往遥远宁静的雪国。驹子是《雪国》中的女1号，是一名身份卑微的艺妓，这个生活中的不幸女子，为了生存，她拜师学艺，刻苦勤奋。虽然生活于社会的最低层，但她并没有向生活妥协、屈服，而仍然以自己的方式向往着美好的生活，执著地追求着自

己的爱情。然而，其结果，等待着她的却是一次又一次的失望与痛苦。小说中作者用大量的笔墨，刻画了驹子的美丽、善良、执著和勤奋。

本文将通过对《雪国》中景物描写的考察，来揭示川端康成文学敬爱自然的文化底蕴，从而品味川端康成文学所具有的浓烈而独特的"物哀れ"即"悲之美"的风格。

二　《雪国》的序幕

穿过县界长长的隧道，便是雪国。夜空下一片白茫茫。（叶谓渠、唐月梅译，1996：3）

这是《雪国》的开场白，就其开场白本身而言，就是极为绝妙的严冬雪国的一景。简洁的字句，形象的描绘，为读者精练地勾勒出了雪国的风貌，一下子就将读者带入冰天雪地的银白色的世界，让人联想到那雪花纷飞的、蒙胧的天空和银装素裹的大地。雪是洁白的，纯净的，然而洁白、纯净的雪可遮住一切瑕疵，作者在这里刻意地强调雪的圣洁之美，但意在为即将出场的女主人公所拥有的纯真和美丽作了最好的铺垫。

岛村在前往雪国的火车上，以车窗玻璃为镜子，窥视到了悉心照顾病中男人的美丽姑娘叶子。叶子是《雪国》中的女2号，是驹子所拜三弦师傅家的人。她在小说中出现的次数并不多，但是，在作者的笔下叶子有着雪一样的清丽和冷艳，有着"悲しいほど美しい声"（川端康成，1971：9），即近乎悲戚的、优美的声音。

而那位被叶子悉心照顾的病中男人叫行男，是三弦师傅之子。岛村后来风闻三弦师傅活着的时候，曾有意叫驹子和行男订婚，驹子也是为给行男治病才当上艺妓的。在火车上，叶子对行男那种温柔、细腻、真挚的情感流露和她的全身所逸放出的冷艳之美，深深地感动并吸引了岛村，以至于此时此刻的岛村觉得世界上的一切都黯然失色了。对此，作者在作品中是这样描写的。

在遥远的山巅上空，还淡淡地残留着晚霞的余晖。透过车窗玻璃看见的景物轮廓，退到远方，却没有消逝，但已经黯然失色了。尽管火车继续往前奔驰，在他看来，山野那平凡的姿态越是显得更加平凡了。由于什么东西都不十分惹他注目，他内心反而好像隐隐地存在着一股巨大的感情激流。这自然是由于镜中浮现出姑娘的脸的缘故。
（叶谓渠、唐月梅译，1996：6）

作者抓住了宇宙间夕阳西下的自然变化，以细腻的笔触描绘出了夕阳
落下后那壮观的晚景。然而，虽然夕阳西下，晚霞余晖的景致非常美，非
常诱人，但是，这梦幻般的美景却在岛村的眼里失去了它诱人的魅力。他
既不感到晚霞余晖有多么美，又不觉得远方山野有多么的不平凡，因为，
叶子的存在、叶子的美，完全吸引了岛村。川端康成用这种景情大相悖谬
的表现手法，极好地渲染烘托了岛村此刻的心情，衬托出了叶子的魅力。
很明显，如果失去了这样细腻的描绘，叶子的冷艳之美就不会那么生动、
鲜明、迷人。

另外，当列车抵达雪国，岛村下了车后，作者通过岛村的眼睛又一次
把雪国的景色展现在读者的面前。

　　　在雪天夜色的笼罩下，家家户户低矮的屋顶显得越发低矮，仿佛
整个村子都静悄悄地沉浸在无底的深渊之中。（8）

作者一方面告知读者雪国虽地处偏僻，房屋古旧，但是，它却保留着
日本独特的古朴风格，充满着日本式的传统美。另一方面，也暗示了女主
人公驹子等艺妓们所生活的孤寂的、与世隔绝的世界，带有淡淡的凄凉之
感。此处的描写，不仅渲染、烘托了雪国里大雪的气势磅礴，拓宽了读者
的联想，同时又将大自然的美与现实的悲交融在一起，使读者浮想联翩。

三　《雪国》的春天——幸福的相识

在《雪国》里，作者有意识、有目的地精心安排男主人公岛村三次
去雪国的时间分别是雪国的春天、冬天和秋天。作者这样以季节推移变迁
为线索的表现手法，不仅将季节交替转换的自然美展现在读者的面前，而
且以此为背景，将小说里的人物及人物的思想感情又融入大自然的美景
中，达到情景交融的效果。

作品中，作者首先以雪国的春天为背景描写了岛村与驹子的初次
相识。

那个时候——已经过了雪崩危险期，到处一片嫩绿，是登山的季节了。(10)

此处的景物描写，作者把大自然的绿色，更确切地说是把雪国春天的那种万物复苏、春回大地、一片生机的绿色景象栩栩如生地展现在读者的面前，把人们带进了大自然的艺术宫殿，使人们想象到了雪国的春天，那幽静的、迷人的、层层起伏的山峦。创造出了一种独特的、引人入胜的意境。并以此为背景，表现出了驹子由于与岛村的相识而感受到的幸福、甜蜜的情感和对美好未来的憧憬。它不仅烘托了驹子的纯真、可爱，同时也表现出了岛村对驹子产生了爱恋之情。

作者在描写二人初次相识的时候，作为背景多处用到了"新绿の山々"（川端康成，1971：26）（即嫩绿的群山）、"若葉の匂いの強い裏山"（26）（即散发着强烈的嫩叶气息的后山）这样的字眼。那么，作者在这里所展示给读者的景物并不是孤立的、无目的的，而是有用意的，有充实内容的。我们知道"绿"自古以来就是美好希望的象征，它可以将人们从沉睡中唤醒，去享受生活，沐浴阳光。作者在捕捉雪国春天的绿色景象中，为驹子的悲剧命运埋下了伏笔。即"新绿"象征着美好的开端，也成为推动故事情节发展的"契机"。

作品中，还有一处描写了与驹子相识不久的岛村独自登山，后觉得倦乏，便一溜烟跑下山去。就在这时，他发现了有两只蝴蝶在翩翩起舞。对此景，作者是这样描述的：

从他脚下飞起两只黄蝴蝶。蝶儿翩翩飞舞，一忽儿飞得比县界的山还高，随着黄色渐渐变白，就越飞越远了。（叶谓渠、唐月梅译，1996：16—17）

很明显，这两只蝴蝶象征着爱情中的岛村和驹子，象征着自由的美好和幸福的甜蜜。

"無為徒食の島村"（川端康成，1971：17）即无所事事的岛村是一个已有妻室子女的中年男子。他坐吃祖产，精神上虚无缥缈，虽然偶尔也写一些舞蹈评论。他来到雪国，在这里邂逅了被其视为"不思議なくらい清潔"（18）（即近乎于不可思议的干净）的驹子，并被她的清丽和纯洁所吸引，随之渐渐地对她产生了爱恋之情。而驹子卑微的身份决定了她长期生活在社会的最底层。她也想要正正经经地过日子，渴望获得一个女人应该得到的纯真爱情，于是，由初次见岛村时对他的敬慕和亲近，发展到了对岛村的爱慕。作者在这里用两只欢快飞舞的蝴蝶表现了岛村和驹子之间所燃起的爱情之火。

人们常说，蝴蝶是"会飞的花朵"、"虫国的佳丽"，是吉祥美好的象征。特别是在文学作品中，人们常常把双飞的蝴蝶作为自由恋爱的象征进行赞美和歌颂，以此来表达人们对自由爱情的向往与追求。如我国的《梁山伯与祝英台》这一美丽、凄婉、动人的爱情故事，可谓家喻户晓，流传深远，梁祝最终化为蝴蝶，在人间蹁跹飞舞，它象征着忠贞不渝的爱情。

蝴蝶虽然象征着自由、幸福和爱情的甜蜜。但是，它也同时象征爱情生命的短暂。所以说，蝴蝶是一种心理象征，在心理象征的意义上，蝴蝶所象征的是一种唯美、超脱、敏感而脆弱的性格。在作品中，作者用美丽的蝴蝶象征着岛村和驹子之间产生的美好爱情，但实际上又暗示了他们爱情生命的短暂。读者不难感悟到，在这对蝴蝶身上，影射了作者自身对爱情的认识。美和悲交织在一起，给人以鲜明生动的印象，产生了引人入胜的艺术效果。

四　《雪国》的冬天——悲哀的爱与冷漠的回应

文学作品对人物的描写固然重要，但是对景物的描写也是不可忽视的，因为它反映了作品中人物内心世界的另一个重要方面。川端康成《雪国》中的景物描写在这方面成就很高，他灵活地运用了这种艺术技巧，多侧面地反映了人物的内心世界。

比如，在作品中，岛村在严冬12月第二次来到雪国。他希望在同驹子的继续交往中寻找慰藉，以暂时忘却自己由于非现实感而带来的不安。在与驹子的进一步交往中，驹子对生活的认真态度和对生命充满着的执著追求，逐渐地感动了空虚、麻木的岛村，使岛村发现驹子是一个非同寻常的女子。然而，这一切"岛村には虚しい徒労とも思われる"（61），即又被岛村认为是徒劳无益的。因为，岛村其孤独、冷漠、空虚、荒诞和颓废的人生态度决定了他必然会做这样的结论。

对此，作者不仅在小说中从正面对人物进行了心理刻画，而且通过对雪国寒冷的雪夜的描写，表现深化了这一主题。

> 这是一幅严寒的夜景，仿佛可以听到整个冰封雪冻的地壳深处响起冰裂声。没有月亮。抬头仰望，满天星斗，多得令人难以置信。星辰闪闪竞耀，好像以虚幻的速度慢慢坠落下来似的。繁星移近眼前，把夜空越推越远，夜色也越来越深沉了。县界的山峦已经层次不清，显得更加黑苍苍的，沉重地垂在星空的边际。这是一片清寒、静谧的和谐气氛。（叶渭渠、唐月梅译，1996：25）

寒冷的雪夜，仿佛可以听到整个冰封雪冻的地壳深处响起冰裂声，一切都显得那样地阴暗、沉重，大自然的这种无法抗拒，一方面暗示着驹子对岛村所付出的真挚的、炽烈的爱只能是徒劳无益，没有结果的悲凉心境，另一方面也衬托出岛村空虚、麻木和冷漠的内心世界。给人以凄凉而无奈之感。以景衬托了人物的心情，两者交相辉映，达到了"物动心摇"的艺术效果和"情景交融"的艺术境界。

作品里，岛村第二次来雪国时还有一处，作者把驹子对岛村虽然深知得不到回报，却始终一往情深地爱恋着的那种悲切心境，借用景物描写表现得淋漓尽致。那是当驹子把要回东京的岛村送进车站后，独自一人站在候车室里的窗户边等待火车开动时的情景。

> 玻璃窗紧闭着。从火车上望去，她好像一个在荒村的水果店里的奇怪的水果，独自被遗弃在煤烟熏黑了的玻璃箱内似的。（49）

多么凄惨、悲凉！冷漠、麻木的岛村因为始终认为驹子对他的爱情是一种美的徒劳，所以，根本无所谓地一走了之。而可怜的驹子就好像是一个被丢弃、被遗忘的东西似的，无人发现，无人问津。这种被冷落、被遗弃的凄凉情景，使人感到一种压抑、厄运的征兆——悲剧。可以说作者对此景的描写暗示了驹子悲惨的命运。

驹子本人虽然从一开始就知道对岛村的爱恋不会有什么结果，可尽管如此，她还是忠贞不渝地爱着岛村。而对于自己的结婚对象——行男，驹子只是因为道义，才当上艺妓为行男赚钱治病。实际上她和行男之间根本谈不上有男女情感，以至于后来行男病危时，驹子也未予理睬。因为，此时此刻令她担心和不安的是不知道岛村还是否再来此地。

作品中，不仅驹子是这个黑暗社会的牺牲品，叶子亦同，在护送病中的行男回家的情节中，读者可以看出叶子对行男的那种温柔、细腻、真挚的情感。虽然，两位女性的情感都是至美的，但是，她们所追求的爱是一种虚幻的爱，没有结果的爱，痛苦的爱，悲哀的爱，美与悲哀被紧密地联结在一起。

五　《雪国》的秋天——走到尽头的爱

景物描写蕴藏着作者对社会和人生的看法，渗透着作者自己的爱与悲。我们不仅可以通过作品中的景物描写管窥作品反映的时代风貌，而且还可以嗅出时代的生活气息，体会到灌注在景中的作者本人的思想感情。

作品中，岛村的第三次雪国之行，也是最后一次雪国之行是在深秋季节。首先，作者多处使用了景物描写中对昆虫的特写来表现作品中的人物形象。其中，特别是下面两段描写惟妙惟肖。

> 随着秋凉，每天都有昆虫在他家里的铺席上死去。硬翅的昆虫，一翻过身就再也飞不起来。蜜蜂还可以爬爬跌跌一番，再倒下才爬不起来。由于季节转换而自然死亡，乍看好像是静静地死去。可是走近一看，只见它们抽搐着腿脚和触觉，痛苦地拼命挣扎。这八铺席作为它们死亡的地方，未免显得太宽广了。(75)

深秋里昆虫的死亡，是由于季节转换而至，然而它们抽搐着腿脚和触觉，痛苦地拼命挣扎的死亡过程却令人伤感。作者虽然写的是昆虫随着季节变迁而自然死亡，但实际上是借用对昆虫的特写，暗示岛村和驹子的爱情已经走到了尽头。昆虫抽搐着腿脚和触觉，痛苦地拼命挣扎的死亡过程象征着在没有希望的爱情中饱受痛苦折磨的驹子。虽然驹子还期待着得到岛村的爱，但是，岛村和她的分手就如同大自然四季转换的规律一样是无法改变的事实。

> 有些飞蛾，看起来老贴在纱窗上，其实是已经死掉了。有的像枯叶似地飘散，也有的打墙壁上落下来。岛村把它们拿到手上，心想：为什么会长得这样的美呢！(76)

这一段对飞蛾死亡及死亡后的特写暗示着处在这孤寂的、与世隔绝的雪国里，像驹子这样的艺妓们青春时期是供有钱人消遣的玩物，老后，则生活艰难，最后，悄然死去的凄惨和悲哀。这一描写，隐蔽地揭露了当时社会的黑暗，同时也表现出了作者对生活在社会底层的艺妓们深切的同情。

其次，当岛村意识到自己已经该彻底地离开这里了，悠然漫步在温泉浴场附近的一个镇子的时候，作品中有这样一段景物描写。

在薄暮中，桥那边的山峦已经是一片白茫茫的景色。在这北国，每到落叶飘零、寒风萧瑟的时节，天空老是冷飕飕、阴沉沉的。那就是快要下雪了。（92）

作者在这里又以进一步强调大自然的四季转换，暗示了岛村消极的人生徒劳观。岛村和驹子的邂逅与幽会的舞台是日本的北国，每到深秋时节，便寒风瑟瑟，落叶飘零，说明雪季即将来临，如同这无法抗拒的大自然一样，在岛村的眼里，驹子对自己产生的爱恋是徒劳的，驹子坚强地面对生活，试图改变自己的命运是徒劳的，驹子赚钱给行男治病继而卖身为艺妓的行为是徒劳的，以至于叶子将自己的爱奉献给了即将死去的行男也是徒劳的，等等，在岛村看来，人生的一切都是徒劳的。所以这一段景物描写极好地表现了岛村把一切视为徒劳的消极的人生态度，烘托了岛村意识到自己已经该彻底地离开这里后的心情，把一个冷漠、空虚、荒诞和颓废的伪君子展现在了读者的面前。

最后，当温泉浴场发生火灾，驹子不顾一切地，急匆匆地奔向火场时，作者是这样描写此情景的。

她的背影好像被黑暗的山坳吞噬了。银河向那山脉尽头伸张，再反过来从那儿迅速地向太空远处扩展开去。山峦更加深沉了。（98）

这一段描写暗示着驹子的悲惨命运。她虽然坚强地面对人生，执著地追求爱情，但是，在残酷的现实面前，她是弱小的，无力的。因而最终她将同其他艺妓一样，逃脱不了被抛弃的悲惨命运。

作品中，作者把岛村和驹子最后的交往和分手放置在雪国深秋的背景之上，这是因为四季中，只有秋天能够象征着悲哀和凄凉。人常说逢秋生悲。作者借秋景把人生选择的无奈和人物悲苦、哀愁的心情，真切地、生动地表现了出来。

六　结束语

通过以上的分析，我们可以看出川端康成作品中的景物描写与人的心情十分和谐一致。景反映了情，情又给景涂抹上了一种特殊的色调。"景因情迁，情以景转"，客观和主观密切结合，凝为一体，达到一个完美的艺术境界。川端康成说："自然它是我的感受的借助之物。""风景充满了幻想和象征。"（川端康成，1988：247）《雪国》中，川端康成在给读者讲述岛村与驹子和叶子的爱情故事的同时，以艺术之笔，通过千变万化、五光十色的景物描写，为读者勾勒出了一幅幅不可企及的日本雪国的风景画。在这一幅幅画中，呈现出各种各样的景致，构成了统一的画面，使读者如身历其境。他那娴熟的艺术技巧对我们审美意识的提高、审美能力的加强，完整地、全面地了解川端康成的作品有着一定的意义。

参考文献

［日］川端康成：《雪国》，講談社，昭和四十六年（1971年）。

川端康成：《雪国　古都　千之鹤》，叶谓渠、唐月梅译，译林出版社1996年版。

何乃英：《论川端康成小说的艺术特征》，《北京师范大学学报》1995年第5期。

叶渭渠：《冷艳文士——川端康成传》，中国社会科学出版社1996年版。

清代女作家对古代女性的接受

——论清代女作家的诗学实践

李岳宏

摘要： 清代女性诗学的重要表现特征之一就是通过创作实践，来改变以前女性失语的话语状态，而在对古代女性的审视评价中，或批判，或颂扬，来传达她们的时代诉求，建构起清代女性诗学发展的繁盛局面。她们在创作时大胆张扬女性风采，追求扬名显姓的机会，展现出清代女性自觉意识的逐步觉醒！

关键词： 清代；女性；觉醒

历史上多少名媛才女都老死在"女子无才便是德"的观念之下，杰作难传。沈善宝在《名媛诗话》中说："生于名门巨族，遇父兄师友知诗者，传扬尚易；倘生于蓬荜，嫁于村俗，则湮没无闻者，不知凡几。余深有感焉，故不辞撷拾蒐辑，而为是编。"① 流传尚难，传而"未详名字出处"者，又何其多！这是女性的不幸。但是清代女诗人能以"巾帼不让须眉"的豪气和女性独特的情感视角，突出男性作家重围，通过歌颂表彰历史才女的才艺和功绩，改变中国古代女性失语的历史传统，进而表现她们自己的才智、诗情、史识，扬名显姓，企图塑造一部女性诗史，这从清代女诗人众多优秀的吟咏历史女性的诗中即可窥斑见豹。

一

儒家经典《周易》中即以乾位配男，坤位配女，男天女地的搭配格局在数千年的社会演化中不断弱化着女性的社会地位，孔子更说"唯女子与小人难养也"，宋代理学家倡导"饿死事小，失节事大"更扭曲了女性生活的道德观念，以至女性大门不出二门不迈，几与外界社会决绝，

---

① 王英志主编：《清代闺秀诗话丛刊》，凤凰出版社 2010 年版，第 349 页。

"养在深闺人未识"，当然也就无从认识社会政治，更妄说参与社会活动了。以致把脏水倒在女性头上，女性也要默默背负，"自古红颜多祸水"也成为男性主导话语中常见的归咎问题处理方式。这种现象在清代逐步觉醒的女性自觉意识面前，遭到强烈挑战。

季兰韵《题美人画册十首》之《褒姒》曰："檿弧箕服国将亡，尽道中宫召祸殃。未必褒妃非淑女，幽王自不及文王。"对历史上的传统偏见"红颜祸水"论进行了强烈批判，通过兴国之君周文王与亡国之君周幽王的对比，指出国家兴亡成败的关键在于国君的才能，而不是一介女流所能左右的。周幽王才能低下，耽于淫乐，亡国是必然的，为什么要把亡国的罪责都横加在褒姒的身上呢？太姒与褒姒只是君王的妻妃而已，如果褒姒遇到周文王那样的兴国之君，不也是一介淑女贤妃么？因此正可以说，恰恰是周幽王的无能带给了褒姒死亡的灾难，而且背上了千古的骂名。女人何罪之有，却又是如此之不幸！其《西施》一诗："从来倾国属名姝，却笑夫差意太愚。不使子胥身便死，美人何力可亡吴。"① 论述的更为深刻，极力讽刺吴王夫差成功复仇后骄傲狂妄、盲目自大、贤愚不分，又沉溺于游乐，枉杀忠臣伍子胥，亡国可谓必然。否则，手无缚鸡之力的西施何能倾国呢？

夏伊兰《大乔小乔曲》："江东秀毓双婵娟，连珠合璧争辉妍。貂蝉献后少绝色，乔家二女真神仙。仙乎有貌兼有福。选得乘龙豁青目。两家夫婿尽英雄，一德君臣同骨肉。赤壁鏖兵鼎足成，铜雀空余北斗横。兴亡何与美人事，始知国色不倾城。汉家遗恨悲不竞，赎得文姬重相庆。风流韵事说三吴，如此红颜非薄命。"② 通过叙议结合的手法明确指出天下兴亡，是与女子无关，大乔、小乔分别嫁于孙权、周瑜，辅佐夫君成就功业，赢得千古声名。以此反驳红颜祸国的谬论，并且鲜明指出君臣同德共心，是家国兴旺的关键，也只有如此红颜才能赢得千秋佳名。

二

历代才女在帝王家书式的正史书写中，往往声名不彰，埋没无闻。虽

---

① 胡晓明、彭国忠主编：《江南女性别集三编》，黄山书社 2008 年版，第 980 页。

② 黄秩模编辑、付琼校补：《国朝闺秀诗柳絮集》，人民文学出版社 2011 年版，第 1868 页。

如张慧《读史有感》所说:"峨眉自古招天妒,更有才为造物憎。阅遍宫闱金粉册,双兼福慧能几人。"① 福慧双兼的才女并不多见,但是她们出众的才华往往赢得后人的称赏:班昭修史、左家妃嫔、谢家才女等已经建构起女性自身的文学发展长史。清代女作家极力歌颂、称赏她们,实际在于建构女性自身的历史发展史,树立历史女性典范,并借此酒杯,浇灌自身有才而名声不彰的内心苦闷。

归懋仪《戏集古来美人韵事偶得三十二题》其二十:"修史才华孰比肩,吟成团扇亦堪怜。掌擎箧贮应随遇,何必秋风怨弃捐。"(班姬扇)其二十四:"谁是书裙作嗣音,扫眉才子度金针。几行玉版簪花阁,费尽临池万古心。"(卫夫人字)② 班昭修史,名扬千古,百代敬重,而天下尽识"飘若浮云,矫若惊龙"的羲之楷书,不知右军书法却源于卫夫人,此处刻意强调,凸显女性才华之意,昭然若揭,更是借此来宣扬女性被历史无视的不幸,表达不甘被埋没的心声,至少现在我们记住了她。

季兰韵《读左芬赋》:"三千粉黛逊才华,不是承恩系绛纱。斑管一枝君自爱,胜他竹叶引羊车。"③ 朱镇《古才女诗二首》《鲍令晖》:"臣妹才思亚左芬,芳名远向九重闻。至今香茗留遗集,荐入骚坛亦冠军。"《苏若兰》:"织锦迢迢寄远方,迴文端和诉回肠。才思独创新奇格,难向人间索和章。"④ 这些诗作都极力歌颂历史女性的文学才华,即使"荐入骚坛亦冠军",只是男性书写的文学史不曾给予过多的关注,长期埋没历史的角落,早为人所遗忘。

杨瓊华《题谢道韫青绫解围图》:"兰心蕙质原难状,亭亭玉貌天上人。佳句曾传咏絮词,解围早设青绫幛。谢娘才思冠江南,挥扇风前妙义含。多少乌衣家子弟,却教闺阁擅清谈。"⑤ 更是在男女性别对比中,昭彰"谢娘才思"不仅"冠江南",更是让须眉甘拜下风。陈蕴莲《题仕女图》《谢道韫》:"岂惟咏絮擅清新,大义千秋迈等伦。纤手犹能诛叛寇,奇才无怪究天人。声华太大畸行掩,福慧难兼命不辰。秋菊春兰论品格,

① 胡晓明、彭国忠主编:《江南女性别集初编》,黄山书社 2008 年版,第 1065 页。
② 胡晓明、彭国忠主编:《江南女性别集二编》,黄山书社 2008 年版,第 805 页。
③ 王英志主编:《清代闺秀诗话丛刊》,凤凰出版社 2010 年版,第 947 页。
④ 胡晓明、彭国忠主编:《江南女性别集三编》,黄山书社 2008 年版,第 197 页。
⑤ 同上书,第 801 页。

想应萧萧出风尘。"① 诗中自注曰：孙恩之难，道韫夫及诸子为贼所害，命婢肩舆抽刃出门，乱兵积至，手杀数人，乃被虏。其外孙刘涛时年数岁，贼又欲害之，道韫曰："事在王门，何关他族？若必如此，宁先见杀。"恩虽毒虐，为之改容。则从另一个角度赞颂谢道韫不仅"咏絮擅清新"，而且"大义千秋迈等伦"，文才与节义并兼，只可惜"福慧难兼命不辰"，这似乎成为历代才女们的历史大悲剧。

季兰韵《题河东君小像》其二："可惜尚书死太迟，丹青翻让与杨枝。若无慷慨捐躯日，谁信殷勤劝主时。一代文章夸国手，千秋志节逊蛾眉。柳花烟月难回首，镜里重描绝世姿。"② 在男性引以为傲，极力表彰的"千秋志节"面前，须眉竟"逊蛾眉"，对比中高贵与卑劣，一目了然。

三

当然女性的才华不仅是文才与节义上堪与须眉比肩，即使在武略上也毫不逊色。孙佩兰《木兰》："擐甲从军十二年，归来粉黛拜堂前。美人志是奇男子，全孝全忠青史传。"③ 如果说木兰于史无稽而不确的话，那么宋末的梁红玉和明末的秦良玉自是史名昭著。

柴静仪《黄天荡咏古》："玉面云鬟拂战尘，芙蓉小队簇江滨。不操井臼操枹鼓，谁信英雄是美人。"④ 当年黄天荡激战的画面再次显现，梁红玉亲操鼓槌，擂鼓助威的历史画面历历如在目前，如此英雄绝伦的女杰，确实值得浓墨重彩的大笔书写与极力歌颂。因此，也可以说，女性历史不彰的原因之一就是太多的英雄被遗忘，清代女作家重拾旧事，加以赞颂，实际是在为自己加油助威，要在历史的长河中，留下奇采浪花。

距时未远的明末女英雄秦良玉，更是让清代女作家觉得犹然活在昨日，历史的记忆显然犹新，她们更是不吝笔墨，极力抒写，大胆唱叹，万声颂扬。万梦丹《秦良玉》："夫死苍黄代誓师，锦袍杀贼胜男儿。芳原血溅桃花马，不负临轩一首诗。"⑤ 汪端《题秦良玉画像》其四："桃花

---

① 王英志主编：《清代闺秀诗话丛刊》，凤凰出版社2010年版，第484页。
② 同上书，第1118页。
③ 同上书，第525页。
④ 胡晓明、彭国忠主编：《江南女性别集三编》，黄山书社2008年版，第402页。
⑤ 同上书，第2081页。

叱拨老征鞍，廿载烽尘战血斑。已见国殇悲弟侄，那堪劫火惨河山。英雄儿女传青史，鼓角风云动玉颜。石砫他年合祠庙，灵旗时扬白云间。"①美人而英雄，"杀贼胜男儿"眉，"英雄儿女传青史"，即使男性书写的史书也为之留下一席之地，难怪清代的女诗人如此厚爱秦良玉。陈蕴莲《秦良玉》、王采蘋《读秦良玉传》、覃树英《题秦良玉像》、刘琴宰《秦良玉沈云英两女将军歌》等，多达十余首诗作，绵延不绝于有清一代。

四

尽管"文武忠孝四者全"的"蛾眉冠古今"，让"多少须眉应愧汝"，但是她们在历史的功臣薄上，却没有得到应有的颂赞，失之于"凌烟阁"上，众多的女诗人纷纷为之抱不平。矫枉必过正，女诗人们在惋惜中极力诵赏她们的功绩，奔走呐喊，要让她们"赢得千秋不朽名"，实际是在为自己赢得历史的尊重。她们的努力，获得成功，尽管微薄，筚路蓝缕开创之功，不可埋没。

商景兰《西施山怀古》："土城已作一荒丘，人去山存水自流。身世繁华终霸越，名垂史册不封侯。须眉多少羞巾帼，松柏参差对敌仇。凭吊芳魂传往什，愁云黯淡送归舟。"② 张缙（案：原书空）英《昭君》："莫怨丹青误此身，天教艳质靖边尘。请看万古轮台月，照尽长门绝代人。慷慨襟怀类请缨，红颜谩道总倾城。未妨异域埋香骨，赢得千秋不朽名。"③ 方婉仪《次韵题明妃图》："冢畔青青草色稠，芳名史册著千秋。画师若把黄金嘱，老守长门到白头。"④ 这里更应感激画师，否则只是"老守长门到白头"，女诗人理直气壮地宣示要"芳名史册著千秋"，自然就毫无怨言怨气了。

夏伊兰《偶成》："人生德与才，兼备方为善。独至评闺材，持论恒相反。有德才可贱，有才德反损。无非亦无仪，动援古训典。我意颇不然，此论殊褊浅。不见三百篇，妇作传匪鲜。葛覃念父母，旋归忘路远。柏舟矢靡他，之死心不转。自来篇什中，何非节孝选？妇言与妇功，德亦

---

① 胡晓明、彭国忠主编：《江南女性别集初编》，黄山书社2008年版，第364页。
② 胡晓明、彭国忠主编：《江南女性别集三编》，黄山书社2008年版，第1315页。
③ 同上书，第948页。
④ 徐世昌辑：《晚晴簃诗汇》，中国书店1989年版，第611页。

藉此阐。勿谓好名心，名媛亦不免。"① 德才兼备的女性观，畅言"妇言与妇功"，因为"名媛亦不免"而有"好名心"。袁枚《随园诗话补遗卷二》六二条评论说："'女子以色为主，而才次之'。李笠翁则云：'有色无才，断乎不可。'"② 极为注重对女子才华的强调。"文章吟咏诚非女子事，予之诗不能工，亦不求工也。也有自知其短而反暴之以求名者乎？盖疾夫世之讳匿而托于若夫若子以传者，故不避好名之谤，刊之于木。"③赵棻在《滤月轩集·自序》中大胆畅言"不避好名之谤"，实为女性谋求自身独立的重要宣言。

　　古代女性是忠孝、贞节观念的接受者、持守者、传递者，她们的一生似乎都在以此为中心而打转，因而在咏史诗中也就更能体现这一方面的精神印痕。对孝子、忠臣、节义歌颂赞美，对奸臣、贼子斥责辱骂，对男权社会下无辜不幸女性给予同情，对她们忠贞节义进行歌颂，对她们蒙受的性别偏见敢于大胆反驳，然而更多的则表现为对女子聪明才智的歌颂赞美，高唱"谁说女子不如男"的昂扬歌调，大胆追求女子在青史中的一席地位，扬名显姓已经由被授予的"贞节"、"烈妇"到自己主动追求一世英名，彰显才智，努力争取与男性平等的扬名机会。因此，完全可以说这是女性敢于表达主见，勇于表达内心诉求，大胆追求自己所需，初步走向女性自觉地关键时刻。尽管表白的是如此之苍白无力，声音是如此之微弱，但她们毕竟迈出了如此关键的一步，为女性指出了"向上一路"，极具历史意义，而且不仅仅是女性的。清代女作家通过创作实践，来改变以前女性失语的话语状态，而在对古代女性的审视评价中，或批判，或颂扬，来传达她们的时代诉求，建构起清代女性诗学发展的繁盛局面。这正是清代女性诗学话语表达的方式之一种——以作而论学，表明自身的道德、声名的价值取向，这是诗学话语中传达出的内在精神气质，也是清代女性身上的新时代特征之一。

参考文献

　　胡晓明、彭国忠主编：《江南女性别集初编》，黄山书社 2008 年版。

---

① 胡晓明、彭国忠主编：《江南女性别集三编》，黄山书社 2008 年版，第 1868 页。
② 王英志主编：《清代闺秀诗话丛刊》，凤凰出版社 2010 年版，第 110 页。
③ 《清代诗文集汇编》，上海古籍出版社 2010 年版，第 275—276 页。

胡晓明、彭国忠主编：《江南女性别集二编》，黄山书社 2008 年版。

胡晓明、彭国忠主编：《江南女性别集三编》，黄山书社 2008 年版。

黄秩摸编辑、付琼校补：《国朝闺秀诗柳絮集》，人民文学出版社 2011 年版。

《清代诗文集汇编》，上海古籍出版社 2010 年版。

王英志主编：《清代闺秀诗话丛刊》，凤凰出版社 2010 年版。

徐世昌辑：《晚晴簃诗汇》，中国书店 1989 年版。

翻译与文化

论中国典籍翻译中的文化传真

——对比两个英译版本《道德经》

郝雅溪

摘要：以《道德经》为中国传统典籍之代表，以亚瑟·威利（Arthur Waley）和许渊冲的《道德经》英译本为研究对象，从文风、内涵和文化意象三个方面对其译本进行比较，试探讨英译中华典籍中文化传真问题。得出结论：充分理解原文本是典籍翻译的译者的首要任务，在此基础上译者应本着对源语文化负责的态度，力求使译文与原文达到形式与内容的统一，再现原文本的文风与文化。

关键词：典籍；典籍翻译；道德经；文化传真

一　典籍翻译在文化传播中的作用

翻译不仅是文化传播和异质文化交流的主要手段，而且是一个民族的文化得以维持且繁荣的重要原因之一。著名学者季羡林谈到翻译对中国文化的重要意义时，将文化（文明）的发展分为五个阶段：诞生、成长、繁荣、衰竭、消逝。相对于其他一度繁荣但最终消亡的文化，中华文明始终保持着顽强的生命力，且延续至今。究其原因，季先生认为："倘若拿河流来作比，中华文化这一条长河，有水满的时候，也有水少的时候，但却从未枯竭。原因就是有新水注入。注入的次数大大小小是颇多的。最大的有两次，一次是从印度来的水，一次是从西方来的水。而这两次的大注入依靠的都是翻译。中华文化之所以能常葆青春，万应灵药就是翻译。翻译之为用大矣哉！"

中华文化的可持续发展离不开文化的传播与交流，除了外语译入汉语之外，汉语典籍的外译也是不可或缺的。《道德经》作为中国古籍的经典之作，既是道家哲学的思想体现，也是中国文化的精神源泉之一。虽然成书于两千多年前，各朝却不断有通行本流传于世，这使《道德经》成为

对中国文化影响极深的道家哲学的思想基础。然而《道德经》影响之深
远不仅是对中国文化,首译至今的 1000 多年里对世界各国的经济、哲学、
宗教、文学、艺术都产生了巨大影响。

　　近代以来,西方学人移译外国典籍最多的是《圣经》,其次就是《老
子》(威利,1997)。在 1300 多年前的唐代,《道德经》就被译为梵文传
向印度。19 世纪下半叶来到中国的传教士中涌现出了一批汉学家,为汉
籍外译作出了很大贡献,河间府的传教士汉学家戴遂良 (Leonard Wieger,
2003) 就曾译介过《老子》、《庄子》等,理雅各 (Legge James,2003)
也翻译过包括《老子》在内的一系列中华典籍,与德庇时 (John Franci
Davis,2003) 和翟理思 (Herbert Allen Giles,2003) 并称为英国汉学三
大星座。英国第二代汉学家中最优秀的人物是亚瑟·威利 (Authur Wal-
ey,2003),他尤其擅长中国古籍的翻译,其所译《道德经》(*Tao Te Ch-
ing*) 被公认为是比较权威的英译本,至今仍然在外语界经久不衰,被多
次重印。1925 年法兰克福的歌德大学设立了中国研究所,第一任所长卫
礼贤 (Richard Wilhelm,2003) 就曾先后翻译《老子》、《庄子》等书。
19 世纪末,随着老子、庄子的著作大量地被他国翻译家译介,中国的道
家思想便逐渐成为影响世界的主要思潮之一了。

　　20 世纪在德国,《老子》的译本有八种之多。第一次世界大战后,
老庄哲学为德国人提供了精神食粮。德国存在哲学的代表人物德瓦尔
(Devere,2003) 明显地受到老子的影响。德国作家赫尔曼·黑塞 (He-
rmann Hesse,2003) 在 20 世纪 20 年代经常出席威尔苟姆 (Wilhelm)
举办的中国讲座,当时所讲的内容,以老庄思想为多。黑塞之所以对老
庄思想产生共鸣,是因为他崇尚纯洁的精神生活,渴求环境的和谐与安
宁。德国剧作家布莱希特 (Bridget,2003) 在 1920 年 9 月曾在日记中
记述了他初读老子《道德经》的情景,颇为自己的某些想法与"道"
暗合而感到欣喜。从他的剧作如《城市的密林》、《四川一好人》等,
可以明显看出老庄思想的影响。美国剧作家奥尼尔 (O'Neill,2003) 的
《马可百万》、《岁月无尽头》、《送冰人来了》中亦可明显看出老庄思想
的影响。1925 年以后,奥尼尔阅读了许多东方哲学和宗教方面的书籍,
他自己承认"其中《老子》和《庄子》的神秘主义,要比其他任何东
方书籍更使我感兴趣"。

二 从《道德经》两种英译本的比较看其对中国文化的阐释

（一）《道德经》在中国文化中的阐释

《道德经》成书于春秋时期，其作者老子（生卒年不详）为道家哲学创始人。据《史记》载："老子者，楚苦县厉乡曲仁里人也，姓李氏，名耳，字聃，周守藏室之史也……老子修道德，其学以自隐无名为务。居周久之，见周之衰，乃逐去。至关，关令尹喜曰：'子将隐矣，强为我著书！'于是老子乃著书上下篇，言道德之意五千余言而去，莫知其所终。"

老子是个朴素的自然主义者。他所关心的是如何消解人类社会的纷争，如何使人们生活幸福安宁。他所期望的是：人的行为能取法于"道"的自然性与自发性；政治权力不干涉人民的生活；消除战争的祸害；扬弃奢侈的生活；在上者引导人民返回到真诚朴质的生活形态与心境。老子哲学中的重要思想便是从这些基本观点中申发出来的。

《道德经》全书以格言形式写成。在《道德经》中，"道"是老子哲学体系的核心，"道"的观念可以说是老子哲学的理论基础和核心观念，他的整个哲学系统都是由其所预设的"道"而展开的。所谓"道"，其实就是他在经验世界中所体悟的道理，把这些所体悟出的道理，通通附托给所谓的"道"，以作为它的特性和作用。我们也可以视"道"为人的内在生命的呼声，它乃是应和人的内在生命之需求与愿望所开展的一种理论。老子在阐释"道"的概念时运用了大量的相对概念，如美丑、阴阳、有无、难易、柔弱与刚强等。这一最朴素的相对论被中国历代的理论家作为其理论核心加以发展与应用。

（二）《道德经》翻译的影响因素及翻译策略对比分析

典籍翻译与一般意义上的文学翻译不同。除了翻译共同要面对的语码转换问题之外，传统典籍本身晦涩的语言也是翻译中会遇到且不容易克服的困难。传统典籍多由古汉语写成，虽与现代汉语在字形与读音上相差无几，但中国语文历经几千年的变迁，语言与超语言因素大量介入，如年代久远引起的语言变化和社会意识形态的变迁，有时会导致语义模糊甚至与现代汉语截然不同。另外，古汉语典籍是中国传统文化几千年来的文字史料，包含了大量非实体的抽象概念，这些中国传统文化所特有的概念也给翻译过程中的文化传播增加了额外的障碍。

《道德经》的文体特征辨识度很高，其语言和结构简短明了，应用并列结构表达成对概念，工整对仗；哲学思想表达准确而不失含蓄，意味深远。凝练、含蓄、意味深远的语言文体特征，更能反映道家哲学天人合一、清静虚无、无为而治等思想内核。

在《道德经》诸多译本中，英国汉学大师、翻译家威利的英译本是流传时间最长、范围最广、接受程度最高的公认权威译本，王岳川先生为其撰写前言并多次重印。威利的译本基本上保留了《道德经》的格言体式以及语言精练、含义深远的特点，也传达了原文本所承载的道家哲学思想，基本做到了传情达意。另一个流行较广的译本是由我国著名翻译家许渊冲完成的，许译《道德经》照顾了传统典籍特有的语言特色、文体风格和文化意象。下面就从文体风格、语义内涵和文化意象三个方面对威利和许渊冲的《道德经》译本进行比较，探讨典籍英译中的文化传真问题。

1. 文体传真

汉语不同于西方语言，西语多为形合语言，有性、数、时、体、格等严格的语法规约，汉语尽管有其相对独立的语法规则，但语义的产生不靠语法形态的变化，而依赖于语序和语境，因此是有别于西语的意合式语言。德国语言学家洪堡（Hum-boldt）评价汉语说："任何人都无法否认古典汉语具有一种惊人的高雅之美，这种美表现于它抛弃了一切无用的（语法）关系，以语言本身而不必凭借语法形式来充分表达纯粹的思想。"《道德经》充分印证了洪堡对古典汉语的这一评价。老子用词凝练含蓄，惜墨如金，全书 81 章用言 5000 余字，平均每章不足 70 字，却包含了天地、自然、民生与治世等哲理。用词精练使《道德经》说理含而不露，上达天文，下至地理，孔子就曾以"乘风云而上天，其犹龙邪！"来评价老子的语言风格。

由于《道德经》为格言体，文中大量采用排比或对偶，且"四字格"结构是古汉语的一个显著特征。典籍翻译尤其应该处理好四字格的翻译。在威利和许渊冲的译本中都将其处理成对仗的工整句式和排比结构。如《道德经》第二章翻译如下：

原文：有无相生，难易相成，长短相形，高下相盈，音声相和，前后相随。

威利译文：

Being and Not-being grow out of one another;

Difficult and easy complete one another；

Long and short test one another；

High and low determine one another；

Pitch and mode give harmony to one another；

Front and back give sequence to one another.

许渊冲译文：

For "to be" and "not to be" coexist

There cannot be one without the other：

Without "difficult", there cannot be "easy"；

Without "long", there cannot be "short"；

Without "high", there cannot be "low"；

Without "sound", there can be no "voice"；

Without "before", there cannot be "after"；

The contrary complement each other.

　　老子说"反者道之动"，他认为自然界中事物的运动变化都遵循着"反"的规律，是在相反对立的状态下形成的，因此他在《道德经》中主要是借成对概念来阐述其"反"与"道"之关系的。如第二十六章"重为轻根，静为躁君"中的"重"与"轻"、"静"与"躁"；再如第四十五章"大直若屈，大巧若拙，大辩若讷"中的"直"与"屈"、"巧"与"拙"、"辩"与"讷"，等等。

　　任何事物都是与其对立面相反相成。这一段的"有无"、"难易"、"长短"、"高下"、"音声"、"前后"就体现了这一关系。从汉语语法结构来分析，原文是由六个分句构成的一个复合句。六个分句结构一致，都是主谓结构，由两个相对概念做主语，谓语表明主语中两个相对概念之间的关系。接下来分析威利和许渊冲对这一段各自不同的解读。威利的译文基本保留了原文的句子结构，即相对概念做主语，又分别用"grow"、"complete"、"test"、"determine"、"give harmony"和"give sequence"这六个动词或动词短语来处理原文中谓语部分，从句式到内容上相对准确地传达出了老子关于相反相成的哲学思想，又不失韵味。而许渊冲在译文中用"without…there cannot be…"的句型来处理这六对相对概念的关系内涵。但"without…there cannot be…"结构表达的"若没有……就没有……"表明的则是"一方的存在以另一方为前提"，这与老子相反相成的哲学理念相去甚远。

2. 语义传真

翻译传统典籍与翻译古诗相类似在某种程度上是知其不可而为之，因为在翻译为目的语之前，首先要将古代汉语"翻译"为现代汉语，即典籍的今译。译者对典籍正确、深刻的理解是典籍翻译的前提和基础，也是译者翻译典籍面临的第一个难题。冯友兰先生说："中国哲学著作由于它们的提示性质，语言的困难就更大。中国哲学家的言论和著述中的种种提示，很难翻译……当我们把《老子》书中的一句话译成英文时，我们是在按照自己的理解来阐述它的含义。译文通常只能表述一种含义，而原文却可能还有其他层次的含义。原文是提示性质的，译文则不可能做到这一点。"冯友兰先生的这一番话并非是要强调传统典籍的不可译性，而是要提醒译者在翻译典籍过程中对典籍中重要哲学思想的深刻理解是必不可少的第一步。汉语从古文到现代文的诠释会因时代不同而有差异：有的词义缩小或消失，有的词义扩大或改变；而且不同语篇中同义词的含义会因语境不同而不能完全对等。因此，对于典籍理解的深度和准确度决定了译文能在多大程度上忠于原文。翻译实践最终还是要落实到语篇中的字词上，根据对语篇的分析把握字词在古、今汉语中的联系与差异，进而选择恰当的对等，否则可能犯以讹传讹的错误，如《道德经》第三章："是以圣人之治，虚其心，实其腹，弱其志，强其骨。常使民无知无欲。"

威利译文：

Therefore the Sage rules

By emptying their hearts

And filling their bellies,

Weakening their intelligence

And toughening their sinews

Ever striving to make the people knowledgeless and desireless（威利，1997，p. 7）.

许渊冲译文：

Therefore the sage rules

by purifying people's soul

filling their bellies,

weakening their wills

and strengthening their bones.

He always keeps them knowledgeless and desireless

so that the clever dare not interfere.

其中"虚其心"意为"使人心灵开阔"。释德清说:"断妄念思虑之心,故曰虚其心。"陈荣捷说:"'虚'意指心灵宁静与清静之极致,没有忧虑和私欲。"严复说:"虚其心所以受道,实其腹所以为我;弱其志所以从理而无所攖,强其骨所以自立而干事。"而威利将"虚"理解为现代汉语中的"倒空"而译为"empty",无论是容器还是心灵的"倒空",都没有表达出老子的哲学立场,许译的"purifying people's soul"更切近老子的本意。

"弱其志"指"使人的意志柔韧"。"弱"在此处有柔韧之意,"虚"和"弱"在《道德经》中有着与现代汉语截然不同的含义,如第十六章中"至虚极"中的"虚"指心灵空明的状态,第四十章中的"弱者道之用"中的"弱"是柔弱、柔韧的意思,即道在作用于万物时不是强势的而是如"上善之水"般的。《道德经》中的"虚"与"弱"的词义都不是现代汉语中通常理解的贬义,而是变为中性甚至是褒义。因此威利和许渊冲都将"弱"翻译为"weakening"是理解偏差的具体表现。"志"指人的意志,如作"智慧、智力"解,"志"应为"知",因为古汉语中"知"通"智",因此做"intelligence"解就不如"wills"来得准确。

在这一章的结尾处,两位翻译家都将"无知无欲"译为"knowledgeless and desireless",纯粹从现代汉语字面的含义理解,而老子的本意是让人民"没有伪诈的心智,没有争盗的欲念",并非要让人们无知识、无欲望。

3. 文化内涵传真

语言承载文化。翻译不仅是语言的转换,更是文化的传递。因此,典籍的翻译不能只顾及语言语义的传达,更应该注重传达其文化内涵。《道德经》中,老子用大量类比将不可言说的"道"变成了生活,如,把柔弱的事物比作"婴儿";"上善"比作"水";"治大国"比作"烹小鲜";从万物之生死中体悟到"强大处下,柔弱处上"的哲思。孔子说老子的语言"乘风云而上天,其犹龙邪!"当然在翻译《道德经》的过程中也不能忽视这些类比的概念所承载的文化内涵。其中大多数概念直译便可,如第六十四章:"合抱之木,生于毫末。九层之台,起于累土。千里之行,始于足下。"许渊冲译为："A huge tree grows out of a small shoot；a nine-storied tower rises from a heap of earth；a thousand-mile journey begin with the first step."第六十六章："江海所以能为百谷王者，以其善下之，故能为百谷王。"威利译为："How did the great rivers and seas get their kingship over the hundred lesser streams?"有些则需要在翻译之后作些注，帮助不熟悉中国文化的西方读者理解其内涵，比如第六十章："治大国，若烹小鲜。"许渊冲译为："A large state should be ruled as a small fish is cooked."读者看到这里也许会感到一丝茫然，因为烹调鱼鲜方式的不同而会造成理解差异。威利的译文尽管看起来与许译并无不同："Ruling a large kingdom is indeed like cooking small fish."但威利却揣摸到了中式"小鲜"的"烹"制标准是去除"五味"，同时也意识到了"cooking small fish"对西方读者可能造成的理解障碍，于是在章节末对这一翻译作出了"the less one handles them the better"的解释，使读者能够更好领会老子"无为而治"的思想。

除了上述的难点之外在《道德经》中，老子多处使用的数字，如"道生一，一生二，二生三，三生万物"；"五色令人目盲，五音令人耳聋，五味令人口爽"；"绝圣弃智，民利百倍"；"六亲不和，有孝慈"等又成为翻译的一大难点。在这里的数字，译者不能将它们看做简单的数字，而要注意其中隐含的古老的中国文化内涵。对《道德经》第四十二章"道生一，一生二，二生三，三生万物"，许渊冲译为："One is the child of the divine law. After one come two，after two come three，after three come all things."威利译为："Tao gave birth to the One；the One gave birth successively to two things，three things，up to ten thousand."两位的翻译都是把"一"、"二"和"三"译为与之相对应的数字。在威利的版本中数字之后又加上"things"似乎是对数字有了更确切的界定实则失去了数字本身可能包含的多重含义性。这点许译处理得更好一些，单纯的译出了数字也相对保留了多重解释的可能性与开放性。对第十二章中出现的三个"五"："五色令人目盲，五音令人耳聋，五味令人口爽"。威利译为："The five colours confuse the eye. The five sounds dull the ear. The five tastes spoil the palate."许渊冲译为："The five colours may confuse the eye. The five sounds may deafen the ear. The five tastes may spoil the palate."将"五色"、"五音"、"五味"直接译为"the five colours，the five sounds，the five tastes"会让不了解中国古典文化的西方读者困惑不已。如果能将中国古典文化中的"五色"黄、白、青、赤、黑，"五音"宫、商、角、徵、羽相应加注就可避免这一问题。对第十八章"六亲不和，有孝慈"的翻译则体现了译者的翻译目的和翻译策略。许渊冲译为："When the family is at odds, filial sons and kind parents are nee-ded." 把"六亲"译为"the family"，虽避免了西方读者的理解偏差，却失了韵味。威利译为："It was when the six near ones were no longer at peace that there was talk of 'dutiful sons'." 将"六亲"译为"the six near ones"，读者初看到时可能会感到茫然、费解。但译者选择了保留中华文化原汁的译法，并在章节末对"the six near ones"做出注释，"father, son, elderly bro-ther, younger brother, husband and wife"，向异域读者介绍了中国人的家庭伦理关系，为西方读者进一步了解中国古典文化作出了积极的引导。从两个不同版本的翻译可以看出许译的目的是"达意"，而威利却希望"达意"在同时"传文"。

三　结语

随着走出去战略的进一步实施，中国文化越来越受到世界的瞩目。随着孔子学院在全球范围的扩展，中国的翻译界也应认识到为广大汉语爱好者提供高质量的中华典籍翻译已成为刻不容缓的任务。在翻译典籍的过程中，译者不应仅仅是文本的转化工具，更应有成为一名文化使者的使命感和责任感。作为中华典籍的译者除了应不断提高自己的外语水平，更应加强自身的文化修养，阅读、钻研博大精深的中国文化，只有如此才能忠实地传递中国文化的意、韵、味，使异语读者不仅了解中国典籍的"名"，而且能够体味中华文化的"道"。

参考文献

陈鼓应：《老子今注今译》，商务印书馆 2005 年版。

冯友兰：《中国哲学简史》，新世界出版社 2004 年版。

老子：《道德经》，威利译，外语教学与研究出版社 1997 年版。

林煌天：《中国翻译词典》，湖北教育出版社 1997 年版。

马祖毅、任荣珍：《汉籍外译史》，湖北教育出版社 2003 年版。

司马迁：《史记》，岳麓书社 1996 年版。

许渊冲：《道德经与神仙画》，五洲传播出版社 2006 年版。

图式理论在口译及其培训中的作用

操林英

摘要：本文从图式理论角度尝试分析图式在口译过程中的功能。认为口译过程实际上是输入信息和口译员头脑中已有的知识图式的动态交互过程；对图式的激活有助于口译过程中信息的理解、记忆和预测，并指出口译培训中应注意使图式意识明确化，扩大学生知识面，注重强化、拓展和激活相关图式来提高口译训练效果和口译质量。

关键词：图式理论；信息处理；口译训练

一 引言

图式是源于认知心理学的一个重要概念，用于解释人类的一些认知现象。图式是外部知识在人脑中的组织形式，也是人类用于感知世界、认识和理解外部事物的内在基础。大脑中任何认知处理都牵涉到相关图式的激活，图式对于探索人类的认知过程有重要的意义，因此图式也被广泛地运用到人工智能、语言学以及外语教学等其他领域的研究中。

近20年来，图式理论被广泛运用于第二语言/外语教学领域，并取得了丰硕的成果。许多学者试图用它来解释二语/外语阅读的心理过程，如约翰逊（Johnson，1981、1982）、哈德森（Hudson，1982）、卡莱尔（Carrel，1983）；也有人尝试用它来研究二语/外语听力的心理过程。康拉德（Conrad，1985）、朗（Long，1989、1990）这些研究表明，背景知识与二语/外语阅读理解和听力理解的关系密切；语言缺陷可以通过激活图式的能力来补偿；利用已有的背景知识进行"自上而下"（top-down）的处理，阅读理解和听力理解的质量都会得到提高。

口译是一种复杂的语言活动，牵涉到两种语言之间的转换，同时口译过程也涉及非常复杂的认知过程，如对源语的理解、对源语信息的把握与记忆、译语的构建和表达等。根据图式理论，大脑中的知识被组织起来形成相关的模式，这些模式的构建来自以往的经验，同时它们又对理解新事物起到指导作用，并能帮助预测特定语境中可能出现的事物。本文试将图式理论应用于口译研究中，对口译的过程进行分析，运用定性分析的研究方法，探讨图式在口译中的作用及其对口译训练的启示，最后得出结论：图式在口译过程中的听辨理解、记忆、表达三个环节都发挥重要的作用，在口译过程中激活相关的图式可以帮助口译者高效完成口译任务，提高口译质量。

二　图式及图式理论

从心理语言上讲，图式（schema）即背景知识，即一个人的语言知识及其对世界认知的总和。图式理论首先由皮亚杰提出。他认为，图式是指个体对世界的知觉、理解和思考的方式，是人类心理活动的框架或组织结构，是人类认识事物的基础（施良方，1994：179）。图式是已知事物或信息存储于人脑中的知识构架，是一种人类贮存已有知识和生活经验的抽象的知识结构，所贮存的知识决定了人类理解和观察事物的方式。图式由基本要素和多个变量构成。图式在长期记忆中是以抽象的形式存在的，通过某些刺激可以激活图示使其具体化。图式主要包括结构图式（structure schema）和内容图式（content schema）。结构图式（也称形式图式）是指读译者对文章结构、修辞等方面的知识，包括语音、词汇、句法、语篇等语言知识；内容图式是指读译者对文章内容、范围的有关背景知识，包括关于某种文化的知识和文章中涉及的有关学科或专业方面的知识。

根据图式理论，信息处理的方式有两种："自下而上"（bottom- up）和"自上而下"（top- down）。"自下而上"是指译者从具体感知到的信息材料如语音、单词、句子以至语篇逐层上升达到理解的手段。这种方式是通过声音的识别、单词形象的建构、命题的编制等层层激活译者大脑中的语言知识来达到理解。"自上向下"的方式则相反。它是从宏观的角度利用译者对感知材料的社会与文化语境、中心议题及对话参与者的了解来对理解起主导作用的方式。译者的知识加上推理的参与，会帮助他将预期与新输入的信息加以吻合，从而理解语篇。"自下而上"和"自上而下"这两种方法是相配合的。前者强调的是译者的语言知识，而后者侧重的是译者的背景知识和与主题相关的知识。图式理论认为，人们在理解、吸收输入信息时，需将输入的信息与已知信息即背景知识联系起来。也就是说，对新输入信息的解码、编码都依赖于人脑中已存的信息图式、框架或网络，输入信息必须与这些图式相匹配，才能完成信息处理的系列过程，即从信息的接受、解码、重组到贮存。贮存在大脑中的背景知识属于长时记忆，理解并及时利用它需要一个被激活的过程。图式的激活就是通过所接受的某些信息去判断该信息可能涉及的内容并同时从储存的图式中提取可能适合的相关背景知识。

图式具有三种特性（倪蓉，2004）。（1）可增长。人类可以在旧图式上增加新的内容从而扩展图示。（2）可调整。在发现旧的图示有错误或者不适应新的情况时可修改现有图式。（3）可新建。在遇到全新的事物或经验后，人类可建构全新的图式。从图式的三个特性可以看出，人们在接触新事物时，总是自觉不自觉地把它和自己大脑中已有的相关或相似的图式作比较，并加以调整，从而不断修改和完善已有的图式。如果新信息和已有图式相似或相同，只需要花很少的精力进行调整；如果两者差别较大，就需要花费较大的精力来调整原有图式；如果头脑中还没有相关或相似的图式，则需要重新建构。

三　图式在口译过程中的功能

口译是一项跨语言、跨文化的交际活动。由于受时间、空间的限制，口译活动对译者的记忆存储能力、心理素质和认知知识都提出了较高的要求。从口译过程的内容上看：口译要经历听（感知信息）、理解（解码）、记忆（重新编码和存储）和表达（信息输出）等四个过程。图式理论认为，言语的听辨过程和对文本的理解过程就是已有知识与文本信息之间相互作用的心理过程。口头语篇只是给译者提供了他们应如何从背景知识中提取或构建意图的方向，而含义则是译者头脑中的背景知识图式与口头语篇交互的结果。从图式角度看，口译过程实际上是输入信息和口译员头脑中已有的知识图式的动态交互过程。译员的背景知识（图式）对口译过程中的理解、记忆和预测等方面起关键作用。成功的口译员往往激活必要的知识框架来对所接收的新信息进行解码，构建新的知识图式，这样新信息就会快速、有效地被认知、记忆。安德森（Anderson，1984）认为图式在理解中起到以下作用：

（1）为吸收篇章信息提供心理框架；

（2）有助于注意力的分配；

（3）有助于推导性发挥；

（4）有助于在记忆系统中有条不紊地搜寻信息；

（5）有助于编辑和总结；

（6）有助于推导性重构。

下面我们结合具体的口译活动来具体分析图式在口译的听辨理解、记忆、表达阶段的功能。

（一）听辨理解阶段

口译是一种复杂的认知活动。根据认知心理学，其过程可大致描述为：信息输入（接受）——信息加工、储存——信息输出（运用和传递）。口译过程可分成三大块：信息输入、信息存储与信息输出。自信息输入开始，口译听辨便开始运作，译员开始自动化或半自动化地运用其各种认知技能对输入的信息进行利于信息解码及存储的加工。这一过程为信息存储作准备，止于信息存储。当然在实际口译中，对一定的信息而言，译员的听辨、存储及输出并非严格按照线性进行，并非先听辨完所有信息，再对之进行存储，之后再寻找译语，而是将听辨、存储及译语搜觅交替进行，即边听辨边存储边搜觅译语。听辨了的信息更容易存储，存储了的信息有利于译员进一步听辨其他信息，听辨和存储的信息有利于译员进行译语搜觅，而搜觅到的译语又促进译员对该信息及其他信息的听辨和存储。听辨、存储及译语搜觅互为前提，相互交织，相互作用。

可见，听辨是整个口译活动中一个相对独立的过程，位于口译过程的前端，始于信息输入，止于但又服务于信息存储，包含信息解码及信息预存储。听辨是整个口译交际的前提，没有听辨则无法进行口译，听辨的质量直接决定口译交际的质量。

听力理解是口译过程中的基础环节，是口译活动成败的关键。口译员所掌握的图式与听力理解能否顺利进行关系密切。本文认为图式或图式理论在听力理解阶段的作用主要是帮助译员迅速判定单词的意思和在瞬间预测下文内容。听者在听的过程中如果缺乏背景知识或不能恰当地运用背景知识，即未能成功激活图式，听力理解就会受到严重影响。相反，恰当运用背景知识可以促进听力理解。

知识图式有助于译员迅速判定单词的意思。例如，奥巴马的获胜演说有这样一个句子："It's the answer told by lines that stretched around schools and churches in numbers this nation has never been，by people who waited three hours and four hours, many for the first time in their lives, because they believed that this time must be different, that their voices could be that difference. "在这个句子中，"lines"最普通最常见的含义是线、绳子、分界线等，而根据我们对于美国总统竞选实际情况的了解，在这儿，"lines"是排队等候投票的人。头脑中有了这样知识图式，便能够迅速确定该词的意思。

预测在听力理解中的作用是不可估量的。听者在预测听力材料的内容时，便开始积极、主动地挖掘自己已有的知识经验并将其与新接收的信息联系起来。这时，其目的性强，能较准确地把握主导信息而把非关键信息的干扰减少到最低限度。同时，还能对漏听的信息进行补充，及时协调头脑中的图式结构与输入信息的差异，直至整体理解的实现。知识图示有助于译员在瞬间预测下文内容，提高理解效率。比如美国某位副总统在复旦大学的演讲中有这样一句话："I know that many of you will soon graduate from this at university. I am told the standards are extremely demanding here, and a degree from Fudan University signifies years of hard work and discipline. "众所周知，复旦大学是我国名牌高校之一，它的毕业证的含金量很高，在国内外享有很高的声誉。如果译员头脑中有此项知识图式，当他听到"signifies"的时候，他在瞬间便能预测下文的内容，即"寒窗数载，勤奋守纪，刻苦学习"。

（二）记忆阶段

图示理论说明，人在记忆信息时是按一定规律来储存的。同样，口译记忆也不是简单的记忆过程，而是译者将听到的新信息和大脑中已有的信息进行比较、匹配和分类储存的过程。图示使得这一过程自动、快速，因此能够简化记忆的过程。

人脑对语义进行加工所需要的时间是最多的，但形象记忆需要的时间则少得多。这说明译者应该尽可能利用想象力，增加识记过程中意象的比例（鲍刚，1998：160）。不难理解，图示由于有明确的结构，具有高度的图像性，因此，可以使记忆速度更快。

国内外不少口译教学人员总结出了诸如复述练、影子跟读训练之类的改善记忆的办法。这些方法有一个共同点：对口译记忆能力进行基础性的训练，可以提高学生的短时记忆能力，但不涉及信息的理解和细节的记忆，属于宏观性记忆训练方法。但是这种方法还未涉及对源语的理解上来。而口译实践中更需要的是对信息细节的理解和记忆。这就需要在宏观记忆能力训练的基础上再对学生进行微观记忆训练。

从口译理论来说，脱离原语外壳是口译的必需过程（黄为沂、钱慧杰，1992），而微观记忆则是脱离源语外壳的基础。口译同日常说话一样，同样在开始说话时需要有要表达的思想。乔姆斯基的表层结构与深层结构的理论也可从另一方面支持这一观点。这就要求译者有能力将说话人说的话快速、准确地进行概括，在用译语表达前转化成自己要表达的思想。

在实际口译过程中，需要译者准确、快速地概括源语意义并使之进入大脑的已有图示中，以意义片断（图式要素）为单位进行微观记忆（陆俭明、沈阳，2003：443）。一方面，可以使记忆更轻松、效果更好；另一方面，也有利于口译时目标语的组织和转换。

微观记忆训练法是指通过对源语信息进行分析和概括，把长的信息分解为更短一些的意义片断进行记忆的记忆训练模式。从理论上来看，对源语的概括、分析过程实际上是对待记忆材料的深加工过程，是确定图式要素、形成图式的过程。在口译教学中，改善学生记忆效果的方法之一是让学生的图示意识明确化。教师可以在多个层面上让学生归纳成图式：句子结构的图示、篇章结构的图式、事物之间关系的图式等。因此，在口译教学过程中，教师可以训练学生有意识地对段落、长句子的意义进行分类、分层归纳和处理，这样可以使学生的口译记忆形成按图式进行记忆的习惯，效率更高。

下面以实例来说明：

All Universal employees worldwide operate under a common mission：to be a global supplier of automated electronic assembly technology，equipment，and support through product innovation and enhancement of customer productivity（林超伦，2004：223）.

对于这样的长句子，可以要求学生对句子进行分段：该句的主要意思（主干部分）是 "Employees have（operate under）a mission"。句中的其他内容是细节，可以分为三个方面：（1）目标（to be a global supplier）；（2）目标的内容（of automated electronic assembly technology，equipment，and support）；（3）实现目标的方式（through product innovation and enhancement of customer productivity）。这样的分析也使得整句话暗合人类熟悉

的"整体—组成成分"的图式，将句子分成有规律的短片段，使记忆更轻松。

加入 WTO 的过渡期充其量只有两年多。中国必须在这短短的时间内，完成迎接外资进入中国金融市场的战略安排，完成对国有独资商业银行的体制改革，推动符合条件的商业银行上市，在金融全球化的浪潮中激流勇进（林超伦，2004：92）。

这一段包含一个典型的汉语长句。可以让学生试着进行主干部分的概括，结果就是"中国（必须）完成……安排，完成……改革，推动……上市，……激流勇进"。对于这样的主干的记忆，译员会明显感觉轻松多了，也会记得更准确。在记住主干部分之后，再对省略的部分进行补充，这种方法就把大的部分分成了小的片断，形成了英语句法的"主—谓—宾"结构图式，减轻了记忆的负担和语言转换时的难度。

（三）表达阶段

经过了理解和记忆，口译员最后要把经过语言转换的信息用译入语所需要的形式表达出来。背景知识图式会影响口译员对接受到的信息的推理，能使口译员在发言人尚未结束讲话时便猜测出目的语表达方式。

如美国总统奥巴马在上海的演讲中提道 "It was here, 37 years ago, that the Shanghai Communiqué opened the door to a new chapter of engagement between our governments and among our people"。有的学生无法辨认出 "Communiqué" 这个词的音素也不熟悉该词的意思，但是结合背景知识图式——"上海在中美关系中的特殊地位"、"尼克松访华"、"中美联合公报"等，学生便能将该词译为"联合公报"，这样既缓解了压力又使得表达更为顺畅。再如演讲中奥巴马提道："Here, in Shanghai, we see the growth that has caught the attention of the world—the soaring skyscrapers, the bustling streets and entrepreneurial activity"。由于不能确定 "soaring"、"bustling"、"entrepreneurial" 这几个形容词在该句中的具体意思，口译员在口译后半句时可能会出现卡壳或误译问题，分别会译成"许多高楼大厦"、"宽阔的街道"、"娱乐活动"。这种情况下，如果能激活译员大脑中关于本演讲的背景知识以及前面半句提供的语境图式——"上海是中国第一大城市和经济、金融中心"以及一些次图式，如"上海高楼林立"、"街道繁华"、"商业活动繁忙"，译员就不难猜测出这三个词分别表示"高耸入云的"、"繁忙的"、"与企业有关的，商业的"意思。由此可见，译员对相关领域越熟悉，越能迅速将新信息与已有图式相匹配，表达就越顺畅。

四　图式理论对口译教学的启示

图式理论对口译教学也有一定的启发意义。口译教师和学员应该充分重视图式的作用，教师既需传授口译技巧，也应鼓励学员建立、激活尽可能多的语言图式和百科知识图式。

（一）建立、激活语言知识图式

扎实的语言功底是一名合格口译员所必须具备的。教师应该鼓励学生通过译前准备、复述练习、解释关键词等方法强化多种表达方式，建立尽可能多的语言知识图式，以便能够运用各种语法规则和语言单位间的相互联系来预测、推断下文（发言人未尽直言）中即将出现的词、句或意义并且能在口译现场快速反应，游刃有余。口译中有很多词汇在译入语中都有很多种表达方式，如"增进、促进"可用 to increase，to promote，to facilitate，to enhance，to expand 和 to advance 来表达，"符合"可译为 to accord with，to agree with，to conform to 和 to meet 等，"表现"译为 to exhibit，to manifest，to represent 等，"我非常高兴地……"可用 it is with great pleasure…，it gives me great pleasure…或 I'm pleased to…来表达。如果口译学员能尽早掌握各种表达方式，建立相应语言图式，那么在不同的口译场合，译员都能够有条不紊地从大脑中搜索出最合适的表达方式，从而提高口译效率。

语言知识图式不仅包括语音、词汇、语法等语言知识还涉及语篇结构、修辞等方面的知识，因此教师也要训练学生在译前准备阶段建立、激活各类发言的语类特征和语篇结构图式，这样有助于译员对发言的框架进行预测。

（二）建立、激活背景知识图式

合格的口译员不仅应具备扎实的语言功底和相应的口译技巧，而且必须有广博的知识。因此，教师在口译前可通过提问、介绍关键词等方式帮助学生建立、激活相关主题的背景知识图式。如在口译一篇关于复旦大学的简介时，笔者通过此方式使学生激活了相关的背景知识图式，如"复旦的历史"、"校名的由来"、"办学特点"，"人才培养方案"等知识，这样学生对这篇文章有了一个大概的了解，口译活动也就能更顺利地进行。

再如中国学生可能对 the Yellow Stone National Park 了解不多，那么在对该内容进行口译前，教师可通过介绍一些关键词，如 geyser（间歇泉）、thermal area（温泉）、Grand Canyon（大峡谷）和 wildlife（野生动物）等来让他们大脑中形成一个关于美国黄石国家公园的次图式群，这些图式群会为吸收篇章信息提供心理框架，与信息之间形成和谐匹配，构成新的更具体的图式，从而使译员能更容易理解、记忆源语信息。

此外，口译教师要指导学生适时补充已有的知识图式，根据新近事件补充新信息，如近年的"金融危机"、"猪流感"、"地震"、"灾后重建"，等等。这样译员就会在大脑中形成一个不断扩大的图式群。

（三）养成按图式记忆的习惯

由于图式有明确的结构、具有高度的图像性并且能够简化记忆过程，因此，口译教师应使学生的图式意识明确化，养成按图式记忆的习惯。也就是说教师应训练学生准确、快速地概括源语意义并使之进入大脑已有的图式中，以意义片段（图式要素）为单位进行微观记忆。教师可在多个层面上让学生归纳形成图式，如句子结构图式、篇章结构图式和事物之间的关系图式等。同时教师应训练学生有意识地对长的信息如段落、长句的意义进行分类、分层归纳和处理，把句子的主干看成图式的组成要素，将细节看成是需要更新的图式变量。训练具体可遵循从总体到细节的模式：第一步，在记忆训练的初期，首先训练学生概况段落大意的能力；第二步，经过一段时间的训练后，进行句子大意的概况，其中一个很有效的方法就是将长句压缩为五种基本句子结构之一，这样有助于学生在语言转换时的表达；第三步，对句子的主干成分进行补充。这个方法符合图式记忆原理，能有效地提高记忆效果。

五　结束语

综上所述，口译过程是输入信息和口译员头脑中已有的背景知识图式的动态交互过程。译员的背景知识（图式）对口译过程中的理解、记忆和预测等方面起关键作用。图式理论对口译教学也有一定的启发意义。口译教师不能只教口译技巧，而应该尽可能多地向学生传授各种话题的背景知识，使用题材广泛的教材，以利于学生拓宽知识面，使他们在大脑中建立尽可能多的图式，并强化、拓展和激活口译员的图式知识，从而提高口译效率。口译学员应该高度重视背景知识的积累，扩大知识面。如掌握各种口译活动的安排程序、所要完成的任务、所用的语言及各类文稿、发言的特点和策略等背景知识图式，这样会有助于提高口译质量，减轻口译过程中信息处理的负担。

参考文献

Anderson, R., "Role of the Reader's Schema in Comprehension Learning and Memory", *International Reading Association*, Inc, 1984.

Carrel, P. L. & J. C. Eisterhold, "Schema theory and ESL reading pedagogy", *TESOL Quarterly*17, 1983: 553-573.

Conrad, L., "Semantic versus syntactic cues in listening comprehension", *Studies in Second Language Acquisition*7, 1985: 59-72.

Long, D. R., "Second language listening comprehension: a schema-theoretic perspective," *Modern Language Journal*73, 1989: 32-40.

鲍刚:《口译理论概论》, 旅游教育出版社 1998 年版。

[法] 达妮卡·赛莱斯科维奇:《口译技艺: 即席口译与同声传译经验谈》, 黄为沂、钱慧杰译, 上海翻译出版公司 1992 年版。

林超伦:《实战口译》, 外语教学与研究出版社 2004 年版。

陆俭明、沈阳:《汉语和汉语研究十五讲》, 北京大学出版 2003 年版。

梅德明:《高级口译教程》, 上海外语教育出版社 2000 年版。

倪蓉:《图示理论对英语听力教学的启示》,《上海理工大学学报》(社会科学版) 2004 年第 4 期。

施良方:《学习论》, 人民教育出版社 1994 年版。

岩 中 花 树

——中国第二次翻译高潮中的利玛窦

焦亚璐

摘要： 本文主要研究了明末清初耶稣会传教士利玛窦在中国传教期间对中国第二次翻译高潮和东西方文化沟通交流过程中起到的重要作用。

关键词： 利玛窦；西学东渐；东学西渐

世纪之交，美国《生活》杂志评选出千年来对中国历史进程及中外关系产生过重大影响的外国人有四人，其中利玛窦名列其中（这四位人物分别是马克思、列宁、马可波罗和利玛窦）。作为一名明万历年间来中国传教的耶稣会教士，利玛窦怎么会荣登该榜，并对中国历史进程和中外关系产生重大影响呢？

传教士这个特殊的群体，客观地说在中国历史上曾经充当了帝国主义侵华的急先锋。诺尔斯就曾说过：在扩大英国殖民地方面，有一个团体比其他任何人有更多的贡献，那就是传教士。纵观中国历史传教士对中国人民造成的危害之深，显而易见。中国历史上教案之多是世界各国罕见的。但不容否认的另一个事实就是伴随着传教士进入中国，西学东渐以及东学西渐的序章也得以在中国历史上展开。

一　利玛窦与西学东渐

利玛窦，意大利马切拉塔城（Macerata）人，1568 年进入罗马学院，接受了宗教、数学、物理的教育。1571 年成为耶稣会士，在玛利亚学院进修各种知识，并立志赴东方传教。1582 年开始在澳门学习汉语，取名为利玛窦，字西泰（马祖毅，2001：262）。此后，他相继在肇庆、韶州、南昌、南京和北京活动，1610 年卒于北京。在中国的这 28 年间，他的主要活动是向朝廷和士大夫宣传天主教的义理并给他们介绍西方的科学技术知识。同时为了更好地在中国站稳脚跟，顺利展开传教工作，利玛窦采取了与占据中国传统文化主导地位的儒学思想相顺应、妥协、会通的策略。而这一策略不光影响到了利氏在中国进行翻译活动过程中对文本的选择、对翻译策略的选择、甚至影响到了他的传教方式。

明朝万历年间的中国正受到严重外患的困扰，东南沿海有来自日本的倭寇，同时澳门也被葡萄牙以种种诡计强占。因此，当时的中国人普遍对来华的外国人心存戒意。而另一方面，尽管当时的中国社会动荡多难，儒学仍占据着中国传统文化的主导地位，它在中国长久历史传承过程中成为了支配中国人思想和行动的主要标准，在士大夫和百姓心中根深蒂固，具有极强的凝聚力，使中华民族具有强烈的排外心理，这一点从历史上众多异质文化进入中国，而又毫无例外地被同化的现象就可以得到印证。而这则意味着利玛窦要在中国宣传完全异质的基督教文化，势必会与处于中国主流意识形态地位的儒教思想产生碰撞和冲突，传教必然遭遇重重困难。这些可以说是利氏在中国传教的不利因素。然而，明末随着封闭的万历王朝政治、经济以及王阳明"心学"的没落，士人中出现一股反对文官政治，注重经世致用的"实学思潮"，其表现之一就是自然科学、实用科学知识的兴起。利玛窦本人在来中国传教前，曾接受过系统的自然科学教育，具有渊博的数学、物理、天文等知识，这为利氏日后采用"科学传教"的模式提供了契机。同时为了配合传教，利氏顺应当时的社会思潮，选择翻译了一些西方科学书籍，一定程度上促进了"西学东渐"高潮的到来。

（一）利玛窦与《几何原理》

在中国的这 28 年间，利玛窦进行翻译、编著，著述众多，对中国文化产生了不容小觑的影响，而他本人也被称为"第一个中国人可以从他的汉文著作中学到知识的外国人"。关于他的著述，具体可分为宗教人文和科学技术两大类。其中宗教人文类著述共 11 部，科学技术类著述共 14 部（陈登，2002），其中《四库全书》收录或存目的就有 13 种，另外，见于《明史·艺文志》有 6 种，《天学初函》有 10 种。此外，还有不少丛书或个人别集也收辑了利玛窦的著作，而在诸多译述当中《几何原理》可谓影响最为深远。

欧几里得的《几何原本》（*The Thirteen Books of Euclid's Elements*），是一部具有严密逻辑体系的数学著作，它成书于古希腊文明的亚里山大里亚时期。自古以来，它一直作为人类理性精神的范本广为流传，作为科学史著作经典中的经典，在世界科学史上产生了深远的影响。世界上许多民族都用自己的语言翻译出版了这部名著，并进行了广泛深入的研究。

而利玛窦结识徐光启，两人交往深厚。徐光启每次同利玛窦交谈总是深深地被利玛窦的讲述所吸引，尤其对利玛窦带来的大量西方书籍更有浓厚的兴趣。这显然是由于当时流行于士大夫间"富国、强国"、"经世致用"的指导思想在影响着他。而利玛窦也明白，要想更好地传播天主教，他必须采取"顺应"的策略，不光在服饰、语言、习惯上顺应中国文化，更要顺应当时中国的社会内需，只有这样他才能树立自己在中国士大夫中间的地位，以此来建立自己的影响力，才能更好地实践"科学传教"。

《几何原本》的翻译是由利玛窦口授，徐光启笔译。该书的翻译从公元 1603 年便开始筹划，公元 1606 年秋开始翻译。次年 5 月译完前六卷，随后即付梓。就这样耶稣会士的"学术传教"带给了中国拉丁文译本《几何原本》，徐光启、利玛窦完成了该书前六卷中译本的翻译大业，从此中国"本土数学时代"宣告结束。但另一个令人沮丧的事实就是在《几何原理》被介绍到中国之前，中国的数学发展已近停滞，所以当这部书开始流传，它立刻对我国的数学、天文学、历法和其他应用科学产生了重大的影响。《利玛窦中国札记》中说，"这本书（指《几何原本》）大受中国人的推崇"（何高济，1983）。更为重要的是，徐光启等我国最早接受西方科学的知识分子，正是通过对《几何原本》的翻译与研究，思维方式才发生了重大的变化，直接或间接促成了对中国传统伦理哲学体系的分解。

（二）利玛窦与"顺应"

利玛窦在中国长达 28 年，死后更是得到皇帝恩准被葬在北京，这一"殊荣"在传教士中极为罕见。他之所以能够在当时封闭的帝国里有如此的声望，完全跟他身体力行的"顺应"理论相关。而这一理论不光在利玛窦的翻译实践中得到了验证，也充分体现在了他在中国生活的这 28 年里。

利玛窦的翻译实践，不论是在对西学文本译著的选择还是在翻译策略的选择上都完全体现了"顺应"这一原则。

在对西学文本译著的选择上，利玛窦十分了解当时中国知识分子阶层的需要。明末的中国大地笼罩在一片封闭、压抑的氛围中，政治上腐败黑暗，国力不断衰弱，外忧内患围绕着这个曾在人类历史上辉煌一时的古国。面对这样的政治现实，当时的士大夫、知识分子阶层十分渴望新的知识体系，渴望能切实增强国力的"实用科学"。就这一点而言，利玛窦在他所翻译的西学文本译著的选择上就体现了明显的针对性。同时，他也开启了明末清初的科技翻译风潮。在利玛窦之后的传教士们更是很好地传承了这一传教方式，他们的翻译也大多以天文学为主，占到了科技译述总数的近三分之二，同时也涉及数学、地理、地质、生物和医学、军事科学等学科。当时对欧洲科学著作的翻译盛行一时，大部分的西方科学知识都被翻译介绍到了中国。这就是中国历史上的第二次翻译高潮。

　　同时利玛窦的这种"顺应"意识对翻译的操纵还表现在翻译过程中语言和概念层面上的取舍或删改。为了更好地融入本土文化，外来宗教、外来文化必须依附、靠近本土文化和主流意识形态的基础。因此，利玛窦要想在中国顺利地翻译和传播天主教，使之免遭抵抗，避免异质的意识形态之间的直接冲突，就必须找到一个为本土文化所能接受的价值参照系。明末清初，儒家学说虽然被多数士大夫阶层摒弃，但它依然占据中国主流意识形态的地位。利玛窦来华后深刻意识到这一点，他极力从中国传统文化典籍中引经据典，来论证基督教存在的科学性，尽量调和、缩小基督教文化与儒学思想之间的差异。比如在其翻译实践过程中语言和概念层面的操作上，利玛窦就尽量采用中国儒学经典中的语言来意译基督教的核心概念，努力使基督教义儒学化。而"Deus"的翻译就是一个基督教义儒学化的绝好例子。"Deus"是基督教最核心的概念，是基督教所信奉的唯一神（耶和华）的称呼，利玛窦借用中国古典文化中的"天"的概念将其意译为"天主"、"上帝"。"天主"，作为中国古典词汇，在西汉时首次出现，而"上帝"一词则在先秦典籍中屡次出现（冯天瑜，2003）。在中国传统文化中，"天主"和"上帝"是对至上神的称谓，利玛窦却用它们意译基督教所信奉的唯一神，这样，这两个词的含义就在不经意间抹去了"Deus"异域的痕迹，将基督教文化巧妙地与中国本土传统文化融合起来，最终消解中国人的排外心理，使他们乐于接受似曾相识的异域文明。可以说，这种翻译策略是一种"剔除了意识形态的意识形态"（汪安民，2003）。

二　利玛窦与东学西渐

　　回顾利玛窦在中国的活动轨迹，我们可以很明显地看到他在"西学东渐"、在中国第二次翻译高潮中起到的不可替代的作用。而他同时也是人类历史上第一位集欧洲文艺复兴时期的诸科学艺和中国四书五经等古典学问于一身的文化巨人，可谓泰西鸿儒。同时他也被称为第一位"世界公民"，是一位立足于并掌握了东、西两种文化的"两脚踏地"的人（平川佑弘，1999）。他的著作《利玛窦中国札记》拉启了"东学西渐"的序幕。

　　利玛窦是第一个进入明朝首府的耶稣会士，被尊为"中学西渐"的第一人。

　　在中国28年的生活以及同士大夫的交往中，利氏逐渐明白要消除中国人的戒备之心，改变中国人的抵触情绪，必须处理好与儒家士大夫的关系，争取上层阶级的接受，只有这样才能在中国立足并展开传教活动。因此，他主动研习儒家传统，趋同和认可儒学理念。为了不与儒家信仰发生正面冲突，他选择在关键概念上坚持基督教基本理念。为此，他弃僧袍，着儒冠、儒服，学习中国礼仪，同时开始翻译和研究中国的儒家经典。利玛窦将中国的"四书"、"五经"翻译成拉丁文，并传入欧洲，使欧洲人民开始了解中国文化。利氏说过："我知我也模棱两可地翻译过几篇文章，拿来为我所用。"（马祖毅，2006）直接引起欧洲对这个遥远国度兴趣的就是利玛窦的著作《利玛窦中国札记》了。

　　在这本著述里，利氏较全面地向处在启蒙运动初期的西方世界介绍了中国文化，介绍孔子及其学说，介绍科举取士制度，介绍中国社会的种种与方方面面，让西方认识中国。他的介绍让西方思想界产生了"中国思潮"，西方的思想家们对中国文化大加推崇。伏尔泰在他的《风俗论》里，写道，"作为一个哲学家，要知道世界上发生之事，就必须首先注视东方，东方是一切学术的摇篮，西方的一切都是由此而来的"（林金水，邹萍，2000）。伏尔泰的评论也许存在夸张，但这却充分体现了当时中国的哲学思想与经济发展深深地让欧洲思想家折服的程度。

　　利玛窦之后的传教士群体继续了让东方学说影响西方知识界的工作。尽管他们翻译的最终目的"不在把中国智慧带给欧洲学者，而是用来当着工具，使中国人归依基督教"（马祖毅，2006），但客观上这些翻译行为的确促进了中西文化的交流，"东学西渐"的高潮由此而始。

　　1711年卫方济（Franc iscus Noe，1651—1729）就在捷克出版了四书的第一个完整拉丁文译本《中国典籍六种》。他采用直译的方法，被认为是当时最明晰、最完全的儒家典籍西译本。同样"通过传教士的译介，中国文化对莱布尼茨的古典思辨哲学、伏尔泰的自然神教和魁奈、杜尔哥的重农学说也产生了很大的影响，中国这个远处东方，具有和欧洲完全不同气质的辉煌文明的大国，经过耶稣会士的译介，便成为启蒙运动者吸取力量的源泉"（马振涛，2010）。

三　结语

耶稣会教士利玛窦以自己坚定的宗教信仰为依靠，在坚如磐石的明帝国生根、发芽。他那坚定不移的信仰带给了他勇气和信心，他那强烈的使命感赋予了他毅力和坚韧。他在华的经历与际遇、他的思想轨迹都值得研究，而他在中国第二次翻译高潮中所起到的"贯通中西"的作用更是不应被忘记。

参考文献

陈登：《从西学翻译看利玛窦对中国文化的影响》，《湖南大学学报》（社会科学版）2002 年第 1 期。

冯天瑜：《利玛窦创译西洋术语及其引发的文化论争》，《深圳大学学报》（人文社会科学版）2003 年第 3 期。

何高济：《利玛窦中国札记》，中华书局 1983 年版。

林金水、邹萍：《泰西儒士利玛窦》，国际文化出版社 2000 年版。

马振涛：《西学东渐与东学西渐——明末清初传教士科技翻译的历史文化语境》，《外语教育教学》2010 年第 8 期。

马祖毅：《中国翻译通史》，湖北教育出版社 2006 年版。

［日］平川佑弘：《利玛窦传》，刘岸伟、徐一平译，光明日报出版社 1999 年版。

汪安民：《家乐福：语法、物品及娱乐的经济学》，载朱大可、张闳主编《21 世纪中国文化地图》第 1 卷，广西师范大学出版社 2003 年版，第 163—201 页。

徐宏英：《利玛窦与〈几何原本〉的翻译》，《青岛大学师范学院学报》2008 年第 2 期。

十年来中国儿童文学
翻译研究回顾和展望

徐晓敏

摘要：近十年来我国儿童文学翻译目前面临一个尴尬的境地，一方面每年引进翻译的儿童文学数量非常巨大，而另一方面儿童文学翻译研究十分滞后，研究成果数量质量和影响力都存在严重不足，严重影响了儿童文学翻译的正常发展。本研究旨在针对这一现状分析和探讨儿童文学翻译研究的出路。

关键词：儿童文学；翻译研究

一 引言

中国传统文化是成年人的文化。在中国几千年的封建历史中，儿童从来都没有单独的文学。五四之前中国的儿童文学基本就是"蒙学经典"的代称——《三字经》、《百家姓》和《千字文》。儿童只是缩小的成年人，在为成年生活做准备。几千年来，中国的知识分子都是从这些儒家启蒙读物开始，学习儒家所谓"修身齐家治天下"的道理，学习群体认同之道，为未来科举和仕途做准备。

20世纪之初，随着知识界对"儿童性的发现"（discovery of childness）标志着中国儿童文学的真正诞生（Farquhar，1999：16）。此后中国作家和学者们开始了漫长的探索之路，借鉴外国儿童文学的种子，在中国贫瘠的土壤里耕作，翻译和创作了大量的儿童文学作品，在近一个世纪时间中，中国儿童文学有了一定发展，尤其在近十年来，儿童文学翻译更是出现了从未有过的盛况，引进作品数量迅速增长。然而，与中国儿童文学翻译的繁荣不相适应的是，儿童文学的翻译研究自五四之后，依然基本处于停滞状态，对于儿童文学翻译正常发展带来不利的影响。

二　中国儿童文学翻译的第三个高潮

中国的儿童文学沿着先有翻译后又创作的形式发展起来的。中国20世纪的20年代新文化运动中，中国大批著名学者或者作家参与儿童文学的翻译和写作，如郑振铎、周作人、鲁迅、夏丏尊、冰心等。他们慧眼独具，译介了大量优秀的国外儿童文学作品，这些作品来源于西欧、北欧、东欧、美国和日本的作品，风格各异，其中有一些至今依然广受读者欢迎，比如赵元任翻译的《阿丽思漫游奇境记》。他们开创了中国儿童文学的先河，也为中国儿童文学创作打下了基础，形成中国儿童文学翻译和创作的第一个高潮。

50年代之后，缘于意识形态冲突和国际环境，对于儿童文学思想政治意义的要求提高到了前所未有的程度，很多儿童文学作品被排除在健康的读物之外，因此，我国从苏联大量译介儿童文学作品，形成儿童文学翻译的第二个高潮。

到90年代，随着意识形态影响的消退和国际化程度的增加，中国迎来了儿童文学翻译的又一次高潮。陈晓莉（2011：93—97）根据中国图书馆网（www.sinolib.com）、中国国家图书馆·国家数字图书馆（http://www.nlc.gov.cn/）两大网站收录的书目，统计出1990—1999年间中国内地出版的外国儿童文学汉译单行本数量达2466种，涉及出版机构达到160多家。2000年之后，儿童文学以更快速度发展，引进译作数量也剧增，依据魏东晓（2008）的统计，从1998年到2007年间每年平均引进800多种儿童图书。当当网（www.dangdang.com）每年根据实际销售量做出排行榜，近几年来在少儿读物排行榜前60个（系列）作品中，故事类读物，包括少儿图画书，全部是国外翻译引进作品，中国本土出版物只有识字卡之类。而在前100个中，译介作品占80%以上。每年当当网根据实际销售额进行畅销书的排行，其中少儿读物排行颇为触目惊心：2011年的少儿排行榜上，前100本（系列）书中仅有6本（系列）中国原创儿童文学作品，包括《三国演义》少儿版和《上下五千年》等传统经典之作，上榜的只有《狼图腾》一本书为近10年新创作的作品。而与之相对比的是，在前100中，有65本（系列）为翻译儿童文学作品①。

然而，在中国第三次儿童文学翻译繁荣的背景下，儿童文学翻译研究

---

① 该系列数据由本文作者根据当当网发布的销售排行统计得出。

面临重重困境。

三　中国儿童文学翻译研究的现状

儿童文学翻译研究，不仅仅是为翻译提供理论和方法指导，也不仅仅是对译作进行感性的、零星的挑错或者评价，而是要通过这种研究和批评，对翻译活动进行影响，指导它向一个健康的方向发展。

近十年来，随着新媒体的普及和全球化进程的加快，儿童文学以前所未有的速度翻译和传播，越来越多的人有了接触儿童文学作品原作的机会和能力，对翻译问题越来越关注，推动了儿童文学翻译研究的发展。学术期刊所刊发的有关儿童文学翻译批评和研究的论文数量大大增加，而且研究者思想比以往更开放，敏锐地关注到一些畅销儿童读物的问题，而不仅仅局限于经典作品。

然而，儿童文学翻译研究的发展远远滞后于儿童文学作品引进的速度，国内翻译界和儿童文学研究者对于儿童文学翻译的忽视依然根深蒂固，触目惊心。

（一）有关儿童文学翻译研究的论文数量少

笔者在中国知网博士论文数据库中以"翻译"为检索词，搜到论文178篇，有关儿童文学的只有一篇《晚清儿童文学翻译与中国儿童文学之诞生》。在中国知网优秀硕士论文数据库中以"翻译"为主题词，搜到论文11858篇，以"主题＝翻译"并且"主题＝儿童"进行搜索，搜到149篇论文，其中116篇有关儿童文学翻译，比重不到千分之一（见表1）。①

表1　中国知网所刊儿童文学翻译研究论文数量所占翻译研究论文比重

检索方法	中国期刊全文数据库	中国知网博士论文数据库	中国知网优秀硕士论文数据库
主题词＝翻译	76488	178	11858
摘要＝儿童并且主题＝翻译	197	1	149

---

①　本文所用论文统计数据均为笔者根据中国知网数据统计得出。因为中国知网收录论文以及期刊级别具有不确定性，因而此数据只为笔者书写本论文当时有效数据，并不能代表其他时间的真实状况。

翻译学科发展到现在已经有非常广泛的研究领域，作为其中一个分支，儿童文学翻译不能占据重要地位不足为奇。然而，和中国当前译介儿童文学的蔚为壮观的绝对优势地位和规模相比，这一大约千分之一的比例依然令人触目惊心。

（二）有关儿童文学翻译的论文发表刊物专业层次低

根据笔者统计，关于儿童文学翻译的论文发表在各种各样的期刊上，真正专业的翻译或者外语类期刊则数量非常少。中国期刊全文数据库收录《中国翻译》1999—2011 年十多年间 2207 篇文章，其中有关儿童文学的文章只有徐德荣《儿童文学翻译刍议》和梁志坚的《意识形态对安徒生童话译介的操纵——以〈卖火柴的女孩〉中文译本为例》两篇。笔者以"翻译"并且"儿童"为检索词，搜索到 1999—2011 年间共有 197 篇论文有关儿童文学翻译研究，但发表在语言文学类专业期刊上的文章只有两篇（见表 2）。虽然刊物的级别不能用来衡量文章的学术水准，然而，有关儿童文学翻译研究的论文在语言文学类专业期刊上的数量较少，从侧面说明了语言文学界，特别是翻译界对于儿童文学翻译的忽视。

表 2　刊登有关儿童文学翻译研究的论文的刊物级别及所刊论文数量比重

论文总数	语言文学类核心期刊	重点大学学报	综合性社科刊物	地方学院学报	其他
197	2	16	71	83	9

（三）研究重心在"理论"而忽视"儿童"

自 20 世纪 80 年代伊始，西方的翻译理论在中国得到广泛的传播，尤其是近些年，西方翻译理论的文化转向深深影响到了中国翻译研究。儿童文学翻译研究，也不可避免地和这些西方文艺理论和翻译理论相结合。

在中国期刊全文数据库搜到有关儿童文学翻译的 197 篇论文中，笔者作了粗略地统计，共有 72 篇文章以某种翻译理论为核心对翻译文本或者儿童文学翻译进行整体探讨，话题集中在接受美学、目的论和功能对等以及操纵理论等这些西方的翻译理论，而对于儿童文学特点及儿童文学的翻译往往一笔带过。

（四）研究内容重复以及对市场和现实的漠视

在搜索到的 197 篇关于儿童文学翻译研究的论文中有 60 多篇涉及具体译作。这些论文内容也十分集中，其中 20 篇写《爱丽斯漫游奇境》，位居第二的是《哈利·波特》系列，还有马克·吐温的《哈克贝里·费恩历险记》和《汤姆·索亚历险记》，仅这四部作品就占据一大半，其他作品主要集中于《柳林风声》、《夏洛的网》以及《安徒生童话》。

中国图书市场每年从国外新引进和翻译的图书数量非常多，而翻译研究者对这些新引进图书视而不见，对图书市场视而不见。当当网终身五星级图书《不一样的卡梅拉》已经连续几年位于少儿图书畅销榜的榜首，但在中国期刊全文数据库，检索不到一篇有关《不一样的卡梅拉》系列图书翻译研究的文章。另外，《窗边的小豆豆》和《小狗钱钱》都位于开卷网和卓越亚马逊统计的儿童文学畅销书榜上的前五位，但是在中国期刊全文数据库依然搜不到有关的翻译研究文章。对新引进、翻译的图书的忽略和对图书市场缺乏关注，是造成当前儿童文学翻译粗糙、简陋的重要原因。

四　中国儿童文学翻译研究滞后的原因分析

在中国，通常人们认为儿童就是简单的代名词。中国儿童文学发展了一个世纪，至今依然处于被忽略和轻视的地位，这种轻视贯穿于整个儿童读物的写作、翻译和出版过程。因而，专业从事儿童文学创作的人很少，名家更少。根据当当网和卓越亚马逊的少儿读物排行榜，上榜的国内原创作品除了早期的叶圣陶、郑渊洁作品以及经典名著的少儿版，就只有金波、杨红樱、葛翠琳、曹文轩等少数人的作品。

专业从事儿童文学翻译的人也很少，名家尤其少。大部分的儿童文学作品，尤其低幼作品往往是业余译者翻译而成；出版社通常也认为儿童文学出版的门槛低，因而，专业少儿出版社和非少儿专业出版社纷纷进入儿童读物出版之列，全国570多家出版机构中520多家参与儿童出版。与此相应的是，儿童文学评论和儿童文学的翻译研究也同样不受重视，认为凡是涉及儿童，必定是没有理论深度的、肤浅的。这种轻视造成了翻译界对于儿童文学翻译的轻视和忽略。

在中国，翻译研究者大多是大专院校教师。语言能力和学科的划分也给儿童文学翻译研究带来了障碍。对儿童文学翻译进行研究，必须具有如下几个方面的素质：外语能力、翻译知识、儿童心理以及儿童文学知识，实际上对研究者提出了很高的要求。相比一般文学翻译批评，研究者更要俯下身子，倾听儿童的声音，以儿童的眼光审视文学作品和翻译作品。而实际上，大学专业的划分使这些人往往不能兼顾，懂儿童教育和儿童文学的人可能语言能力和翻译知识不够，翻译专业的人往往不懂儿童和儿童文学，客观上也使儿童文学翻译研究如隔靴搔痒，质量不高。

由于儿童文学语言的特殊要求，很多翻译作品在翻译过程中有相当大程度的改写和节译，再加上很多出版社在版权方面不很规范，导致除了译者本人和出版社之外的其他人很难从译作中看出原作的影子，按照传统的翻译研究，尤其是翻译批评的角度，缺少原作，研究者难以将译作和原作对应起来进行比较分析和研究。

五　儿童文学翻译研究的角度

虽然，面临困难重重，但归根结底，最大的障碍在于儿童文学翻译研究这一课题的边缘化。当前，在儿童文学翻译数量巨大而对其研究非常滞后这一矛盾越来越大的情况下，对于儿童文学翻译研究的需求越来越紧迫。在现有社会文化环境下，笔者认为，儿童文学翻译研究可以从以下角度进行。

首先，儿童文学有其独特的写作方式和要求，比如对措辞句式和绘本中每一页文字和图画比例等问题的关注，是儿童文学翻译者必须考虑的。因而，儿童文学翻译应该有其特有的理论、方法和评价体系，而不是完全采用一般文本的翻译策略和标准。

其次，以译本为主体进行研究。翻译儿童文学作为目的语文学多元系统的一部分，研究者从儿童文学理论角度入手，以译本为中心进行研究，将会摆脱传统的寻章摘句"挑错式"翻译批评模式，把儿童文学翻译批评提升到一个较高的层次。

再次，以译者为主体进行研究。儿童文学翻译家对原著的选择、价值取向、翻译道德和翻译态度等都会对翻译结果产生巨大的影响。

最后，关注现实。关注现实意味着关注读者反应和书架以及图书市场传达出来的信息，因为是市场和读者在选择作品，使一些得以流传，另一些销声匿迹（Moretti，2000：207—227），因此儿童文学翻译研究的结果应该体现在儿童的书中，体现在图书市场中。儿童文学翻译研究应该能借紧紧把握现实，借翻译研究和翻译批评解决现实的问题，提高翻译质量，深化翻译研究，推动儿童文学翻译事业的繁荣和健康发展。

六 结论

儿童文学是儿童的文学，是儿童心灵的引导者和文学素养的培育者。而在当前的中国，在翻译儿童文学占有绝对优势的情况下，关注儿童文学翻译就是关注儿童文学的发展和儿童的成长。但是当前的情况下，儿童文学翻译研究均处于边缘地位，难以对儿童文学翻译提供应有的理论指导和翻译批评，对于提高儿童文学翻译的质量造成很大障碍，是当前儿童文学翻译质量不尽如人意的部分原因。因而，儿童文学翻译研究走出困境，多方位、多角度健康发展已经刻不容缓。

参考文献

Farquhar, Mary Ann, *Children's Literature in China: from Lu Xun to Mao Zedong*, New York: M. E. Sharpe, Inc. 1999.

Moretti, Franco, "The slaughterhouse of literature", *Modern Language Quarterly*, 2000, 61: 207—227.

Nord, Christiane, *"Translating as a Purposeful Activity"*, Shanghai: Shanghai Foreign Language Education Press, 2001.

Oittinen, Ritta, *Translating for Children*, Routledge, 2000.

Puurtinen, Tiina, *Linguistic Acceptability in Translated Children's Literature*, Joensuu: University of Joensuu, 1995.

陈晓莉：《20 世纪 90 年代外国儿童文学译介》，《湖南大学学报》2011 年第 4 期。

韩进：《儿童文学出版的市场表现及价值诉求》，《出版科学》2009 年第 2 期。

王向华：《儿童文学与儿童文学翻译》，《飞天》2010 年第 2 期。

魏东晓：《近十年少儿引进版图书研究》，硕士论文，河南大学，2008 年。

徐德荣：《儿童文学翻译刍议》，《中国翻译》2004 年第 6 期。

杨实诚：《儿童文学美学》，山西教育出版社 1994 年版。

当当网（www. dangdang. com）。

卓越亚马逊（www. amazon. cn）。

开卷网（www. openbook. com. cn）。

中国知网（http：//dlib. cnki. net）。

西安外宣翻译存在的
不足及其成因分析^①

马乐梅

摘要： 陕西及其省会西安在国际上享有极高的旅游知名度，是著名的国际旅游目的地。同时，随着国家西部发展策略的深入，西安的对外交往更加频繁。然而，西安的外宣翻译却无法与其地位匹配，存在着种种不足：英语信息太少，拼写、语法和语用错误处处可见。除此之外，中国特色词汇翻译不当，信息空白，考证不实和关联不当导致的误译也时有出现。导致这些不足出现的主要原因除译者能力不高，缺乏理论指导等全国都有的共性问题之外，西安外宣翻译机制不良，缺少有效的沟通反馈渠道也是因素之一。

关键词： 西安；外宣翻译；误译

一 引言

根据国家形象宣传片摄制组的统计，在外国人眼中，最能代表中国的三个城市分别是北京、上海、西安（http：//news. sina. com. cn/c/2010 - 08 - 30/024520998033. shtml）。同时，随着国家西部发展策略的深入以及全球化的趋势，西安的对外交往更加频繁，形式更加多样，正在形成一个全方位、多层次、宽领域的对外开发格局。在这种形势下，对外宣传的重要性就更加突出，外宣翻译作为外宣工作的一个重要环节也越来越进入人们视线。普通民众想当然地认为作为文化大市的西安，以及高校林立的西安可以轻易地做好外宣翻译的工作，然而事实并非如此。目前，西安在外宣翻译的数量和质量方面还有很大的改进空间。外语（主要为英语）宣传的"无语"和"误译"极大的影响我省的对外形象，不利于对外推荐

---

① 本文是 2011 年西安市社科项目（Y11030）的阶段性研究成果。

西安。因此，有必要对西安外宣翻译中存在的不足进行研究和梳理，并分析其成因，以便改进。

　　首先，我们应对外宣翻译有一个正确的认识。"外宣翻译是翻译的一种特殊形式，在遵循翻译的共性原则的前提下，可以从广义和狭义的角度去理解。广义的外宣翻译包罗万象，几乎涵盖所有的翻译活动，包括各行各业，各级部门从事对外宣传有关的翻译活动，即人们常说的'大外宣'的翻译概念。狭义的外宣翻译包括各种媒体报道、政府文件公告、政府及企事业单位的介绍、公示语、信息资料等实用文体的翻译。"（张健，2010）外宣翻译是以外国人为目标读者，以读者（而非文本）为中心的旨在传递信息的非文学翻译。这样的翻译按照彼得·纽马克（2001：40—48）的分类应属交际翻译。下面我们就以交际翻译的标准考量一下西安外宣翻译的现状，发现其不足，并分析其形成的原因。

二　西安外宣翻译存在的不足

　　1. 大量的信息没有外语版本，外国受众无法获悉必要的信息。在笔者一个有关西安英语公示语的调查中，有53%的受访者（均为母语或第一外语为英语的外国人，下同）认为当务之急西安应该给出更多的英语公示语，与此相对照，有27.4%的受访者认为纠正已有的错误的公示语；4.3%的受访者建议使用更多的国际通用的图片（画）标识；15.3%的受访者认为采纳"标准"的英语公示语。而同一份调查中的另一个问题也佐证了西安英语公示语效度不高的现状：在被问及"出行时通常借助何种指导"时，只有5.1%的受访者选择了英语标识，其他选择分别为地图38.5%，导游2.6%，当地人39.3%，其他14.5%。

　　在受访者中，一位来陕的澳大利亚短期志愿者抱怨西安的英语信息太少，电视没有英语频道，菜单没有英语菜名，超市没有英语标识，她认为："Even Pinyin helps."但她也承认："I get help from the local people, most of the young speak some English."

　　在陕西的政府英语官方网站（http://english.shaanxi.gov.cn），许多栏目都是空白，在对外国友人非常重要的 Tourist Souvenir 一栏没有任何内容，而 Tourism > Tourist Product > Shaanxi traditional cuisine 一栏中，只有三个条目 Sautéed Dough Chips with Assorted Vegetables, Gourd-Shaped Chicken 和 Steamed Fish Head with Salted Chili，没有图片，没有解释，且不说

这些菜名翻译是否恰当，堂堂一旅游大省，小吃大省，竟只给出这么一点信息，足见陕西官方网站在外宣翻译上的无语。

2. 存在大量拼写错误。在非英语国家，甚至在英语国家，拼写错误都是一个顽疾，西安也不例外。陕西著名的三原城隍庙里，"禁止吸烟"被标为"No Snoking"，其中"Snoking"应为"Smoking"。西安南郊的唐城墙遗址公园的英语标识为"Tamg City Wall Ruins Park"，其中"Tamg"应为"Tang"。西安某著名商城的导购牌上，"名表眼镜 FAMOUSE WATCH & GLASSES"、"美容中心 LADIE'S BEAUTY CENTER"中都有拼写错误，FAMOUSE 多了一个 E，LADIE'S 应为 LADIES'。甚至在某一著名的 211 高校里，也有将 classroom 标为 class room。在 2008 年迎接北京奥运会时，西安的南门广场上也竖立了奥运倒计时牌，其中的"Olympics"一词一周时间里在公众的纠正下连改三次才得以拼写正确。

3. 语法错误在西安的外宣翻译中也屡见不鲜。在西安通往兵马俑的公路上，就有一处将二环标为"Two Ring"。曾乘坐过西安公交的外国友人肯定对西安公交的英语自动语音报站记忆深刻，每到一站，他们就会听到"Now we are getting to……"（"我们将前往……"，应该为 now we are at……）明知应该到站了，却在这样的英语提示下一直坐到终点。西安的一家癌痛治疗中心将其英语名称译为"Painful Treatment Center of Cancer"，成了癌症的"疼痛疗法"中心。新修的曲江公园因其历史文化渊源吸引了许多内宾、外宾，成为西安的名片之一，但其中的许多双语公示语却给这张名片抹了黑，请看下面几例：小草含羞笑，请勿去打扰。The grass is smiling. Please no touching. 供轮滑和滑板游玩的区域被标为"滑板公园 Skating Board Park"，供骑自行车者游玩的区域是"越野自行车道 Cross-country Bicycle Lane"。笔者认为第一个可译为 Keep off the grass。交际翻译中，功能第一，让人不要进草地就是了。第二个译为 Skating area，这里是 skating 区域，而非 board 公园。第三个应译为 bicycling lane，这里是闹市区的休闲公园，何来 cross-country（越野）。来访西安的外国友人对这类"包含着想象力的中国式"英语深有感触。

4. 语用错误造成更大的误解。西安的大唐芙蓉园是一个以唐朝文化为主题仿皇家园林公园，但其英语名称 Tang Paradise 却使许多外国游人误以为这里只是娱乐场所，甚至有人还想入非非，是否这里提供色情服务？问题就出现在 paradise 一词上，虽然此词出身严肃庄重的宗教，但在漫漫历史长河中，渐渐演变为指远离日常人世烦恼的乐园（a counter-image of the miseries of human civilization, a place where there is only peace, prosperity, contentment, and happiness.）（http：//en. wikipedia. org/wiki/Paradise），因此英语中常有 paradise hotel。笔者非常赞同网友滔滔不绝的建议，将其改译为 Tang Dynasty Theme Park。从西安前往西岳华山的高速路上，一块写有"Don't drive on line."的提示牌肯定困惑了不少从此经过的外国人。一位澳大利亚的朋友特意抄下来问笔者，这句话是不是指不能一边上网一边开车？笔者亦是一头雾水，但将其字字对译为汉语"不可开车在线上"时，恍然大悟，原来是"请勿骑线行驶"或"请勿跨线行驶"，英语应该为：Stay in your lane. 或者 Don't straddle the line.

5. 中国特色词翻译不当或信息空白，无法达到交流的目的。外宣翻译最大的一个挑战就是必须时常翻译深具中国特色的词汇，比如"三个代表"、"三农问题"、"不折腾"，等等。这些词汇的翻译没有可参照的模式，而且归化的翻译可能会扭曲中文愿意，而异化的翻译又会造成理解困难。在陕西政府官方网站上，我们会常常遇到一些极具陕西特色的词汇，下面我们分析一下这些词汇的翻译。

（1）"退耕还林"政策的实施更使西部生态有了明显的改善。

译文：Implementation of the policies of "returning cultivated land to forest" significantly improved the ecological environment of west China. （http：//english. shaanxi. gov. cn/）

这里且不说整个句式是否恰当，单说将"退耕还林"译为"returning cultivated land to forest"笔者就觉得有些不妥，将耕种的土地还给森林它仍是耕种的土地，这与原文要表达的将耕地变为林地的原义不符，笔者认为更为合适的翻译应为"conversion of farmland to forests"。

（2）由于西部基础设施的改善，西部投资迎来了自"一五计划"、"三线建设"后的第三个投资高峰期。

译文：Thanks to the improvement of infrastructure of west China, investment in west China welcomed the 3rd investment summit period after "the 1st Five-year Plan" and "three-line construction". （http：//english. shaanxi. gov. cn/）

这句话中"三线建设"译为"three-line construction"看似没有什么大问题，但外国人知道什么是"three-line construction"吗？如果这是国家秘密，就完全省译。如果不是，就应该增加解释，让读者明白。三线地区，是 1964—1978 年的特殊年代，由中国大陆的国境线依其战略地位的重要性（即受外敌侵袭的可能性）向内地收缩，划三道线形成的地区。按照设想的军事地理区划，中国沿海为第一线，中部为第二线，后方为第三线，三线又分西南三线和西北三线，陕西属西北三线。西部地区通过三线建设的特殊方式第一次在国家计划中占有空前的重要位置。因此，这里的"三线建设"应该译为"the Third Front Construction during 1964—1978, the development of the western regions as the third front to defend China against the possible invasion from the outside"。

彼得·纽马克（Peter Newmark，2001）指出：　"译者要帮助读者，……他可能不得不解释或改写各种暗指，提供原因……他有责任让译文看起来更容易懂些，从无意义的话中至少找出某种规律。"

6. 因译者自身知识不全，考证不实，导致错译。这种错误又分两类，一类是对原文的理解不透彻而导致的误译，请看下例：

（3）陕西省不仅文物古迹荟萃，而且山川秀丽，景色壮观。境内有以险峻著称的西岳华山、气势恢弘的黄河壶口瀑布、古朴浑厚的黄土高原、一望无际的八百里秦川、婀娜清秀的陕南秦巴山地、充满传奇色彩的骊山风景区、六月积雪的秦岭主峰太白山等。

译文：Shaanxi Province not only boasts rich cultural relics, but also has beautiful landscape. West Hua Mountain which is famous for ruggedness is situated in Shaanxi Province. Besides, Hukou Falls of Yellow River, the Loess Plateau, 800-li Qin Mountain, Qinba mountaineous region, Lishan landscape area as well as Taibai Mountain, main peak of Qinling Mountain are all in Shaanxi Province. （http：//english. shaanxi. gov. cn/）

这句译文中有一个明显的知识性错误，西安人，甚至全中国的人都知道"八百里秦川"是"川"不是"山"，但这位可能不是西安人的译者将其译为"800-li Qin Mountain"，而且，笔者认为没有多少目标受众知道"li"为何物，同时，800 也只是一个概数，并非实指，所以完全可以将其译为"the great Qinchuan plain"。

另一类是译者对译入语理解不恰当，导致关联不当而产生的误译。格特（Gatt，1991）的关联翻译理论（Relevance Theory）是外宣翻译中常常借助的策略，它可以迅速地在读者与全新的异域文化之间建立起有效的关联，使读者产生认知，但不当的关联却会使读者误解。请看下面一段有关秦岭的描述：

（4）The Qinling Mountain, located in the centre of China, stretches across central Shaanxi and stand between the Yellow River and the Yangtze. It is often referred to as the "Central Park" of China. (http: //english. shaanxi. gov. cn/)

句中"秦岭"被比作"Central Park"。但秦岭是一蔓延数千里的大型山脉，中国的南北分水岭，怎么能比作纽约市内的"Central Park"。纽约的中央公园是一块完全人造的自然景观。1857 年纽约市的决策者为这座城市预留了一块公众使用的绿地，为忙碌紧张的生活提供一个悠闲的场所，后来将其建设成了现在的"中央公园"。译者原本想让读者有更好、更易的理解，没想到这一额外的努力反而扭曲了原义。

7. 翻译时因读者意识不强，内外不分，不顾目标读者理解能力，导致译文交际效果差。这类不足是外宣翻译的常见现象，似乎从语言上来说并无什么不妥，但这类译文的交际效果很差。请看下面一例：

（5）陕西在历史长河中不仅展现了朝代更替的变化历程，铸造了民族盛衰、强弱易势的历史印迹，同时，也孕育和创造了丰富深邃的物质文明和精神文明，造就了一大批光照千古的文化巨匠，他们为人类留下了灿烂的文化艺术成果。从西周"制礼作乐"的周公旦，到秦代创制隶书的程邈；汉代大史学家司马迁及班彪、班固、班昭，关中经学大师马融；唐代大诗人王维、白居易、杜牧，大书法家柳公权、颜真卿，画家阎立德、阎立本，训诂学家颜师古，等等；他们的不朽著作和业绩，树起了人类文化史上的巍巍丰碑，广为世人敬仰。

译文：In the history, Shaanxi not only reflected the changing process of dynasties and created historic miracles, but also cultivated rich material civilization and spiritual civilization, fostering a batch of cultural masters, who had left splendid cultural and artistic achievements to the people. These celebrities include Zhou Gongdan of West Zhou who developed rank System of ceremony and music, Cheng Miao of Qin Dynasty who developed Li Character, Sima Qian, a great historian of Han Dynasty, as well as Ban Gu, Ban Biao and Ban Zhao, Ma Chong, a economist of Guanzhong, poets Wang Wei, Bai Juyi and Dumu of Tang Dynasty, calligraphists Liu Gongquan, Yan Zhenqin, painters

Yan Lide and Yan Liben，and ancient exegesis interpreters´Yan Shigu. Their famous works and achievements had made great contributions to cultural history of the people and are respected by the people.

上例的原文为说明陕西在历史上的文化艺术成就，罗列了许多古代陕西文化名人，这些信息对于国内的读者是有意义的，但对于普通国外读者，这些信息没有意义，而且大量的拼音译名堆砌极大地影响了他们的阅读愉悦感。对国外读者而言，阅读这些资料的目的是为了增加旅游乐趣，而非学习研究中国历史文化，对于这些信息，他们很难理解也没有兴趣。因此，翻译时完全可以将列举名人的一段删掉，这既不引起读者的排斥感，也不影响对外宣传的效果。

篇幅所限，这里不再一一罗列西安外宣翻译中出现的各种不足。其实这些不足也并非西安独有，在全国的外宣翻译中都或多或少存在上面的问题。下面我们分析一下这些不足的形成原因。

三 西安外宣翻译不足的形成原因

西安外宣翻译信息量不足主要是由于各级主管部门及领导的重视不足、开放意识不强、服务意识不到位造成的。总感觉以前没有英语信息时，外国人照样来看兵马俑，想当然地认为外国来访者能自己解决所遇到的问题。这种"无为"思想在今天的竞争社会中不合时宜，自己不宣传，自有宣传者取而代之。2010 年 8 月 30 日发布的"中国城市国际形象调查"结果中，西安位列第七，位于上海、北京、成都、南京、杭州和宁波之后（http：//www. chinadaily. com. cn/ dfpd/2010-08/30/content ＿ 11226399. htm）。这与前文中提到的西安是外界人眼中最能代表中国的三个城市之一的认知严重不符。这也从一个侧面说明西安人应该加强外宣工作翻译工作，充分利用自己作为文教大省的优势，利用高校资源做好各种服务信息的翻译工作，不能再有外宣翻译是"年三十打兔子，有它过年，无它也过年"的想法。

根据笔者的调查，在外宣翻译中出现的各类错误中，拼写错误和语法错误是最可被接受的一类错误，但同时也是最损形象的一类错误。一位受访的德籍来访者认为，英语标识中的拼写和语法错误在所难免，尤其是各店主自行翻译的门头、招牌、说明、标识之类。在他们国家中也有许多这样的错误。但如果是出自政府的种类公示、告示、宣传、口号就不可再犯这类错误，否则有损当地政府形象。笔者在陕西及西安的政府官方网站中没有见到拼写错误和语法错误，表明如果足够重试，这类错误是可以避免的。外宣翻译中的拼写错误，笔者认为，除因个别译者责任心不强而导致之外，主要是公示语牌匾制作过程中缺乏懂英语的人员监督、参与，广告公司的英语能力良莠不齐，切不可把代表市政形象的英语公示语全部外包给广告公司一包了之。而且，由于汉藏语系与印欧语系语言规律相去甚远，机器翻译尚在探索阶段，各级部门切不可将外宣翻译交给电脑。外宣翻译中的语法错误多由译者能力不强造成，所以外宣翻译译者队伍的建立必须得到足够的重视。出现这类错误的另一个原因是外宣翻译机制不畅，委以重任的译者总有百思一疏，所以需要成立一个团体，一个常设机构来集体讨论，也有必要成立一个以英语为母语的外国友人智囊团。

语用错误以及由此产生的各种中国式英语是各类汉译英中的常见错误，其主要原因是母语迁移。译文极大地受到源语的影响，其用词、搭配、语法、结构、句型等都呈现出汉语而非英语的一些特点。其实，这是翻译语言的共性（柯飞，2005）。王克非、秦洪武（2009）基于对应语料库的研究也表明，所有翻译文本都或多或少地受到源语的影响，偏离原创文本的某些特点，而呈现在源语的特点。译者出于忠实或习惯，下意识地把母语的表层结构迁移到目标语中（母语迁移）是一种片面强调忠实的表现。外宣翻译需要"以我为中心"的意识，但这种意识应该是意义层面而非语言层面。

对于中国特色词汇和表达的翻译，一方面我们需要有"以我为主"的坚持，大胆地利用英语语言规则，创新性地使用英语。但我们时刻要牢记，外宣翻译是给外国受众的以交际为目的的翻译。就目前的国际形势来看，汉语是弱势的，英语是强势的。韦努蒂（L. Venuti，1995）在其专著 *The Translator's Invisibility，A History of Translation* 中认为，当弱势文化的语言翻译成强势文化的语言（主要是英语）时，为了得到强势文化读者的接受与认同，就必须选用他们所乐于接受的内容和形式（杨自俭，2002）。张健教授（2010）也指出：凡是中国历史、社会、语言和文化诸方面特有的、典型的，区别于国外的事物、现象和概念等，大到上层建筑、意识形态，小至风土人情、本国货币等众多表达，我们翻译时，绝不可只管形式上的所谓"忠实"，而不作任何处理。硬译、死译的结果只能使读者感到茫然不知所云，或者哑然发笑，还有什么"传播效果"呢？

　　目前在外宣翻译时，我们尚没有足够的实力使用忠于原文的策略来表达中国特色词汇，相反为了达到发出自己的声音的目的，我们不得不利用关联理论使译文"与译文读者产生充分的关系"或"提供充分的语境效果"，使译文的表达方式"让译文读者无需付出任何不必需的努力"。我们也不得不求助于维索尔伦（Verschueren，2000）的语言顺应理论（Theory of Linguistic Adaptation），借助语言的变异性（variability）、商讨性（negotiability）和顺应性（adaptability），采用解释、增加、删改、编述、缩并等手段进行翻译（彭劲松，2010）。翻译是一种人类的行为活动，而且还是一种有目的的行为活动。根据译文语境，原文中的哪些内容或成分可以保留，哪些需要进行调整或改写，该由译文的预期功能确定。翻译的目的随接受对象的不同而变化。译者可以为了达到目的而采用任何他自己认为适当的翻译策略。换句话说，目的决定方式（The purpose justifies the means）（方梦之，2001：29）。

　　同时，我们也必须注意到，一味的关联和变译都会带来信息传递的损失。由于关联理论只注重心理图式的传递，强调效度第一，而对承载传递信息的语符未加任何规定，这虽然解决了可译性与不可译性的矛盾，却也极大地影响了翻译信度。因此"无论是目的论还是关联理论，并非外宣翻译的唯一可以遵循的金科玉律。随着中国的国家形象和知晓度的日益提高，直译或音译的手段在外宣翻译中也会得以经常使用，但切莫操之过急，影响交际效果"（张健，2010）。

　　外宣翻译不仅涉及语言文字、文化背景和翻译技巧，而且事关一方利益、地区形象。西安的外宣翻译目前还存在着种种不足，无法完全达到宣传省情、加强交流的目的。究其原因，除了中国文化独特，与英语语言文化差异大，我省外宣翻译发展较晚，理论实践译者队伍都不健全等客观因素之外，最重要的还是外宣翻译没有得到足够的关注。西安作为文教大市有足够的人力资源作好外宣翻译，这里需要建立一个良好的外宣翻译机制，一个有效的沟通反馈渠道，这样就会避免将"二环"译成"Two Ring"的笑话，更可以避免将"Two Ring"这个笑话高悬于西安东大门十年之久。

参考文献

Gutt, *Translation and Relevance: Cognition and Context*, Basil Blackwell Ltd, 1991.

Newmark, Peter, *Approaches to Translation*, Pergamon Press, 1980: 40 – 48.

Venuti, *The Translator's Invisibility*, *A History of Translation*, Routledge, 1995.

Verschueren, *Understanding Pragmatics*, 外语教学与研究出版社 2000 年版。

方梦之等:《译学辞典》, 上海外语教育出版社 2001 年版。

柯飞:《翻译的隐和显》,《外语教学与研究》2005 年第 4 期。

彭劲松:《外宣翻译中变译的语言顺应论阐释》,《广西师范大学学报》(哲学社会版) 2010 年第 1 期。

涛涛滔滔不绝:《陕西西安大唐芙蓉园的译文 (Tang Paradise) 大错特错》, 网 (http://blog. sina. com. cn/s/blog_ 4d897d630100c3eo. html)。

王克非、秦洪武:《英译汉语言特征探讨》,《外语学刊》2009 年第 1 期。

杨自俭等:《也谈归化与异化》,《中国翻译》2002 年第 6 期。

张健:《对外宣传与翻译研究》(讲义), 2010 年。

文学翻译课程的教材分析与教学方法研究①

吕敏宏

摘要： 文学翻译课程是翻译本科专业和翻译硕士学位的重要课程。目前，翻译教学研究大多讨论教学方法，在教材分析的基础上讨论课程教学的研究成果较少。本文首先概述了我国翻译教程以及文学翻译教程出版、分类的现状，着重分析了现有三部重要文学翻译教程，并在此基础上论述了文学翻译课程的实践型教学法，即工作坊式教学与案例式教学相结合的教学方法。

关键词： 文学翻译教学；教材分析；翻译工作坊；案例教学法

一　翻译教材概论

近年来，在译界同仁的努力下，翻译学科建设发展迅猛。2004 年，上海外国语大学获权自主设置了"翻译学"硕士、博士学位授权点，"标志着翻译学作为一门独立的学科，在中国内地的高等教育体制中获得了合法地位"（田雨，2005：26）；自 2006 年，复旦大学、广东外语外贸大学、河北师范大学三所院校获批首次在国内招收翻译专业本科学生，到 2011 年 3 月，国内已有 42 所高校获批设置翻译本科专业；2007 年至今，全国已有 159 所高校获批设置翻译硕士专业学位。

随着翻译学科的发展，我国在翻译学科涵盖的翻译史、翻译理论、翻译批评和翻译教学四个方面研究成果令人瞩目。在翻译史方面，不仅有中外翻译通史的系统研究，如马祖毅的《中国翻译史》和谭载喜的《西方

①　本文是 2011 年陕西师范大学教师教育研究项目（"创建自主、互动、研究型的英语课程教学模式"）以及 2012 年陕西师范大学研究生教材建设项目（"高级文学翻译教程"）阶段性研究成果。

翻译史》，而且有从古代到现代的系统梳理，以及翻译分类史的研究，如孟昭毅、李载道的《中国翻译文学史》，谢天振、查明建的《中国现代翻译文学史》，王建开的《五四以来我国英美文学作品译介史1919—1949》等。在翻译理论方面，我们一方面引进西方翻译理论，如上海外语教育出版社推出的英文原版西方翻译理论丛书以及湖北教育出版社出版的西方翻译理论丛书；另一方面，我们系统梳理和完善了中国的传统译论，如陈福康的《中国译学理论史稿》以及王宏印的《中国传统译论》。在翻译批评方面，我们逐渐摒弃了印象式、灵感式、挑错式的批评方法，并将其置于广阔的社会历史语境之中，从更加宏观的角度探讨翻译及翻译批评，如王宏印的《文学翻译批评论稿》、杨晓荣的《翻译批评导论》等。在翻译教学方面，只要在中国学术期刊网上输入"翻译教学"主题词，从1990年至2012年，竟有4952篇论文题目映入眼帘。各式各样的翻译教程相继发行，更有张美芳、穆雷两部专门研究翻译教材的专著。

虽然翻译学学科建设成绩斐然，但距离完备、独立的学科体系仍有一定差距，尤其在翻译人才培养和翻译教学方面发展缓慢，远远不能适应经济及社会发展的需要，"八千万学子习外语，翻译人才缺九成"（赵婧，2007）。实用翻译人才匮乏，高质量的文学翻译人才也后继无人，人民文学出版社外文编辑室主任刘开华感叹道"现在要找好的翻译真难"（李洋，2005）。翻译教学改革迫在眉睫。外语专业重"工具"、轻"文化"的人才培养目标，重外语、轻汉语的培养模式，重语言、轻文学的课程设置等都值得我们反思。

翻译教学是翻译学学科体系的重要组成部分，担负着发展学科和培养人才的双重任务。翻译教学是一个涉及学科建设、课程设置、教材编写、教师培养、教学方法研究等方面的系统工程。从学科建设而言，能够进入课堂的学科才能成为完备的学科体系。"不能或尚未进入教学体系的学科，无论其自我感觉多么重要也是虚幻的，而不具备独立科学基础和独特的学科体系的课程设置，无论宣称是什么样的改革和创新，也是虚妄和缺乏根据的。"（王宏印，2007：1）翻译教学理论本身就是一门学问，因此，我们必须以人才培养和学科建设为出发点，进行翻译教学理论研究，探索课程设置、教材编撰、教学方法等，把翻译学科理论和翻译教学理论的最新理论成果引入课堂，并落实到每个教学环节中。

就翻译教材而言，我国目前的翻译教材可谓琳琅满目，有按照翻译语言方向编写的教材，如汉英翻译教程、英汉翻译教程；有按照翻译实务编写的教材，如旅游英语翻译教程、新闻翻译教程、法律翻译教程、科技英汉与汉英翻译教程、商务英语汉译教程，甚至更为专业的国际商务合同翻译教程；还有按照各语种与汉语之间的互译编写的教材，如日汉翻译教程、法汉翻译教程、中韩翻译教程、汉德翻译教程、俄汉翻译教程、汉西翻译教程，以及阿汉互译教程，等等。

教材编写是翻译教学的重要环节。教材编写须受翻译教学理论的指导，教材内容要引入学科的最新理论成果，编写体例必须依照一定的教学模式和教学方法。纵观我国近半个世纪已出版的翻译教材，虽数量多达115 余种（张美芳，2001：53），但质量却良莠不齐，真正优秀的寥寥无几。更重要的是，大多数翻译教材的内容借句论技，只有"技"层面的论述，而没有"道"层面的解析（许钧，2002：256）。

二 文学翻译教材分析

翻译教程是翻译教学活动的重要纽带。目前我国高校英语专业使用的翻译教程，在选材和内容上应用翻译和文学翻译并存，专业倾向明确的文学翻译教程尚不多见。专业性强、体系较为完整的文学翻译教材有三部，其特点鲜明、各有所长。

（一）《中外文学经典翻译教程》

《中外文学经典翻译教程》于 2007 年由高等教育出版社出版，作者为南开大学王宏印教授。该教程属普通高等教育"十一五"国家级规划教材，集作者数十年翻译研究与教学之经验。该教程依照散文、小说、诗歌和戏剧四种文学体裁分为四大板块，每一板块分为古典和现代两部分，以章列出。每一章里又分为经典赏析和翻译实习两个小节。该教程涵盖了文学的各个体裁，选取了古今中外之名篇佳译，跨越了广阔的时空和地域，涉猎了文学翻译多个层面的内容。全书布局宏伟、构思精巧，堪称一部真正意义的文学翻译教科书。本书最大的特点在"经典"二字。

学习文学经典，是融人文精神于教育，使学生感悟文学翻译之道，提升人文素质的必经之路。朱自清先生曾说："在中等以上的教育里，经典训练应该是一个必要的项目。经典训练的价值不在实用，而在文化。"（朱自清，2004：自序 1）王宏印教授在书中也指出，"不懂得古典就是不懂得传统，而不了解现代就是不了解发展与创新"（王宏印，2007：绪论

5）。阅读经典，给人以文化的熏陶。在广袤的古今中外之文学经典中，编者以独到雅致的眼光，精心采撷了文学经典的名篇佳译，体现出编者"（文学）作者以人文关怀为终极价值"（王宏印，绪论5）的文学观。

在该教材32篇导读和16篇译作评析中，编者赋予了该教材另一大特色，即将文学批评、文学翻译批评与文学翻译有机结合起来，将文学修养的提高、语言表达能力的提高，以及翻译能力的提高有机地结合起来，没有一般教科书的那种死板的说教，有的却是精到而深入的论说和剖析，以一种舒缓的语调，娓娓道来。行文流畅而优美，一股学术散文的馥郁之气，沁人心脾，使读者在阅读该教材时，犹如聆听一位学者的演讲，不知不觉便随着他走入文学及文学翻译的艺术殿堂，饱浸文学知识的同时，获取语言表达和翻译技巧而浑然不觉。

这部教程对学生和老师均提出了很高的要求，若要真正理解、吸收并运用本教材中所涉及的文学概念、翻译技法，要求学生和老师要有一定的文学和翻译基础，因此，正如本书编者所言，本书适合作为翻译专业高年级或研究生教材。本书立意宏大，布局宏伟，可是真正能达到此要求者寥寥也。

（二）《高级文学翻译》

文学翻译不仅是语言文学专业，也是新兴的翻译硕士专业（MTI）的一门必修主干课程。翻译硕士专业2007年首批招生以来，一直缺乏一本适合自己专业特点的文学翻译教材。外语教学与研究出版社陆续出版了"全国翻译硕士专业学位（MTI）系列教材"，该系列教材包括笔译、口译、理论、通识和工具书五大系列模式，是国内第一套专门针对MTI学生编写的专业教材。2009年《高级文学翻译》面世。该教材由西南大学胡显耀教授和李力教授主编。该教材定位明确，即作为全国翻译硕士专业学位（MTI）笔译方向必修课教材。

全书共十章，分为上编和下编，上编五章重在理论探索，讨论了文学翻译的基本问题，并从宏观的翻译过程出发，讨论了文学翻译的准备、文学文本的解读、文学译本的创造、文学翻译的修改与批评。下编五章重在翻译实践，按照文学文类的划分，专章讨论了散文、小说、诗歌、戏剧、电影和儿童文学的翻译。为适应时代的需求，该书在内容上特别增加了文学翻译实务的介绍，如版权问题、出版合同问题等。

（三）《文学翻译》

自 2006 年翻译专业获批并开始招生至 2011 年的五年时间内，始终未见有专门为翻译专业学生编写的文学翻译教材。2011 年，《文学翻译》由外语教学与研究出版社出版，编著者为广东外语外贸大学张保红教授。该教材成为第一本针对我国高校翻译专业本科高年级学生开设的文学翻译课程而编写的教材。

该书共分五章，第一章为文学翻译概述，阐述了文学翻译的基本概念、原则、特点、意义以及文学译者的素质要求。第 2—5 章，按照传统文学文类的划分，分散文翻译、诗歌翻译、小说翻译、戏剧翻译四个专题逐章讲评与练习，有条不紊地阐述了散文、诗歌、小说、戏剧的基本特征、语言特点和翻译原则。每一章 3—6 篇例文，每篇例文包括作品概述、审美鉴赏、翻译和讲评三个环节，每章最后一节依照惯例为翻译练习。

除了共同的特点之外，如注重理论与实践相结合、按照文学文类分专题布局，等等，这三部教材各有鲜明的特点。《中外文学经典翻译教程》选择中外经典文学作品，尽量保持原文的完整性，在"经典赏析"的环节中，不仅有原文导读，便于学生理解原文，更有对译作在字词句篇，乃至文学意义上的透彻分析，形成一种理论与实践相结合、文学批评和文学翻译相融合、文学翻译和翻译文学相渗透的翻译研究途径和翻译教学模式，表现出编者很高的文学修养和翻译能力。《高级文学翻译》作为全国第一套 MTI 系列教材之一，目标明确，因此具有较强的专业性、实践性和应用性。书中涉及了文学翻译的经济合同问题、版权问题、法律问题，图书电子资源的利用，翻译辅助软件的使用等文学翻译实务问题，还在书末附录文学翻译常用词典简介、文学翻译出版合同样本、主要文学译著出版社简介、发表文学译作的主要期刊。当今时代，戏剧已越来越淡出文学领域，该教材将戏剧、电影合为一章，包括译配解说和译配字幕，不仅弥补了戏剧翻译的弱势，更增加了教材的应用性。另外，与其他两部教材的不同之处还在于，该教材还纳入儿童文学的翻译，成为该教材的一个亮点之一。与前两部教材相比，《文学翻译》具有三大特点：其一，针对性强。该教材针对翻译专业本科高年级学生而编，因此除了惯常的翻译方法和技巧解析，还增加了理论性的知识，包括基本文学常识和文学翻译的基本原理，难度适中，潜入深出，有利于提高学习者的文学鉴赏水平。其二，例文讲评深入透彻，每篇例文从语音、字词、意象、节奏等文学审美因素详细分析例文，并冠之以"声音美"、"节奏美"、"意象美"、"修辞美"、"绘画美"等标题，言简意赅。其三，具有较强的可操作性。教材前专门有一个"教学建议"，说明了该教材的学时、各章节学时划分、学生翻译实践能力评价。每章首先明确陈述该章的学习目标，然后是理论要点、例文分析、翻译练习及提示，便于教学安排和操作。

这些教材有着翻译教程的统一体例，即译文赏析和翻译练习。作为教材总少不了练习，一般都是给出供以练习的原文，然后辅之以"翻译提示"、"翻译要求"或"译前提示"，最后提供一个参考译文。如何合理利用教材进行教学，最大化地使学生的人文修养和翻译能力得到提高是一个值得研究的问题。

三　文学翻译教学方法

2011 年 3 月 13 日，教育部高等教育司领导下的翻译专业教学协作组通过了试行版《全国高等学校翻译专业本科教学要求》，单行版由外语教学与研究出版社于 2012 年 7 月出版发行，该《教学要求》对翻译本科专业的建设起到纲领性指导作用。《教学要求》指出"高等学校本科翻译专业旨在培养德才兼备、具有宽阔国际视野的通用型翻译专业人才"（仲伟合，2011：21）。2007 年 3 月 30 日，国务院学位委员会发布《翻译硕士专业学位设置方案》，强调学位获得者是"高层次、应用型、专业性"的口笔译专业人才。无论是翻译本科专业还是翻译硕士专业学位的设置均改变了"学了外语就能翻译"的传统观念，对翻译教学，也对外语教学提出了挑战。

中国正规的翻译教学与外语教学同步，始于清政府 1862 年开办的以培养"译员"、"通事"为目的的京师同文馆；1902 年京师同文馆并入京师大学堂并改称为翻译科；1924 年颁布施行《国立大学校条例》，外语学科的建制也随之经历了从"科"到"门"再到"系"的变化，以培养翻译人才为目标的"外语科"逐步发展为外文专业，而翻译教学也进入了依附于外文专业设置一门翻译课的新阶段；直至 2006 年翻译本科专业和 2007 年翻译硕士开始招生，我国翻译教学呈现出前所未有的发展势头。

我国翻译教学具有良好的人文传统，文学翻译教学和案例教学方法历史悠久。案例式教学方法起源于 20 世纪初美国的哈佛大学。它是在老师的指导下，通过对一系列案例进行分析和讨论（王玉西，2012；41），从而获得收益。翻译教师往往根据自己的个人爱好，选择翻译材料用于课堂教学和练习。我国早期的外语教师大都在中外语言文化、文学、历史、哲学等方面造诣颇深，能同时兼顾创作、翻译与教学，如陈源、徐志摩、吴宓、叶公超，等等。因此，我国的翻译教学从一开始就打着深深的文学翻译烙印。深厚的语言文化和文学功底令这些教师在案例式翻译教学方面游刃有余，取得了巨大成就，培养出了一大批翻译人才。然而，单纯的案例式教学法已不适应新时期的教育形势。其原因在于：首先，由于历史的发展，我国翻译界，乃至学术界已鲜有像早期外语教师那样有着深厚文学功底和文化修养的外语人才；其次，传统的案例式教学法以教师讲解为主，注重理论知识的灌输，忽视了对学生创新能力的培养与训练。翻译专业的培养目标要求翻译教学应注重实践教学，以培养学生翻译能力为核心任务。实践教学强调过程。其实，"翻译"二字既指翻译产品，也指翻译行为，本应突出翻译过程。

现代学习理论建构主义给实践型翻译教学提供了理论支撑。建构主义强调以学习者为中心，强调在实际环境中进行教学，强调教师与学生之间、学生与学生之间的协作学习。在建构主义学习理论的启发下，文学翻译课程可以采取工作坊式教学法和案例教学法相结合的教学方法。这种方法有助于提高学生的思辨能力，在实践中思考、提高，在学生与学生、学生和教师的互动中相互学习、共同进步。

"工作坊"一词来自英文的 workshop，最早出现在教育与心理学的研究领域，20 世纪 60 年代，美国园林设计师将其用在都市计划中，成为可以提供各种不同立场、族群的人们思考、探讨、相互交流的一种方式（百度百科 http：//baike. baidu. com/view/1341825. htm）。"工作坊"大多采用主题研讨会的形式，有时也采取系列会议的形式，因而也被称为"专题研讨工作坊"，由多人参加一个共同的活动，并各自承担不同的角色，如"参与者"、"专业者"、"促成者"。参与活动的人称为"参与者"；具有专业技能并对所讨论的专业主题能够直接助力者称为"专业者"；主持并协助工作坊中各项活动得以展开的人称为"促成者"，其使命是协助参与者进行有效沟通与合作、发现问题、提出问题并解决问题，但不以强势姿态为参与者作决定（李明，2010：32）。随着社会的发展对翻译人才的需求，翻译教学越来越注重培养学生的翻译技能和社会实践能力，"翻译工作坊"逐渐成为翻译教学颇受欢迎的教学模式。美国翻译学者根茨勒将其界定为"类似于某种翻译中心的论坛，在该论坛上，两个或两个以上译者聚集在一起从事翻译活动"（Gentzler，1993：7）。

　　翻译工作坊在西方翻译教学和我国港澳台大学中普遍采用，如英国曼彻斯特大学的 MATIS 项目，其4门必修课程和12门选修课程几乎全部采用工作坊式教学法。工作坊式教学具有较强的操作性和实践性。其中学生和教师均为"参与者"和"专业者"，只是在翻译本科生和翻译硕士生学习阶段，对学生的"专业者"角色作用的大小有不同的期待和要求。在传统教学中担任主宰者的教师，在工作坊教学模式中则成为"促成者"，即调解人、组织者、创造者、推动者、监督者和向导。教师不再是判断、评价译文质量的决定人，也不仅仅是翻译知识与理论的传播者，而学生也不再是被动接受者。

　　工作坊式教学具有较强的操作性和实践性，采用过程教学法。文学翻译课程可采取工作坊式教学与案例教学相结合的教学方法。大多数翻译教材均由两部分构成，即例文赏析和学生练习，文学翻译教材也不例外。例文赏析部分可采取以下步骤进行：预习例文—课堂讨论—小组汇报—学生撰写学习笔记。预习例文阶段，教师提前将经典例文的阅读、研习任务布置给学生。上课时，将学生分成小组进行讨论，然后每个小组选出一个学生代表向全班同学汇报该小组的讨论情况，其间，任何一个小组成员均可随时予以补充，课后，每个学生根据讨论的情况以及来自小组讨论的启发，撰写学习笔记。教师根据学生讨论进行总结和补充。

　　学生练习部分可采取以下步骤：个体翻译练习—合作修改习作—课堂讨论习作—师生共同合作完成译文—教师讲评—师生合作修改译文—学生撰写学习笔记。教师提前将练习材料布置给学生，由学生课下完成，并相互交换，合作修改，再各自完成自我译文修改。课堂分小组讨论小组成员的习作，完成小组译文；小组交换译文，进行讨论，然后，教师主持全班同学一起讨论各小组译文，完成最终译文。在此环节中，教师可以发挥传统案例教学的优点，帮助学生分析原文特点、翻译要点，把握讨论方向，但不可轻易作定性判断；课后学生撰写学习笔记。撰写学习笔记或称案例报告的环节很重要。因为，课堂讨论具有发散性和即兴性，撰写学习笔记或案例报告可以帮助学生分析总结，整理思路，提高学习效率。

　　翻译本科专业和翻译硕士在教学中往往强调实用翻译，而忽视了文学翻译。其实无须过多强调文学翻译和实用翻译的区别，它们只是译者处理的译材文本性质的不同，在教学中，文学翻译的教学方法和实用翻译的教学方法没有什么本质区别。成功的文学翻译课程，不仅可以锻炼学生的翻译能力，更有助于促进学生的人文素养，无论是翻译本科专业的要求还是翻译专业硕士学位的要求，均明确陈述了翻译专业人才人文素养的重要性。

参考文献

Gentzler, Edwin, *Contemporary Translation Theories*, London：Routledge, 1993.

王宏印：《中外文学经典翻译教程》，高等教育出版社 2007 年版。

胡显耀、李力：《高级文学翻译》，外语教学与研究出版社 2009 年版。

张保红：《文学翻译》，外语教学与研究出版社 2011 年版。

田雨：《翻译学学科建设的新起点——2004 年中国译坛综述》，《中国翻译》2005 年第 2 期。

赵婧、杜婷：《反差：八千万学子习外语，翻译人才缺九成》，《光明日报》2007 年 3 月 27 日。

李洋：《文学翻译何以后继乏人》，《北京日报》2005 年 3 月 8 日。

张美芳：《中国英汉翻译教材研究》，上海外语教育出版社 2001 年版。

许钧：《译事探索与译学思考》，外语教学与研究出版社 2002 年版。

朱自清：《经典常谈》，生活·读书·新知三联书店 2004 年版。

仲伟合：《高等学校翻译专业本科教学要求》，《中国翻译》2011 年第 3 期。

王玉西：《探索案例教学法在翻译硕士专业教学中的应用》，《中国翻译》2012 年第 4 期。

百度百科（http：//baike.baidu.com/view/1341825.htm）。

李明、仲伟合：《翻译工作坊教学探微》，《中国翻译》2010 年第 4 期。

《新牛津英汉双解大词典》的
谚语收译问题研究

杨关锋

摘要：本文从英语谚语的收量、凡例、原则与翻译四个方面，论述了《新牛津英汉双解大词典》在英语谚语收译方面的一些问题。

关键词：《新牛津英汉双解大词典》；谚语；翻译；问题

《新牛津英汉双解大词典》（*The New Oxford English-Chinese Dictionary*，上海外语教育出版社 2007 年版，以下称为《新牛津双解》）是"根据《新牛津英语词典》（*The New Oxford Dictionary*）第 1 版（1998 年）和第 2 版（2003 年）编译而成，是牛津大学出版社授权在中国大陆编译出版的全球规模最大的英汉双解词典"（见词典封底宣传语，下同）。"汉语翻译以提供对应词为原则，力图准确，自然，简洁再现原版内容，部分词条在国内属于首次翻译"。无疑，该词典原则上做到了这点。令人高兴的是，该词典一反英语大型词典原则上不收译英语谚语的传统做法，突出了"新"字，为国人学英语提供了帮助。其中不乏精彩的翻译对以往人云亦云的匡正。例如："Beggars can't be choosers（要饭的哪能挑肥拣瘦；没有选择权就只好满足于能得到的东西）"（178），"As one door closes, another opens（一扇门打开的时候，另外一扇门又打开了；不应该为失败所挫，因为还有别的机会出现）"（672），"Don't change horse in the midstream（不要再紧急关头改变策略）"（1017），"Why keep a dog and bark yourself?（为什么养狗还要自己叫；为什么雇了别人还要自己来做?)"（621）"Enough is as good as a feast（饱餐强似宴席，适中胜于过量）"（701），等等。

但是在研究过程中也发现了一些谚语的收译问题，特提出来与大家交流，以期望获得共识，裨益于以后双解词典的翻译与编撰。

一　收量：过少

英语是世界上拥有谚语数量最多的语言之一。权威的 *The Oxford Dictionary of English Proverbs*（ODEP，3rd edition）收录英语谚语达 1.2 万余条。以 woman 一词为例，直接立条的有 54 条，在其他词下立条的有 46 条，共计百条。因此，作为英语重要组成部分的谚语也就不可能不反映在中、小型的英语学习词典（如 COD）中。但令人奇怪的是，英美人编的大型词典（如 Web3）或大型学习词典（如 AHD2）等均不收或少收谚语，也许是他们耳熟能详吧。

令人欣慰的是，《新牛津双解》一反英语大型词典原则上不收英语谚语的传统做法，收录了部分常用谚语，外加提供较详细的词法、句法、语用、搭配信息与 500 余处用法说明专栏，从而实现了中小型学习词典与大型语文词典的结合，突出了一个"新"字、一个"实"字，在实施大型词典教学化方面走出了很好的一步。

但同时令人感到遗憾的是，《新牛津双解》谚语收量过少。常用英语谚语有 1500 条，《新牛津双解》却只收了 159 条，而 COD、ALD、LDCE 等中小型词典均收录英语谚语百条左右。英语谚语收量过少的原因有二：一个是主编对英语谚语的认识不足；另一个是很多权威英语词典收录的英语谚语没有作为谚语处理，如 Run before one can walk（1861），Throw the baby out（或 away）with the bathwater（138），There are plenty more fish in the sea（791），Strike while the iron is hot（2107），Call a spade a spade（214），The sands（of time）are running out（1883），等等。

二　凡例：不清

凡例，亦称为"例言"或"发凡"，是说明词典内容与编纂体例的文字，其位置在前言之后、目录之前，通常包括条目安排、注音、语法、释义例证、编排、索引、附录、义项、参见及其格式等。应该说，《新牛津双解》翻译的凡例内容是比较丰富的，计有结构、专业词汇、百科资料、语法、语料证据与例证、词源、用法说明、标准英语、拼写、发音等 11 项。但就谚语而言，其凡例不清，计有以下几个方面。

（一）无谚语体例

至关重要的条目编排独独不见踪影，故习语与包括在习语中的谚语均无体例说明，从而给谚语的查找带来困难，费时费力。

（二）"体例示意图"亦未注明

究竟是以字母为序，或以核心词为准，或按频率原则来安排英语谚语均不清楚。

（三）编排混乱

《新牛津双解》英语谚语的编排缺乏章法，给人一种随心所欲的感觉，例如：The early bird catches the worm（664）入形容词定语 early 条；Distance lends enchantment to the view（611）入主语名词 distance 条；To err is human, to forgive divine（714）入作主语的不定式短语的 err 条；All's fish that comes to the nest（791）入作复合谓语（或系表结构）的 fish 条；You can't put an old head on young shoulders（1478）入宾语词组中的形容词定语 old 条；You can't run with the hares and hunt with the hounds（1862）入谓语动词的 run 条；What's sauce for the goose is sauce for the gander（1892）入主语从句的 sauce 条；out of sight, out of mind（1981）入第一个介词宾语的 sight 条；It's an ill wind that blows no body any good（D2417）入主句的 wind 条；Every man for himself and the devil take the hindmost（1287）入被 every 修饰的名词 man 条，等等。以上编排均无规律可循，岂不延误索得?!

（四）书写不规范

《新牛津双解》中除了极少数成语化的谚语小写外（这是可以理解的，因为他们已不是完整句），所有整句性的谚语亦都小写起头（这就令人诧异了），这既不符合英语语法中对整句书写的要求，也不符合常人的心理要求，更不符合凸显原则，这是对原 *Longman*、*COD* 与 *ALD* 等学习词典的一种倒退与反动，也容易引起人们学用时的误写，尤其是当他们成为"双解"词典的内容时尤其如此。更令人匪夷所思的是：英语有完整句例证时竟然小写起头，而在结束时却标以"."句号，如 Birds of a feather flock together 条的例证：These health professionals sure were birds of a feather. 岂非前后矛盾?!

（五）例证随意

英语成语在列出之后，大多有一个例子予以说明，且多为完整句形式。而英语列出后罕有例证支持，且英语谚语不是以完整句形式出现，如 A new broom sweeps clean 条中的例句为：The company seems set to make a fresh start under a new broom.

（六）汉译体例不一

英语汉译的体例通常为直译在前，意译居中，注释在后（若有的话）。但《新牛津双解》却不乏颠三倒四的现象，如 There's none so blind as those who will not see（215），先有意译"和不讲理的人说理——白搭"。这不利于英译的理解、认识与汉释。类似的情况还有：Two wrongs don't make a right（2439）；A bad workman always blames his tools（2432）；Once bitten，twice shy（205）；Circumstance alter cases（382）；You may（或 might as well）be hanged for a sheep as for a lamb（957）；The pen is mightier than the sword（1570），等等。

三　原则：不明

无论是在"英语原版序（第 1 版）"，还是在"出版前言"，又或在"凡例"中均未涉及宽义成语（包括谚语）的具体释译问题，只是笼统地提及"汉语翻译以提供对应词为原则"。正因为如此，英谚汉译给人一种没有什么章法的印象。

改革开放以来，据不完全统计，已出版了近 30 部英汉谚语词典，有关英谚汉译的文章与专著更多，从而形成了比较一致的英谚汉译原则：能直译的一律直译，以保持原文的风姿与民族特色，增加汉语的表达形式；不能直译或直泽后意犹未尽的应给予意译，以体现原文的内涵与哲理，起到传达、教育、规劝、训诫的功能；直译或意译后尚有不明确或不理解的应该加注，其对象为一般词典中难以查到的词语、典故、背景、文化、语法等，以加深对原文的理解；直译与意译能并举的则一律并举，以免有失偏颇。

实际上，《新牛津双解》有些英谚的汉译有意无意地、自觉或不自觉地遵循-r 这个原则，如上文中提及的五条，但更多的似乎并非如此，显得翻译原则前后不一。

（一）有直译无意译

削弱了读者对象对原句内涵及哲理思想的了解，如 All cats are grey in the dark（329）；When（或 While）the cat's away, the mice will play（329）；Where there's a will there's a way（2414）；When the blind lead the blind, both shall falls into a ditch（215）；Who laughs last laughs longest

(1195); The apple never falls far from the tree (90); Two heads are better than one (2287); Time and tide wait for no man (2219); A watched pot never boils (1658); A trouble shared is a trouble halved (2269); All's well that ends well (50) 等均无意译，只有直译。

（二）有意译无直译

削弱了学习者与使用者对英谚"风姿"，即原有形象、比喻手段及鲜明的民族特色的欣赏，如 Set a beggar on horseback and he'll ride to Devil (178); you can't run with the hares and hunt with the hounds (1862); All's well that ends well (50); A new broom sweeps clean (266); Birds of feather flock together (202); Every cloud has a silver lining (1985); Diamond cut diamond (582); Spare the road and spoil the child (1839); It never rains but it pours (1662); Time is money (2219); What's bred in the bone will come out in the flesh (233); The devil looks after his own (577); Even a worm will turn (2433); There's more than one way to skin a cat (1997) 等均无直译，只有意译。

（三）疑难处未加注

削弱了学习者与使用者对英谚的深化理解，如 If the mountain will not come to Mahomet, Mahomet must go to 'the mountain (1385) 未注明伊斯兰典故；No news is good news (1432) 未注明来源；Fine' words butter no parsnips (784) 中的 parsnips 未加注"欧洲防风根"。类似的还有 an Englishman's home is his castle (699)，等等。

四 翻译：欠缺

《新牛津双解》中不乏体现编译特色的例子，如 All roads lead to Rome 条条大路通罗马；殊途同归 (1843)，但也存在一些问题，试举例以说明之。

（一）人云亦云

（1）Money talks. Proverb wealth gives power and influence to those who possess it <谚> 金钱万能（1368）

许多权威的英汉词典与成语谚语词典对该英谚的汉译均为"金钱万能"，如《英汉大词典》（陆谷孙主编，上海译文出版社 1993 年版，第 1159 页）、《英语谚语大词典》（徐竹生编著，江苏教育出版社 2003 年版，

第 664 页)、《英华大词典（修订第 3 版)》（徐式谷主编，商务印书馆
2000 年版，第 989 页)、《新英汉词典（世纪版)》（吴莹主编，上海译文
出版社 2000 年版，第 837 页）与《新时代英汉大词典》（张柏然主编，
商务印书馆 2004 年版，第 1515 页）等。

实际上，《新牛津双解》的英文释义很清楚：指钱财能给那些拥有钱
财的人以权力与影响。而"金钱万能"是指钱财无所不能。英汉二语的
释义是大不相同的，有程度上的很大区别。正如《牛津高阶英汉词典
（第 6 版)》释解的"有许多钱的人要比其他人有更多的权力与影响"。故
该英谚应译为：钱会说话；钱财给人更多的发言权。

（2）Love me, love my dog. Proverb if you love someone, you must acce-
pt everything about them, even faults or weakness <谚>爱屋及乌（1257）

《英汉大词典》（1948）、《英华大词典（修订第 3 版)》（911）、《新
英汉词典（世纪版)》（771）、《英语谚语大词典》（611）、《综合英语成
语词典》（厦门大学外文系，福建人民出版社 1985 年版，第 606 页）等
均有相同译文。

首先该汉译无直译"爱我，就要爱我的狗"。其次，该英谚的释义是
十分明确的：如果你要爱某人，你必须接受他的一切，甚至于是错误或缺
点。那么，中文成语"爱屋及乌"是否与英谚释义对等或对应呢？据
《中国成语大辞典》（上海辞书出版社 1991 年版，第 4 页），该语出《尚
书大传·牧誓·大战》："爱人者，兼其屋上之乌。"意思是爱那个人而连
带地爱护停留在他屋上的乌鸦。后来也比喻爱那个人而连带着喜爱跟他有
关系的人或物。其强调推爱，比喻失去判断事物的客观尺度，不能正确地
认识客观世界的行为。Brewer's Dictionary Of Phrase and Fable Centenary Ed-
ition 在 dog 条下有进一步的解释："你要爱我，就要爱我随身之物，你要
容忍我的缺点。"（662）并在 1930 年版有"A rather selfish maxim"之注。
可见，汉语成语表达的是一种主动的、无条件的，有时是盲目的、利他的
行为，其对象为与所爱的人有关的人、事、物。而英语谚语表示的是一种
有先决条件的、被动的、服从性的、利己的行为，其对象为"我"的一
切。前者表示失去客观尺度的推爱，后者表示绝对服从，两者是大相径庭
的。因此，该英谚应译为：爱我，就要爱我的狗；爱我就要爱我的一切。

（3）Give a dog bad name and hang him. Proverb it is very difficult to lose
a bad reputation, even if it's unjustified <谚>欲加之罪，何患无辞；流言可

畏（621）

对该语，《英汉大词典》的对应语为"给人强加恶名将毁人一生；人言可畏"（501），《新英汉词典（世纪版）》（362）与《英汉大词典》相同，《英华大词典（修订第三版）》为"谗言可畏，欲加之罪，何患无辞"（437），《英语谚语大词典》为"给狗安个罪名，然后将其吊死/欲加之罪，何患无辞/人言可畏"（251），《综合英语成语词典》为"一旦给人加一个坏名声，他就永远洗刷不掉；人言可畏"（270）。

首先，《新牛津双解》对该英谚汉译无直译。其次，其意译亦大有问题。"欲加之罪，何患无辞"的意思是："要加人的罪名，还怕没有借口吗！谓随心所欲地诬陷人。"（《中国成语大辞典》，上海辞书出版社1991年版，第1666页）"人言可畏"指："言：言语，指流言飞语《诗·郑风·将仲子》：'人之多言，亦可畏也。'流言飞语是可怕的。"（同上，第1023页）"言指"毁谤的话；挑拨离间的话"（《现代汉语词典》，第118页）。"流言"指"没有根据的话（多指背后议论，诬蔑或挑拨的话）"（同上，第726页），而《新牛津双解》的释义为"要摆脱坏名声是困难的，即使这种坏名声是不公正的"。其目的正如该英谚的原注所说的那样："James Kelly：Spoken of those who raise an ill name on a man on purpose to prevent his advancement. "（给人故意安上坏名以阻止他的发迹发达。）（《英语谚语大词典》，第251页）所以，"欲加其罪，何患无辞"强调的是诬陷人的随意性，而英谚强调的是诽谤人的目的性，尽管给人安坏名声的话本身也有"毁谤"、"没根据"的意思，但未必存在"挑拨离间"或"背后议论"之意。此外，英谚强调的是恢复好名声的困难，而不是汉语的"可畏"的可怕意。再者，英谚强调的是安上坏名声，汉语强调的是"加罪"，两者大相径庭。故该谚应译为：给狗安上个坏名声，然后把它吊死；一旦给人加上不公正的坏名声，他就很难洗刷掉。

类似以上三例的英谚汉译还有：There's no accounting for tastes（13）；You can lead（或 take）a horse to water but you can't make him（1017）；There is no rose without a thorn（2205）；A new broom sweeps clean（266）；Empty vessels make most noise（692）；A bird in the hand is worth two in the bush（202）；Dogs bark，but the caravans move on（621）；Live and let live（1239）；A friend in need is a friend to those who possess it in need（840）；It never rains but pours（1662）；Out of sight，out of mind（1981）；Time is money（2219）；Revenge is dish best served（或 eaten）cold（P. 1815）；You scratch my back and I'11 scratch yours（1911）.

（二）扩大与缩小

《新牛津双解》在英谚汉译时也存在喜欢用汉语习惯对意义扩大或缩小的问题，即存在汉译不够精确的问题。

1. 意义扩大：使意义比原句大

例如：Horse for courses＜英谚＞马有马道；物各尽其善，人各尽其能（1017）。该语英语释义为"Different people are suited to different things or situation"（不同的人适合于不同的情况），显然指人，并不指物。其真正的意义为"The act of matching people with suitable jobs or tasks"（知人善任）（《牛津高阶英汉双解词典（第6版）》，852）。

又如：Birds of a feather flock together＜谚＞人以群分，物以类聚（202）。该语英语释义为："People of the same sort or with the same tastes and interests will be fond together"，这里显然是指人，而非物。"物以类聚"是指同类的东西常聚在一起，现在多指坏人同坏人在一起，而英谚并非多指坏人。

再如：What's bred in the bone will come out in the flesh（或 blood）＜谚＞江山易改，本性难移（233）。该中文成语指山河的自然面貌比较容易改变，而人的天性是极难改变的，即言人的性格很难改造。而英谚指"a person's behavior or characteristics are determined by their heredity"（人的行为或性格是由他们的遗传所决定的），强调人的性格或行为由天定，不涉及"江山"问题与改变"难不难"的问题。

同样的问题也出现在以下英谚的汉译中：Time is money（2219）；You can't judge a book by its cover（235）；You can't make bricks without straw（258）；You can't have your cake and eat it（too）（297）；Every man for himself and the devil take the hindmost（1287）；What the eye doesn't see, the heart doesn't grieve over（D746）；One good turn deserves another（2281）；A house divided can not stand（p. 1021）；（even）A worm will turn（243）；Two wrongs don't make a right（2439）；Every dog has its day（620）.

2. 意义缩小：使意义比原句小

例如：A new broom sweeps clean＜谚＞新官上任三把火（266）。姑且

不论"上任三把火"的对错，"a new broom"指"people newly appointed to positions of responsibility"（新任命为负责岗位的人），其既指所谓的"官"，亦指某位置上负责的人员，而并非"官"。《牛津高阶英汉双解词典（第6版）》则解释得更清楚："A person who has just started to work for an organization"（新就任者），既指官又指一般的工作人员。又如：Every man for himself, and the devil take the hindmost <谚> 各人各自照管自己，自顾自（1287）。该语只汉泽了前半句，却漏译了，后半句 the devil take the hindmost（落后者遭殃），从而大大缩小了原义。

再如：Every dog has his（或 its）day <谚> 人人皆有得意时（621）。其原意为"Everyone will have good luck or success at some point in their lives"（人生某个时候会有好运或成功），而"得意"仅指"称心如意；感到非常满意"（《现代汉语词典（第5版）》，283）。

（三）汉化现象

《新牛津双解》在英谚汉译时存在汉化的现象。英、汉两语中的有些谚语意义似乎相同，但感情色彩不同，语言风格各异，内在含义也不一致。此时不能让外国人说"中国话"，或让中国人说"外国语"，特别是具有英国特有的人名、地名、典故与背景的谚语，汉译时不能套用汉语所特有的人名、地名、典故与背景的谚语，否则给人一种不伦不类的感觉。

例如：Beauty is in the eye of the beholder <谚> 情人眼里出西施（173）。英语中何来"西施"？汉语成语指"谓因爱慕之情所眩，觉得对方女子无处不美"（《中国成语大词典》，981）。而英谚却指"That which one person finds beautiful or admirable may not appeal to another"（某人觉得漂亮或是值得赞美的在另外一个人眼里未必有吸引力）。英、汉两语意思不大一样：汉语只针对某人，英谚针对两者（以上）；汉语指"因爱慕之情所眩"，英谚指内心的一种感觉；汉语指"无处不美"，英谚并没达到如此程度。

又如：Revenge is a dish best served（或 eaten cold）. Proverb vengeance is often more satisfying if it is not exacted immediately <谚> 君子报仇，十年不晚（1815）。英谚表示"若仇不报在即刻的话，那仇就会报得更为令人满意"。英谚强调的是"满意"，汉谚则强调报仇时间的"不晚"，即不在一时。正如 *The Oxford Dictionary of English Proverbs* 第3版（*ODEP*）解释得那样："Revenge is not good in cold blood."（673）指"残酷地报复是不

好的",侧重此方式的不好,汉谚侧重的是时机。被成语化的英谚汉译时也存在汉化的问题,例如:"Be wise after event（事后诸葛亮）"（2422）和"Speak of the devil and he will appear（说曹操曹操到）"（577）,等等。

参考文献

陈文伯:《英语成语与汉语成语》,外语教学与研究出版社1982年版。
刘重德:《英汉语比较与翻译》,上海外语教育出版社2006年版。
杨自俭:《英汉语比较与翻译》,上海外语教育出版社2006年版。
曾东京:《双语词典研究》,上海外语教育出版社2003年版。
曾东京:《英汉/汉英语文辞书研究》,四川辞书出版社2006年版。

语言与教学

师范院校英语专业课程建设
与教材体系建设刍议

王 文

摘要： 作为高等教育教学改革的重要内容之一，师范院校英语专业的课程建设与教材体系建设任重而道远。面对国内外教育教学新形势的发展变化和日趋激烈的高校竞争，师范院校要立足本位，从时代背景、国家要求和人民愿望出发，以质量求生存，以特色求发展。

关键词： 师范院校；英语专业；课程建设；教材体系建设

一 引言

师范院校英语专业课程建设与教材体系建设是适应 21 世纪我国社会主义现代化建设的需要和国际国内教育新形势的发展变化，所进行的具有深远意义和影响的特色化工程。该工程是一个多维的复合结构，要求以科学的发展观为前提，以教育教学的质量为基础，结合师范院校自身的办学特点和传统优势，建立有利于师范院校个性发展，对师范类英语专业课程建设和教材体系建设有真正促进作用的运行机制。其实，早在 1995 年，原国家教委就从实际出发制定并颁布了《高等教育面向 21 世纪教学内容和课程体系改革计划》，旨在"改革我国高等教育中与其不相适应的教学内容和课程体系"，"力争使我国高等教育主要专业的课程体系及其基础课程、核心课程的教学内容有比较大的改革"。这里所涉及的"改革"，理所当然包括师范院校英语专业课程建设与教材体系建设，改革的目标是为了实现"质量上一个台阶"。然而，我们在教育教学的实践环节往往因为忽视高校间的差异性，致使高校间的办学思想雷同，办学模式类似，并反映在师范院校的运行机制中，产生了一些问题。比如，目前师范院校普遍存在师范特色不明显、师范生的素质没有得到质的改观、师范专业同其他非师范专业差异性不突出等问题。以英语专业为例，师范院校英语专业学生与其他外语类院校、综合类院校英语专业的学生在培养方案上没有太大区别：课程设置雷同、教材建设类似、教学模式基本一样，等等。这些突出问题，迫使师范院校在当前形势下不得不作出重大改革和资源调整。为扭转这种不利局面，国内学者进行了专题研究，其中南京师范大学副校长朱小蔓就认为"师范大学必须走综合化发展之路，努力创建利于培养自主成长型教师的教师教育新体系"，才是较好的选择，并且这种提法具有较强的代表性（朱小蔓，佐领，2002：59—63）。就师范院校自身的发展和特色而言，我们确实要遵循应时所需、立足客观、重在实效、着眼将来的原则，其进行中的课程建设和教材体系建设应该与转型期的经济社会发展和高等教育教学改革建立"和谐发展机制"。但是，面对国内外教育教学新形势的发展变化和日趋激烈的高校竞争，师范院校到底应该怎样履行自己的职责才能不失根本，怎样突出自身优势才能适应国际、国内大环境？而且在改革发展的浪潮"一浪高过一浪"时，师范院校之路又在何方？英语专业的课程建设和教材体系建设又如何适应形势，与时俱进？这些都是我们需要冷静头脑，认真思考的问题。笔者认为，要解决这些问题，以质量求生存，以特色求发展是个关键。

二　以质量求生存：师范院校英语专业课程建设与教材体系建设的必要性

师范院校肩负着为国家输送师资的重要任务，是"人类灵魂工程师"的重要培养场所。这种特殊的属性和地位决定了师范院校的办学质量关系到国家的前途命运和发展壮大。西华师范大学党委书记、校长佘正松（2005）曾在《光明日报》上发表署名文章，强调说"质量是高等教育的生命线，育人是高校的永恒主题"，重申质量对高等教育发展的重要价值和作用，对我们师范院校的自身发展具有很大的启示和警醒作用。英语专业是师范院校不可或缺的组成部分，多少年来一直居于重要位置，并使英语专业的课程建设与教材体系建设成为师范院校发展进程中不容忽视的核心内容之一，其建设和发展之必要性毋庸置疑。

第一，这是时代发展的要求。师范院校英语专业课程建设与教材体系建设一定要跟上时代的步伐，其建设的必要性也是顺应时代发展的要求而提出的。这从教育部颁布的《关于做好普通高等学校本科学科专业结构调整工作的若干原则意见》，以及《关于深化教学改革，培养适应21世纪需要的高质量人才的意见》中的重要细则可以明显看出。由于英语学科自身的特点和发展规律，其课程建设不可能"闭门造车"，而必须要"打开国门"，把国外先进的、高层次的教育教学理念引入国内，"师夷长技"为我所用。但是，我们必须要清楚，时代在发展，社会在进步，要使师范院校英语专业课程建设"青春永葆"，我们必须要顺应教育发展规律，不仅有英语专业课程建设的个性和特色，还有其质量和规模，让其质量和规模能够经得起时代的考验。在此前提下，师范院校英语专业的教材体系建设也要与课程建设发展同步，顺应时代要求，才能保证教材体系的科学性、新颖度和高质量。近年来，在国际大背景下，随着各国对教育的日益重视，师范教育被推上更高的历史舞台。就师范教育中的英语学科发展、走向，以质量求生存成为历史性的选择。站在我们师范院校自身发展的角度上，我们可以说办学质量是师范院校"生存和发展的基石"（佘正松，2005），离开教育质量谈其他，无异于掩耳盗铃，自欺欺人。师范院校英语专业课程建设与教材体系建设就是要从时代的发展与要求出发，适应时代的新形势和新挑战，保证高校教育教学的质量。教育质量是高校立足的根本，而进行和建立适合时代发展和社会进步的课程建设与教材体系是保证其质量的根本出路。合理的课程建设与高质量的教材体系建设是师范院校英语专业发展的必然要求，低质量的、低水平的课程建设和教材体系建设必将遭受时代的淘汰。

第二，这是国家改革和发展的需要。教育是任何民族和国家事务中的重中之重，师范教育是国家改革和发展的重要举措。就我国而言，国家政府已花大力气帮助和扶持师范院校的特色化发展。早在2007年，温家宝总理在十届全国人大第五次会议上作《政府工作报告》时，就提出教育是国家的灵魂，不可懈怠，师范类教育是特色教育，是与工、商、农、经济等教育同等重要的教育，需要适应新形势以满足国家建设和发展的需要，为此，改革的举措之一就是实施"免费师范生政策"。在2012年第十一届全国人大第五次会议上的《政府工作报告》中，总理又提出理性对待教育中出现的各种"疑难杂症"，总结教育发展过程中的经验教训，巩固成果，查漏补缺，稳步提升，再创辉煌的建设思路，最终目的就是要使教育真正具有民族特色。从这些改革和发展的举措，我们可以明显看出国家对教育的重视和希望。师范教育当然是其中的重要组成部分。这种"高屋建瓴"的教育政策对师范院校的课程建设和教材体系建设也是具有重要的启示作用，因为国家对教育的重视和扶持，暗含了对师范教育和对师资队伍建设的重视和扶持，而这种重视和扶持在更大意义上则意味着对提高教育和教学质量的期待。从这个意义上讲，强调师范院校英语专业课程建设与教材体系建设的必要性，就是顺应国家改革发展的需要，所必然进行的刻不容缓的工作，而且也符合国家新世纪师范院校英语专业的培养方案和师范院校教育改革的逻辑思路，符合课程建设和教材体系建设发展的规律。当然，要顺应国家的改革发展，我们还要敢于承认自身存在的问题，并且通过研究这些问题，去寻找解决这些问题的途径和方法，以避免师范院校英语专业与其他非师范院校英语专业在课程建设和教材体系建设方面雷同、类似或千篇一律的情况，最终适应国内教育教学发展的现实需要。说到底，英语专业课程建设和教材体系建设作为师范院校改革和发展的目标之一，应该与国家教育改革和发展的大趋势相匹配、相适应，这是保证英语专业课程建设质量和教材体系建设质量的重要内容和举措。

　　第三，这是"办人民群众满意的高等教育"的重要组成部分。办人民群众满意的高等教育是高校义不容辞的责任（佘正松，2005），这已达到社会各界人士的共识。师范院校是培养德才兼备后备力量的教育基地。在这样的教育基地中培养的人才，在人们看来，应该经过四年的本科学习之后，就具备了一定的知识储备，具有了较高的思想觉悟和个人素质，能够满足教育发展的需要，在步入工作岗位后能够直接走上讲台"传道授业解惑"，这是人民群众的愿望，也是社会发展的要求，更是师范院校肩负的重任。这种重任是国家赋予的重任，是民族复兴的希望。从过程论来看，让"人民群众满意"只是一种结果，要实现民族复兴和达到国家发展的要求，师范院校则必须从现实出发有的放矢地培养能够让"人民群众满意"的"后备军"。这种培养又涉及师范院校办学的质量和成效，要使质量和成效有所体现，培养"后备军"的教师也肩负重大的责任。但是在具体的执行和实施过程中，只有国家的重视，校方的努力，教师的付出还是远远不够的，需要与之相匹配的优秀的课程和高质量的教材体系建设，因为"巧妇难为无米之炊"。在课程建设和教材体系建设方面，为保证质量和效果，我们必须要明确一点，即师范院校还必须要遵循课程建设和教材体系建设的自身发展规律，在工作过程中不能操之过急，但是又不能放任自流，因为这不是一蹴而就的工作，需要兼顾诸多客观因素。"十年树木，百年树人"。为达到这个目标，我们就必须选用适合英语专业学生综合素质提高、专业能力全面发展的合理课程和优秀教材，从根本上改变目前师范院校英语专业与其他外语类院校、综合类院校英语专业在课程建设、教材体系建设方面雷同和重复建设的现状，通过构建与师范院校英语专业教育培养目标相匹配、适合师范生素质拓展、有利于突出师范教育特色的课程建设和教材体系建设，真正实现人民群众满意的高等教育，实现师范教育自身的价值。

三　以特色求发展：师范院校英语专业课程建设与教材体系建设的措施

在办学思想方面，师范院校要明确自己的定位，不能随波逐流，迷失方向，在办学理论和实践环节要能够突出师范特色，敢于彰显自己的个性。师范院校在英语专业课程建设与教材体系建设方面要能够从培养人的角度出发，从学生主体出发，以特色求发展。具体实施策略讨论如下。

第一，在理论层面，我们要积极探究国内外英语专业课程建设和教材体系建设的现状，提出应对策略及方法，以和谐建构的模式，建立既适合英语专业学生全面发展又突出师范院校特色的课程体系和教材体系。在国外，凯勒（P. Keller，1982）曾就哈佛大学的语言课程作了深入研究，认为新形势下，课程改革是大势所趋，而且核心课程（the Core Curriculum）的设置无疑具有重要意义，同时与核心课程相匹配的教材建设自然是"必然之事"（necessity）。斯特恩（H. H. Sten，1983）认为，在教师职业逐步发展成为一门专业的情况下，针对课程设置的具体内容和改革的客观情况，需要展开理论和实践的综合性研究，以（1）改变传统模式，在专业化进程中实现教育的"自为"形象；（2）建立教师职业保障体系，推进教师教育专业化。20世纪80年代以后，以巴甫洛夫（Ivan Pavlov）的"条件反射"概念为基础的行为主义学习理论和以皮亚杰（J. Piaget）、科恩伯格（O. Kernberg）、斯滕伯格（R. J. Sternberg）等心理学家的认知心理学为理论基础的建构主义（constructivism）学习理论在教学领域中逐渐流行起来，成为国际科学教育改革的主流理论。行为主义学习理论和建构主义教育理论倡导以学生为中心的人文主义理论模式，要求课程建设与教材体系建设从学生的实际需要出发，有的放矢地建构和实施（张文霞，2005：69—71）。以泰勒（Paul Taylor）为代表的现代主义理论及其"目标模式"与"课程范式"和以多尔（William E. Doll, Jr.）、卡普拉

（F. Capra）以及斯拉特瑞（Patrick Slattery）为代表的后现代主义理论均从教育教学的宏观和微观主体形式展开具体的研究探索，认为课程设计应该遵循平等开放性、整体生态性、自组织性和"以人为本、开放性评价体系原则"，都为外语教学提供了新思路和新视角（耿敬北，2011：50—51）。对此，国内学者就英语专业课程建设和教材体系建设的相关内容展开理性思考，从高校本科专业建设、专业结构调整、专业设置等展开具体的研究，如王先俊（2002）、杨荣昌（2005）、曹洪军（2008）、林鸿，姚筠（2009）等。李明、熊晓熙（2012：33—34）更是明确地指出，"课程建设是专业建设的关键内容之一，它把高校的人才培养目标落实到具体的教学内容和教学环节之中，从而对专门人才的培养产生着现实的定向和规范作用"。总之，研究国内外该领域的已有成果，我们在理论学习方面应该有清醒的认识：学习国内外的既有经验是非常有必要的，但是应该选择那些能够发挥实效的，真正能够为师范院校课程建设改革和教材体系建设提供技术支持的方式方法；对于确实适合师范院校课程建设和教材体系建设发展的和符合认知规律的理论，要敢于奉行"拿来主义"，因为师范院校的教育教学改革是一个宏大工程，要保证它的成功，科学的理论指导是关键。而且这样做的目的本身也是以科学、有效的理论为依托，旨在建立一种符合国情又突出师范教育特色的课程运作模式和教材规划体系。

第二，在实践环节，倡导师范生的语言技能与师范专业技能并举，融师范专业素质培养于语言技能培训全过程，并依托新教材体系，实现"双赢"局面。高等学校外语专业教学委员会在《关于外语专业面向 21 世纪本科教育改革的若干意见》中指出，当前外语教育存在五个不适应，即"思想观念的不适应；人才培养模式的不适应；课程设置和教学内容的不适应；学生知识结构、能力和素质的不适应；教学管理的不适应"。这些不适应要求我们在实践环节需要作出真实有效的变革，以"对症下药"。基于该认识，我们在课程建设方面"要从 21 世纪对外语人才的需求、21 世纪外语人才的培养目标和复合型人才的培养模式出发"，完成以下几项任务："（a）开设与复合学科有关的专业课、专业倾向课或专业知识课，加强课程的实用性和针对性。（b）探讨在专业课、专业倾向课或专业知识课中如何将专业知识的传播和语言技能训练有机地结合起来，提高课程的效益。（c）在开设新课和改造现有课程的过程中，重点摸索如何培养学生的语言实际运用能力，锻炼学生的思维能力和创新能力。（d）

在确保外语专业技能训练课的前提下，加强所学院语言国家国情研究的课程，开设一定数量的中文课，以弥补学生在汉语写作方面的不足，适当选开部分自然科学领域的基础课，加强科学技术知识教育。（e）探讨在外语专业进行复语教学，鼓励学生在掌握所学语种的基本技能和运用能力的同时，再学一门外国语。"至于教材体系建设，则必须根据 21 世纪对外语专业人才的要求，对"现有的外语专业教材亟待更新和补充"，对"有些缺门的教材"则"需要组织人力编写"。编写的外语专业教材应该具备以下几个基本特征："（a）教学内容和语言能够反映快速变化的时代。（b）要外理好专业知识、语言训练和相关学科知识之间的关系。（c）教材不仅仅着眼于知识的传授，而要有助于学生的鉴赏批评能力、思维能力和创新能力的培养。（d）教学内容有较强的实用性和针对性。（e）注意充分利用计算机、多媒体、网络等现代化的技术手段。"除此之外，在实践环节，师范院校还要努力做到以下几点。

1. 以学科建设为基础，以基础学科专业为依托，以社会需求为导向，以课程建设为核心，将传统的"填鸭式"教学转变为学生自主性学习（autonomous learning）。在具体措施方面倡导课程教学模式改革，以培养师范生的师范技能为目标，通过"五分钟讲课/说课"、"英语专业师范生技能大赛"、"教育实习"等环节，凸显其实践能力、创新能力和研究能力。

2. 建议开发符合师范生教育和培养的教材体系，重点培养和突出师范教育技能和特色。师范院校应该集思广益，从学生的实际需要出发编写《师范生基础英语》、《师范生英语阅读》、《师范生高级英语》、《英语教师技能》等系列教材，解决师范院校目前存在的教材体系建设与非师范院校的教材体系建设在本质上没有多少差异性、没有什么师范教育特色、师范生的教育培养名不副实的现状。

3. 实施课程评价模式改革，突出形成性评价，注重质性描述，强调评价主体和评价指标体系的多元化。课程评价对课程的实施起着重要的导向和质量监控作用，师范院校要注意评价模式的转变。这种模式的转变应当包括对教师的评价和对师范生自身的评价：对教师的评价主要考察"产出效果"，对师范生的评价需包括（1）对语言基本功的考核；（2）对师范专业技能和素质的全面考察。

4. 主张转变教师职能，重建课程教学中的师生关系。师范生教育的特殊性和紧迫性对师范院校的教师提出更高的要求。为此，教师对师范生要（1）引导。引导他们树立正确目标，培养自觉意识。（2）指导。指导他们养成良好学习习惯，提高认知能力。（3）诱导。创造适合师范生能力培养的教学环境，激发他们的学习兴趣。（4）辅导。通过双导师制辅导他们利用现代化手段学习和科研。（5）教导。教师要做师范生的朋友和榜样，帮助养成高尚的道德、完善的人格和健康的品格，树立正确的人生观和价值观。

5. 注重课内理论与课外实践活动相结合，灵活运用师范类教材，培养师范生的实践技能，为他们成功走上社会舞台搭建平台。师范院校不是单纯为培养知识型师范生服务，而是希望通过合理的课程建设和教材体系改革，培养出独具特色、全面发展、既有理论素养又有实践技能的"模范生"，以满足国家发展和社会进步的需要。

四　结语

作为高等教育教学改革的重要内容之一，师范院校英语专业的课程建设与教材体系建设任重而道远。由于师范院校自身的发展特点，我们还要尊重现实，立足客观，重在实效，着眼将来，努力使师范院校英语专业的课程建设和教材体系建设与转型期的国家经济建设和教育教学改革相匹配。而且，面对国内外教育教学新形势的发展变化和日趋激烈的高校竞争，师范院校要立足本位，敢于正视自己存在的各种问题，"有所为"，"有作为"，以质量求生存，以特色求发展。

基金项目：本文是全国教育科学"十一五"规划项目"师范院校英语专业课程建设与教材体系研究"（项目编号 GPA105004）的阶段性成果。

参考文献

Keller, P. , *Getting at the Core*：*Curriculum Reform at Harvard*, Cambridge, M. A. and London：Harvard University Press. 1982.

Sten, H. H. , *Fundamental Concepts of Language Teaching*, Oxford：University Press. 1983.

朱小蔓、佐领：《走综合化发展之路，培养自主成长型教师》，《课程·教材·教法》2002 年第 1 期。

佘正松：《质量是高校生存和发展的基石》，《光明日报》2005 年 9 月 30 日。

张文霞：《试论行为主义学习理论与建构主义学习理论对外语教学的影响》，《外语教学》2005 年第 3 期。

耿敬北：《后现代主义课程理论视野下的外语教学》，《河北理工大学学报》2011 年第 2 期。

王先俊：《论高校专业结构调整与专业建设》，《安徽师范大学学报》2002 年第 4 期。

杨荣昌：《关于我国高校本科专业建设问题的思考》，《高教探索》2005 年第 1 期。

曹洪军：《专业设置与大学生就业关系》，《辽宁教育研究》2008 年第 9 期。

林鸿、姚筠：《探索符合市场需求的地方高校专业建设》，《教育与职业》2009 年第 33 期。

李明、熊晓熙：《人才需求与高校专业建设的研究文献述评》，《中国电力教育》2012 年第 1 期。

巴赫金对话理论对外语教学的启发

段李敏

摘要：巴赫金对话理论是巴赫金超语言学说的核心内涵，主张人与人之间自由、民主、平等地交流沟通。这一理论与外语教学有着明显的相关性，其理论精髓对外语教学有着积极的启发作用。从本质上说，外语教学是一项交织了各种对话关系的认知活动。将对话理论运用于外语教学中，将有助于促进外语教学中各种对话关系的发展，大大提高教学效果，培养学生语言学习能力和跨文化交际能力，建构和谐师生关系。

关键词：巴赫金；对话性；对话关系；外语教学

一　引言

米哈伊尔·米哈伊洛维奇·巴赫金（Михаил Михайлович Бахтин，1895—1975）——俄国杰出哲学家、思想家、文艺理论家、文化学家、语言学家，20 世纪最具魅力最有影响的文化名人之一。自 20 世纪 60 年代以来，他的思想在符号学、文学理论、语言学、心理学和民俗学等领域持续产生着巨大而深远的影响。他的著述涵盖了语言学、精神分析、神学、社会理论、历史诗学、价值论和人的哲学等各个方面。对话理论、复调小说理论、狂欢诗学理论、时空体理论等被认为是巴赫金学说的核心范畴，而对话理论作为巴赫金学说的哲学出发点和理论基石，在其整个思想体系中占据着更为重要的核心位置。

二　巴赫金对话理论概述

有关对话性（диалогичность）的对话理论最早是由巴赫金在对陀思妥耶夫斯基的小说进行分析时提出的。他在陀思妥耶夫斯基作品里发现了一种新型的复调小说或叫对话小说。在这里，"作者对主人公所取的新的艺术立场，是认真实现的和彻底贯彻了的一种对话立场；这一立场确认主人公的独立性、内在的自由、未完成性和未论定性"（白春仁，1998）。
也就是说，陀氏作品中人物的语言世界和思维世界具有"复调性"（多声
部），这些不同的声音各自独立，但却能够相互对话，在更高层面上融汇
成了一个统一的整体。在这类小说中，作者与主人公之间、主人公与主人
公之间，以及主人公内心会不断出现各种交锋，而这些交锋所体现出的
"同意和反对的关系，肯定和补充的关系，问和答的关系"被巴赫金称为
"纯粹的对话关系"（董小英，1994：18）。

　　由此，巴赫金提出世界是多元化的，对话是普遍存在的，进而形成了
一种新的哲学理论——对话理论。巴赫金把他的语言哲学称为"超语言
学"（эстралингвистика）。"超语言学，研究的是活的语言中超出语言学
范围的那些方面。"（《巴赫金全集》第4卷，1998：239）他从对话关系
的角度来研究语言，把人、人的存在及其存在方式看做相互依存的对话性
关系。可以说对话理论是巴赫金超语言学说的核心内涵。

　　巴赫金认为，对话的基础是他者与他人话语。我之存在是一个 я-для-
себя（我之自我），我以外，皆为他者 другой-для-меня（于我之他）。
（М. Бахтин，1979：23），而他人话语（чужая речь），是在社会语言之上
建立起来的个性言语（转自董小英，1998：22）。没有他者，没有不同于
自我言语的他人话语，对话是无法形成的。而"相对性"则是对话理论
的核心概念。他对"相对性"作了两种注解：一是事物之间的彼此对位
性和应答性，如主与客、我与你、作者与主人公、自我与另一个自我都是
相对存在的；二是事物存在的非绝对性。巴赫金的这一相对观源于他对事
物存在的多样性、多元化的认识（李琳，2005）。基于这样的认识，巴赫
金十分强调思想的开放性、相对性和包容性。他强调人文关怀，重视
"人"的价值，张扬"人"的个性，认为每个人都可以有自己的声音，从
而提出了自我与他者间平等、独立、自由、开放的对话关系。没有单纯的
说话人和听话人，说话人发出信息符号后，必须接受对方的反馈信息，从
而变成听话人；而听话人在发出反馈信息后，同样变成说话人。在这种对
话关系中，只有双方的主体性和能动性得到重视，对话才能得以顺利进行
下去。巴赫金通过对话理论探讨出了"人"的存在是通过与他人的对话
而照应出来的思想，彰显出深厚的"以人为本"的人文精神。

　　随着对巴赫金论著研究的不断深入，对话理论被不断拓展，成为一个
外延广阔、内涵丰富，语言学、社会学、教育学等诸多学科共同关注和研

究的对象。透过巴赫金的对话理论，我们可以看到一个观点多元、价值多元、体验多元的世界。

三　对话理论与外语教学

通过对巴赫金对话理论的解读，我们发现，这一理论与教学，特别是外语教学有着明显的相关性，对话理论中的很多概念、范畴与教学论中的很多思想相辅相成，不谋而合。将这一理论拓展到外语教学领域，不仅可以为相关领域的理论研究拓展出新的思路，而且也能为外语教学实践注入崭新的活力。

（一）外语教学的对话性

巴赫金认为，生活的本质是对话，思维的本质是对话，语言的本质是对话，艺术的本质是对话（《巴赫金全集》第4卷，1998：6）。人类生活本身的对话性是在交往中实现的，而交往是通过言语实现的。因此对话也是一个语言哲学的概念。"语言的整个生命，不论是在哪一个运用领域里，无不渗透着对话关系"（《巴赫金全集》第5卷，1998：242）。"对话交际是语言的生命真正所在之处。"（巴赫金，1992：252）语言的对话性本质决定了外语教学的对话性。可以说，外语教学是一项交织了各种对话关系的认知活动。既是教与学的对话，也是不同语言、不同文化的对话，还是教师与学生、学生与学生、学生与自我及教师、学生与教学内容的对话。作为外语教学者，我们首先应当深刻理解语言的对话性本质，理解教学中各种关系的对话性，在教学实践活动中处理好教师和学生、母语与外语、第一外语与第二外语、本国文化与外国文化之间的关系，将语言作为一种交际工具，而不是死板的知识来教授，将教师与学生共同探讨得出真理的对话形式作为教学活动的主要方法和手段，进而取得良好的教学效果。

（二）教师与学生对话

按照巴赫金的观点，构成对话应有对话者、对话内容和对话方式等几个因素，在教学活动中，这几个因素也就是教学的主体（教师和学生）、内容（教学内容即文本）和教学方式。那么教学活动中这些因素的关系是什么样的呢？首先来看看教师与学生的关系。传统的教学理论层面上的师生观采取的是主客体二元对立的思维方式。认为教师是主体，以教师讲学生听为主，教师填鸭式传授，学生一股脑接受，这使学生丧失了主体性。巴赫金认为，真理不是存在于某个人的头脑里的，它是在共同寻求真理的人们之间诞生的，是在对话交际过程中诞生的（巴赫金：《诗学与访谈》，1998：144）。这里有必要提到苏格拉底的"产婆术"，这被认为是对话性思想的起源。巴赫金十分赞同苏格拉底对话。苏格拉底认为，知识不是直接传授给学生的，而是通过一系列有技巧的对话（提问、争辩）帮助学生探求什么是接受正确知识的过程（张惠芹，2008：139）。就像产婆一样，帮助真理的诞生。其实教师与学生的关系也应当是产婆与产妇的关系，教师不应当直接给出结论或答案，而应当引导学生积极思考，自己得出正确的答案。

通过反思和借鉴巴赫金的对话理论，我们认为，在教学活动中，教师是主导，学生是主体，教师与学生应该构建一种"你—我"对话的新型的师生关系。这里所指的师生对话不仅是指二者之间的语言谈话，而且是双方"敞开"、"接纳"、"倾听"和"包容"，是双方思想的交流和碰撞。师生作为平等的对话主体，在良好的氛围和共同的课堂情境下调动各自的背景知识，针对课程内容和学生的个性展开对话与交流，最后达成理解与共识，促成学生的发展与成熟。

那么在课堂上，教师怎样才能做到与学生成功对话呢？巴赫金在其对话原理中提出了"揣摩听者"和"统觉背景"的概念。所谓"揣摩听者"（установка на слушателя）是指说者对听者的预测。说者要把听者当作可以做出回答和反驳的人，对听者回答的预测，要估计他的知识水平，当时话语的背景及话语知识本身应该引起什么样的回答，得到怎样的话语效果（董小英：1994：41）。所谓"统觉背景"（апперцептивный фон），指的是听者的背景知识。说者要考虑、重视听者的统觉背景，并及时进行自我调整，以保证对话顺利进行。在教学中，教师要预测并考虑学生的统觉背景（学生的教育背景、知识水平、反应和理解能力等），然后根据预测调整授课内容的难易程度，选择适宜的授课方法。在授课过程中，根据学生对新知识的反应程度及时补充或修改授课内容，调整授课方法，不断地与学生进行积极对话，创造互动性、启发性的对话教学模式。

（三）学生与学生对话

巴赫金认为，我们在镜子中看到的自己，已经不是主体，而是自我的客体化（самообъективизация）（转自董小英，1994：19）。也就是说，自我是可以成为客体，成为他者的。没有客体的映照，主体将因无法感知而不存在。他还认为，自我存在于他人意识与自我意识的接壤处（на пороге，на границе），"一个意识无法自给自足，只有为了他人，通过他人的帮助我才能展示自我，认识自我，保持自我"（М. Бахтин，1979：311）。也就是说，我们每个人只能看到某些事物或者事物的某些方面，无法进行全方位的观察，只有进入他人的世界，通过他人的观察，并将他人观察融入自我观察，才能全面地理解事物，理解自我。外语课堂上，老师和学生的对话关系比较明显，而学生之间的对话关系常常被忽略。很多学生在课堂上对其他学生的发言和讨论漠不关心，只是想着自己怎样回答；也有一些学生在学习上埋头苦干，各自为营，闭门造车，却不懂得和他人交流。这种对话的空缺造成了他们不能认清自我，也无法汲取他人的长处。实际上，外语学习重在交流，外语课堂就是一个小社会，外语教学特别是实践课教学就是以提高学生言语交际能力为主要目的。学生的年龄、知识水平和教育背景相近，他们相互之间的交流应当说是最放松、最平等的。作为教师，应当利用好这种对话关系，在课堂上努力创设对话环境，如一对一、一对多、多对多等各种对话交流模式，加强学生之间的互动，活跃课堂气氛，使其充分融入真实的交际环境中去，产生通过自己的努力消除交际障碍的愿望，激发学生的学习兴趣和创新能力。

（四）师生与教学内容（文本）对话

文本是巴赫金对话理论的重要内容，在对话理论中，作者、读者和文本三者是紧密相连，相互作用的。作者通过文本与读者对话交流的过程就是对话理论研究的整个对象。这个全过程包括作者创作形成文本的一般过程，文本形成后所携带的对话性形式，读者的阅读理解过程（董小英，1994：296）。在外语教学中，主要的教学活动都是围绕着一定的文本，通过相互对话进行的，师生对文本的解读与阐释构成了教学实践的基本形式与内容。对于教学文本来说，读者包括了教师和学生两个层面。"读者在阅读文本之前，要具备这个文本所要求的知识水平"（董小英，1994：297）。因此教师应当对课堂进行预设，尊重学生的个体差异，选择适合学生知识水平和理解能力的文本作为教学内容。课前教师应当深入钻研文本，在与作者思想进行对话的过程中，悟出文本的重点、难点，得出文本主旨。同时找准学生与文本对话的切入点，然后根据学生的实际水平，确定教学方法，促使学生更快地深入文本，培养起他们与文本对话的能力。

作为教学文本的另一类读者，学生应当有选择性、针对性地预习教学内容，与文本及作者进行初步对话。调动自己已有的知识经验，多角度、多层次地体悟文本所涵盖的信息。在课堂教学中进一步与教师和文本进行深入对话，提出质疑，发表见解，探讨文本主旨。这一对话过程体现了学生自主学习的理念，同时也是学生自我意识的提升和完善。

应当指出的是，这种与外语文本的对话不仅仅是理解文本的遣词造句、思想内涵，还是了解文本所携带的文化背景和文化内涵，体会两种不同文化的碰撞交流过程。语言和文化有着密切的关系。语言基本存储了一个民族的社会生活经验，也反映了该民族的文化特征。人们在习得语言的同时，也在了解该民族的文化。但仅仅强调目的语的文化还不够，因为对话性课堂里的学生是作为一个有特殊社会文化背景的人，他的思维和语言习惯已经深深地烙上了本民族的文化印痕，极大地影响他对目的语的掌握，所以必须让学生深刻认识本民族的文化，主动进行文化比较，才能体会不同文化的异同，进而正确理解运用语言，提高跨文化交际能力。从这个角度来说，外语教学过程实际上是目的语文化和本民族文化互相包容、互相促进的过程。

四　结束语

巴赫金的对话理论彰显着深厚的人文精神，体现着平等、开放、自由、独立的社会文化意识。将对话理论的思想精髓运用于外语教学中，符合语言及外语教学的本质，有利于建构外语教学中和谐的师生关系，提高教学效果，培养学生语言学习能力和跨文化交际能力。教师和学生作为教学活动的双主体，需要共同努力，积极参与到全方位、多角度的对话交流中，才能成功实现对话型教学模式。

参考文献

М. Бахтин，*Эстетика словесного творчества*. М. ，1979.

［俄］巴赫金：《巴赫金全集》第 4 卷，河北教育出版社 1998 年版。

巴赫金：《巴赫金全集》第 5 卷，河北教育出版社 1998 年版。

巴赫金：《诗学与访谈》，河北教育出版社 1998 年版。

巴赫金：《陀思妥耶夫斯基诗学问题》，三联书店 1992 年版。

白春仁：《巴赫金——求索对话思想》，《文学评论》1998 年第 5 期。

董小英：《再登巴比伦塔——巴赫金与对话理论》，三联书店 1994 年版。

李琳：《关于巴赫金对话主义的思考》，《解放军外国语学院学报》2005 年第 4 期。

祁晓冰：《巴赫金对话理论的人文精神述评》，《黑河学刊》2009 年第 8 期。

张惠芹：《教师的语言艺术》，中国国际广播出版社 2008 年版。

免费师范生英语口语
能力培养调查与研究

王 挺

摘要：本文以问卷调查的形式通过定性和定量分析，对非英语专业免费师范生口语学习状况进行研究，发现了一些问题并在调查分析的基础上对免费师范生的大学英语口语教学提出了一些建议。

关键词：免费师范生；大学英语口语教学

一 引言

（一） 关于免费师范生的政策层面

为提高教师队伍素质、稳定教师队伍，2007 年，国务院办公厅发布教育部、财政部、中央编制办公室、人事部关于《教育部直属师范大学师范生免费教育实施办法（试行）》（以下简称《办法》），决定在部属师范院校开展免费师范生教育。《办法》规定，免费师范生在校学习期间免除学费，免交住宿费，并补助生活费。所需经费由中央财政安排。部属师范大学师范专业实行提前批次录取，择优选拔热爱教育事业，有志于长期从教、终身从教的优秀高中毕业生。免费师范生入学前须与学校和生源所在地省级教育行政部门签订协议，承诺毕业后从事中小学教育工作十年以上。免费师范生毕业后一般回生源所在省份中小学任教。

现有北京师范大学、华东师范大学、东北师范大学、华中师范大学、陕西师范大学和西南大学六所部属师范大学招收免费师范生。

自 2007 年《教育部直属师范大学师范生免费教育实施办法（试行）》以来，我国的师范教育进入了改革与发展的关键时期。免费师范生的英语课程教学现状决定着未来农村义务教育学校英语教师的质量。免费师范生的培养机遇和挑战并存。

自从 2007 年我校开始招收免费师范生以来，我校按照"后基础、宽口径、高素质、强能力”的培养理想和通专结合、文理渗透的原则，实施“2+2”教师教育人才培养模式改革，学生前两年按一级学科为基础的大类进行通识教育，后两年进行专业培养。总体来看，这些免费师范生们成绩优秀，学习习惯良好。英语笔试成绩普遍很好。但是由于相当免费师范生来自偏远农村，他们的英语口语基础相对薄弱，所以加强对他们的英语口语能力的培养迫在眉睫。

（二）　关于大学英语教学

1999 年实施的《大学英语教学大纲》（修订本）规定，大学英语的教学目的是“培养有较强的阅读能力和一定的听、说、读、写、译的能力”，短短的五年后，教育部在 2004 年 1 月颁布的《大学英语课程教学要求（试行)》中明确提出：“大学英语的教学目标是培养学生的英语综合应用能力，特别是听说能力。”这意味着我国对大学英语教育的重视程度在不断的加强，也意味着大学英语教学的重要程度及大学英语教学任务更为艰巨。而且，随着社会的不断进步，信息的全球化和技术的国际化，英语在人们的日常生活工作中发挥着越来越重要的作用，全国各高校都很重视大学英语的教学，并不断地探索新的教学方法和教学思路，以求达到更高的教学目标，从而也推进了大学英语的教学效果，全面提高了当今大学生的整体英语水平。

2003 年教育部在全国展开大学英语教学改革，并于 2004 年印发了《大学英语课程教学要求（试行)》。其中专门提供了课程设置部分。建议各高校根据实际情况，“设计出各自的大学英语课程体系，将综合英语、语言技能类、语言应用类、语言文化类和专业英语类等必修课程和选修课程有机结合，确保不同层次的学生在英语应用能力方面得到充分的训练和提高”。《要求》即明确了大学英语课程的育人目标也明确了它的教学目标：“大学英语课程不仅是一门基础课程，也是拓宽知识、了解世界文化的素质教育课程，建有工具性和人文性。”

为求与时俱进，我校的大学英语教学也不断处在改革当中。因为长期以来我们培养出来的大学生，他们的英语即便是通过了大学英语四、六级。到了工作单位以后也是英雄无用武之地。因为他们的英语口语水平无法满足工作过程中的实际需求。为什么会这样呢？因为他们的大学英语教与学完全背离了《课程要求》的精神：“大学英语的教学目标是培养学生的英语综合能力，特别是听说能力，使他们在今后学习、工作和社会交往中用英语有效地进行交际，同时增强其自主学习的能力，提高综合文化素质，以适应我国社会发展和国际交流的需要。"想一想他们英语至少学了七八年，结果学的也不过是哑巴英语、聋子英语。真是费时、低效！笔者长期从事大学英语的基础教学。非常关注国内外这方面的研究现状，也一直在思考着这个问题。在实际教学过程中即在学生的两年大学英语学习过程中发现了很多问题。在这诸多问题当中发现大学生们的口语存在的问题尤其居多。例如：正确的学习技巧和方法的欠缺；语言习惯和意识的欠缺；学习资源的相对滞后；各项学习技能的不平衡；对于网络资源和多媒体教学资源的一无所知严重影响了学生们的英语口语学习。最后笔者通过对国内外相关资料的阅读和研究，决定研究免费师范生们的英语口语学习状况。

二 免费师范生大学英语口语学习情况

（一）调查的基本情况

本次问卷于 2010 年 10 月发放并填写完成。共发放问卷 151 份。收回 151 份，有效率为 100%。参加本次调查研究的是陕西师范大学 2009 级本科生。他们系笔者所带三个免费师范生班的所有学生。他们共 152 人。男女生的比例为 41.3% 和 58.7%。比例基本持平。研究对象主要是理科类学生。所学专业包括：数学、生物科学、环境科学。他们学习英语的年限平均为八年左右。因此具有一定的代表性。本次调查是在老师的监督下随堂完成。以无记名形式由学生填写，所反映的内容较为真实，具有一定的可信度，有助于笔者进行统计和客观分析。

问卷设计了关于课堂教学参与度、学习动机、自信心、学习目的以及对教学满意度等方面共 30 个问题，题型为开放式选择题，以便学生自由回答，力求收集到更真实、完整的学习反馈信息。研究的目的在于了解我校非英语专业免费师范生英语口语能力的自我评价，对口语学习重要性的认识，对口语课堂教学模式的认可度和课堂活动的参与度以及对口语教学状况的反馈意见，从而有针对性地分析暴露的问题，寻求解决问题的对策和方法。

（二）调查结果分析

1. 英语口语学习的目的和重要性

学习英语口语目的调查语言学家认为，学习目的在一切语言学习中都是至关重要的因素，没有明确的学习目的是难以学好的。学习动机指学习者有非常具体的学习目的，目标很明确。目前，大多数学生学习口语是出于自身的提高、通过考试等需要而学习口语的。根据罗伯特·加德纳（Robert Gardner）和华莱士·兰博（Wallance Lamber）的观点，学习外语的动机主要有融入型动机和工具型动机。融入型动机是指学习外语的目的是为了更好地与目的语国家的人进行交往，了解和学习、吸收他们的文化。工具型学习动机是指学习外语是为了得到实际的好处。从调查统计表中可以看出：大多数学生学习英语口语的动机显然是工具型的。除了5.1%的学生学习目的不太明确和1.4%的学生不明确外，41%的学生学习口语的目的比较明确，其中28%的学生学习目的非常明确，同时可以看出学生学习口语的动机明显有不同的目的。30%的学生是为了通过考试拿到学分。48.21%的学生认为英语口语可以作为一种桥梁帮助他们未来的发展。还有一部分学生 13.2% 是因为自己喜欢英语。另一部分（9.15%）则是为了他们自身的提高。

2. 学生对自身英语口语能力的自我评价及对口语学习重要性的认识

在学生对自身英语口语能力的自我评价回答中，有64.7%的学生认为自己的口语水平一般，25.7%的学生认为自己的口语水平较低，而认为自己的口语水平很高或较高的分别占1.1%和9%，只有4.1%的学生认为自己的水平很低。由此可以看出，学生总体对自己的口语水平不是很满意。统计表明 65.7%的学生很喜欢上口语课。20.1%的学生非常喜欢，但是13.7%的学生不喜欢。相对而言，不喜欢上口语课的学生比例较少。这说明英语口语课对于绝大多数学生来说还是很受欢迎的。我们可以看出：绝大多数学生对自己口语水平的评价为一般，而自我否认水平低的比例也较大，同时表明学生主观上都比较喜欢口语课。

3. 口语教学综合满意度不高。

学生对教学内容、教学方法和课堂气氛不满意者分别占 54.7%、52.1% 和 8.1%。44.9%的学生表示在课堂上有被冷落的感觉。

三　思考和建议

（一）学生要解决的问题

端正英语口语学习态度，树立正确的学习动机。

很多免费师范生学习英语口语的动机仅仅是为了通过考试。在我校口语考试设立在第四学期进行，占两个学分。全校统一出题由本班老师进行考试，筛选出班上最差的几名学生。比例为5%。再汇总到一起全校统一再考核。所以由于缺乏对口语的较高要求，使得学生普遍放松了对口语的学习。另外一些学生英语基础本身很差，对英语学习感到厌烦，但为了应付考试又不得不学习英语。而口语是英语学习过程中难度比较大的一个环节。因此这部分学生丧失了学习口语的动机。由此看来，学生口语能力的提高，正确的学习动机非常必要。英语口语的学习目的要明确。

（二）教师要解决的问题

1. 在教学过程中，教师应采取灵活多变的教学组织形式，充分调动学生的学习热情，使学生参与到教学中来。

本次调查结果表明学生喜欢甚至渴望学好英语，他们也意识到口语技巧的重要性，认为多掌握一项技能就能更好地适应和服务社会、更好地体现自我价值。想这些免费师范生绝大部分毕业以后都要回到家乡报效家乡，笔者甚至有个大胆的建议：他们可以成为承担农村中学的双语教学的中坚力量。但在口语学习过程中，他们缺乏必要的指导和充分的练习，对自己的口语水平不满意，缺乏自信，觉得自己无法流畅地用英语表达，所以不好意思甚至没有兴趣参加口语活动。因此在口语教学过程中，教师应采取课堂活动和课外活动相结合的有效的训练方法。在课堂上，应通过以学生为中心进行角色扮演、小组活动等形式进行听力训练、模仿训练、语言训练、语速反应训练和创造训练、词语表达训练。通过这些活动和训练，学生除了合作完成学习任务，解决学习问题外，还获得了大量使用口语进行交际的机会。课外活动主要包括：课外教学、课外学习和课外实践。如鼓励学生参加"英语角"；和外教、留学生交流，了解西方文化和生活习俗；听英语广播；看英文录像；阅读介绍英美文化的大量英语书籍；指导并鼓励学生参加英语口语比赛、英语演讲、英文歌曲演唱比赛、英文电影配音大赛等校园英语文化月活动。

2. 教师在英语口语课堂上，不能死板，课本千篇一律，应在课本的基础上理论联系实际，创造出更适合学生的教学内容和方法。向学生介绍英语文化背景知识，使他们熟悉英美文化，了解英美语音语调的差异，掌握系统的发音技巧、语法内容、句法知识和语用知识，全面提高他们利用英语进行跨文化交际的能力。

3. 在英语口语课堂上，老师应重视和加强学生的情感教学，鼓励学生克服焦虑心理，树立学习语言的自信心。

在调查中发现，学生的口语水平和滋生的英语水平不成正比。很多学生的口语水平不好。原因当然是多方面的，但其中一个主要原因是自卑心理在作祟。他们的口语不好，更多是因为他们不敢说，怕说错了丢人。在口语教学活动中，老师们往往高度警惕地听着学生所说的每一个词句，一旦发现学生在语言、语词、语法上有差错就立即打断纠正。这种见错就纠打断学生对话的方式，不仅影响了学生地完整表达，而且长此以往，学生会过多的注意语言形式的正确性，渐渐会失去口语表达的愿望。因此老师对学生较集中的语言错误应该注意策略，不能挫伤学生学习口语的积极性。

四　结语

本次调查使我们对我校非英语专业免费师范生的口语水平和口语学习状况有一个大致了解，获得了一定量有用的数据。虽然它有一定的局限性，但是它能让我们动态地了解学生，知道了我校在大学英语口语教学中存在的不足，这需要教师在正确的教学原则指导下，不断优化课堂教学过程，不断探索教学方法，从而更快、更好地提高我校学生的英语口语能力。

注：本文系陕西师范大学教师教育 2009 年立项项目（项目号）994189

参考文献

谭秋阳：《非英语专业大学生英语口语学习状况的调查与分析——以广西师院为个案》，《北京电力高等专科学校学报》2010 年第 7 期。

黄平：《从大学英语口语测试研究看大学英语教学》，《外语与外语教学》1999 年第 3 期。

徐英辉：《对大学非英语专业学生口语能力的调查分析》，《齐齐哈尔医学院学报》2008 年第 22 期。

卢佳、尚菲：《非英语专业一年级学生英语口语能力调查研究》，《大众文艺》2010 年第 2 期。

唐丁红：《浅谈非英语专业学生英语口语能力的培养》，《科技信息》2010 年16 期。

王家明：《英语学习中的自我概念和目标倾向对口语目标水平的预测力》，《外语与外语教学》2012 年第 2 期。

主位推进模式在大学英语写作中的应用探究

陈萍萍

摘要： 主位推进模式理论作为分析篇章微观结构的重要手段，是分析篇章段落中连续分句中主位、述位之间关系的一种理论。了解并正确选用主位推进模式会使小句间衔接紧凑，信息表达通畅，提高语篇的连贯性。英语写作是英语综合能力的一个重要方面，但在大学生的英语作文中存在着大量的共性问题从而导致学生的写作成绩偏低，主要原因之一是缺乏整体连贯性和文章逻辑性不强。针对这一问题本文从主述位理论出发，对大学英语四级考试 2010 年 1 月作文评分样卷连贯性进行对比性分析。发现多重主位与句式主位使用越多，有效推进模式所占比例越高，文章越连贯，作文分档越高。因此，本研究致力于将主位及主位推进模式理论应用于大学生英语写作教学中，从而加强对学生信息组织能力的培养，提高英语写作的连贯性和整体写作水平。

关键词： 主位推进；整体连贯性；写作教学

一 引言

作文是衡量学生英语综合水平和应用能力的一个重要指标。新修订的《大学英语教学大纲（修订本）》对基础阶段四级水平的写作能力作了具体的要求：能就一定的话题或提纲在半小时内写出 120—150 词的短文。根据考试中心的评分标准，文章要切题，表达意思要正确，无重大语言错误。写作部分占整个四级卷面分数的 15%，对考生的四级成绩有很大的影响，但却是学生整个卷面分数最低的一项。由于学生受到母语（汉语）思维的干扰，往往目标语输入不足，而迫于级别考试，常常出现功利性背诵应试范文，结果往往是文体不对、表达欠佳、逻辑混乱、语法错误严重、文章明显缺乏形式与意义的统一，从而不能反映作者的观点和思想。

鉴于此,英语写作教学需要一定的理论作为基础,对构成语篇的每一个小句以及小句之间的连贯展开思考就越加显得重要。

二 主述位结构及主位推进模式

主位(Theme)和述位(Rheme)是实义切分法(actual division of Sentence)的两个概念,最早由"布拉格学派创始人马泰修斯"(Mathesius)提出(王学文 2010:103)。后来,以韩礼德(Halliday)为代表的功能语言学派对其进一步发展。他从功能的角度而不是分布的角度对主位进行定义,将之引入系统功能语法,并将其外延扩展,使主位成为一个"泛语言层次"的概念,即在语言的各个层面上都能实现主位这一功能。任何小句或话语从交际功能角度出发均可分为主位和述位。主位是信息的起点,是小句所关心的成分。而小句中主位以外的剩余部分(remainder),即围绕主位加以叙述发展的部分,统称为述位。主位通常是句子的第一个成分,是交际的出发点,一般表示已知信息。述位指主位以外的其余部分,它对主位作出叙述、描写和说明,往往包含新信息,是话语的核心内容。

(一)主位的分类

韩礼德(1985)在 *An Introduction to Functional Grammar* 一书中把主位分为单项主位(simple theme)、复项主位(multiple theme)和句项主位(clause theme)。他明确指出,单项主位和复项主位的根本区别是前者没有内部结构,不可以进一步分析;而后者则有内部结构,可以进一步划分为语篇主位(textual theme)、人际主位(interpersonal theme)和主题主位(topical theme)。主位从小句的开始一直延伸到(包含)具有及物性功能的第一个成分,即"主题主位"。因此,小句的主位包括主题主位以及出现在它前面的其他成分。句项主位是根据主位的体现形式确定的,既可用作单项主位,又可用作复项主位的一个部分。

(1)单项主位:单项主位的内部结构不能再划分,它可以由一个成分或并列成分体现。例如:

The duke (T) | has given my aunt that teapot (R).

Once upon a time (T) | there were three bears (R).

(2)复项主位:复项主位是由多种功能成分构成的主位,含有一个表示概念功能的成分,也可能含有表示语篇和人际功能的成分。如果这三个成分同时存在，其顺序是：语篇主位—人际主位—概念主位。例如：

Well but then（语篇主位）Ann surely wouldn't（人际主位）the best idea（概念主位） ｜ be to join the group（R）.

（3）句项主位：当一个句子包含两个或两个以上小句时，首先出现的小句成为主位，小句内部还可以进行主位分析。例如：

If winter（T2）comes（R2）（T1），can spring（T3）be far behind（R3）（R1）？

（二）主位推进模式

坦尼斯（Danes 1974）最早提出"主位推进"概念和三种主位推进模式：简单直线型、连续型和衍生型。这三种模式影响深远，后期的很多分类方式都是由此演变发展而来。他认为，在完整的语篇中，句子前后的主位和主位、述位和述位、主位和述位之间会发生某种联系和变化，这种联系和变化就叫推进。这种主位推进程序体现出篇章结构的框架。随着各句主位向前推进，整个语篇逐步展开，直至形成一个能表达某一完整意义的整体。中外学者对于主位推进模式划分的角度和方式不尽相同，国内徐盛桓（1982）首先引入了主位述位理论，他总结出四种主位推进模式：平行型、连续型、集中型和交叉型。黄衍（1985）提出了七种模式：平行型、连续型、集中型、交替型、并列型、派生型和不规则型。黄国文（1988）在《语篇分析概要》中提出六种主要模式：平行型、连续型、集中型、交替型、并列型和派生型。朱永生（1995）提出了四种模式：同主位型、同述位型、连续型和交替型。而胡壮麟（1994）认为只有三种模式：主位重复型、述位重复型和主位和述位重复型。综合以上各家模式，本研究在语料分析中将采用以下六种主位推进基本模式。

（1）主位一致型：主位相同，述位不同，T-T型。

例如：Many new arrivals to the States will miss the opening exchanges of a business call, for example. They will miss the ritual interaction that goes with a welcoming cup of tea or coffee that may be convention in their own country. They may miss leisurely business chats in a restaurant or coffee house.

每个句子的主位都是 many new arrivals，后两句由代词指代。

（2）述位一致型/集中型：主位不同，述位相同，R-R型。

例如：England is a country. France is a country. Turkey is another country.

country 是所有句子的述位。

（3）延续型/梯型：前一句的述位或述位的一部分成为后一句的主位，R-T 型。

例如：Outside my window is a big <u>lawn</u>. In the middle of <u>the lawn</u> is a <u>flower bed</u>. <u>This bed</u> is full of daffodils.

由于主述位连贯使用，句子间结构紧密，语义连贯。

（4）推进型/交叉型：前一句的主位是后一句的述位，T-R 型。

例如：<u>The play</u> was interesting, but I didn't enjoy <u>it</u>. <u>A young man and a young woman</u> troubled <u>me</u>. <u>I</u> turned around and looked at <u>them</u>, but they didn't pay attention to <u>me</u>.

在第一句里 the play 充当主位；在第二句里，用代词 it 来替代，变成述位；I 是第二句的主位，在下一句里变成宾格 me 充当述位；A young man and a young woman 是第三句的主位，第四句用 them 来代替，成为述位。

（5）平行型：奇数句子的主位相同，偶数句子的主位相同。模式：T1-Tn + 1；T2-Tn + 2.

例如：<u>Americans</u> eat with knives and forks. <u>Japanese</u> eat with chopsticks. <u>Americans</u> say "Hi" when they meet. <u>Japanese</u> bow. <u>Many American</u> men open doors for women. <u>Japanese</u> men don't.

Americans 和 Japanese 充当句子主位，在奇偶数句中交替充当主位。

（6）派生型：下一句主位有可能是上一句的主位或述位派生出来的，模式为：T-T1 + n/R-T1 + n

例如：<u>Annie</u> stood in front of the doctor. <u>Her voice</u> was trembling which thrilled me. <u>Her eyes</u> were filled with tears. <u>The roses in her hands</u> were so beautiful.

前三个句子的主位都是从第一句的主位派生出来的，是第一句主位的一部分。

三　语料和数据分析

本文分析的语料是大学英语四级考试 2010 年 1 月作文评分样卷，为考生原始作文卷，满分 15。抽取 3 篇文章，得分属于高、中、低三档，代表不同水平的学生。主要分析、对比有效主位推进模式的使用与英语写作水平的相关性。对主述位的划分采取韩礼德的划分法：处于小句之前的成分是主位或主位部分，其余的成分是述位或述位部分。样卷中出现的错误未做任何改动。

（一）主述位类型统计

样卷 1：Creating a Green Campus

People（T1）are now getting more and more conscious of the harmonious relationship between humans and Mother Nature（R1）. In this sense, we（T2）should lay more emphasis on "Green Campus", just like "Green Olympics"（R2）.

A green campus（T3）is more than green environment with green trees and grasses（R3）. It（T4）also refers to an environmentally friendly way of living in campus（R4）. What's more, the concept of a green campus（T5）emphasizes the importance of living in harmony with the environment（R5）. On no account（T6）should we do damage to the nature or waste the natural resources so that we can leave the next generation a better world（R6）.

In order to create a green campus（T7）, everyone of us should save limited energy whenever and wherever there is a chance（R7）. For instance, we（T8）should turn off the lights when leaving the room and stop littering while walking in the campus（R8）. If everyone makes a contribution to creating a green campus（T9）, we have every reason to believe that our life will be happier（R9）.

样卷 1 共 9 句话，由 164 个单词组成。其主位类型及使用比例统计如下：切分后有 9 个主位。其中，简单主位使用 5 次（T1，T3，T4，T6，T7），占 55.6%；多重主位使用 3 次（T2，T5，T8），占 33.3%；句项主位使用 1 次（T9），占 11.1%；谓语化主位没有使用，数据为 0。这清楚地反映出多重主位的使用频率较高，简单主位使用频率较高；多重主位和句项主位的使用共占 44.4%。有 4 次简单主位分别出现在第一段第一句和第二段第一句及第二句，简明陈述主题，导入简洁。在第二段的 3—6 句以及第三段的 7—8 句中都使用的是多重主位，目的是论证自己在第一段中提出的观点。在全文最后一句中，使用了句项主位，换角度来论证并让读者更好地接受自己的观点。可见，作者思想丰富，逻辑性强，不拘泥于简单主位模式，篇章内语句连贯。也说明该考生在句型变换和表意丰富方面已有一定的英语基础。这是一篇 14 分的样卷。

样卷 2：Creating a Green Campus

Nowadays（T1），many people have noticed that our living environment is becoming worse（R1）. The climate（T2）is warmer（R2），the sea level（T3）is higher（R3）and the pollution（T4）is more serious（R4）. So we（T5）have to try our best to stop it（R5），and one thing we must do（T6）is creating a green campus（R6）.

A green campus（T7）does not simply mean a green campus with green plants and beautiful sights（R7）. The most import meaning（T8）is a campus with less pollution and carbon cost（R8）. This（T9）means we have to use little fossil energy to produce less carbon dioxide（R9）. It（T10）causes the whole earth becoming warmer（R10）.

As students（T11），we have something easy to do to help create a green campus（R11）. One（T12）is riding bike or walking instead of cars（R12）. Turning off the light when we leave a room（T13）is another thing to help（R13）. Also，it（T14）is good not to waste water and electric（R14）. We（T15）have a lot to do now，do it yourself and tell your friends about it（R15）.

样卷 2 共 11 句话，由 160 个单词组成。其主位类型及使用比例统计如下：简单主位使用 12 次（T1，T2，T3，T4，T7，T8，T9，T10，T11，T12，T14，T15），占 80%；多重主位使用次 4 次（T5，T6，T11，T13），占 26.7%；句项主位和谓语化主位都没有使用。这清楚地反映出简单主位的使用频率很高，多重主位使用频率较低；简单主位的使用共占 80%，远远超过其他主位的使用。样卷总体上简单主位使用频率很高，已知信息简单呈现，限制了后文的拓展；主位的宽泛也使下文信息不易确定，也无法提供具体方向和想象空间，使得篇章、段落和句子内部缺乏连贯性，论点缺乏说服力。这是一篇 11 分档的样卷。

样卷 3：Creating a Green Campus

The university（T1）is our home（R1），and the campus（T2）is the yard. It（T3）is important to creating green campus，because the campus environment shows the student's situation（R3）. It（T4）also influence our mood when we learn or have some activities.

The green campus （T5） not only means the green environment，but also means that we should protect and maintain the campus （R5）. When we find somebody to remain the garbage after leaving （T6），we should let he know it is wrong （R6）. Otherwise，we （T7） will have a green campus but many garbages in campus （R7）.

We （T8） should reduce wasting the paper and plastic bags （R8）. There （T9） are many things can recycle （R9）. For example，if we recycle the used paper （T10），we can protect the trees in the world （R10）. Now，it （T11） is common to use the bags which can use many times to instead the plastic bags （R11）.

To sum up，when we creating the green campus （T12），we are not just to protect our campus，we also protect the world we are living （R12）.

样卷 3 共 11 句话，由 164 个单词组成。其主位类型及使用比例统计如下：简单主位使用 7 次（T1，T2,，T3，T4，T5，T8，T9），占 58.3%；多重主位使用次 5 次（T6，T7，T10，T11，T12），占 41.7%；句项主位使用 3 次（T6，T10，T12），占 25%；谓语化主位没有使用。数据表明简单主位的使用频率最高，其他主位使用频率较低。这是一篇 8 分档的样卷，与 11 分和 14 分档的样卷相比错误较多。

（二）主位推进模式分析

主位推进模式能清楚地揭示句间和篇章的连贯程度以及语义表达的流畅程度。分析样卷的主位推进模式，能有效了解考生的写作技能、谋篇能力、英语水平和思维模式。由于篇幅有限，样卷 3 的主位推进模式不作详细阐述。

样卷 1 的主位推进模式是：T1 – R1

$$T2 （ = T1） – R2$$
$$T3 （ = R2） – R3$$
$$T4 （ = R2） – R4$$
$$T5 （ = R2） – R5$$
$$T6 – R6 （ = R5）$$
$$T7 （ = R2） – R7$$
$$T8 – R8 （ = R7）$$
$$T9 （ = R7） – R9$$

该样卷的评分是 14 分，共 9 句。第一句的主位也是第二句的话题主位，形成 T-T 主位一致型模式；第二句的述位是第三句、第四句和第五句的主位，形成 R-T1＋n 派生型模式；第五句和第六句的述位相同，属于 R-R 述位一致型模式；第七句和第八句的述位相同，也形成 R-R 模式；第二句的述位是第八句的主位，形成 R-T 模式；而第八句的述位又是第九句的主位，形成 R-T 延续型模式。全文，每句间都形成有效推进模式，推进模式占全篇 100％。作者从第二句述位当中明确而具体地提出全篇的主题（green campus）开始，不断重述这一主题，每一句都和这一主题相关，第三、四、五句是对主题的扩展和论证，如 an environmentally friendly way of living in harmony with the environment。通过 R2 和 T7 的关联，第七句进一步明确第二句中的 we should we lay more emphasis on green campus，该如何做：save limited energy whenever and wherever there is a chance。紧接着第八句的述位具体交代：turn off the lights when leaving the room and stop littering while walking in the campus。全文结束时的第九句主位又与第七句的述位相呼应，整篇文章主题鲜明、结构紧凑、连贯性很好。

样卷 2 的主位推进模式是：T1 – R1
T2 （＝R1） – R2
T3 （＝R1） – R3
T4 （＝R1） – R4
T5 – R5 （＝T4）
T6 – R6
T7 （＝R6） – R7
T8 （＝R7） – R8
T9 （＝R8） – R9
T10 – R10
T11 – R11 （＝R6）
T12 – R12
T13 – R13
T14 – R14 （＝R11）
T15 – R15 （＝R11）

该样卷的评分是 11 分，有 11 个自然句，15 个小句组成。按小句切分主述位，由 15 组主述位组成。第一句的述位是第二、三、四小句的主位，下一句的主位是上句的述位派生出来的，形成 R-T1 + n 派生型模式。第四小句的主位是第五句的述位部分，两句间形成 T-R 推进模式。第六小句的主位是第五小句述位的部分，模式为 R-T。第六小句的述位是第七小句的主位，形成 R-T 模式。文章在第六小句的述位中才提及主题 creating a green campus。第七小句的述位是第八小句的主位，形成 R-T 模式；第八小句的述位是第九小句的主位，形成 R-T 模式；这样，七、八、九小句形成 R-T 连续型模式。由于第十小句的主位 it 指代不清，加上它的述位本身与文章主题关系并不密切，所以尽管第十小句的述位与第二小句的述位相同，但它们间不构成非相邻主位推进关系。这使得该句与前文断开联系，此处缺乏连贯性。第十一小句的述位与第六小句的述位相同，形成 R-R 述位一致型模式，两句构成非相邻推进关系。第十二小句和第十三小句如果能作以下修改会更具连贯性：one is…，another thing to help is…，两句间形成 T-T 主位一致型模式，同时与第十一小句间形成 R-T 连续型模式。这样，更符合英语表达习惯，也使小句间结构紧凑，语义更加连贯。第十四小句使用谓语化主位，述位是第十一小句的部分，两句间形成 R-T1 + n 派生型模式。第十五小句的述位也与第十一小句形成 R-R 述位一致型模式。由此可见，文章第三段中的第二句和第三句经过主述位调整后，前三句整体将形成 R-T1 + n 推进模式，句子间结构紧密，主题明确，语义非常连贯。

四　结论及启示

英语写作教学始终是英语教学中最为薄弱的环节之一，而如何帮助学生尽快提高写作水平是英语教师最为关注的问题。学生在写作中思想表达不清、连贯性差的问题多是由于只注重语言的概念功能和人际功能而忽视其谋篇功能造成的。主述位理论关注语篇整体信息，考虑语篇的深层意思和整体结构。因此，在写作教学中，教师首先应该指导学生增强语篇理论意识。传统上的英语写作教学重点往往放在语言点的解释上，过分强调微观的词、句，不讲篇章结构，忽视语言在情景上下文中的功能和实际用意，语篇意识淡薄。语篇理论意识的培养，与提高英语写作能力的培养相辅相成。其次，增加对主位结构的了解。主位往往是出现在小句的开头，特别是标记性主位，以此来强调突出重点部分。教师在教学过程中有必要强调主位结构的这一功能，使学生在平时的写作过程中，将其运用于实际写作中，注重文章的细节描写，做到重点突出。最后，着眼于写作能力培养的英语写作教学更应该注重学生的英语创造性思维的培养，良好的思维方式与合理的谋篇技能才有可能形成较好的写作习惯。不仅让学生了解在写作时除了注意词汇、语法等，还要注重句子间、段落间乃至整个语篇的衔接与连贯，运用主位推进模式把握语篇的结构，合理有序地整理、组织信息，撰写出语义连贯、主题明确、条理清晰、结构严谨的文章。

参考文献

Halliday, M. A. K., *An Introduction to Functional Grammar*, London：Edward Arnold, 1985.

Halliday, M. A. K, Hasan, R., *Cohesion in English*, London：Longman Group Ltd, 1976.

McCarthy, M., *Discourse Analysis for Language Teachers*, 上海外语教育出版社 2002年版。

蔡慧萍、方琰：《英语写作教学现状与分析》，《外语与外语教学》2006 年第9 期。

程建山等：《基于系统功能语法理论的英语写作教学模式》，《武汉工程大学学报》2009 年第 11 期。

高江梅：《主位理论在英语写作中的优势研究》，《丽水学院学报》2010 年第121 期。

胡壮麟：《语篇的衔接与连贯》，上海外语教育出版社 1994 年版。

胡壮麟、朱永生、张德禄：《系统功能语法概论》，湖南教育出版社 1988 年版。

王建等：《系统功能语法：大学英语写作教学的新视角》，《河北理工大学学报（社会科学版）》2009 年第 3 期。

王学文：《主述位理论对英语写作连贯的启示——以英语专业四级作文为例》，《外语学刊》2010 年第 2 期。

朱永生、严世清：《系统功能语言学多维度思考》，上海外语教育出版社 2001年版。

郑庆珠、孙会军：《系统功能语法与英语写作教学》，《解放军外语学院学报》1998 年第 4 期。

张雪梅：《大学英语写作现状之调查》，《外语界》2006 年第 5 期。

基于师范院校英语专业学士论文选题实证研究：以某师范大学为例

崔　琳

摘要： 本文以某师范大学英语专业 2007—2011 届本科毕业生的 380 篇学士论文为研究对象，主要依据罗德·埃利斯（Rod Ellis）二语习得理论研究体系，将以上时间跨度内出现的学士论文选题划分为七个研究领域。通过实证研究的方法，笔者分析、研究了过去这五年里的学士论文的选题特点，这些特点主要包括：学习者外在因素研究的选题在历届学士论文选题中占相当大的比重；学习者因素研究的选题和关于评价领域研究的选题都有逐渐上升的趋势；学习者中介语研究的选题基本属于空白等。同时，笔者对于这些学士论文选题方面存在的问题进行了批判性的分析。最后，笔者针对师范院校的学士论文选题提出了富有建设性的可资改进的可行性方案。

关键词： 师范院校；英语专业；学士论文；论文选题

一　引言

学士论文（或称毕业论文）的撰写是《中华人民共和国学位条例》规定的大学本科教育的必要环节之一，是学生大学四年学习的成果展示，反映了学生独立从事科学研究工作的能力和对于学术前沿的关注度。

对于学士学位论文方面的研究我国学者普遍关注以下几个方面，一是从理论层面探索学士学位论文的写作对于培养学生的综合能力、正确的治学态度和科学的研究方法的潜在作用（陆士桢，沈健平，2006）；二是探讨不同学科的学士学位论文的撰写特点和存在问题及解决方案（王贵元等，2009；虞立红等，2004）；三是着眼于论文撰写的不同阶段而进行的理论和实证研究（李俊义，2010）。

　　对英语专业学士论文本身开展的研究，大部分研究都十分强调外语专业学位论文中的创新意识，鼓励学生通过撰写学士论文表达独立见解，大胆尝试，强调过程重于结果（孙文抗，2004）。然而，英语学士论文写作中存在的某些问题也一直困扰着许多学者（郑恩岳，2003；吴敏焕，2009），学士论文存在的必要性还一度受到了质疑（时伟，2010）。

　　师范院校英语专业本科毕业生中的 70% 以上将成为中、小学英语教学中的中坚力量。在科研与教学并重的今天，未来的教师们需要夯实自身扎实的学术功底，形成初步的学术研究能力，这些都是本科教学阶段需要强调的重要内容。因此，师范院校一贯强调本科论文的选题要贴近教学，论文撰写要规范，要符合论文撰写的标准，论文中涉及的研究方法要兼顾质的研究方法和量化研究方法，同时科研道德也是学生必须恪守的底线。

　　本文以某师范大学英语专业 2007—2011 年本科毕业生的论文为例，选取五年中关于语言教学的学士论文 380 篇，通过实证研究分析学生论文选题范畴，分析这些本科论文选题方面的特点和存在的一些问题。

二　研究设计

（一）理论基础

　　第二语言习得研究出现于 20 世纪 60 年代末，在 70 年代和 80 年代发展迅猛。通过 30 年的研究，"二语习得领域已经成为一门独立自主的学科，有自身的研究目标"（Gass and Selinker，2001）。二语习得研究总是和其他领域有着密切的联系，如心理语言学领域、社会语言学领域、神经语言学领域（Beebe，1988）。如今，二语习得研究领域已经出现了许多独立的理论，如"行为主义理论"、克拉申的"监察理论"、"多元发展模型"等（Freeman and Long，2000）。

　　然而，作为一门独立的学科，第二语言习得研究仍缺少被广泛认可的宏观体系，本文且以罗德·埃利斯（Rod Ellis）的第二语言习得研究体系作为主要理论依据（见表1），将语言教学方面的论文选题划分为七个方面（见表2），通过研究某师范大学英语专业 2007—2011 年本科毕业生的 380 篇论文选题，分析学生对于教学研究的关注度和对于理论前沿的敏感性。

表1　　　　　　　罗德·埃利斯关于第二语言习得研究体系的研究

关注学习		关注学习者	
描述性		解释性	
领域1（中介语的特点研究）	领域2（学习者外在因素研究）	领域3（学习者内外在机制研究）	领域4（学习者的研究）
1. 中介语中的错误研究	1. 社会环境研究	1. 母语迁移研究	1. 一般因素的研究（如学习动机）
2. 中介语习得顺序研究	2. 语言输入和互动研究	2. 学习过程的研究	2. 学习者策略研究
3. 中介语多样性研究		3. 交际策略的研究	
4. 中介语语用特征研究		4. 语言共性知识的研究	

表2　　　　　　　英语专业学士论文选题分类

1. 中介语研究
2. 学习者外在因素研究
3. 学习者内在机制研究
4. 学习者的研究
5. 目地语语言研究
6. 文化研究
7. 评价研究

（二）研究结果分析

经过细致的分析（见表3），笔者总结出2007年的论文选题的特点如下：主要集中在学习者外在因素研究方面，同时，关于语言输入和课堂互动研究的研究论文占了25篇，说明学生比较关注教学方法层面，关于教学法方面的选题涉及任务教学法等。关于目的语的研究论文也占了17篇，说明学生还是比较关注语言的特点研究，如关注语言本身的语用特点（对于color或animal等词语的语用研究），关注英语新词的出现等。关于中介语的研究论文虽然只有3篇，但是涉及了中介语研究的3个方面，即中介语中的错误研究、顺序研究和语用研究。文化研究方面的80%以上选题都是关注中学课堂中如何培养学生的跨文化意识。选题中关于学习者内在机制研究中的母语研究论文只有一篇，而教学评价的研究方面则没有任何文章。

2008年的论文选题仍然关注学习者外在因素的研究，选题中的大部分都是关于教学法在实际教学中应用的研究，如交际教学法研究、情景教学法研究、基于故事的语法教学研究、合作教学研究等。2008 年的选题中教学评价的选题主要是探讨应试教育的问题。同时，2008 年的论文选题中首次出现了新课标的概念，有 3 篇文章的选题涉及了中小学英语新课标理念下的教师角色变化等方面的内容。关于学习者的研究选题中只有 1 篇选题是关于学生自主学习的研究。值得注意的是，2008 年的选题中没有 1 篇选题是关于中介语研究的，这在某种程度上反映了学生对于二语习得研究的前沿研究缺乏了解。关注教学研究而非关注学生的学习研究仍占有主导趋势，而基于中介语的实证研究仍是选题的盲区。

分析 2009 年的学士论文选题，不难看出在语言研究中论文选题重复现象比较严重，如 2007 年关于英语中 color 的研究选题为 6 篇，2008 年为 3 篇，2009 年为 3 篇。关于英语习语的研究，2007 年为 5 篇，2008 年为 3 篇，2009 年为 3 篇。2009 年的文化选题中涉及了关于中学英语教学中的文化教学的研究。教学方面研究的内容有所拓展，如网络环境下的词汇学习研究、利用英文电影进行语言教学的研究、课堂教学中的小组活动研究等。另外，2009 年的选题中还首次出现了学习者的个体学习风格对于语言学习的影响的选题。评价研究中的两个选题涉及了英语教材的评价和多媒体教育技术在英语教学中的作用的评价。

2010 年的选题首次关注学困生（slow student）的问题，以及农村地区学生在听力方面存在困难的问题。另外，其中一篇论文的选题关注了学习者内在机制研究中的元认知研究，已经涉及了第二语言习得的前沿领域和热点范畴。

2011 年的选题涉及网络文本与外语教学的研究。其他选题还包括学生焦虑的研究、关于性别对语言学习的影响的个案研究、高考对于中学英语教学的反拨效应的研究。课后作业的评价研究、基于多元智力理论的多元评价研究、3P 教学模式在中学英语教学中的应用研究等。

表 3   历年论文内容类别

	2007 年论文选题（79 篇）	2008 年论文选题（48 篇）	2009 年论文选题（68 篇）	2010 年论文选题（74 篇）	2011 年论文选题（111 篇）
1. 中介语研究	3	0	0	1	1
2. 学习者外在因素研究	26	19	31	38	76

续表

	2007 年论文选题（79 篇）	2008 年论文选题（48 篇）	2009 年论文选题（68 篇）	2010 年论文选题（74 篇）	2011 年论文选题（111 篇）
3. 学习者内在机制研究	5	4	2	3	0
4. 学习者的研究	11	5	14	15	17
5. 目地语语言研究	17	11	9	9	3
6. 文化研究	17	6	10	6	14
7. 评价研究	0	3	2	2	4

三　结论与启示

从近五年的 380 篇学士论文的选题中不难看出，选题具有以下特点。一是，对于"学习者外在因素研究"的论文占据历年论文总数的 60% 以上，学习者外在因素中关于教学方法的选题还有逐年上升的迹象，这说明学生在选题方面仍然很保守，在教学理念更新发展的今天，历年选题对于"学习者的研究"方面的关注度还没有达到令人满意的程度。二是，对于"中介语的研究"基本处于无人关注的状态，这与国际二语习得的发展很不协调。自从 1972 年 Selinker 使用了中介语这个术语以来，世界各国的二语习得研究者就开始致力于研究学习者的中介语，希望通过对于中介语的研究，发现学习者学习第二语言的奥秘，同时对于中介语的研究也是关注学习者的表现，从研究教法到研究学法是二语习得研究的重要研究转型，在本研究中的 380 篇论文选题中仅有 5 篇涉及中介语的研究，这在某种程度上反映了选题中的严重缺陷。三是，某些研究选题的重复率很高，如对于"color、animal"等词汇的语用研究的选题，这在很大程度上是对研究资源的浪费。

师范院校的毕业生中 80% 将成为中、小学英语教师，他们所撰写的学士论文不仅是四年本科学习的成果，也是未来学术研究的起点。学士论文的选题不仅应该基于个人兴趣，还必须观照我国目前中、小学英语教学的实际状况，论文选题必须具有学术眼光和时代特色。

五年选题中的极少数论文选题还是观照了英语新课标的相关内容，如"新课标环境下中学英语教师角色定位问题"，"新时期中学英语教学中的文化教学问题"等。但是这部分选题的比率很低，在历年选题中没能呈上升趋势。

因此，本科学士论文选题应该在以下方面予以改进。

　　第一，学士论文选题要符合语言教学发展趋势。英语作为外语教学在我国已经有漫长的历史了，我国英语教学的研究主要经历了以下几个阶段，第一阶段是关于语言对比的研究，即通过目的语和母语的对比研究预测语言学习者在学习过程中的困难。第二阶段是关于语言教学方法的研究，即深入研究不同教学方法的优势和缺点，试图通过扬长避短的方法在课堂教学中采用优秀教学方法来实现满意的教学效果。第三个阶段是关注学习者中介语特点的研究，即通过研究学习者中介语了解学生学习路径。新时期的研究则主要关注个体学习者，即对于学习者个体差异与学习者不同学习效果之间关系的研究。

　　第二，论文选题要涉及英语教学实践的各个方面。罗德·埃利斯的理论研究体系将二语习得的研究范围分为四个领域，涉及实际英语教学实践的各个方面，研究空间广阔而丰富，因此，师范院校的学士论文的选题应该在这些方面有更深入的研究，不应顾此失彼，出现论文选题欠缺均衡的情况。

　　第三，鼓励学生关注以学习者为中心的各种研究。加德纳（Gardner）的多元智力理论充分阐述了学习者个体差异是研究中不可忽略的因素，而语言学习的主体是不同的语言学习者，因此，关于学习者的各个维度的研究已经成为二语习得研究的热点和前沿领域，学士论文选题也应该在这方面有所开拓。

参考文献

Beebe, L. M. （edited）, *Issues in Second Language Acquisition：Multiple perspectives*, New York：Newbury House Publishers, 1988.

Freeman, D. L. and Long, M. H., *An Introduction to Second Language Acquisition Research*, 外语教学与研究出版社 2000 年版。

Gass, S. and Selinker, L., *Second Language Acquisition：An Introductory Course* （2nd edition）, Lawrence Erlbaum, 2001.

罗德·埃利斯：《第二语言习得研究》，上海外语教育出版社 1999 年版。

李俊义：《学士学位论文选题中的问题及对策》，《西北工业大学学报》（社会科学版）2010 年第 2 期。

陆士桢、沈健平：《谈加强文科学士学位论文的指导》，《中国高等教育》2006 年第 Z2 期。

穆凤英：《英语专业本科生毕业论文的调查与思考》，《徐州师范大学学报》（哲学社会科学版）2001 年第 4 期（总第 27 期）。

　　时伟：《大学本科毕业论文的弃与存》，《中国高等教育》2010 年第 7 期。

　　孙文抗：《英语专业学士论文写作现状分析》，《外语界》2004 年第 3 期（总第 101期）。

　　王贵元、刘乐承、吴强盛：《提高农林院校学士学位论文质量的探讨》，《长江大学学报》（自然科学版）2009 年第 4 期。

　　吴敏焕：《英语专业本科学生毕业论文的撰写》，《陕西师范大学学报》（哲学社会科学版）2009 年第 S1 期。

　　虞立红、王静爱：《地理学本科生科研能力的培养模式探讨》，《高等理科教育》2004 年第 3 期。

　　郑恩岳：《撰写英语学士论文应注意的问题》，《浙江教育学院学报》2003 年第1 期。

论依托式模式下大学英语教师 TPACK 知识结构

李伟芳

摘要：目前，依托式语言教学模式日益受到教育界和外语界的关注。基于教师知识视阈，笔者论证了大学英语教师完善其 TPACK（Technological Pedagogical and Content Knowledge），以应对依托式模式对任课教师的新要求的必要性和可能性，并对如何提高和完善大学英语教师的 TPACK 提出建议。

关键词：大学英语教学；依托式语言教学模式；教师知识结构；TPA-CK

一　前言

21 世纪初期，在我国高校开展大学英语教学改革的同时，基础教育阶段的英语课程改革也在推进。现今，我国高中毕业生的英语水平有了较大程度的提高，多数学生在进入大学时已达到了《普通高中英语课程标准》规定的八级或九级要求，其程度接近于大学英语四级要求。在这种情况下，如果继续按照传统的大学英语教学惯例，开展为期两年的以语言基础能力培养为中心的通用英语课程，则是对教育资源的浪费，并且耗时、低效。同时，经济全球化、文化多元化下的人才市场也对大学毕业生提出了更高的要求：具备扎实的专业知识和良好的英语应用能力，成为当代大学毕业生进行专业发展和开展跨文化交际的必要条件。正是基于这样的大环境，许多高校调整了大学英语教学的发展方向，在压缩基础大学英语课时和学分的同时，逐渐跳出了以语言基础和技能为主体的框架，转向侧重以特定学科或主题为教学内容、英语为教学语言的依托式语言教学新模式。值此背景，大学英语教师亟须完善 TPACK 知识结构，从而提升专业知识和能力、促进自身专业发展以面对因大学英语教学转型而带来的机遇和挑战。

二　依托式语言教学模式

依托式教学的英文表达为 Content/ Discipline-based Foreign Language Instruction，它与传统语言课程的区别在于将语言教学建立在学科内容之上；它不是就语言学语言，而是通过语言来学习学科知识，达到提高学科水平、认知能力和语言应用能力的多元目标。依托式的教学内容虽然是围绕着学科知识展开，但其内容与专业双语课程的教学内容还是有所区别的。专业双语课程的教师一般由英语水平高的专业教师来担任，学习中侧重的是学科内容，目的在于侧重内容的系统性、完整性和前沿性。而依托式教学所涉及的学科内容比较宽泛，无须精深的专业背景知识。其教学目的为达到提高学科水平、认知能力和语言应用能力的多元目标，但更主要的是提高学生的在该专业领域的语言应用能力。因此，教师一般由英语老师来担任。但作为与传统基础英语教学模式存在很大差异的新的教学模式，依托式教学对大学英语教师的 TPACK 知识结构提出了新的要求。

三　TPACK 知识结构

TPACK 的概念源于舒尔曼（Shulman，1987）和格罗斯曼（Grossman，1990）提出的教师知识分类。舒尔曼和格罗斯曼（1990）认为，教师所应具备的知识应主要包括学科内容知识（content knowledge）、一般教学法知识（general pedagogical knowledge）和教育情境知识（knowledge of educational contexts）等内容。随着信息技术的快速发展，科技在教学中的作用也日益凸显，现代教育技术成为教师必须掌握的另一知识范畴。所以米什拉和科勒（Mishra & Koehler，2006）补充提出了 Technological Pedagogical Content Knowledge 的概念，即整合技术的学科教学技术，简称 TPACK。

TPACK 是并不是内容（content）、教学法（pedagogy）与科技（technology）的简单相加，而是这三个要素的整合与升华。如下图所示，学科知识（Content Knowledge）、教学法知识（Pedagogical Knowledge）和技术知识（Technological Knowledge）的交叠构成了框架的核心内容，即 TPACK；而核心的外围还有三个相互交叉的知识领域，分别为技术学科知识（Technological Content Knowledge）、技术教学法知识（Technological Pedagogical knowledge）和学科教学法知识（Pedagogical Content Knowledge）。不同领域的知识同时处于特定的情境架构（Contexts）当中，被特定的情境所限制。

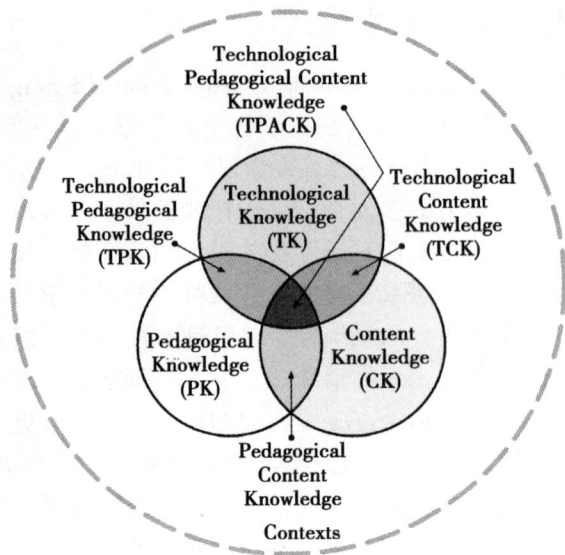

（摘自 http：//mkoehler. educ. msu. edu/tpack/using-
the-tpack-image/）

四　大学英语教师提高 TPACK 的必要性和可行性

面对现代社会提出的培养具有创新能力、高素质复合型人才的需要，大学英语教师如果仅具有传承性的英语专业知识和日常交际技能，是不可能实现教育目标的。因为，传统大学英语教师的 TPACK 结构中，教师 TPACK 知识中的核心内容之一 Content Knowledge 指的是英语语言文化知识，包括语音、词汇、语法和语篇等语言学知识，听、说、读、写、译等语言技能；英美概况、文学等文化知识。即主要侧重的是语言作为交际手段的功能，而忽视了语言作为知识传播媒介的作用。而在依托式教学模式下，教师 TPACK 知识结构中的 Content Knowledge 则具有双重属性，即除语言文化知识之外，还有专业学科基础知识。在依托式教学模式下，教师运用 TPACK 的背景情境也与传统基础英语教学不同。教师还需要考虑到学生的专业知识储备和专业发展的兴趣和动机，并且由于教学内容是以学科内容为依托的，那么教师的教学方法也自然与以语言教语言的通用基础英语教学模式有所不同。这意味着 TPACK 的主轴——PCK，学科教学方法需要改进。

而在信息技术在生活、教育中进一步渗透的现代社会，教师的使用科技辅助教学的能力也必须提升。大学英语教师的 TPACK 知识结构适时调整和完善势在必行。

至于大学英语教师是否能够调整和完善其知识结构，承担起依托式语言教学的重任，也引起人们的关注。事实上，在国外，普遍是由语言教师来承担将学科内容融入语言教学的语言课程的任务，因为在这类课程中"教师所面临的是专业领域中的英语应用问题而不是专业问题"，所以"教师所需要的是对某一专业领域概念性的了解"（Tom Hutchinson & Alan Waters，2002）。而在国内，多数学者也认为应该由大学英语老师承担依托式语言教学的任务，并且大学英语老师也能够在转换观念和完善自身知识结构的前提下开展好依托式语言教学。刘润清（2010）言道："只要你的英语好，开出一门专业课来并不难。从此你就有专业方向了；从此你就可以在语境中教语言了。"蔡基刚（2011）也认为，"外语教师必须不断学习和培训去适应学生的新需求及国家和社会的新需求"。由此可见，大学英语老师是有能力在原有英语专业知识的基础之上，拓展和完善其 TPACK 知识框架，承担好依托式教学的任务的。

五　大学英语教师提高 TPACK 的途径和方法

1. 加强自主学习意识和能力

《大学英语课程教学要求（试行）》指出："教学模式改革成功的一个重要标志就是学生个性化学习方法的形成和学生自主学习能力的发展。"培养学生自主学习能力是高校大学英语教学改革的重要目标之一。而要实现这一点，首先要保证作为学生学习的引导者和合作者的教师具有自主学习能力。李特尔伍德（Littlewood，1996）认为自主由两大要素构成：能力和意愿，提高自主能力是以提高自主意愿为前提的。教师也必须具有自主学习的意愿，才可能顺应时代发展及时修正思维定式、转变观念、主动学习。

而且，在现代信息社会，知识老化空前加快，任何专业领域的从业人员都不可能只通过一次性的培训或学习就可以一劳永逸地获取所需专业知识和技能。教师也亟须树立终身学习的理念，加强自主学习意识，在专业和通识文化领域拓宽知识和视野，提高专业素养和教育教学水平，实现教师专业的发展。

2. 增加有关学习者知识

在 TPACK 框架中，所有知识成分并非真空独立存在，相反它们是共同处于一定的情境（Context）之中。教师是在具备了情境知识（Knowledge of the Contexts）的前提下，合理地选择教学内容、教学方法，应用相应的技术手段（即其 TPACK 知识的运用）。这里的情境知识含义是宽泛而广义的，它指的是教师对整个教育教学活动所依存的大小环境的认识和了解，包括了关于社会教育环境、学校学习环境、教师自身和学习者的知识等内容。情境的变化会导致教师对教学内容和教学方法的不同选择；不同情境下，教师应具备的 TPACK 也相应存在区别。

依托式模式下，教师需要了解学生在英语方面的基础、动机、方法和他们在学科专业方面所具备的先备知识，他们需要获得怎样的英语应用能力，已具备了多少专业语用能力，持有怎样的语言认知风格等内容。

3. 参加专题培训

虽然说在依托式教学中，无须强求大学英语教师具有丰富深厚的学科专业知识，但从完善的知识框架角度来看，一定的学科专业基础性知识也是依托式教学获得成功的保障条件。除过老师的自学之外，也可由学科专业教师定期、定向地开展一些学科普及类培训或讲座，一是向大学英语教师介绍最新的学科发展动向和新生概念，帮助他们更好地掌握学科发展脉络；二是提供给大学英语老师从专业人士那里释疑解惑的机会。

另外，现代教育技术是信息化社会中教师必需的知识和技能，是 TPACK 知识框架中三大核心内容之一。在依托式教学中，现代教育技术更是教师和学生共同研讨学科内容的必不可少的手段。而目前，仍有不少大学英语教师的教育技术使用能力较差，需要加强培养。随着教育经费投入的增加和教育技术和设备的更新换代加快，教师的信息意识也不断增强，渴望通过培训等方式提高信息素养、将信息技术与自身的学科知识和教学法知识更好地融合，因此也应组织有关现代教育技术的使用的专题培训，帮助大学英语教师更好地将信息技术整合到其知识体系之中，促进其 TPACK 的均衡而全面的发展。

4. 增强教师反思性实践

上述的组织专题讲座或培训等方式属于来自外在的对教师教学知识的构建和教学能力的培养；而反思性实践则是源于教师内在的对原有知识、经验的反省、思考和评价，是促进教师素质提高的核心所在。

依托式语言教学模式在我国尚处于摸索期，开展依托式教学的大学英语教师必然会在教学中遇到种种难题和困惑。反思使教师时刻提醒自己，教学设计是否符合学科知识演进顺序；是否适应学生的认知规律；教学内容是否与学生"最近发展区"相符；教学语言能否被学生所接受；教学活动是否提供给学生探索学习、合作学习的机会；对学生的评估是否达到了促进学习的目的；等等。

反思性实践是教师走向专业自主和成熟的必由之路。教师在反思中，实现了思与做的交互，使实践性智慧得以形成、专业知识和能力得以发展，获得理性升华和情感愉悦。因此，反思性实践是大学英语教师完善其 TPA-CK 知识结构、取得专业成长和自我实现的保障，是依托式教学取得成功的前提条件。

四　结论

在世界发展进一步全球化、国际交流在广度和深度上持续加强的今天，英语作为一门国际性语言，是个人和国家参与国际竞争的重要工具。大学英语教学从基础通用英语教学转向以学科专业为教学内容的依托式教学是应然和实然的发展趋势。在这种背景下，大学英语界亟须具有良好的英语语言能力、一定学科基础知识，了解学生先备知识和发展需要，能够选择合适的教学手段，善用现代教育技术来辅助教学的优秀师资来承担起依托式教学的重任。习惯于传统的基础通用英语教学模式的大学英语教师必须认清发展方向、及时改变教学理念、增强自主学习意识、主动寻求拓展知识储备的途径、加强反思性实践，对自己的 TPACK 教师知识结构予以调整和完善。因为教师不断完善自身的知识结构既是大学英语教学改革能否成功的关键所在，也是大学英语教师实现自身专业发展和适应终身学习型社会的必由之路。

参考文献

Grossman, P. L., *The making of a teacher: Teacher knowledge and teacher education*, New York: Teachers College Press, 1990.

Kasper, L. F., "The impact of content-based instruction programs on the academic progress of ESL students", *English for Specific Purpose*, 1997, 4: 309–320.

Leaver, B. & S. Stryker, "Content-based instruction for foreign language classrooms",

Foreign Language Annuals，1989，3：269 – 275.

Littlewood，W.，"'Autonomy'：an anatomy and a framework"，*System*，1996，4：427 – 435.

Mishra，P. & Koeler，M. J.，"Technological pedagogical content knowledge：A framework for teacher knowledge"，*Teacher College Record*，2006，8：1017 – 1054.

Shulman，L. S.，"Knowledge and teaching：Foundation of the new reform"，*Harvard Education Review*，1987，1：1 – 22.

［英］Tom Hutchinson &［英］Alan Waters：《特殊用途英语》，上海外语教育出版社 2002 年版。

蔡基刚：《转型时期的我国大学英语教学特征和对策研究》，《外语教学与研究》2007 年第 1 期。

蔡基刚：《后大学英语教改依据与对策研究》，《外语电化教学》2010 年第 5 期。

蔡基刚：《CBI 理论框架下的分科英语教学》，《外语教学》2011 年第 5 期。

蔡基刚、廖雷朝：《学术英语还是专业英语——我国大学英语 ESP 教学重新定位思考》，《外语教学》2010 年第 6 期。

《大学英语课程教学要求》（试行），http：//www. edu. cn/20040120/3097997. shtml。

刘润清：《论一堂课的五个境界》，《外研之声》2010 年第 2 期。

史光孝、赵德杰：《以内容为依托的大学英语教学走向：通识教育抑或学术英语教育》，《山东外语教学》2011 年第 2 期。

王蒙：《CBI 与大学英语四级后教学》，《山东外语教学》2006 年第 2 期。

袁平华：《依托课堂内容进行外语教学之理据及教学元模式探究》，《学位与研究生教育》2006 年第 3 期。

袁平华、俞理明：《以内容为依托的大学外语教学模式研究》，《外语教学与研究》2008 年第 1 期。

袁平华：《大学英语教学改革与以学科内容为依托的语言教学》，《外语界》2010 年第 3 期。

詹艺、任友群：《培养数学专业师范生 TPACK 的实验研究》，《中国电化教育》2011 年第 10 期。

英语专业教学中的形成性
评价应用研究

李立茹

摘要： 本文通过对英语专业教学中形成性评价应用的作用和具体实施模式的研究，指出英语专业教学应当采用形成性评价体系以提高教学质量和效度。形成性评价既关注学生知识与技能的理解和掌握，更关注他们情感和态度的形成和发展；既关注学生英语学习的结果，更关注他们在学习过程中的变化和发展。形成性评价如果运用科学、合理，它既可以帮助实现教学目标，又可以帮助学生成为自主的语言学习者，促进其英语综合应用能力乃至各方面素质的全面发展。

关键词： 英语专业；教学评价；形成性评价

一　引言

评价是教学不可缺少的环节。科学的评价结果不仅可以为教学提供有益的反馈，帮助教师了解教学效果，改进教学方法，提高教学质量，还可以帮助学生了解自身的学习情况，改进学习方法，提高学习效率。教学评价不仅包括传统的以标准化考试为代表的终结性评价（summative assessment），也包括以学习为目的、注重学习过程的形成性评价（formative assessment）。

形成性评价最早是由美国的评价学专家斯克里芬（M. Scriven）于1967年在他的《教育方法论》（*Methodology of Evaluation*）一书中提出来的。这一概念首先被应用于开发课程的评价，指在一个新的教育方案、计划、课程等的编制过程中和试验期间，为了获得修改、完善教育方案、计划、课程等所需的反馈信息而进行的系统性评价，即为了促进教育方案、计划、课程等的形成所进行的评价。随后布卢姆（B. S. Bloom）认为形成性评价也可应用于教学和学生学习，"即在教学过程中，为了获得有关教学的反馈信息，改进教学，使学生对所学知识达到掌握的程度所进行的系统性评价，即为了促进学生掌握尚未掌握的内容所进行的评价"（王孝玲，2001）。

形成性评价强调教学质量以及学习过程的创造性与实践性。它是通过诊断教育方案或计划、教育过程与活动中存在的问题，为正在进行的教育活动提供反馈信息，以提高实践中正在进行的教育活动质量的评价。简单来讲，形成性评价就是指在教学过程中针对学生的学习行为与能力发展而进行的过程性评价。这种评价方式有助于教师了解、监控学生的学习进展情况，为教师与学生提供反馈信息，以便不断调整教学，满足学生变化的需求，提高教学质量。形成性评价不仅评价学生基础知识、基本技能的掌握，更关注学生在学习过程中所表现出来的情感、态度、学习策略、合作精神等（谢娜，2007）。

二　形成性评价对英语专业教学的作用

2000 年颁布的《高等学校英语专业英语教学大纲》指出：21 世纪我国高等学校英语专业人才的培养目标：扎实的基本功、宽广的知识面、一定的相关专业知识、较强的能力和较高的素质。而当前占主导地位的评价体系还是传统的终结性评价，即采用考试、考核等一次性检验方式，以学生的学习成绩作为评价对象，为学生此阶段的学习提供鉴定性评价。在这样的评价形式影响下，大多数高校英语专业的教师在具体课堂教学中，还是采用传统的满堂灌的模式，只注重语言知识的讲解而忽略交际、思维和创新等综合能力的培养。结果教师的课程内容受到局限，教学方法受到抑制，学生的自主学习能力得不到应有的发展。而形成性评价体系则着眼于学生真实的课堂表现和课外学习活动，将评价的主要关注点从考试成绩转向了学习行为。评价者通过对学生学习行为的观察、信息收集、分析反馈等手段发现问题，进而改进教学方法，提高教学效率，其作用就是能够有效地改进教和学，促进学生的全面发展。概括来讲，形成性评价体系对英语专业教学有以下三个方面的作用。

1. 反馈激励。形成性评价强调评价结果要以科学、有建设性的方式反馈给被评价者，促使其最大限度地接受，从而建立对自身更为客观、全面的认识，促进其进一步的发展。形成性评价为学生提供了自我展示的平台和机会，鼓励他们展示自己的努力和成绩，同时配合恰当、积极的评比方式和反馈方式，成为一种积极有效的激励手段。它是一种双向活动，一方面可为学生个人提供有益的反馈，另一方面可为教师教学提供有用的资料，有利于学校、教师和家长的合作，帮助学生进步。

2. 反思总结。形成性评价强调个体的参与。参与评价通常会对学生产生不同程度的压力，有助于驱动其内在的动力机制，成为自觉的内省与反思的开始，促使其认真总结前期行为，并思考下一步计划，这将促进学生培养良好的反思、总结习惯，促使其自主学习。而教师也可以随时调整教学内容和方法，从而提高教学效率。

3. 记录成长。形成性评价倡导评价内容的多元化，以及评价手段方法的灵活性和多样性，尤其强调评价的日常化，可以清晰、全面地记录下个体成长中的点点滴滴，包括学生课堂参与活动的情况、合作精神、课后运用等，以及课堂教学的信息，教师可以从中更好地了解每个学生的学习情况和学习需要。

三　形成性评价在英语专业教学中的具体应用

形成性评价作为教学和学习过程不可分割的一部分，描述了学生进步的整体情况，向学生提供反馈以巩固学习，帮助教师了解学生的学习情况和确定下一步的教学计划及学生的学习计划。可以通过多种方式进行，如：建立学生档案、课堂行为的观察与评价、项目与演示、座谈、采访、测验结果的分析等。

（一）课堂行为评价

课堂是学生学习的主要场所，学生参与课堂活动的程度与质量在很大程度上决定着学生的学习成效。教学中教师广泛开展各种教学活动，引导学生对英语学习中的语音、口语表达能力、课堂表现、情感投入、学习方法、合作精神、学习态度、努力程度、学生的发展与进步作出自评与互评。学生通过自评，不断反思，形成有效的和符合个性特点的学习策略，最终成为学习的主人。通过学生间的互评取长补短，培养他们的团队精神和合作意识。

（二）个人学习档案袋

学习档案袋中可包含所有能代表学生学习情况的作业、自我总结等材料。它不是简单的记录，而是给学生提供了对自己学习情况进行自主监控和反思的机会。学习档案记录了学习者学习和思考的过程，能使他们充分体会到自己的点滴进步，同时在学生自我反思、自我教育、激发内在动因的过程中，达到改进学习态度、明确学习目标的目的。

学习档案袋可包含以下内容（以综合英语课程为例）（见表1）：

表1   **学习档案袋内容**

课内学习情况评价记录	课外学习情况评价记录
◇每一课的预习复习情况	◇课文录音
◇单词归类、辨析	◇相关课文的辩论赛
◇作业情况	◇报刊剪辑、摘抄
◇单元自我小结	◇自编对话及故事情节
◇课前的 Duty Report	◇在网上或图书馆查询资料的情况记录
◇课堂发言情况	◇宿舍英语角
◇词汇拓展	◇师生交流
◇课后问题讨论	◇与外国朋友的交流体会
◇参与英语课内活动的主动性与积极性	◇参加英语学习活动或竞赛的成果和体会

（三）日常学习记录

日常学习记录的建立以教师为主。日常学习记录是教师对学生日常语言、行为和学习活动所作的记录。记录包括对日常重要事件进行扼要的事实说明和描述性记录。它的内容包括被观察到的行为、发生的情境以及针对此事件的个别解释。教师通过观察学生的学习生活，及时了解他们的学习兴趣、学习情感、学习策略、作业、测验、表演、合作及听说读写译等相关学习信息，并作认真记录。在实施教学过程中，教师一方面可根据记录信息进行教学反思，不断调整和改进教学；另一方面教师又可根据记录信息及时有效地对学生作出全面评价，使学生在英语学习过程中不断体验进步与成功，认识自我，建立自信，促进学生语言综合运用能力的全面发展。

（四）问卷调查

调查问卷根据调查目的的需要，设计诸多问题，通过书面回答的方式，咨询调查所要索取的信息资料，及时了解发现学生的学习态度、情感、学习策略、语言知识以及他们真实的想法。这有效地帮助教师增强对学生的了解，并不断调整教学内容、进度及方法。教学内容、进度、方法以学生喜欢的方式呈现和展开，有效激发他们的学习兴趣和热情，强化他们的学习动力。在英语课程评价范围内，对教师的教学工作（包括备课、上课、辅导），课堂教学结构、方法、态度，学生学习英语的兴趣、爱好、态度、习惯，学生使用的教科书及教师教学大纲等方面收集评价信息资料一般采用调查问卷。

（五）访谈记录

访谈记录是把通过直接和学生访谈所获得的信息记录下来，以此来获取评价信息的一种形成性评价的工具。这种方法，是在观察学生外在表现的基础上，就有关事项进行对话而用的。访谈记录是直接接触学生的方法。因此既便于实施又便于感情交流，从而达到研究和评价学生的目的。访谈记录可以弥补问卷调查的不足。访谈时，调查人与被调查人直接见面，被调查者有什么疑问或不清楚的问题可以直接向调查人询问了解。在调查的访谈进程中，调查人可以随时补充与发挥预先拟定的调查内容，有时采用即兴访谈，会收到意想不到的效果。

（六）网络手段

随着网络的普及和多媒体网络教学模式的逐步推广，在网上对学生的学习进行评价已成为必需和可能。形成性评价多元、开放的特点，决定了该评价方式在网上可以广泛运用。通过电子学习档案、E-mail、QQ 群等多种方式，教师与学生、学生与学生可在网上进行自由对话与专题讨论，实现答疑、辅导、交流的目的。网络评价这种方式可以大大激发学生的学习兴趣，增强他们的想象力和创造力，使他们成为自主的学习者。

四　形成性评价体系对英语专业教师的要求

（一）与学生关系平等、协作的意识

传统的教学活动中，教师在教学中处于中心地位，师生之间是控制与被控制的关系。而在形成性评价体系中，教师要平等地倾听学生的观点、意见和建议等，从而创造轻松、愉快的语言习得的课堂氛围。在此过程中，教师要仔细观察学生在课堂活动中的表现，充分与学生交流并及时作出积极的反馈。学生由被动的受评者转变为合作者的角色，师生之间是一种多向交流的、建构性的、互动的教学关系。

（二）较强的课堂掌控力

以学生的学习过程为中心的形成性评估手段形式多样，教师可以根据自己所教的班级特点、教材特色和教学目的等因素创造性地设计适应自己

课堂的教学方法和教学环节。教师由知识的传授者和灌输者转变为学生主动建构意义的帮助者和促进者。这就要求教师科学、合理地设计课堂教学及时间段分配，并关注全班学生的兴趣点，充分调动每个学生的参与积极性和创造性。

（三）掌握多种现代教育技术的能力

形成性评价的目的之一就是促进学生自主学习的能力。而教师借助于电子邮件、学习论坛、网络日志、网上多媒体学习系统等进行形成性评价可以使学生在任何时间进行自主学习，还可以消除学生的紧张、羞怯等心理，拉近与学生的关系。因此，英语专业教师应该熟练掌握现代教育技术，使之更好地服务一线教学。

五　结语

形成性评价的理论基础是以学生为中心，提倡建构主义学习、人性化教学与测试。学习形式为自主学习、协作学习和个性化学习。教师是学习的组织者、协调者、学生建构意义的帮助者和信息反馈的提供者，而学生处于主体地位，是学习效果的评价者。总体来说，形成性评价是对学生学习过程的评价，是教师及时获取教学反馈信息、调整教学内容、改进教学方法和提高教学质量的重要依据。同时能帮助学生了解自己的发展水平，调整学习策略，提高学习效果，成为更好的自主学习者。在英语专业教学实践中，教师要树立全新的教学评价理念，把形成性评价有效地引入教学之中。这需要教师在教学过程中长期坚持，做到耐心细致，并善于通过各种方法和手段正确、全面评价学生，挖掘学生的潜力。

参考文献

Bachman, L. F. & Palmer, A. S., *Language Testing in Practice*, Oxford: Oxford University Press, 1996.

Black, P. J. & William, D., "Assessment and Classroom Learning", *Assessment in Education*, 1998（1）: 7 – 74.

Harlen, W. & James, M., "Assessment and Learning: Differences and relationships between formative and summative assessment", *Assessment in Education*, 1997（3）: 365 – 379.

丁礼明、纪蓉琴:《形成性评估在英语专业教学中的运用探索》,《华东交通大学学报》2007 年第 6 期。

高等学校外语专业教学指导委员会英语组:《高等学校英语专业英语教学大纲》,

上海外语教育出版社 2000 年版。

郭茜、杨志强：《试论形成性评价及其对大学英语教学与测试的启示》，《清华大学教育研究》2003 年第 5 期。

侯祥瑞、孟坤、刘成志：《论形成性评价对大学英语教师的要求》，《中国成人教育》2007 年第 6 期。

户进菊：《形成性评估与大学英语教学》，《华北水利水电学院学报》2003 年第 1 期。

李美艳：《浅析形成性评估的概念、必要性及在英语专业教学中的运用》，《宜春学院学报》2010 年第 3 期。

李美艳：《终结性评估、形成性评估与英语专业教学》，《高等函授学报》（哲学社会科学版）2010 年第 8 期。

王华、富长洪：《形成性评估在外语教学中的应用研究综述》，《外语界》2006 年第 4 期。

王孝玲：《教育统计学》，华东师范大学出版社 2001 年版。

谢娜：《大学英语教学中的形成性评价略论》，《阜阳师范学院学报》（社会科学版）2007 年第 6 期。

英语专业教学"后方法"策略探析

吴 晶

摘要：受西方哲学思想与全球化经济发展趋势的影响，英语语言教学界也涌现出了后现代主义教学观"后方法"之说。本文着重从"后方法"的视角分析传统教学方法的局限、探讨"后方法"的宏观策略以及中国英语专业教学的适应性等问题，进一步理解"后方法"对"方法"思维模式的转换方略。

关键词：后方法；宏观策略；英语教学；能动性

20 世纪西方文艺理论界掀起后现代主义与解构主义思潮，文学与哲学批评提倡打破逻各斯中心主义，摆脱"作者—作品—读者"为核心的思维批判定式，颠覆权威与绝对二元，崇尚差异、开放、平等、多元与对话理念，强调逆向解构与思想创新。受哲学思想与全球化经济社会发展趋势的影响，英语语言教学也随之涌现出了后现代主义教学观——"后方法"之说。理查德·奥莱特（Allwright，1991）撰文"方法之死"提倡教师的能动性；斯特恩（Stern，1992）提出了"三维"动态教学原则，即语内—语际（intra-lingual/cross-lingual dimension）、分析—体验（analytic-experiential dimension）与显性—隐性（explicit-implicit dimension）；美国加州州立大学语言教学专家库玛（Kumaravadivelu，1994）教授首先提出"post-method"（"后方法"）的概念并加以深入阐释与丰富拓展。"后方法"派主张语言教学摆脱传统方法的束缚，消除"方法"至上的僵化教条思维，提倡开放的、多元的、动态的和对话式的教学新局面。如"后结构主义"与"后现代"是"结构主义"与"现代主义"的延续、补充与拓展，"后方法"也并非"方法"的终结词，不是对传统语言教学模式的全盘否定与摒弃，而是对"方法"的补充与解读。"方法"是以传道授业解惑为基础的一系列实验理论架构，而"后方法"则是以课堂为导向的动态实践与建构过程，一方面强调教师在课堂中的核心地位，对教师自身素质的培养和提高提出较高的要求；另一方面要求学生的外语学习不应只停留在语言表达层面，而更应加强其独立自主学习与合作学习的能力。本文着重从"后方法"的视角分析传统教学方法的局限、探讨"后方法"的宏观策略以及中国英语专业教学的适应性等问题，进一步理解"后方法"不是以新换旧的另一个教学"方法"，而是"方法"基础上的教学策略与思维模式的转换方略。

一　传统教学方法的局限

传统的语言教学将"方法"视为整个从课程设置到材料搜集的语言传授与学习过程的核心。学科教学的发展就是"方法"的更替与革新，如语法—翻译法（grammar-translation）、暗示法（suggestopedia）、沉默法（the Silent Way）、全身反应法（Total Physical Response）、任务教学法（Task-based Teaching Method）等轮番登台。从"后方法"的视角来回顾传统教学方法的发展史，我们可以总结出这些传统方法的局限。（1）传统教学方法过度强调有效的"方法"，忽略了外语教学的复杂性与单一教学规范的不可行性；（2）传统教学的理论家、方法家们将教师边缘化，任其充当着"方法"的执行者与实验者，而忽略与抹杀了教师自身的知识与经验对教学的影响；（3）传统教学方法强调表面的认知现象而忽略了机制、政治、社会、文化、语境等复杂因素，显得"纸上谈兵"，脱离实际教学环境的特殊性；（4）传统教学法是按照自上而下的方式设计的，忽略了教师和学生的主动性与能动性；（5）传统教学法忽略了母语国家的本地文化，过于强调西方知识；（6）传统教学对语言学习的"方法化"模糊了文化教学，尤其是跨文化学习，从而再现了英语国家语言文化霸权，而违背了多元文化和谐发展的趋势。可见，从"后方法"的视角看传统语言教学方法，其自身的矛盾决定了其学科发展的局限性。

二　"后方法"宏观策略

针对传统教学方法的局限，"后方法"教学策略没有推出另一个方法体系，而是提出了对"方法"的思维置换。后方法教学恢复了教师的语言教学核心地位，重新审视与重视教师的个性、信念、经验与知识构架对教学的影响。教师对课堂的语境与学生的了解最有发言权与主动权，因此教师从方法的执行者转换成自主的方法分析者与实施决策者，由此"自下而上"地将理论与实践相糅合，取代了"自上而下"的生硬理论套用。

　　语言教学专家库玛提出"后方法"三大参数，（2001：537—560）包括：（1）特定性（particularity），指的是教学法只能适用于特定性，即"在特定社会文化中的特定教学环境下追求特定教学目标的特定的教师和学生群体"，而缺乏普适性；（2）实践性（practicality），强调教学理论应该通过教师自我反思和行动研究总结出来，不是教师对专家理论的生搬硬套；（3）可能性（possibility），指的是教学法不能只关注狭隘的语言教学，还要关注教学活动参与者的不同的社会文化背景和个人经历。可以看出，"特定性和可能性反映的是多元化和崇尚差异的思想，实践性强调的是反对中心和权威、重视平等、推崇创造"（郑玉琪、陈美华，2007：33—35）。

　　在教师的能动教学上，库玛于 2006 又提出了十大宏观策略。这些原则与策略具有开放性与理论中立性特点。教师可将自身的教学经验知识结构以及已知的传统教学方法相互糅合进课堂教学中。

　　1. 学习机会最大化。这个策略强调将教学视为创造与使用学习机会的过程。例如，一个学生问及一个单词的意思时，老师不要当即回答，而是问其他学生，并继续将与这个单词拼写相近的词或意思相仿的词指出，让学生进行比较与运用，并引导学生关注报刊书籍中这个词所在的语境运用，这样既扩大了学生的单词量，也帮助其开阔了思维与视野，达到了举一反三的效果，在老师的引导下，学生获取了更多的学习机会。

　　2. 观念错配最小化。这个原则旨在提醒教师对教学目标与课堂教学设计的严谨度。教师在教学设计与教学过程中应能意识到教学目的与学生理解与接受之间的错位与错配，因此教师应充分发挥其教学经验与对学生的受众分析，使观念错配最小化。

　　3. 促进协商互动。这个策略是指老师应鼓励学生积极参与话题讨论，并就某一话题，能够让学生主动与连续发问，建立对话与互动。比如"guess"活动或"twenty-question"等迷你游戏，运用到课堂教学中去，可以提高学生的学习兴趣，激发其自主运用第二语言的积极性。

　　4. 提高学生自主性。教师的作用不应受限于"传道授业解惑"，而是引导学生如何自己解惑，即帮助学生自我探索最适合自己的有效的学习方法。例如，教师鼓励学生自己总结单词记忆法，集思广益，发掘学生的潜力与动力。

　　5. 培养语言意识。这个原则指出教师应关注学生对语言意识的加强。在阅读过程中，教师可引导学生采用细读的传统方法，同时将阅读重点放在语言习惯、语言特色与文化内涵等方面，既加深了学生的语言记忆，又培养了文化意识。

6. 激活直觉探索意识。这个策略旨在突出教师为学生提供丰富的文本数据并指导学生自我探索文本的隐藏结构与语法原则。

7. 语言输入语境化。这个原则是指教师指导学生在语言输入的基础上引导学生对文本意义与话语的分析，即强调句式、词汇、运用与话语等各个方面的融合与联想，达到对语言表达准确性与意义深刻度的掌握与剖析。

8. 语言技能综合化。这个策略是对"听说"、"读写"分门教学理念的反驳。教师在教学过程中的语言运用实际就是学生练习听力与交流的过程，由此也反映出教学过程中教师自身专业水平和教学实践能力与教学质量的直接相关性。这个策略加强了教师的能动性，继而增强学生受众的语言意识。

9. 增强文化意识。语言是文化的语言。课堂教学中应充分激发学生的文化意识，在学习语言的同时思考与讨论目标语的文化与母语国的文化之间的异同，将语言学习提升到文学文化的高度，从而增强学生的文化意识与批判创新精神。

10. 确保社会关联性。这个宏观原则要求教师对目标语国家的社会、政治、经济与教育环境等具有敏感度与洞察力。对第一语言资源的运用使教师在母语与目标语之间构建链接，从而保证了社会关联。在课堂教学中，教师可鼓励与引导学生从文本的语言学习提升到的不同社会环境的"所指"与"能指"以及文化习惯的学习。

可见，库玛的"后方法"宏观策略是对传统教学方法局限性的批判与颠覆，既没有完全脱离传统教学方法的百家之长，也没有武断地否定传统方法，而是对教学方法的换位思考。"后方法"策略不是对"方法"的建设性取代，而是一个解构式的看待传统教学法的思维方式。"后方法"策略的思路是自下而上的，鼓励对话型的教师教育，即教师摆脱某单一教学法的束缚，通过十大宏观原则，展开与学习受众之间的情感交流与文化资源融汇，进行从身份、心理到实践塑造的转型。"后方法"与"后现代"、"解构主义"、"复调"异曲同工，提倡的是和谐、平等、民主的教学思维。这一"和谐"包含三个方面的内容，第一，教师自身的和谐：教师既是知识的生产者、传播者，同时也是知识的消费者，既是引导者、启发者，也是分享者与受益者；第二，学生学习的和谐：学生既是知识的接受者与消费者，同时也是知识的生产者，既是学习的主体，也是自我解放的客体；第三，课堂教学的和谐：教师为学生创造学习与思考的条件，与学生民主地交流思想与经验，学生也进行个人知识生产，与教师互动形成学习权力的分衡，达到民主平等的教与学的效果。而这一"和谐"、"平等"、"赋权"等理念对教师带来压力与动力，提醒教师权威的不稳定性，鼓励其不断地充实自身的知识储备，加强教师之间的经验交流，督促教师与社会文化的体验与关联。"后方法"对语言教师提出了前无古人的挑战，使其在多元拼贴的后现代社会大环境映射下对课堂教学小环境中生存问题进行再思考。在和谐发展的趋势中，"后方法"为语言教学何去何从提供了思维模式与认知导向。

三　中国英语专业教学的"后方法"适应性

在"后方法"与"后现代"的哲学思维模式启发下，我们开始思索中国的英语专业教学如何适应后现代全球语境的问题。自近代以来，中国的英语教育者们引进、模仿和照搬国外的教学方法，在实验与实践中摸索前进。无疑有学者认为，中国的经济还处于发展中国家水平，国家的师资力度与思想开放程度都不及发达国家，因此外语教学还停留在"前现代"时期，与"现代"、"后现代"都还有很大的距离，所以不应大力提倡"后方法"的主导思想。

但其实问题的真正症结不在于中国国民经济发展的滞后性和西方传统教学方法在中国的水土不服，而在于整个语言教学思维的定式化与相应的教学制度的教条化。

实际在英语文学与文艺理论教学上，"解构主义"、"后现代"、"和谐"、"绿色研究"等早已不是陌生的字眼，中国引进与编辑的教材收纳了大多数的后现代哲学思想，专业教师们也已深入后结构主义与后现代的研究，并将辩证多元的思维启发模式带入文学理论课堂。英语专业，区分于大学英语，指英语语言与文学、文化专业，涵盖的人文知识跨度与深度都远超过了英语语言机械运用的单一层面。因此语言教学与文学、文化、社会、哲学、历史、宗教、民族等多学科、跨学科教学紧密联系而非独立学科教学。在人文学科的多声部杂糅研究的对话时代，英语语言教学不可能在以"方法"为恒准判断教学质量的层面上停滞不前。"后方法"为语言教学打开了一扇思考的大门。"后方法"不是要求中国教师摒弃之前所有的教学方法,而是恰恰推崇了教师灵活使用任何方法的主动性与能动性,强调了教师与学生的和谐教育。这是人文学科发展的阶段性建议,其本身就具有开放性与时代性特色。因此我们探讨的重点是"后方法"策略指导下中国英语专业教学的多元转换,即中国英语专业教学的"后方法"适应性,而不是"方法"与"后方法",理论、秩序与非理论、虚无主义的严格区分这个形而上的问题。

中国英语专业教学的"后方法"适应性应表现为"实事求是"地按照不同地区、不同学校、不同学生、不同教师、不同教学目的、不同教学条件等具体的教学情况而采用不同的教学模式。"后方法"适应就是西方教学思想与中国教学实践的结合,即中国式的教学策略。《英语教学大纲》(2000:13)提出"要注意教学方法的多样性,要根据不同的教学对象、教学内容、教学目的和要求,选择相应的教学方法,并鼓励教师积极探索新的教学方法"。遵循因材施教、因地制宜,教有法,教无定法等英语教学的基本客观规律,培养教师的科研意识和创造性。"后方法"策略所强调的教师能动性增强了教师的自我提高意识,更深刻地感受到科学研究与教学实践相结合的可行性与必要性,从而将教学目标转向于对学生自主学习能力的培养、素质教育与启发教学,将语言和文学文化教学结合起来,重视母语的影响,在中国丰厚的历史文化积淀中将英语语言教学提升为中西文化交流与对话的高度,增强学生的自信心与民族凝聚力,在和谐的环境中采用和谐的教与学的策略,以达到英语语言文学专业教学,以及整个人文学科教学所致力的"民族"与"世界"的差异性与和谐性的建构。

参考文献

Allwright, R. L. , *The Death of the Method*, The Exploratory Practice Center, The University of Lancaster, England, 1991.

Kumaravadivelu, B. , "The Postmethod Condition: Emerging Strategies for Second/Foreign Language Teaching", *TESOL Quarterly*, 26 (1), 1994: 27 – 50.

Kumaravadivelu, B. , "Toward a postmethod Pedagogy", *TESOL Quarterly*, 35 (4), 2001: 537 – 560.

Kumaravadivelu, B. , *Understanding Language Teaching: From Method to Postmethod*, Mahwah, NJ: Lawrence Erlbaum Associates, 2006.

Stern, H. H, *Issues and Options in Language Teaching*, Oxford: Oxford University Press. 1992.

陶健敏:《Kumaravadivelu 后方法语言教育理论述评》,《语言教学与研究》2007 年第 6 期。

郑玉琪、陈美华:《试论后方法时代的英语教学》,《外语与外语教学》2007 年第 10 期。

董金伟:《后方法视角的外语教学:特征与要素》,《外语教学理论与实践》2008 年第 1 期。

语境化教学在非英语专业研究生
英语教学中的应用

——以陕西师大非英语专业研究生的
英语教学改革为例

杨淑梅

摘要：目前我国硕士研究生教育趋于种类多样化、专业多样化、程度多样化，而非英语专业研究生的英语教学又随之呈现多元化、个性化和信息化特点。如何能使非英语专业的研究生达到"国际化新型人才"的英语水平，是我们面临的巨大挑战。所以研究生英语教学的改革势在必行。改革就是要我们尝试不同的有效的教学方法，例如"语境化英语教学"在研究生英语教学中的应用，就为近几年我校非英语专业研究生英语教学的改革尝试带来了可喜的成果。

关键词：语境化；外语教学；互动学习

一 引言

近几年随着研究生入学人数的大量扩招，研究生英语教学越来越受到重视。特别是研究生种类多样化、专业多样化、程度多样化，使研究生英语教学面临的挑战越来越大。所以研究生英语教学的改革是必然的，而且我们的改革和改进是持续不断的。当然我们要想改革必须首先研究相关教学理论。只有在先进和权威的教学理论指导下，我们才不致走弯路、走偏路。这些年我国英语教学的改革正在步入新的旅程，从幼儿英语、小学英语的浸入式教学，到中学英语新课改强调的以及大学英语注重的交际教学法，都在实践中带来了可喜的进步。笔者近年来一直关注和探索不同的教学法及教学改革在我国英语教学中所发挥的作用和影响，认为目前越来越受瞩目的语境化（contextualization）英语教学很值得探讨和研究。

　　在过去两年中，我校的非英语专业研究生的英语教学改革迈上了一个新台阶。我们采取了分级分层教学，新生入学后首先参加英语分级考试，然后按入学考试英语成绩和分级考试成绩分班。目前我们共分为五个等级：博士生英语班（开设写作、翻译和口语课）、托福雅思班英语（主要是听力和口语）、提高班英语（高级英语综合教程和口语）、普通班学术型研究生英语教学（研究生综合英语教程和网络自主学习）、普通班专业型研究生英语教学（研究生综合英语教程和网络自主学习），还有联考教育硕士班英语教学。（从 2013 年起我校还有免费师范毕业生的教育硕士英语教学班。）我们从 2009 年起实行了研究生英语网络自主学习平台（取消了听说课），学生在网上自主学习听说教程。另外我们实行了新的教学评估办法，采取终结性评估和形成性评估结合的办法。在教学中大家各尽所能，群策群力，有意尝试不同的先进的教学方法，笔者认为语境化英语教学在研究生英语教学中的应用给我们很大的启示。本文中笔者想通过对一些从事非英语专业研究生英语教学的任课老师进行的跟踪研究调查，以及笔者本人认真听课的记录和对他们的访谈、一起的研讨，来探讨我们的教改、我们的新尝试——采用语境化英语教学法的教学效果所带来的启迪。

二　语境化外语教学

　　过去在外语教学中，我们讲到语境化，很自然会想到翻译教学，这方面的文章也相对多些，而关于语境化在综合英语教学中的运用却研究得很少。

　　社会语言学奠基人约翰·甘柏兹（John J. Gumperz，1982）把社会学中的"互动"概念引入社会语言学，开启了"互动社会语言学"之门，并提出了"语境化"理论。他的"语境化"理论基于三个原理，即：情景原理、推断原理和互动原理（John J. Gumperz，1982），这正是他的经典之处。这也正是"语境化"教学法为什么越来越受关注的原因。语言使用的目的是为了在各种不同的环境中传达意义（Judith L. Shrum、Eileen W. Glisan，2004，8），所以外语教学必须在有意义的语言环境中进行（何安平，2010，6）。在这里"意义"是指"人们想要传递的尤其是通过语言传递的东西"；"语境"是指"语言行为和事件发生时的周围环境因素"（Merriam Webster，1995）。语境化的语言教学简单讲就是"在有意义的语言环境中教学语言"，也是"使语言学习者为了达到真实的交际目的去使用语言从而获得语言能力"的教学方法。（Judith L. Shrum、Eileen W. Glisan，2004，8）何安平（2010，6）在为《外语教学语境化》一书所作的导言中认为："语境化从狭义来讲是根据语篇上下文来学习和理解语言的意义；从广义上讲是创设有意义的课堂教学环境，也包括将外语教学置于整个社会发展需求的大环境之中。语境化的教学模式的特点就是注重语言在使用中的意义、注重真实的语言交际情景、交互式的学习活动以及通过语言学习来吸收其他学科的新知识。"这段话为我们非专业研究生英语教学改革指明了方向。

笔者认为语境化教学法是基于社会语言学理论、语言习得理论和其他语言教学理论等提出的，它不仅仅是具体的教学过程，也指把外语教学纳入教育大环境中，制定出切实可行的、具体的教学目标。在教学过程中要强调教学内容和语言技能的整合，强调创造真实语境中有意义的语言的使用。语言教学环境本来涉及面就很广，上到教育政策、教育目标的制定，再到教师队伍建设、学习者因素、课程设置、教材编写，下到具体的课堂教学实施，等等。关于社会语言学理论对语言习得的作用，我们自然会想到维果斯基（Vygotsky，1978）、海姆斯（Hymes, D. 1974）、多内托（Donato，1994）、豪乐（Hall，1995）等人。如：维果斯基的语言近似区假说折射出合作式、有意义的交际能产生大量的语境化信息来促进语言学习；多内托（1994）的社会学习媒介理论强调学习媒介对提高会话交际能力的作用；豪乐（1995）关于会话交互能力的研究强调创造"活跃"而"真实"的课堂环境对实现真正的交际能力的重要性。另外，关于语言习得理论，很多学者提出各自的看法，这些对我们学习语言、语言教学和研究语言提供了不可或缺的理论依据。卡内尔和斯万（Canale、Swain，1980）认为交际能力包括"语法能力、社会语言学能力、语篇能力和策略能力"；克拉申（Krashwn，1982）提出语言输入假设；帕腾范（Van Patten，1993）的输入过程理论，伊力斯（Ellis，1994）的多变量语言能力模式，朗（Long，1983）的互动假设理论，斯林柯（Slinker，1974）的中介语理论，斯万（Swain，1985、1995）的输出假设，乔姆斯基（Chomsky, N. , 1965）的语言学理论，沃尔兹（Walz, J. , 1989）（转引自 Judith L. Shrum、Eileen W. Glisan，2004，8）关于语境和语境化在外语教学中的实践的阐述，等等，这些理论都为语境化教学提供了依据。

过去人们一直比较注重语境化在翻译教学中的应用，现在我们才逐渐认识到它在所有语言教学中不容忽视的地位。

三 语境化教学方法在非英语专业研究生英语教学中的应用

我们了解了语境化教学的核心就是如何创立一个有意义的语言教学环境，让学生为达到交际目的去使用英语，从而掌握它。

在一轮又一轮的英语教学改革的挑战面前，研究生英语教学的任课老师任重而道远，他们不仅要有精深的专业素养，还要具备广博的跨学科知识，必须具备多元的知识结构。因为英语课程可以说是最典型的跨学科课程，它是以英语为载体，内容涉及各个学科的知识，授课内容涵盖了社会生活的各个层面。所以语境化教学方法的作用不容忽视。要不断摸索，在实际教学中学习并实现语境化的语言输入、输出及两者互动的作用。

在新的教改中，我校非英语专业研究生的教学取得了可喜的效果，尤其体现了语境化教学的特点。我们在授课中宗旨是一样的：统一课本，统一进度，统一评估标准等，但各位老师又发挥各自的特点，创出自己个性化的课堂，讲出个人的风格，他们的课堂充分体现了语境化课堂的特点，力求以不同手段、不同形式达到同一目标，提高学生的实际语言应用能力。语境化课堂要注重互动合作，也注重教师的输入指导方式、学生的反应配合以及教师、同学的反馈，教师要能实现有效而有趣的输入和指导才能调动和激发起学生的积极性，得到学生积极的反应与配合，才能把学生带入真正的语境化课堂，也才能谈得上反馈。比如我们的值日报告、课堂讨论、听写、翻译、辩论、朗诵、轮流讲课、节目表演等活动，都是实现语境化教学的手段和方法。

本文作者跟踪和观察了几位同事的课堂，并且经常和同事一起探讨教学效果，交流经验，收获颇多。自从教改以来，我们的课堂不再是老师一言堂，每次走进教室都会有惊喜。由于我们每次课课前安排 15 分钟的 duty report，形式不限，学生可以自由组合，一学期每人两次，计入平时课堂表现成绩，所以同学们都能认真对待自己的任务，课堂上极力展现自己的风采。课堂上有模拟国际会议的，有辩论的，有讲故事的，有报道新闻的，有朗诵的，有唱歌的，有表演的，有讲述自己作品的，等等。留给作者深刻印象的是班里几次小话剧表演：有《白雪公主》、《小红帽》、《泰坦尼克号》等片段故事的表演，有同学自编、自演的小小英语舞台剧。这样的课堂形式真正能使学生在交际意义的语境中学习语言；这样的学习既丰富了课堂教学又培养和提高了学生自主学习的能力。

比如给美术、艺术专业的学生授课，我们的任课教师就想办法为他们创造适合他们的语境：让学生把英语学习和他们的专业结合起来，充分调动他们的特长，想尽办法挖掘他们的能力。不同老师按不同专业布置不同任务。对于美术、艺术专业研究生，让他们课上用英语讲自己的作品，形式自己定，可以是个人单独的一个陈述或讲解，可以是对话，也可以一个小组用表演的方式展现给大家，等等；当然课前要布置，学生要认真准备。因为课堂表现是要计入评估成绩的，所以学生态度非常认真，每次课都有亮点。作者的课堂上，同学们的值日报告每次都让人耳目一新。美术学院学生利用特长，每次上课在教室黑板上贴满了各种图片，有的是学生自己的作品，有的是他们从网络上获取的各种图片、照片，等等；有的学生带着电脑、音响，有声有色；他们有的讲自己的创作依据、有的讲理念、有的讲内容、有的讲意义、有的讲手法等，有的是两人对话，有的是三人互动；课堂上大家十分活跃，准备的同学讲完，还要其他同学提问、评价、讨论、打分，教师按每个同学的发言和表现打分评价，记录在案，每次课堂总觉得时间不够，总是意犹未尽。

对于新闻专业的学生，老师布置的任务是：值日学生每次做新闻报道，报道内容必须自己写、自己采访、自己编排、自己报道；当然不同阶段要求不同，有的要模仿播音员的报道，对国内外发生的重要事情进行报道。因为做得好坏直接影响他们的期末评估成绩，而且也给了他们表现自己的机会，更重要的是学生认识到了这样做才能真正学会运用英语，所以学生非常用心。比如作者班上的大多数学生就是新闻编导专业的，每次课堂上，不光学生有收获，老师也很受益。同学们真的是绞尽脑汁想要自己突出点儿，发挥好点儿。

作者深深体会到在这个学习过程中，学生一方面是在输出，另一方面是输入，这个过程是一次实现交际的过程；在这个交际语境中，他们不但要使用已具备的各种语言知识，同时要利用手势、语调和其他策略来使别人明白自己的话语，并努力实现交际目的。而且他们输出的内容对其他人又是一种可理解性输入，这种输入能创设一种焦虑度较低的环境，学生通过生动有趣的形式达到可理解的输入，互相受益。另外，通过提问环节，学生还要学习调整会话中的交互性结构，比如要使用澄清、反问、请求、确认等磋商式的话轮交替模式。这样就能实现真正的交际过程（Judith. L

Shrum & Eileen W. Glisan)。例如：我们课本里有一篇题为"进步是如何使我们生病的"（How Progress Makes Us Sick）课文，主要讲人类文明的进步如何在使人类生活更美好的同时也会使我们的生活更危险，尤其是人类为满足各种欲望而进行大规模的自然资源的开采、城市道路等的扩张、通信全球化的发展、便利的全球出游等行为，对于人类家园地球的破坏日益严重，造成大规模流行病的爆发。针对这一主题，作者就布置和安排了一场辩论赛。辩论题为"Advances that makes our life comfortable can also make it more dangerous（使我们生活更加舒适的人类进步也能使我们的生活更加危险）"，正方观点为"进步使生活更舒适"，而反方则认为"进步使其更危险"。当然，布置任务时，要给学生讲清辩论规则、程序、常用的英语辩论句型等，也让同学自己观看辩论赛，查阅资料，自己总结，班长监督，自由组合，筛选辩手，课堂展示。

布置任务后给同学们一周准备时间，两方各选两组参加辩论。其实准备过程就是一个融入语境学习交流的过程。由于课前准备充分，课堂辩论很精彩，同学们个个都积极发挥，想展示自己的口才和辩才。由于他们在辩论过程中要使用提问、澄清、反问、反驳、确认等话轮交替模式，因此很好地实现了语境中的交际。

另外，还有的教师结合课本不同内容，布置不同教学任务，比如各种小组讨论、辩论、模拟国际会议等；还有的让学生试讲课文；也有的老师自己学识渊博，有时在课堂上结合课文内容和学生专业，引经据典，谈古论今，也会牢牢抓住学生的心。无论什么方法，就是要学生入"境"，引起共鸣，达到在语境化中学习。

既然语境化教学就是利用一定的语境来开展语言教学，那么网络时代的到来为语境化教学提供了得天独厚的便利条件。除了课堂上创造真实的语境外，学校研究生部专门为全校研究生创建了"研究生英语学习平台"，为学生提供了良好的网上学习环境，每个学生直接通过学号注册，就可免费通过平台获取英语学习资源。我们为学生提供了各种丰富多样的英语学习资源，有配套的听说教程，有同步的教材学习参考，有电影及各种视频材料，包括讲座、对话、演讲，等等。我们要求学生充分利用我们的网络学习平台，让他们不仅自主自觉自学，还要注重通过网络与老师、同学、别人交流，比如学生提交的作业要求同学之间互评。教师应充分利用网络优势，全面优化教学环境，合理运用教学策略，有效完善评估体系，并适时转变师生角色，努力提高自身素质。教师应有很强的责任心，随时监督、监控，掌握学生的学习情况 。我们目前在教学中也是这样实施的。我们每位老师三个班级，实现了自己在网上管理各自的班级。因为网络自主学习也要有学分，所占分数比例按内容不同分配，包括听说训练，完成规定任务（按时间和单元计算）可以拿到满学分；电影按规定的影片数目计算，完成任务的可获满分；完不成就要扣分。

四 结论

我们追求的目标是在有效性教学的前提下尽可能地创设情境、设计问题，提高学习者的自主精神。网络时代的语境化教学，既适应时代的特征，同时又有助于培养学生的语言运用能力和综合文化素养。语境化学习"标志着一种教育哲学，即一种以让学生在学习中发现意义为中心的教学理念"（Parnell，1995：2）。

而语境化教学的课堂则提供了符合"内容与意义"的场所。我们的出发点是适应新时代的教育理念——满足学生的心理性需求（指认知和情感需求）和社会性需求（指学业、就业和发展需求），而这里的发展需求指综合运用语言、具有综合文化素养、终身学习（文秋芳，2008）。这也是语境化的体现，是宏观性的。派纳尔（1995）指出，此教育观点为"教师提高学生感知能力进而使学生明朗意义并理解学习的目的"提供了机会。因为教与学的过程是依赖语境的过程，离开特定语境谈论教学是空泛的。作者采访了部分老师和同学，93%的同学和所有老师都认为我们的教学改革，尤其是语境化教学方法是有成效的，他们认为这样的课堂调动了学生的自主学习性，让他们有了更多的去真正运用语言的机会，也增加了学英语的兴趣。

有待改进的是我们课程的设置，比如我们可以开一些更实用的课程：学术写作、翻译课（中英互译）、报刊阅读、西方文化等，毕竟研究生学英语的目标有别于本科生英语，这一阶段的学习是以实用、运用为主，是把英语作为工具为其专业学习服务，能直接通过阅读快速从原文中获取有用的信息，能为直接出国学习扫清语言障碍，能听懂外教讲课，能用英语和外国老师及同学、同事交流，能用英语进行学术交流，能撰写英语学术论文，等等，这就决定了其教学方法的不同。语境化教学方法就为此提供了平台。

注：基金项目：陕西师范大学重点教改项目"大学英语自主学习拓展研究"阶段性成果，编号：2DXMZYJ045

参考书目

Carlo Prevignano, Aldo Di Luzio, *A Discussion with John J. Gumperz*, In：Eerdmans, Susan et a1. editors. Lausanne, BeLa Press, 1997.

Levinson, Stephen, C., "Contextualizing 'contextualization cues", In：Eerdmans, S. Prevignano, C. ThibaulI, P. J（Eds.）, *Language and interaction discussion with John J. Cumperz*, Amsterdam Benjamins, 2002, pp. 31–39.

John J. Gumperz, *Discourse Strategies*, Cambridge：Cambridge University Press, 1982.

John J. Gumperz, Duranti, A., C. Goodwin, *Contextualization and Understanding*, In Duranti, A. & C. Goodwin（Eds）, Cambridge：Cambridge Univesity, 1992.

Judith, L. Shrum & EileenW. Glisan, *Teacher'shandbook*：*Contextualization Language Instruction*, Foreign Language Teaching and Research Press, Cengage Learning, 2004, pp. 1–15.

孙洪丽：《北航非英语专业研究生外教英语教学效果评估》，《外国语言文学研究》2008年第2期。

王初明：《外语教学三大情结与语言习得有效路径》，《外语教学与研究（外国语文双月刊）》，2011年7月第43卷第4期。

王艳宇、冷慧、宋兴蕴：《约翰·甘柏兹的语境化理论对外语交际教学法的启示》，《考试周刊》2008年第42期。

徐大明：《约翰·甘柏兹的学术思想》，《语言教学与研究》2002年第4期。

于振中：《研究生英语教学大纲的制定及其他》，《学位与研究生教育》1989年第3期。

建构主义学习理论指导下的
大学英语课堂学习模式设计

赵 瑞

摘要：笔者以建构主义学习理论为指导，遵循多环节、多层次的原则尝试着进行课堂教学设计，坚持以调动学生学习主观能动性为目的，试图通过视、听、说、写等手段，在师生与生生的互动当中帮助学生实现对英语知识的主动积极的建构，从而改变传统教学当中以教师为主体的"一言堂"的现象。

关键词：建构主义；大学英语课堂；学习模式

建构主义学习理论强调学习者的主观能动性，致力于培养其独立思考和解决问题的能力。在大学英语课堂教学过程中，为实现此目标，教师应尽力将学生置于真实的或是接近真实的学习环境中。课堂上"会话"始终占有主导地位，但是不同于传统课堂的"一言堂"现象，建构主义所提倡的"会话"所指的是"在交流与互动中进行知识构建"。此外，多媒体教学设备给教师提供了教学真实化、生动化的硬件设备。为了实现以建构主义学习理论为核心指导思想的教学构想，大学英语教师应该充分利用课堂时间与学生就课本上提供的材料以及与之相关生活中的素材进行视、听、说、写的活动，形成以英语为语言载体的师生间及学生间的充分的交流，其目的不外乎要建构真实的学习环境。

传统模式的教学基本上是教师的"一言堂"，学生多处于被动接受的状态下。相比之下，以建构主义学习理论为教学指导理论的大学英语教师会以调动学生主观能动性为目的，将课堂教学模式设计为多层次、多环节的过程，并会致力于以下目的的达成：（1）帮助学生在更深层次上建构对话题的理解；（2）帮助及督促学生主动进行课本以及补充的阅读材料中所涉及到的语言知识的建构；（3）培养并提高学生对目标语的实际运用能力。课堂的具体操作可分为以下环节。

一　课堂导入

首先，教师就主题提出相关问题。以我院大学英语教学部目前所使用的教材为例，由于课文之前所列出的问题都与课文内容紧密相关，从而提供给教师开展导入阶段小讨论的很好的素材，并可以作为检验学生预习效果的很好的工具。当然，教师采用自己事先准备的问题也不失为一个很好的选择，因为这样更有利于协助学生养成自主学习尤其是预习的习惯。但是此类问题不宜过多、过难，原因有二：首先，学生对英语掌握的程度参差不齐，过难的问题固然可以启发程度好的学生，但是对于英语程度不太理想的学生，这样的选择几近于漠视甚至放弃；再者，学习内容由易到难是一个较科学的设计思路，复杂的、发人深省的问题如果留至课文处理完之后再提出，就会更有益于提高学生对问题的兴趣；开拓认知的深度与广度。

接下来，教师可以请学生就文章的结构谈谈自己的看法，找找文章的中心思想及主题句，思考一下作者的写作思路，具体做法可以参考中学阶段语文老师处理中文篇章时的方法，这样就超越了为了学英语而学英语这样一个低级阶段，将英语尽可能作为一个交流的工具，使用在使用当中实现目标语应用能力的提高。文章的导入不宜时间过长，在这两个环节完成之后就基本可以结束了。

二　课堂活动

建构主义理论很看重环境在学习者知识建构中所起到的积极推动作用，因此教学活动中对于真实的或是接近真实的情境的设计就成为一个重要环节，理想情境的创设也就自然使得学习过程凸显出其"社会化"、"协作化"和"主动化"的特征。

设计合理的课堂活动能够提供给学生应用在课前已经积累的和在课堂里新接触到的知识的机会和环境。对于教师来说，来自学生的如此的抱怨不绝于耳："刚学的就忘记了"。究其原因，是学生没有机会去强化课堂所学的知识，因此就缺乏了知识的内化过程。试问没有真正变成学习者自己的知识储备的内容怎么去逃脱被忘记的命运呢！所以在这一阶段，教师需要选取适当的课堂活动以便帮助学生在交流中应用目的语，修正他们语言学习的技巧和策略，并真正培养起学生用目标语进行思考的能力。生动有趣的、组织合理的课堂活动能够将学生浸没在真实的环境当中，促使其进行主动的学习，这正是我们的传统教学所缺失的部分。

课堂活动具有"多样性"和"灵活性"两个特点。"多样性"是指有多种形式的课堂活动可供教师选择，例如：小组活动、讨论、角色扮演、演讲比赛、辩论以及智力测验，等等。在学习"克隆的法律和道德内涵"这篇文章时，笔者曾将学生分为正反两方，以"我希望自己被克隆"为辩题进行辩论，收到了很好的课堂学习的效果。学生在辩论中大量应用了文中出现的表达，并借用某些观点甚至语句，这样就向知识的内化迈出了质的一步。"灵活性"是说课堂活动形式的选取并非是一成不变的，教师并非先知先觉，总会有形式选取不当的时候，所构想的课堂活动引不起学生的共鸣，这时就要求教师思路灵活，从学生的兴趣出发，适时地调整活动形式。

笔者更倾向于先在学习小组内再在班内进行的两个层次的课堂讨论。组内进行的讨论尤其能够帮助到语言能力稍弱的学生，让他们不太完美的表达暴露在熟悉的小组成员面前，由自己熟悉的学友指出表达的问题所在，不会挫伤他们的积极性，相反地，这样更有利于他们建立信心，在他人的帮助下进步，并逐渐消除在使用目的语进行交流时会出现的焦虑与心理障碍。此外，程度较好的学生也能够提高自己的表达的书面化程度，逐渐解决表达中常出现的过度口语化的问题，因为课堂环境提供的是一个相对比较正式的语言环境。

但是，无论选取了何种活动形式，大学英语教师都要确保做到以下各点：

1. 话题必须出自学习材料，与其紧密相关，绝不可背离帮助学生巩固新知识这一目的；

2. 活动所涉及知识的难易程度应该在大多数学生的最近发展区之内；

3. 教师要事先清楚地陈述规则及要求；

4. 学生参与活动时要使用目标语，学习小组的组长们要协同教师起到监督的作用；

5. 出现活动设计不合理的情况时，教师要适时地进行调整；

6. 教师对学生在表达上的错误的订正不要太直接，应以鼓励为主，或是间接地进行指正；

7. 活动过程中，教师绝不是旁观者，而应当以一个"活字典"和"顾问"的角色参与到活动中去；

8. 库卡拉认为："学习者会将自己对于事实的理解与他人尤其是教师的理解进行比对从而获得新的通过社会检验的认知。"（Andre Kukla，2000）因此，教师不必急于对学生提出的观点进行评判，以免挫伤其积极性。切记：开放民主的课堂环境更利于学生学习主动性和兴趣的提高。

此外，多媒体教学设备的应用可以创设真实的语言学习环境。在构建和设计学习环境时，无论教师投入多少精力，如果学生不能浸没在一个真实的语言环境中，而单单依靠学生个人的想象力的发挥，学习效果都会差强人意。多媒体设备可从视觉与听觉上将学生置于一个接近真实的语言环境中，学习材料鲜活生动地呈现在学生面前，使学习脱离了枯燥、机械的内涵。再者，课件当中的视频和声音材料都是由以英语为母语国家的人录制的，学生可以获得第一手的规范自己语音的资料。同时针对英语程度稍差的学生，教师可以用加字幕的形式帮助其降低理解难度，并鼓励其通过个人的不懈努力进行跟读和模仿等尝试，从而最终脱离字幕的帮助。在接下来的课堂活动中，学生可以将捕捉到的语言材料活学活用，这会对学生建立自信和提高兴趣大有裨益。以第四册第一单元为例，其主题是"爱情与婚姻"。由于缺乏类似的人生阅历，学生对婚姻这一话题似乎知之甚少，于是笔者选取了电影"克莱默夫妇"的片段让学生观看，生动的故事使得之后的讨论取得了较好的效果，学生甚至提出了对于婚姻及夫妻关系的两种完全相悖的理解。课后，教师趁热打铁，要求学生完成一篇有关自己对婚姻关系认识的习作，发现学生大量地运用到了视频当中出现的表达，从而可喜地实现了知识的有效内化。

但是，在这里笔者还是要提出，参考建构主义学习理论并非意味着全盘否定传统教学方法。例如，在讨论"爱情与婚姻"这一主题时，笔者让学生尝试将英、汉两种语言中有关爱情的表达进行互译。除了在翻译方面得到训练之外，学生还了解到了英语国家人士对于爱情与婚姻的看法，从而进行了中西文化比较的初步尝试。

三　全面评估

笔者以为，不能把评估简单地理解为考试，也不该单纯把考试分数作为评定学生的唯一标准。我们不得不承认，这种传统教学中的评估在一定程度上造成了高分低能学生的大量涌现，同时也打击了一些学生的学习积极性。建构主义学习理论提供给我们摒弃这种传统方法的理论依据。

　　建构主义学习理论提出：评估不是目的，而是要帮助学生提高学习效率、谋求积极的学习动机，也要帮助教师提高教学质量、达到理想的教学效果。此评价体系具有动态性的特征，关注的是过程，而非静态的结论性的评价。相应的，教师的职责就不仅仅局限于设计考卷和评定分数。"学习互动的特质藉此延伸到了评价过程中。评价就不再是由教育者单独进行的活动，而是由教育者和学习者共同进行的双向的活动。评价者需要与被评价者之间就某一学习任务建立会话交流以获取其成绩的信息，并与学习者共同寻求方法来促进以后学习活动中成绩的提高。"（Holt & Willard Holt，2000）建构主义学者认为：大学英语教师需要获取的学生学习表现的信息绝不是仅仅来自于学生的分数的。除分数之外，教师从与学生的实时互动中还可以了解学生的学习质量和潜质、课件的制作质量，还可以总结经验，进行教学材料及教学策略的及时调整。总之，评估过程所获得的信息反馈为师生双方提供了提高自身的可能。那么，评估的项目包含有什么内容？如何操作呢？

　　"学习过程中的每个因素都可以评估。"（Dam，1998）这些因素包含学生在个体的和群体性的学习建构活动中所表现出的语言能力、语言表现、社交表现及责任。我院的大学英语教学部就在实施这样的评价体系，评估项目也有与之类似之处，其目的在于督促学生形成学习主动性，建立良好课堂气氛。然而，这一尝试也有其局限性，就是：评价的操作者为教师，由于教师本身的主观性及精力和注意力的有限性，这样就难免会出现评价上的偏差。笔者认为，学生也应参加到评价活动中来，因为只有对于教学目标和课堂活动的重要性有了透彻的了解，学生就能更乐意参与到主动的知识建构活动中来。此外，师生之间一对一的评价也很必要，因为这样有助于其相互之间的交流以及学生个人的个性化学习计划的制定。此做法尤其会使学习程度稍差的学生受益，因为他们借此能获得教师更多的帮助与关注。

　　再者，学生一旦参与到评估活动中，同伴之间的学习压力就更易生成，教师所获的评价依据也就会更为客观全面。因此，评估者角色的共同分担就是一个双方的互动的过程。

　　要指出的是，评估的结果并不一定要进行量化，评价的语言也并非一定清楚明了，其目的是让英语程度不够理想的学生在认识到自己的问题所在的同时也不会伤其自尊，挫伤其积极性。当然，为了能让评价体系真正地起到积极的推动作用，每半学期或一学期，每个学生的学习表现由教师和学生共同以量化和文字性的形式给出评价，毕竟中国学生对于分数的重视度一定程度上也构成了他们学习的动力。为确保评价的信度和效度，不妨将学习小组、班级以及教师给出的评价结合起来最终得出一个综合全面的、较为公平、合理的结论。为了最终实现评估的积极推动作用，其结果在量化后要记入学生期末成绩，并且占到30%—50%的权重。这种量化在一定程度上也是不得已而为之，被动的动力总要好于没有动力。教师从这样的评估过程中可以得到第一手的有关学生、教材及课件制作的第一手材料，可以适时地对自己的教学活动进行调整。

四　实时巩固

"实践是通过包含有以下形式的练习来完成的：词汇，语法练习，翻译，听力理解，阅读理解和写作练习。所有这些都与学生课堂所学的知识有关联。"（舒白梅，2005）我们的教材所配备的练习册紧密结合教材，提供给了学生及时的较为全面的练习材料。认真完成练习册就是一个知识内化再外化的过程，语言知识只有通过实际的运用才会转变为使用者自己的流畅的自动化的表达。因此，教师应督促学生认真对待练习册，并在能力允许的状况下拓展阅读，多听多说，实现知识的多维度的巩固。

大学生中学习动力不足是个较常见的现象，课本的知识输入毕竟有其时间和内容上的局限性。因而，为了弥补输入不足的缺陷，在处理练习册以外，教师可以布置给学生课外的阅读材料，并采取适当的形式在课堂上检查完成情况，其中写读书报告、口头复述所读文章内容或观点就不失为较好的方法。

最后，在结束一个单元或一篇文章的学习时，教师应该预先提出下一单元或文章的学习目标，其目的在于让学生有的放矢地进行预习工作，进而逐渐帮助其养成良好的学习习惯。

上述各个环节就是笔者所设计的以建构主义学习理论为理论基础的大学英语课堂学习模式。在结束之前，笔者还要阐明以下几点想法。其一，建构主义学习理论的引入并非意味着要全盘否定传统教学法。我们必须认识到对旧理论的摒弃很可能是一种鲁莽的不理智的行为，因为学生在中学阶段所建立的英语水平有很大差异，对于部分学生而言，甚至要从较为基础的句法补起，这时传统的学习方法要比强搭起空中楼阁对他们更有帮助。其二，传统的翻译法在帮助学生了解文化差异方面起着不可小视的作用。前面提到的让学生将英汉两种语言中关于爱与责任的言语进行对译的做法就取得了较好的教学效果，学生对此话题产生了浓厚的兴趣，进而得到启发去深层次地了解爱的真谛，这一效果在仅依靠讨论时很难以达到的。

总而言之，笔者认为任何一种新的学习理论都不是金科玉律，新的理论自有它的领先之处，但是只有扬长避短、合理运用才能达到我们预期的效果。教师应该认识到这一问题，而不应该只去追赶潮流。建构主义学习理论的优势在于能够帮助我们的学生逐渐成为独立的、创造性的、积极主动的乐于思考的人，而不是被动的、人云亦云的追随者，这也正是我们当下的国家建设所需要的中坚。

参考文献

Andre Kukla, *Social Constructivism and the Philosophy of Science*, Routlege, 2000.

Dam, L., "Evaluating Autonomous Learning", in B. Scinclar, *Learner Autonomy Teacher Autonomy*: *Future Directions*, London: Longman, 1998.

Willard Holt, *Let's get real——students solving authentic corporate problems*, Phil Delta Kappan, 2000.

舒白梅:《现代外语教育学》，上海外语教育出版社 2005 年版。

以语言学习者为中心的大学少数民族英语教学模式探索

王小辉　段亚绒

摘要: 本文通过对以语言学习者为中心的相关理论的介绍和大学少数民族英语教学的分析,提出了以语言学习者为中心的大学少数民族英语教学模式。

关键词: 以语言学习者为中心;大学少数民族英语教学模式

一　以语言学习者为中心的相关理论背景

美国的人本主义心理学家,早在 20 世纪五六十年代,就提出了以语言学习者为中心的相关理论。人本主义心理学家的代表人物为马斯洛 (A. H. Malsow) 和罗杰斯 (C. R. Rogers)。罗杰斯认为有意义的学习有四个要素:学习者的个人参与 (personal involvement)、学习者是主动自发的 (self-initiated)、学习是渗透的 (即学习者的行为、态度、个性都会发生变化) (pervasive)、学习者的自我评价 (evaluated by the leaner)。人本主义心理学家的理论,冲击了传统教学理论,推动了以学习者为中心的教学改革的发展。

另外一种对以语言学习者为中心的外语教学模式产生很大影响的是认知心理学中的认知主义学习理论。认知主义学习理论的代表人物有布鲁纳 (J. S. Bruner)、皮亚杰 (Jean Piaget)、托尔曼 (Edward Chance Tolman) 等。这其中,对教学影响最大的是皮亚杰和布鲁纳。皮亚杰把人们的认知结构称之为图式。布鲁纳继承并发展了皮亚杰的观点,形成了自己的"基本结构"理论和"发现学习法"。认知主义学习理论重视学生对外部刺激(所学知识) 的处理加工、内化吸收等心理过程,对教学产生了积极的影响。

认知心理学的中的建构主义理论是另一种对以语言学习者为中心的教学产生重大影响的理论。"建构主义语言学是在认识到了历史比较语言学的不足之处而发展起来的。"（黄剑平，2002）建构主义理论认为，语言知识不是通过教师的教授就能学到的，而是学习者在一定的社会文化背景下，借助他人的帮助，利用学习资料，通过意义的建构过程得到的，这对以语言学习者为中心的教学模式产生很大影响。

在中国，有一本对以语言学习者为中心的外语教学模式产生很大影响的书是 *Focus on the Language Leaner*（《论以语言学习者为中心》）（Elaine Tarone & George Yule，2000）。在全书的第一和第二部分，作者论述了由于学习者对教学的期望不同，提出教师必须对学习者的情况进行具体分析有选择地组织课堂教学活动。第三部分作者分四个章节：语法能力（grammatical competence）、社会—语言能力（sociolinguistic competence）、策略能力（strategic competence）、调查学习者语言的一些方法问题（some methodological issues in investigating leaner language），分析了学习者的综合语言能力。第四部分分析了自信心因素和对进步的认识在学习过程中的重要作用。这本书对我国外语教学有很强的指导作用。

二 有关以学习者为中心学习的名称和定义

不同的研究人员对以学习者为中心的学习从不同的研究角度给予了不同的名称，如自我为导向的学习（self-directed learning）、自主性学习（autonomous learning）、以学习者为中心（learner-centered learning）的学习等。

不同的研究人员对以学习者为中心的学习从不同的研究角度给予了多种解释。海里灰（Holec，1981）认为自主学习是"对自己学习负责的一种能力"。纽楠（Nunan，1995）认为"能够确定自己学习目标并创造学习机会的学习者，可以说，就是自主学习者"。狄克森（Dickinson，1995）的观点是自主学习"既是一种学习态度，又是一种独立学习的能力"。

自主学习可分为几个派别：社会学习理论学派（主张自主学习本质上是学生对学习进行调节和控制的过程）；维列鲁派（认为自主学习本质上是一种言语的自我指导过程）；认知建构主义学派（认为自主学习实际上是元认知监控的学习，是学生调整学习策略和努力程度的过程）；操作主义学派（认为自主学习本质上是一种操作行为）。

庞维国（2003）在借鉴和总结他人研究成果的基础上提出了自主学习应从横向和纵向两个方面来鉴定（陈红、蔡朝晖、戴祝君，2009）。

尽管学者对自主学习的解释各有侧重，但大家对自主学习形成了一定的共识。刘向红（2010）将这种共识总结如下：自主学习的开展必须为学习者提供锻炼提高独立性程度的环境和机会；自主学习能力的培养必须通过学习者的不断自我反省和社会合作方式的学习才能得以不断发展。

由此看出，自主学习主要强调学习者应参与学习过程，发挥自身潜能的重要性。

三　实施以语言学习者为中心的大学少数民族英语教学的原因

在传统的大学英语教学模式中，教师是主体，强调书本和教师的权威性，推行满堂灌、填鸭式的教学模式，忽略了每个学生的个体差异，从而使学生的学习自主性没有得到充分的发挥。同时，"中国外语教育研究中心'十五'规划中列举和分析了今后 5 年外语教育发展的几大趋势，其中第一大趋势就是外语教学以学习者为中心"（何伟文，2009）。

对于我国大学少数民族英语教学来讲，实施以语言学习者为中心理论的外语教学模式显得尤为迫切。这是因为，首先，少数民族学生来自全国不同地区，英语基础有很大不同，而且，少数民族学生的英语知识结构也差别很大，这就意味着不同学生上课的兴趣点和难点不同。这就对大学传统的外语教学模式带来了具体操作上的困难。而实施以语言学习者为中心理论的外语教学模式就能在很大程度上解决这个问题。

对于我国大学少数民族英语教学来讲，实施以语言学习者为中心理论的外语教学模式，除了以上原因以外，还有不同的语言迁移所造成的原因。语言迁移现象（language transfer phenomena），是指母语对外语习得的影响：语言学习者在使用外语时，往往会借助母语的语音、语义、语法规则或文化习惯。语言迁移现象一般可分为三种情况：（1）正向迁移（positive transfer），即母语的语言规则和习惯与外国语言相一致，能对学习者的学习产生积极的影响。（2）负向迁移（negative transfer），指外国语言中的语言规则与母语不同，对学习者的学习产生消极的影响。（3）零向迁移（zero transfer），指母语中不存在外国语言的某个规则而在语言习得者的中介语（inter language）之中出现的一种迁移现象，许多心理学家将零向迁移纳入负向迁移范畴之内。

中国是由 56 个民族组成的多民族国家，有 55 个少数民族，其中，53 个少数民族使用本民族语言，27 个民族有自己的文字，这些文字有象形表意文字、音节文字、拼音文字。这些少数民族语言分属五个语系的多个语族中的不同语支，它们分别是汉藏语系壮侗语族中的壮傣语支、侗水语支、黎语支、仡央语支和藏缅语族、苗瑶语族；阿尔泰语系中的突厥语族、蒙古语族、满—通古斯语族；南亚语系、印欧语系中的斯拉夫语族、伊朗语族；南岛语系。

　　有人做过统计，在中国大学生的英语习作错误中，能用母语干扰因素解释的错误占 70%（王蓬，2007）。王朝晖（2010）将母语干扰错误类型分为三类："词汇干扰、句法干扰、文化干扰。"连淑能（2010）将英语与汉语的形态结构的主要差别分为八类，而且，把由于中西思维模式的不同而产生的语言差异分别为十类："伦理型与认知型、整体性与分析性、意向性与对象性、直觉性与逻辑性、意向性与实证性、模糊性与精确性、求同性与求异性、后馈性与前瞻性、内向性与外向性、归纳性与演绎性。"上大学的少数民族学生，他们都会说汉语，所以，他们同样受汉语迁移的影响。同时，少数民族学生在学习外语的过程中，不仅受汉语影响，许多还受本民族语言及文化的影响，这使语言迁移现象更为复杂。这里仅举几例来说明。羌族有自己的语言，羌语各方言土语之间，在语音上依然有差别，例如北部方言有重音无声调，南部方言无重音，但南部方言的声调具有区别词义和语法意义的重要作用，因此，讲羌语北部方言的羌族学生学习英语声调时相对困难一些，而讲羌语南部方言的羌族学生学习单词时，对重音的记忆相对困难一些。再以维吾尔语为例，维吾尔语属阿尔泰语系突厥语族，在形态结构上属黏着语类型。维吾尔语名词有主格、宾格、与格、领格、位格、从格六种形式。这些格的功能很多，有语法或语义方面的功能。维吾尔语通常主语在谓语的前面，而谓语一般在句子的最后，这是和英汉语言非常大的不同。维吾尔语中有一些与英语相像的单词，如公里、电话、电视等。这些均说明不同的大学少数民族大学生，有可能受到不同的语言迁移的影响，有不同的英语学习难点和潜在的学习优势。传统的以教师为主体，忽略学生个体差异的满堂灌的大学英语教学模式，很难适应当前的大学少数民族外语教学，而实施以语言学习者为中心理论的外语教学模式，就能发挥学生的主观能动性，提高教学效率。

四　论以语言学习者为中心的大学少数民族外语教学模式

自主学习模型的研究由来已久，麦考姆斯（McCombs）是自主学习的现象学派代表人物之一。他认为，在自主学习中，元认知知识、选择策略和制定计划的能力极为重要。温内和巴特勒（Winne & Butler）在 20 世纪 90 年代，从信息加工的角度，提出了更为周密的自主学习过程，由界定任务阶段、设计目标阶段、计划阶段、策略执行阶段、元认知调节阶段构成。齐莫曼是美国当今自主学习的著名研究者之一。他在吸收班度拉的个人、行为、环境交互决定论思想以及自我调节思想的基础上，提出了自己的自主学习模型。从以上自主学习模型可知，培养学生自主学习能力应包含促进学生元认知发展、培养学生对内在动机的干预以及培养学生营造有利于学习的外部环境。

培养学生自主学习能力的教学模式主要有 T－S（Teacher-Student）模式，又称指导教学模式；S－S（Student-Student）模式，又称协作学习模式；PBL（Problem-based），基于问题的学习模式，是由美国教授获若德·布朗（Howard Barrows）首先提出的以解决问题为中心的教学方法。

实施以语言学习者为中心理论的外语教学模式，应结合我国的少数民族教学实际来完成。一般而言，大学少数民族学生可分为四种情况。第一部分学生是从小讲汉语，几乎不讲或很少讲自己的民族语言，从小学或中学开始学英语，英语是他们的第二语言。第二部分学生会讲自己本民族的语言，但在学校用汉语学习和交流，从小学或中学开始学英语，英语是他们的第三语言。第三部分学生，从小受教育于双语学校，既会用汉语也会用少数民族语言进行讲话和文字交流，英语是作为第三种语言在中学学习。第四部分学生在学校用少数民族语言学习，进行口头和文字的交流，汉语在中学是作为第二语言来学习的，在中学很少或几乎没有学过英语。前两部分的学生由于接触英语的时间长，所以英语基础一般要好一些。后两部分的学生由于接触英语的时间较短，所以英语基础一般略微弱一些。莫曼把进行自主学习的学生分为"专家型"和"新手型"（严明，2009）。这两者的一个差别是"新手型"学生倾向通过与他人的学习水平的比较来评判自己的学习效果，往往产生低自我满意感。"专家型"学生则根据自己的学习目标作出自我评价，往往产生高自我满意感，愿意付出努力取得更大进步。所以，在实施以语言学习者为中心理论的外语教学模式时，应结合少数民族学生的实际情况，首先，在教材重点内容的编写上，应有梯级设计，即分难、中、易三级，让学生可以根据自己的实情有所选择，把学习目标而非跟他人对比作为衡量自己效果的标准，力争培养学生做自主学习的"专家型"学生。其次，教师应引导学生作自我评估，帮助学生结合自身实情和语言迁移所可能带来的潜在的优势与困难，制订长远与近期学习计划，近期计划又分课内和课外。这样，由于每位同学的计划都有所不同，从而能激发学生主动完成学习过程，培养学生的元认知能力。

在以学习者为主的教学环节，教师应灵活使用多种教学方法及以往的以学习者为主的教学模式，如 T－S 模式、S－S 模式和 PBL 模式等，但都应结合少数民族学生的实际情况。比如，教师在上课的某一个环节准备借鉴 PBL 模式，就应在课前预习阶段借鉴 S－S 模式，将学生分成若干协作学习小组，但应考虑对不同英语学习情况的民族学生进行混合搭配。而且，教师应根据教学内容，将问题分成难、中、易三等，使不同学习层次的学生都有机会完成其中的一项或几项任务，使每种层次的学生都能在自己的现有基础之上取得一定的进步，获得学习的成就感，进而取得可持续发展的能力，同时，学生也在不知不觉中，处在一个宽松、和谐的自主学习环境中学习英语。正如李卓所言，"宽松、和谐的自主学习环境有利于学习者对英语学习保持积极的情感"（林立、董启明，2004）。这样一来，在上课中的 PBL 模式阶段，既是一种教学阶段，又是一种间接评估学生学习效果和潜在学习困难的阶段，教师将这一阶段学生所反映出来的问题，结合教材的重点和难点，进行重点分析。接下来的环节，教师可以借鉴 T－S 模式，让学生对教材的重点和难点进行巩固和加强。总而言之，在课中这个环节中，教师应将学生作为主体，结合不同层次学生的学习实情，指导学生实现从被动听讲到主动学习的过程，实现自己的学习目标。

课后环节指学生在教师指导下完成作业及学习计划等。课后作业应分必做作业和选择作业。作业也应有难、中、易的梯级设计。作业应有一定的灵活性，形式多样，内容丰富，这一阶段也是培养和提高学生元认知能力的阶段。

成绩测试也是以语言学习者为中心的外语教学模式中的重要环节。爱兰·塔罗（Elaine Tarone）和乔治·耶鲁（George Yule）指出，传统的综合测试法不能全面反映学习者的语言能力，因为语言能力还表现为语言习得者运用语言知识进行语言输出所表现出的能力，因此，考察语言学习者的语言能力时，还需要考察学习者的语言输出能力。因此，教师应将学生平时的语言输出纳入考察范围，比如，将学生课堂上 PBL 模式的表现作为平时成绩的一部分。这样，教师可指导学生根据学习成绩，对自己的学习效果进行评估，从而产生自信心，同时，也能找到问题，及时解决，完成自主学习目标。

总之，在以语言学习者为中心的外语教学模式中，由于少数民族学生来自不同地区，并有着自己不同的历史语言文化背景，教师应实现多元文化背景下的因材施教，以学习者为主体，通过多样化的教学形式，体现并满足学生的不同需求，激发学生的学习潜能，使学生积极主动地参与学习过程，达到学习目的。但也正如爱兰·塔罗和乔治·耶鲁所言，以语言学习者为中心的外语教学系统没有一成不变的固定材料、固定模式。中国学者安琦（2011）也认为，"教师自主教学模式因不同的教师及其所接受的不同的模式对象而变化"。所以，教师应根据少数民族学生的不同情况以及不同的少数民族语言迁移所可能带来的学习困难和潜在的优势，结合以学习者为主的教学理论，随时进行调整，从而真正实现以语言学习者为中心，以教师为主导，使学生积极主动地完成学习过程，达到学习目的。

参考文献

安琦：《外语教学中的教师自主与学生自主——一项基于案例分析的研究》，经济科学出版社 2011 年版。

陈红、蔡朝辉、戴祝君：《大学英语课程教学研究：演进与变革》，江苏大学出版社 2009 年版。

黄剑平：《辅以语料库的认知教学法在英语教学中的应用》，浙江大学出版社 2011 年版。

Elain Tarone & George Yule, *Focus on the Language Learner*，上海外语教育出版社 2000 年版。

刘向红：《大学英语自主学习理论研究与实践》，西北工业大学出版社 2010 年版。

何伟文：《主编当代外语研究》（第 1 辑），上海交通大学出版社 2009 年版，第 183 页。

连淑能：《英汉对比研究》，高等教育出版社 2011 年版，第 283—346 页。

林立、董启明主编：《英语教学与研究》，科学出版社 2004 年版，第 517 页。

王蓬主编：《大学外语教学与改革论坛》，中国水利水电出版社 2007 年版，第

21 页。

王朝晖：《大学英语教学研究初探》，中央民族大学出版社 2010 年版，第 77 页。

严明主编：《大学英语自主学习能力培养模式研究：体验的视角》，黑龙江大学出版社 2009 年版，第 83 页。

新托福改革与交际能力
培养的相关性思考

潘 婧

摘要：随着时代的发展，旧托福侧重语言结构的测试机制已经不能满足实际需要，基于网络，旨在测试英语交际能力的新托福已经全面普及。这一权威英语考试为我们的英语教学提出了新的挑战。文章试图剖析新托福口语变化对英语口语教学方向性的指引，从思辨能力、语用、语篇和策略的视角，论证了学生交际能力的培养要求教师整合各个语言要素，综合评价语言使用的得体性、连贯性和流畅性，从而最终提高学生的社会文化能力。

关键词：新托福口语；交际能力；口语教学

一 引 言

托福考试（TOEFL），自 1964 年由 ETS（美国考试服务中心）第一次主办后，一直被公认为最权威的英语考试之一。目前，在全球已有210多个国家进行此项考试，其考生占全球各类考生总人数的73%。

然而近些年来，雅思考试不断得到世界各国大学的认可。在全美排名前50位的院校中有47所接受该成绩，因此相当数量的考生开始倾向于参加更侧重实际应用的雅思考试；次外，托福考试也因其传统的考试项目（如语法），被认为无法真正地反应考生实际沟通能力，在一些英语国家，本科生经常抱怨外国助教（ITA）缺乏足够的交际能力，无法正常和学生进行交流。因此 2006 年托福考试全面实行改革，这是一次基于网络、全面考查考生英语交际应用能力的转型，也是迄今为止世界上唯一全面依托网络的测试方式。这一举措给当前流行的雅思考试有力的反击，改革后的新题型重新确立了托福考试学术性强的特点；交际能力测试为外国大学提供了可靠的入学保障。

面对新托福的种种变化，我们需要重新看待现行的英语教学，并作出相应调整，以适应新环境下的托福考试。本文试图就新托福提出的挑战，探讨教师如何培养学生的口语交际能力。这将对我们今后的口语教学工作有着重要的借鉴作用。

二　托福的新变化

新托福考试和旧托福对比，主要有以下几个方面的特点。

1. 凸显真实的学术场景。听力部分取消原来的短对话，内容更加学术化，演讲篇幅大大加长。口语部分很多材料均取材美国真实的大学课堂，模拟大学校园的环境。阅读部分主题更加广泛，包括历史、科学、教育、商业、社科、艺术文学、工程技术、体育文娱八个方面。作文部分新增一篇学术写作，要求考生在听、读材料之后，写出自己的总结和看法。

2. 人机对话的口语测试，衡量考生综合交际能力。在诸多的变化中，新增的口试无疑是新托福的一大亮点。口语考试时间为 20 分钟，共包括六个任务。前两个独立任务（independent task），分别要求考生就熟悉的事物进行描述，对校园生活话题给出自己的见解或者好恶。这两项任务之所以被称为独立任务，是由于他们不涉及阅读、听力等其他技能，仅依靠考生自身的口语表达能力即可完成。后面的四项任务为综合任务（integrated task），需要考生围绕校园生活和学术报告两个主题，综合运用听、读、说的技能，总结、比较、评论所获得的语言材料。这种新型的考试模式更客观、全面地反应了考生的语言、语用、语篇和逻辑思维能力。

3. 摒弃单一的语言能力测试，重视用英语进行交际的综合能力。旧托福客观题均为多项选择题，试题结构为听力、语法、阅读、词汇和写作。这种试题类型是结构主义测试方法的体现。其特点是孤立地看待语言的各个组成部分，忽视语境对语言的影响，缺乏真实互动的交际环境。新托福旨在用听、写、读、说交叉进行的方式，对应试者的交际能力作出整体评价。比如在听力部分，考生在听力材料结束之后才能看到相应的考题，这就要求考生在整个听力过程中，边听边记录自己预测到的重要信息，然后分析、加工、整理。阅读部分增加了"插入句子题"和"拖动选择的多选题"，使考生在阅读的同时，积极地进行思维预判和整体评估。

三 新托福口语变革所提出的挑战

1. 批判性思维的培养

托福口语部分有一些评论性话题：第二个任务，考生就校园生活的某个方面提出自己的看法；第五题，就谈论的话题考生给出自己的解决方案。这两项任务均需要考生在短暂的时间内迅速作出判断，给出合理化建议。因此长期的批判性思维训练能够保证学生在高压的考试环境下，有效地提出解决方案，并按照逻辑关系清晰表达。

批判性思维是以理解和评价论证为目的的积极的、系统的尝试；哲学家罗伯特·恩尼斯（Robert Ennis, 1962）认为批判性思维是指关注人们相信什么或做什么的合理的深思熟虑的思维。可见批判性思维的定义虽然还很模糊，但都涉及了作出判断的科学性、主动性和独立性。

批判性思维有重要的现实意义。美国从 20 世纪 70 年代开始开展了批判性思维运动，取得了一定成果。美国大学的研究生课程十分重视培养学生发现问题、解决问题的能力。在研究生一年级的课程里，便开设了"独立学习"（independent study）。课程要求学生在自己学科领域内，找到一个自己感兴趣的方向或者课题，提出研究方案和假设，定期和教授讨论，汇报研究进程，最后以报告的形式总结自己独立学习的研究成果。整个过程中，指导教授仅为学生提供方法或者建议，学生不需要旁听教授授课或者参加讨论小组，完全独立尝试进行学术研究。

这种独立探索的科研能力是以批判性思维为前提的。只有对事物进行辩证的，多角度的思考，才能提出和他人不同的观点，才能对事物提出建设性的批判，才能使我们全面地客观地认识世界。没有批判性思维的人的思想是僵化的，封闭的，一维的，创新的研究也就更无从谈起。

2. 交际语言能力的培养

新托福改革的理论基础是交际语言测试理论。也就是说新托福的改革，尤其是口语的改革，是为了检测考生语言交际能力而设计的。我们对交际能力的讨论始于语言行为概念的提出，乔姆斯基（Chomsky, 1964）提出了语言能力（Language Competence）和语言行为（Language Performance）的概念，以区分语言知识和语言在具体情境下的实际运用。20 世纪 70 年代初，美国著名的社会语言学家海姆斯（Hymes）进一步提出了交际能力（communicative competence）的概念。这一概念认为语言使用者不仅应该具有足够的语言知识（语音、词汇和语法），而且应该有能力使用这些知识并适时、得体地表达自己。他认为交际能力由以下四个参数组成：语法性、适合性、得体性、现实性。也就是说一个人的交际能力不仅包括语法知识和语言能力，还包括心理（可行），社会文化（得体）和使用概率（实际出现）的一种综合判断能力。90 年代初，巴克曼（Bachman，1990）提出的交际能力可谓最为完整，共包括三个部分（见图 1）：

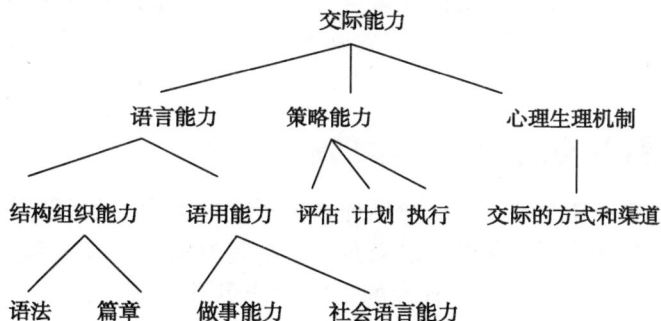

交际能力

语言能力　策略能力　心理生理机制

结构组织能力　语用能力　评估 计划 执行　交际的方式和渠道

语法　篇章　做事能力　社会语言能力

图 1

从上图可见，巴克曼把语言能力囊括在交际能力之下，同时整合了策略使用以及心理认知机制，也就是说一个完整的交际过程必然涉及这三方面的相互作用，语言的使用是一个动态的心理生理的反应，各种知识、技能和心理过程交织在一起相互影响。孤立地、脱离了情景地衡量语言，无法真实反应考生在学术或生活场景下使用语言的能力。

20 世纪 50 年代，我国学者胡文仲在《外语教育与文化》一书中，对外语教学的任务作了深刻而全面的展望。胡先生认为外语教学的目的是为了帮助学生提高语言能力、交际能力和社会文化能力。语言能力体现在听、说、读、写、译的技能方面，为学生能够进行正常的交际活动提供必要的语言基础；交际能力培养学生克服在异域文化中遇到的交流障碍。我国英语专业教学大纲要求交际能力包括行为类型、身份情境、语篇类型、题材范围、语篇规格、基础能力及促成技能。社会文化能力指有效地对文化进行加工、评价、整合，使人格和潜能更为充分地发挥的能力。这种能力使外语学习者更加辩证地看待、理解本族文化和异族文化；感受两者共通的地方，学习他者的优势，改良自我的弊端。也就是说交际能力是使我们

"知其然",而社会文化能力使我们"知其所以然",使我们拥有更为完整、深刻、充实和更具创造力的人格主体。因此胡先生认为社会文化能力包括交际能力和扬弃贯通能力,而交际能力包括语言能力和语用能力,扬弃贯通能力从表层物质文化深化到中层的人际关系以致最高级的心理文化。

由此可见,胡先生所认为的交际能力和西方的多位学者如出一辙,然而他独树一帜的是将我们培养学生交际能力的终极目标归结为提升学生的社会文化能力,帮助学生辩证地看待文化之间的异同,扬弃优劣,丰富自我的人格。这一观点应引起我们教师的思考,有利于我们宏观把握语言教学。

四　新托福对口语教学的启示

总体上看,新的挑战要求考生提高英语交际能力,然而正如文章第二部分所述,考生的批判性思维能力在整个托福考试中,起着和交际能力同等重要的作用,因为只有批判性的交际才能最有效地反映出交流的目的,也最能体现托福考试"学术"特点的精髓。如果仅有交际能力,而不具备批判思维能力,就使我们的考生再一次陷入"形式"的怪圈、"空谈"的沼泽不能自拔。符合评价的考生要么是言之无物,抑或是人云亦云,无法深入全面地认识事物,ETS 当然不会希望这样的考生被选拔出来。因此我们建议将交际能力的外延意义扩展,使其包括批判性思维能力,教师也应努力培养学生以下四个方面的能力。

1. 批判性思维意识培养

近些年来,国内有学者纷纷指出大学生批判性思维缺乏这一现象,并着手反思我们的教育模式,积极培养学生的思辨能力和独立思考能力(朱新秤,2006;文秋芳等,2009)。这种尝试必将影响学生判断事物的标准和价值,从而带来全方位、系统性思维模式的突变。

批判性思维又被国内的学者翻译为"思辨能力"。文秋芳主张将思维能力细化为两个层次:上层为元思维能力——指对自己的批判性思维计划、检查、调整与评估的技能;下层为思维能力——指与认知相关的技能和标准,以及与批判性思维品质相关的情感特质。其中人在思维过程中发挥主观能动性,所以上层的能力对下层进行着管理与监控的作用。

教师在教学过程中,绝不再是真理的传播者,课堂也不是"满堂灌"的场所,学生不能简单、被动地聆听一切"唾手可得"的信息。学生应该积极地思考、判断、评价所接触的一切信息；查找信息、收集材料来分析教师提出的问题；尝试提出假设，合理论证，自由探索，使学习成为充满新奇、刺激的冒险之旅。教师在口语教学过程中，应多提出一些具有开放性、多元式答案的问题，使学生尝到自己发现事物本质的乐趣，真正地成为自己学习的主人。鼓励学生运用分析、推理、评价等认知方法，并以逻辑清晰、分析全面的方式呈现出思考的结果，这必然会使学生获得极大的学习乐趣与自我满足，从而帮助学生在元思维能力的层面调整自己的思辨能力。

在新出版的大学英语教材中，我们可以明确地看到编者的这种尝试。如《新标准大学英语》共分为四册，每册的单元后都有相应的思辨练习，内容涉及文章大意、主人公的解读和一些相关的社会热点问题，比如"政府是否应该向大学生提供无息贷款"、"网络是否改变了我们的读写方式"等。这种编写思路使英语教学和思辨能力的培养结合起来，无形中从认知的角度肯定了胡文仲所提出的"社会文化能力"的教学目标。

2. 语用意识培养

自交际教学法盛行，我们诸多口语教学均以此为指导思想，提倡交际的流畅性，鼓励大胆进行交际。这种教学方法虽然否定了结构主义的统治地位，避免了传统知识结构的教授，重视语言行为的培养，却很容易陷入"语用失误"的另一个极端。学生往往随心所欲地表达自己的思想，全然不顾语法甚至是语用。沃尔夫森（M. Wolfson）指出："在与外族人交谈时，本族人对于他们在语音、语法方面的错误比较宽容，与此相反，违反说话规则则被认为是不够礼貌。"所以语用错误可能会导致整个流畅的交际彻底失败。

因此我们在培养学生口语能力的同时，不能忽略语用能力的植入，需要从语境、说话者、话语分析的角度理解语用。教师应使学生明白生活中接触到的各种语体，了解语域之间的不同，掌握口语与书面语在词汇和构句方面的规律，了解词汇或者表达方式的场合性，识别特定听力材料使用环境下的语言惯用准则。比如在新托福口语考试中的任务四和任务六是关于学术场景的，学生应该对在学术情境下，如何选词、组句有足够认识。对于任务三和任务五，则应该注重培养学生在生活场景下，获取不同说话者的态度，区分意见持有者和意见附和者的话语形式。

3. 策略意识培养

2009 年，思维恩（Swain）运用了"刺激反思"的方法（stimulated recall）对 30 名母语为汉语的留学生做了新托福口语部分的策略行为研究，该研究是托福改革后，首次对策略行为与口语考试关系进行的研究。研究结果表明，策略的使用是组成新托福口试的重要组成部分，是考核交际能力的重要体现，口语综合任务比独立任务需要使用更多的策略，随着任务变得越来越复杂，考生运用更多的策略来表现出同等水平的语言行为。由于研究对象（来自同一文化背景）的个体差异，并缺乏真实的测试环境，研究结果显示考试分数和策略使用有着微弱的相关性，但我们仍然认为本篇论文的研究结果十分有指导意义。

在以往的学习策略研究中，元认知策略对学习起着正面积极的影响，有助于学生有效地安排和调节学习过程，然而在思维恩的研究中元认知策略和情感策略均负面地影响了考试成绩，这可能是由于托福口试的即时性和有限的时间有关，在短暂的一分钟内，产出流利并正确的语句，以清晰的逻辑呈现出来已经不易，若在这期间，学生不断进行自我评价或自我分析，这就会占用学习者过多的注意力，影响学习者的语言输出；认知策略和交际策略对语言行为有积极的影响，其中 44.39% 的学习者称在考试中运用了认知策略中的"运用机械的方式组织信息"（using mechanical means to organize information），24.31% 和 26.02% 的学习者使用了交际策略中的"联系"（Linking to prior experience/ knowledge）与"整理"（organizing thoughts）的方法。由此可见，我们在进行口语教学时，可相应减少对学生作简单的评价，或正面指出口语方面的错误和缺陷；鼓励学生经常尝试新的表达，以此来替换原来不合适的语句；锻炼学生信息组织、联想等能力，最终降低学生的学习焦虑，提高交际能力。比如就人权的话题，我们可以要求学生联想与该主题相关的词汇，然后再通过一段音频或视频资料，要求学生迅速找到主旨信息，运用联想到的词汇进行概括、前后联系、总结和延伸。教师应避免传授单一、机械的信息组织方式，而是用多种逻辑手段（因果、对比、举例等）和语法形式，利用不同的策略，促成交际成功。

4. 语篇意识培养

语篇意识关注"信息"通过什么方式组织起来、联系起来，而形成一个有意义的语言整体。语篇分析能力不强，容易导致学生在紧张的考试环境下，仅听到几个孤立的句子，或是抓住问题的细枝末节进行论述，没有全局意识，从而因小失大。教师在口语教授中，应强调如何将单句、句段组织在一起，如何用语法和词汇使整个语篇衔接自然。

教师可在日常口语教学中，穿插篇幅短小、意义完整的篇章，引导学生在短时间内抓住文章关键词，总结论点。口语表达的语篇性是整个语篇意识培养的中心环节，是把听到和看到的信息，重新整理加工，并完整、有序地转述出来的过程。提高口语表达的完整和连贯，需要我们在教学中强调表层结构的语法和词汇衔接，也就是说通过"照应"、"替代"、"省略"等语法手段起到衔接句段的作用，通过"词汇复现"、"上下义词"、"近反义词"、"概括词"来起到意义衔接的作用；利用"逻辑联系语"在深层结构上实现语篇整体逻辑的连贯。这种由表及里的语篇意识，培养了学生宏观分析、解决问题的能力，提高了学生进行有效交际的能力。

五　结论

新托福的改革，为我们的教学指明了变革的方向，教师应以提高学生的交际能力为目标，从思辨方式、语用意识、策略使用、语篇分析，整体建构学生综合运用英语进行交际的能力。在英语学术场景下，学生能够运用辩证的批判性思维提出自己的见解；运用符合不同场景的词汇、句式组织语言、整合信息，如：学术总结报告、校园话题讨论；使用不同的技巧和策略进行有效的沟通，最终提升学生的社会文化能力。简而言之，英语的交际能力不是简单地进行流利交际的能力，而是将语用、语篇、交际策略等要素交织在一起，融入口语表达。教师需要精心设计每一个教学环节，使各个要素贯穿于每一次口语交流中，从而实现真正意义上的交际。

参考文献

Xi, X. M., "Validating TOEFL iBT Speaking and Setting Score Requirements for ITA Screening", *Language Assessment Quarterly*, 2007, 4: 320.

Chomsky, "*Aspects of the Theory of Syntax*", Cambridge, Mass: The MIT Press, 1965, p. 4.

Bachmann, L. F., *Fundamental Considerations in Language Testing*. Oxford: Oxford University Press. 1990.

Swain, M., "The Speaking Section of the TOEFL iBT Test-takers' reported Strategic Behaviors", http://www.ets.org/Media/Research/pdf/RR-09-30.pdf 2009. 33.

陈昌义：《Hymes 交际能力理论的反思》，《外语学刊》2003 年第 2 期。

胡文仲:《外语教育与文化》,湖南教育出版社 1997 年版,第 76—79 页。

刘寒雁:《浅析 CET 和 TOEFL 之革新》,《昆明大学学报》(综合版) 2003 年第 1 期。

朱新秤:《大学生批判性思维培养:意义与策略》,《华南师范大学学报》2006 年第 3 期。

文秋芳等:《构建我国外语类大学生思辨能力量具的理论框架》,《外语界》2009 年第 1 期。

对大学英语泛读教学的分析与思考

齐丽莉

摘要：泛读教学在大学英语教学中占有举足轻重的地位。本文针对目前大学英语教学中重精读轻泛读、课外阅读的有效性难以保证的现状，强调了有力促进泛读教学作用的几点原则，并从自己的教学实践和体会出发，对如何利用教材《新标准大学英语综合教程》适时进行泛读教学提出了一些建议。

关键词：大学英语；泛读；泛读教学

大学英语教学中的阅读教学包括精读和泛读两种教学。精读强调"精"，旨在通过语言准确、规范的范文的阅读教学，帮助学生达到学习和巩固英语语法、词汇、句型等语言点的目的。而泛读突出"泛"，旨在通过课内外广泛阅读多样题材或体裁的文章，培养学生的英语阅读技巧、提高阅读速度，进而全面提高学生通过阅读获取信息的能力。此外，在广泛的阅读实践中，大量吸收语言和文化背景知识，也会促进学生听、说、写、译等方面能力的进步。可以说，泛读教学对精读教学发挥着延续补充、强化促进的作用。英国教育学家克里斯汀·纳托尔（Christine Nuttall）就认为：学习一门外语最好的方法除了置身于该语言环境中外，就是广泛地阅读目的语的文章。由此可见，泛读对于中国的英语学习者显得非常重要。

一　目前大学英语泛读教学的现状

（一）课堂上重精读轻泛读

目前多数高校的非英语专业学生没有固定的泛读教材，更没有设立泛读教学的课程。各校大学英语课时多为每周1—2次，在这样少的课时内，老师的基本任务就是讲通、释透教材。因此，大学英语的课堂上，普遍实行逐字逐句地精读、精讲的授课方式，泛读基本上是随时、随意的一个环节。多数老师会根据课时进度或者自己的教学重点选取一些课文作为泛读材料。而在进行泛读的教学中，一些老师或是完全放手，让学生自己读，然后对课后题的答案，忽视对阅读方法和技巧的有效指导；或是生怕学生看不懂而讲解词汇、语法，翻译长句、难句，俨然又回到了精读课的老一套。这样的泛读教学中学生或是机械阅读，或是被动记忆，效果可见一斑。

（二）课外泛读的有效性难以保证

阅读能力的提高和阅读技巧的改进只靠课本上的几篇文章是远远不够的，更有赖于学生课余广泛而有效的阅读。然而，目前大多数学生的阅读面仅仅局限在精读课本中那屈指可数的几篇文章。笔者对所带的我校大学二年级三个班共 164 名学生进行了调查，从入大学伊始至今四个学期，总共在课堂上学习了四册《新标准大学英语综合教程》共 40 个单元的文章中的 20 个单元，其余的 20 个单元共 60 篇文章应该是非常丰富的阅读材料供学生在课外阅读。然而对于这样合适又近在手边的阅读材料，却只有极个别的学生曾经翻看过。课本如此，更别提其他的阅读材料了。此外，老师们也鼓励学生课余阅读大量的报纸、杂志作为泛读练习，但由于时间、精力的有限，有几个学生能够持之以恒？又有几位老师能够对此进行有效的指导和监督？久而久之，这样的课外泛读也不过是说说而已了。长期忽视广泛接触真实语言的阅读，缺少更大量的语言输入使得相当多学生的阅读能力反而在实际上下降了，考试中阅读速度跟不上或是理解不到位成为众多学生，甚至一些语言基础不错的学生尤为头疼的事。

二 有力发挥泛读教学作用的原则

（一）注重课堂泛读教学的实效性

泛读是通过大量的阅读实践提高阅读能力、扩大语言积累的过程，这当然需要学生花大量的时间和精力进行广泛的课外阅读练习。然而，"盲目地多读多看"及不正确的阅读习惯往往影响了学生的有效阅读，从而制约着学生阅读能力的提升。因此，课堂上老师的指导就成为学生课外阅读必不可少的前提。但是，课堂泛读教学不应成为精读教学，也不能泛而不讲。在课时及教材有限的条件下，可以在题材广泛、体裁多样的精读课本中根据学生的程度选取合适的课文进行课堂泛读教学。在课堂的氛围中，主要加强学生进行略读、寻读、根据语境及构词法猜测词义等能力的训练，促进学生掌握正确的阅读方法和阅读技巧，帮助学生提高阅读效率；发现并帮助学生改正诸如指读、译读、默读、遇到生词就查字典一类的错误的阅读习惯，引导学生更多地从整体分析文章架构、深层次理解文章内涵，从而提高他们分析判断、总结归纳和假设推理的综合能力。在此前提下，通过多种互动课堂活动提高学生语言综合应用能力。总之，课堂上的泛读教学要起到突出重点、提升兴趣、引领指导的实际作用。

（二）注重课外泛读活动的灵活性

结合课堂上有针对性的指导，学生在课外应该加强广泛的阅读。老师可以充分利用互联网、报刊等媒介为学生提供丰富多样、新颖实用、难度适中的泛读材料，也可以根据所讲课文的内容题材要求学生自主寻找相关资料进行学习。在此过程中，一方面，要根据学生不同的专业、不同的兴趣，突出阅读材料和阅读任务的多样性，知识性与趣味性并重，从而调动学生的积极性和主动性。另一方面，还要体现个性化原则，根据学生基础、程度的差别而有所变化，体现因人而异的灵活性。对基础较弱、阅读吃力的学生，可以在阅读量上降低要求或材料以课本为主，循序渐进；对学有余力的学生，可以适当增加报纸、杂志、简易英文小说等阅读材料的分量，并可以把写阅读笔记、读后感作为检查的手段。形式多样、深浅不一的阅读材料和任务为学生提供了较大的选择，有利于使每个学生都能得到提高和发展。

（三）注重课内外泛读活动的监督和检查

读得广、读得多、读得快、读得准，不言而喻，阅读能力的提高是需要下苦工夫的漫长过程。对于非英语专业的学生来说，时间精力的有限和应试心理往往使他们对课内外的泛读活动不能持之以恒，甚至往往应付了事，这就需要老师采取行之有效的措施加强检查和监督，促使广泛的阅读实践落到实处。首先，老师应要求学生在进行阅读活动的时候把阅读内容、难点、疑问甚至好句、好词及读后感等加以记录，并定期对阅读记录加以检查，给予反馈和评价，以便跟踪了解学生课外泛读的动态，确保阅读训练的最佳效果。同时，课堂上老师组织读书、读报交流会，就某一阅读话题进行讨论、答疑等活动也是督促学生自觉加强课内外阅读训练的必要和有效的环节。通过这些活动更可以加强师生、生生之间的交流和互动，更利于发展语言的综合应用能力。当然，要把课内外阅读训练真正转变为学生自主、自动、自觉的行为，更需要老师平时与学生多多交流，了解他们的阅读兴趣以及阅读训练中的难题，并对个别学生进行辅导，从而相应地对阅读材料加以调整，引导学生以兴趣为基础进行阅读，并帮助学生克服阅读障碍，提升自信心和积极性。总之，阅读笔记、课堂活动、平时交流的情况都要一一归于平时成绩的考核范围，发挥监督、评价、激励的综合作用，从而逐渐使学生形成乐于读、善于读的习惯。

三 《新标准大学英语综合教程》的泛读教学策略

（一）《新标准大学英语综合教程》教材特点适合有选择地进行泛读教学

由外语教学与研究出版社与英国麦克米伦出版公司携手研发的大学英语教材《新标准大学英语综合教程》，以教育部颁布的《大学英语课程教学要求》为指导，在课文的选材上体现社会发展和时代特色，内容新颖，题材多样，内涵丰富。每册十个单元，每个单元围绕同一主题选取篇幅长短不一、风格各异的三篇文章，其中相当多的文章选材于英美国家的报纸、杂志和文学作品，语言地道，是真正生动鲜活的语言材料。该教材突出语言与文化的有机结合，放眼于英语作为国际语言所涵盖的跨文化的宽阔语境，文章涵盖了世界各国的文化传统、风俗习惯和价值观念等多元文化信息。此外，版面的设计色彩明快、图片生动真实，与传统英语课本刻板单调的黑白印刷不同，更增添了学习的趣味性和吸引力。而与教材配套的网络平台及《综合训练》也为知识的巩固和拓展提供了可能。可以说，《新标准大学英语综合教程》为大学英语教学提供了知识、趣味和实践兼备的良好资源。如何在有限的教学时间里更有效地使用这些教学资源，使学生实现英语语言综合能力的最大化提高，无疑体现了精读教学和泛读教学并举的必要性和重要性。而教学材料实效性、趣味性、真实性、丰富性、文化性的特点更为有选择地进行泛读教学提供了有利的条件。

（二）《新标准大学英语综合教程》的泛读教学策略

1. 精选教学内容，适时进行泛读教学

《新标准大学英语综合教程》每个单元围绕一个主题，安排了两篇体裁风格不同的主要阅读文章和一个专题文化短篇。其中相当多的文章由于出自时文，因此风格随意、口语化形式偏多、词汇繁杂且篇幅较长的语言材料屡见不鲜。这些材料如果一味地按照精读的方法进行教学不仅花费大量教学时间，更重要的是大量难词的精讲、细讲会挫伤学生阅读的积极性，过多非正式语法结构的使用也会造成学生语法知识的困惑，事实上阻碍了学生语言应用能力的提高。而这些鲜活地道的材料更加适合以读懂为主，

以获取信息、拓展知识为目的的泛读训练，配套的图片、练习也更易于调动学生阅读的兴趣。以该书第四册 Unit 3 为例，第一篇文章以牛仔裤和裙摆长度的变化为线索，讲述了 1960—2010 年之间欧美国家时尚的发展和变化。第二篇文章则介绍了海洋玻璃这种生态珠宝由形成到加工制作再到流行的过程。两篇文章内容都很贴近时代特点，也正是当下学生们尤其是女生们感兴趣的话题，很易于调动学生学习的积极性。然而两篇文章都存在信息量繁杂、专用词较多的突出问题，如果以语法、词汇为中心进行精读教学可能会起到适得其反的作用。因此，选择泛读教学模式，让学生从兴趣出发，采用快速阅读方法整体把握内容，拓展时尚文化信息就成为取得良好教学效果的必然选择。由此可见，在精读课本上选准材料进行泛读教学，精泛并举符合《新标准大学英语综合教程》的教材特点，也是教学成功的有力保障。

2. 利用多种方法，培养学生良好的阅读习惯和技巧

《新标准大学英语综合教程》中的教学材料具有生动性、丰富性、情境性的突出特点，有利于老师充分施展教学艺术，尝试多种途径，培养学生的阅读技巧和方法。如在上文提到的第四册 Unit 3 中两篇文章的泛读教学中，针对学生在阅读中较为普遍的薄弱环节——语篇分析能力，老师要求学生在阅读前先从标题和课本上的图片对文章内容进行预测，借以调动学生阅读的积极性，并引导学生关注题目在阅读中所起到的作用；限定时间浏览文章后，老师给出几个关键词，要求学生概述文章的中心和主题，从而初步掌握文章的主要内容；限定时间进行再次阅读后，老师列出有关文章各部分核心的表格或者线索图并配以图片，要求学生填写，通过这种方式帮助学生理清作者的思路和文章的逻辑，认清重要细节和关键信息；在此基础上，再通过回答问题、选择、完形填空等常规习题加深对文章的正确理解。对一些专有词汇适当解释，同时对一些影响理解的高频词汇，帮助学生通过构词法、上下文、语法搭配等途径猜测词义，训练学生的生词处理技巧，扩大词汇量，并辅以完形填空、造句等练习加以巩固。总之，在泛读教学中，老师不断挖掘自己的教学潜力，发挥自己的教学创新能力，运用多种教法，在多多训练中培养学生的阅读技巧，提高学生的阅读能力。

3. 课内外师生互动，加强泛读教学效果

《新标准大学英语综合教程》以体裁多样、贴近时代、信息丰富的设计内容为大学英语的课堂提供了多彩的、真实的语言环境，也为改变泛读教

学中教师过多地讲授、学生被动接受，或学生只是埋头读、缺少师生交流的传统模式，形成"教师引导、学生中心"的互动式教学模式提供了可能。"互动"应体现在泛读教学的各个环节。如该书第四册第一单元讲述了当前全球经济衰退的大背景下，大学毕业生求职的压力和苦恼。文章难度不大，但关注社会热点、反映了大学毕业生的心声，也很容易引起即将踏入大学高年级、开始思考自己的未来的学生们的共鸣。在阅读之前，老师把查阅有关2008年爆发的经济危机及其对大学毕业生就业的影响的资料作为预习任务布置给学生，由学生以小组为单位分工合作搜集资料，并要求他们在阅读前以演讲或PPT等形式自由展示。其实这样的任务还是很有难度的，但也恰恰是这样的压力激发了学生的潜力。课堂上有的组把从经济报纸、杂志上搜集的相关数据做成图表加以展示；有的组采用座谈的形式全员参加、各抒己见，展现了当下大学毕业生求职、考研、出国留学、啃老、自主创业的不同选择；还有的组别出心裁上演了教室版的《职来职往》，用表演的形式展示了大学生就业难的社会问题。学生们的表现虽然并不充分，英语表达也有不准确之处，但这样的活动很好地调动了学生的积极性和主动性。接下来的课堂阅读就成为轻松、愉快的过程，学生在高效的阅读中，很好地理解文章并与文章中人物的种种经历产生共鸣，完成猜词、选择、完形填空、回答问题等常规训练也显得得心应手。在此基础上，老师引入本单元中的文化阅读短篇——履历表，并列出一些与学生专业对口的职位，要求学生写出相应的求职履历表。有了前面一系列活动的铺垫，学生们所写的履历表在内容上也更加丰富、深入。可见，在泛读教学中，应该广泛通过启发性、交际性、互动性的课堂活动促使学生真正有兴趣地、积极主动地参与到阅读活动中，加大学生"读"、"听"、"说"、"写"综合能力的训练，从而使整个泛读教学过程成为参与者之间交流、合作、对话的互动过程，成为老师的教学灵感不断迸发、学生的语言综合应用能力不断提高的互利过程。

4. 突出语言和文化相融合的特点，通过泛读教学传递文化信息

语言是文化的载体，《新标准大学英语综合教程》里面蕴涵了丰富的文化知识。因此，充分加强语言文化导入，运用教材帮助学生了解多元文化信息，培养学生的跨文化意识与交流能力就成为泛读教学的重要任务。这也要求老师抓住泛读教学"泛"的特点，善于利用多种途径渗透文化信息。以该书第二册Unit 1为例，整个单元讲述了大学文化的变化，其中涉及20

世纪 60 年代美国的校园学生运动以及嬉皮士、反主流文化、民权运动、越战、后现代主义等众多历史文化信息。作为精读课的导入环节，老师要求学生分组收集相关信息，加以记录和整理。同时考虑到学生收集信息途径的有限，老师为学生准备了一些相关资料，要求学生课前阅读，并做出阅读笔记。师生通过课外泛读为课堂上精读教学扫清了文化背景知识的障碍，同时也提高了学生在阅读中的文化敏感性，在潜移默化中增强了文化底蕴。再如在阅读了上文提到的有关欧美时尚 50 年的变化的文章后，老师要求学生查阅相关资料，并以宿舍为单位自由展示中国时尚 50 年的变化。这样的活动使学生置身于文化对比、融合的情境中，尝试用英语表达自己的母语文化。学生们在老师的指导下通力合作，通过网络、报纸、杂志收集信息，从时装、发型、婚礼服饰、流行歌曲等不同的角度，利用表演、讨论、PPT展示等不同方式阐述了中国流行前线的变迁，甚至还分析了其中的原因。不仅对书本上的阅读文章进行了很好的挖掘和引申，大量中国文化词汇的英语表达也使大家受益匪浅。而第四册的 Unit 2 以书为核心主题。在课堂上精讲课文的同时，老师把阅读一本简易版英文经典小说作为学期作业布置给学生，要求把读书的情况以读书笔记形式加以记录，平时抽查、学期末检查相结合加以督促。这种方式把泛读教学延展到了第二课堂，进一步扩大了学生们的阅读范围。而且文学作品中蕴涵着大量的文化内容，语言形式优美，在日复一日的文学欣赏中，学生的人文精神与文化素质也会得到显著提高。总之，利用多种渠道、多种手段引导学生扩大阅读面，了解、吸收和体验英语承载的文化，锻炼跨语言应用能力，才是泛读教学的应有之意。

四　结语

要充分体现泛读教学对于精读教学的强化促进作用，改变当前普遍重精读轻泛读、泛读教学有效性差、学生阅读能力偏低的大学英语教学现状，有目的、有计划、有策略地利用精读教材适时进行泛读教学应是一种很好的尝试。对于《新标准大学英语综合教程》这样的全新教材，精泛并举，利用泛读教学的特点，着重培养学生良好的阅读习惯和技巧，在师生、生生课内外阅读的互动中培养学生跨文化语言综合应用能力的教学实践，更有利于全面发挥教材特色，挖掘教师和学生的潜力，优化教学效果。

参考文献

［英］Simon Greenall、文秋芳主编：《新标准大学英语》，外语教学与研究出版社2009年版。

袁振国：《当代教育学》，教育科学出版社1999年版。

胡文仲：《高校基础英语教学》，外语教学与研究出版社2006年版。

［英］Christine Nuttall：《外语阅读技巧教学》，上海外语教育出版社2003年版。

关于大学生团队合作
精神的若干思考

王 蕊

摘要： 团队合作精神是当代大学生素质的重要内容。而当代大学生在诸多方面都明显地表现出团队精神的缺失，主要表现在凝聚力不强、交往淡漠、缺乏合作以及参与集体活动意识差等方面。在当今日益激烈的社会竞争中，大学生具备团队合作精神是社会发展的需要，也是个体发展的要求。通过对陕西师范大学的本科学生进行调查分析，本文提出了培养在校大学生团队合作精神的具体措施，为现代社会经济发展提供高素质综合型人才。

关键词： 团队合作精神；大学生；培养

团队合作精神展现了中华民族传统美德，既是知识经济时代对高素质人才的基本要求，也是当今社会发展的必然要求，是人才培养的一项重要指标。大学高等教育是学校教育的重要环节，其针对的教育对象也是极具时代特征的群体。在实施知识教育的同时，加强对学生团队合作精神的培养也将成为素质教育的重要内容。然而，大学生团队合作精神现状并不容乐观，当代大学生在师生交往、参与文化活动等诸多方面都明显地表现出团队合作精神的缺失。因此，对于作为祖国未来的建设者和接班人的当代大学生，如何培养大学团队合作精神，提升大学生综合素质成为了当今高等教育的一项重要课题。

一 团队合作精神的必要性和重要性

团队就是由两个或两个以上的人组成，人们彼此之间相互影响、相互作用，在行为上有共同规范的一种介于组织与个人之间的组织形态（尚水利，2001：98）。所谓团队精神，指团队成员为了团队的利益与目标而相互协作、尽心尽力的意愿与作风（贾砚林、颜寒松，1999：281）。

（一）团队合作精神是社会发展对人才的必然要求

时代的发展要求我们倡导团队合作精神。新世纪，具有信息化、科技化、全球化的特点，社会发展对人际交流与合作的要求将大大提高。人们的生产和工作方式将趋向合作化、开放化和网络化，而不再是小规模的、分散的、封闭的方式。个人不可能孤立地工作，只有通过相互的友好合作和交流才能更好地获取知识和信息。我国最先倡导和提出"知识经济"新概念的知名教育家——杨福家院士也提出："在知识经济的大背景下，要学会与人共事，要讲究团队精神，只会孤军作战的人已不适应今天的形势。"由此可见，团队精神、合作意识在我国社会发展中的重要性日益凸显。

（二）培养团队合作精神使大学生实现自身的全面发展

培养团队合作精神有利于大学生综合素质的提高。通过发扬团队精神，不仅可以使个人获取更多的信息和知识，还能促进其他各项素质的提高从而实现个人的全面发展。社会心理学专家们实验证实，团队作战能提高个人和团队的创新能力和工作绩效（West & Wallace，1991：310）（Lisa，2001：198）。同时，培养团队合作精神可以提高大学生的人际交往能力，有助于提倡个人奉献、进取的作风。这就要求团队成员必须团结互助，共同协作，在团队内部开展良性竞争。此外，在长期活动中逐步培养大学生的团队合作精神，形成一种潜移默化的团队合作意识，使其在个人不断积累知识的过程中，谋求通过与人合作来共同创新和发展。

二　对当代大学生"团队合作"精神认识的调查

（一）问题的提出

1. 大学生团队合作精神缺乏现象比较普遍

当今在校的大学生，基本上是80年代末90年代初出生，就目前的国情来看，独生子女在大学生中占绝大多数。早在十几年前独生子女现象就引起人们的广泛关注。人们往往用"小皇帝"之类的话来表达人们对计划生育制度下的城镇中独生子女现象的某种忧虑。对于这部分大学生，培养团队合作精神就显得尤为重要。这是由于独生子女在成长过程中从小就形成了以自我为中心的处世方式，自信心和自我意识较强，往往过多地考虑个人的自由发展，忽视个体承担的社会责任。同时，独生子女受到的关爱也比较多，缺乏与人团结协作的主动性和集体之间的团结协作精神。因此，对于作为独生子女的这部分大学生来说，培养团队合作精神具有特殊的意义，是一项非常紧迫的任务。

2. 当前学校教育体系对"团队合作"的教育力度不够

当前，我国就业形势日趋严峻，而团队合作精神被认为是用人单位考察大学生综合素质能力的重要指标之一。培养大学生团队合作精神，提升就业竞争力就显得更为重要，然而形势却不容乐观。在传统的课程设置中，培养团队合作精神并没有引起学校的广泛重视。从义务教育开始，考试成绩就作为评估个人课程考核的唯一标准，而高等教育学分制下的绝大部分课程的考核亦是如此。虽然有些实践和试验课程强调动手能力，但也主要针对个人。大学生团队合作精神的缺失还表现在：其一，不少班级和宿舍凝聚力不强，表现出团结不够，纪律性不强，从自我出发，个人主义至上；其二，在平时的生活和学习当中，同学之间、师生之间的交往过于淡漠，不少学生缺乏主动与老师、同学沟通和交流的意愿；其三，学生对学校组织的各项文化活动缺乏热情，参与意识淡薄，总把自己的事情放在第一位。可以看出，当代大学生普遍存在以个人利益为重，轻视团队利益的趋势，表现出合作意识淡薄，不懂得与人合作的意义，缺乏对社会义务负责的态度等。

（二）研究设计与实施

为了解当代大学生对"团队合作"精神的看法，笔者以问卷调查的方式对 170 名大学生进行了调查，共发放问卷 170 份，回收 168 份，其中有效问卷 160 份。本调查以陕西师范大学在读的本科生为对象，从被调查学生的基本情况看，本调查具有一定的代表性。为确保调查结果的客观性和真实性，笔者向学生说明调查的目的，采用无记名作答形式。

（三）调查结果

调查结果表明，78.8% 的大学生认为团队合作精神与竞争是互相促进的。在谈及现行教学体制和教学计划对培养大学生团队合作精神的问题时，笔者着重对"大学生最欠缺的能力"和"学校对大学生就业能力需求方面培养不足"两方面进行调查，结果如下：

由图 1、图 2 可见，大学生对培养自身团队合作精神的重要性认识不足：只有 15.75% 的大学生认为协作意识是大学生最欠缺的能力；只有 4.25% 的大学生认为团队能力是大学生就业所需，但现行学校目前培养不足。大学生们应具有的团队精神素质与社会对他们的要求之间还存在着巨大的差距。

协作意识
15.75%

理想信念
8.25%

文明修养
17.50%

心理承受能力
34.75%

社会责任
23.75%

- □ 心理承受能力
- ▨ 社会责任
- □ 文明修养
- □ 协作意识
- □ 理想信念

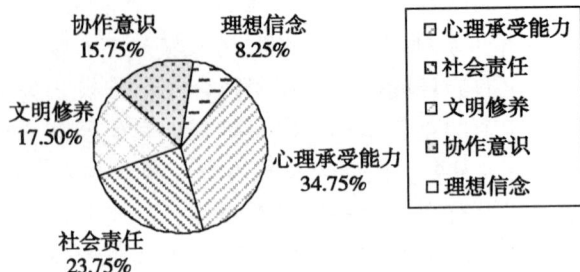

图1　大学生最欠缺的能力调查表

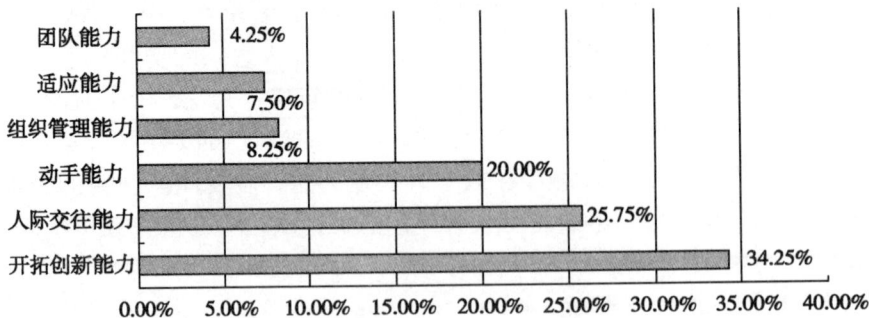

团队能力　4.25%
适应能力　7.50%
组织管理能力　8.25%
动手能力　20.00%
人际交往能力　25.75%
开拓创新能力　34.25%

0.00%　5.00%　10.00%　15.00%　20.00%　25.00%　30.00%　35.00%　40.00%

图2　大学生就业能力需求调查表

　　根据以上调查结果，我们不难看出，大部分大学生都忽视了团队合作精神在现代社会中的重要性，学校对这方面的教育恰恰又是薄弱点，而团队合作精神又是大学生是否能融入社会、取得成功的关键的一环，因此，这就要求我们要树立并增强大学生团队合作精神的意识，并重视团队合作精神的研究和培养。

三　对大学生团队合作精神培养的几点建议

（一）完善教学方法

　　培养大学生团队合作精神，这就要求在教学中，树立大学生的参与意识、实践精神，让大学生主动融入团队合作中去。改变过去较为单一的授课法，采用因材施教、形式灵活多样的教学方法。西方教育家米歇尔（Mitchell，1994：38）在研究交际教学法时指出，教师在教学中应起到组织者、引导者和促进者的作用，这就要求教师在教学中，引导学生从团队活动中去发现问题、解决问题，从而锻炼和培养包括人际交往、合作能力在内的多种技能。事实上，通过引入丰富多样的教学方法，在很多现有课程中同样可以培养大学生的团队合作精神。教师可以结合教学内容适当多安排学生的"Group work"（小组工作），由学生自发组成小组形成团队。尤其是对高年级学生，在做不同的"Group work"中，团队成员轮流担当队长，组织队员进行分工讨论，使每个队员都参与其中，共同分享来自不同组员提供的信息，提出意见和建议，在讨论中互相学习。例如，在英语教学中，可以进行角色扮演或者分组演讲讨论；在基础课程的教学中，对于疑难问题可以采用集思广益的"头脑风暴"的形式，分组分思路进行讨论；物理、化学等实验性课程可以采用自由分组、分工明确的形式进行。当然，在"Group work"中肯定存在开始时组员有不同意见，但经过讨论逐渐达成最终的共识。总之，教师在教学中，鼓励每个团队，就"Group work"的成果予以表述。这样，潜移默化地使每个组员形成一系列积极参与，并倾听、积极回应他人观点，对他人提供支持并尊重他人兴趣和成就的价值观点（马颖，2004：89）。

（二）全面开展社团活动

除了课堂教学外，运用丰富多彩、以团队为单位的社团活动作为培养大学生团队合作精神的载体，在亲身参与中培养乐于合作、善于合作的意识。在大学生的团队合作精神的培养中，我们要充分利用社团活动教育的方式，树立大学生团队合作的意识。设计适合学生需要、能充分调动学生积极性的培养团队意识的活动，充分发挥活动载体对团队意识培养的积极因素。为了培养大学生的团队合作精神，在组织活动中应尽量组织集体参与的活动，如在课内，根据教学内容组织各种学习小组，通过团队讨论解决实际问题；在课外，组织各种球类比赛、拔河比赛、辩论比赛和知识竞赛以及文明宿舍和文明班集体的评比活动，组织学生参加社会实践活动等，精心组织，积极引导，让广大学生置身于团队活动中，充分感受团队合作的魅力。社团活动通过学校、社会和企业构建全方位、立体式、开放化、协同性的大教育格局，多渠道、多方式来强化大学生与人沟通、交流、协调的能力，自律、他律的能力，与人合理竞争、合作的能力，全面提升大学生的团队意识，使其达到自觉、自愿为团队奋发和奉献的境界。由此可见，开展具有积极意义、有效组织形式的集体、社团活动，有助于提升大学生团队合作精神，是培养大学生团队合作精神与能力的重要手段。

（三）建设校园文化

校园文化是一种管理文化，是一种教育文化，是一种微观组织文化。是指学校全体师生员工在长期的办学过程中培育形成并共同遵循的最高目标、价值标准、基本信念和行为规范（张德、吴建平，2001：11）。校园文化建设的目标就在于形成一种氛围，陶冶学生的情操，构筑健康的人格，全面提高学生素质。良好的校园文化对形成大学生团队合作精神起着积极地推动作用，团队合作精神本身也涵盖在校园文化之中。加强校园文化建设，使大学生置身于校园文化氛围中，引导大学生树立正确的人生观、世界观、价值观，弘扬爱国主义、集体主义、社会主义的思想，激发团队的荣誉感和责任心，增强整个团队的向心力和凝聚力，自觉地为完成团队目标而努力。建立健全的校园文化，对全面提高大学生的文化素质、心理素质、能力素质等都起到了积极的作用。通过参加校园文化活动，有助于加强人与人之间的联系，增加相互了解，建立信任关系，形成团队凝聚力，有助于大学生团队合作精神的培养。

（四）转变教师的教育观念

教师对学生的成长起着直接和间接的作用，教师的一言一行、一举一动都是学生模仿、学习的榜样，都会影响学生未来的发展。培养大学生的团队合作精神，需要教师转变传统的教学观念，把传授知识与培养学生综合能力相结合，把课内团队讨论与课外组织校园活动、参与社会实践相结合，把学生的自我教育与外在教育相结合。改变现有的恪守常规、纪律严格的课堂气氛，通过各种学生喜闻乐见的方式来加强师生间的互动，形成一种自由活跃的良好课堂氛围。把学生被动学习转变为主动接受新知识，增强学生对于学习知识的积极性和创造性，这是培养团队合作精神的基础。建立平等、互助、协作、友爱、和谐的师生关系，调动学生学习的积极性和主体意识，发挥学生在学习中的参与、思考、合作意识，通过团队合作来解决问题。教师引导学生融入团队活动中去，感受团队活动的氛围，培养学生的团队合作意识，增强大学生提升团队精神的自觉性，这是培养团队合作精神的保证。在培养学生综合素质和团队合作精神方面，仅仅依靠某一名教师是不可能实现的，有赖于教师集体的共同努力。建立教师之间良好的关系会给学生带来直接而有利的影响，是学生无声的"教材"。教师之间应做到工作上互相配合、群策群力，在教师集体中倡导"发展性团结合作样态（钱焕琦，2006：129）"，形成团结合作的氛围，促进大学生团队合作精神的培养。

四 总结

大学阶段是学子们由学校步入社会的纽带。因此，培养团结协作、勤奋上进、人格健全、具有高水平的专业知识的高素质综合性人才，是高等教育的根本目的，大学生团队合作精神的培养应贯穿于高校人才培养的全过程，这也有待教育工作者们在实践中不断研究和完善。

参考文献

West, M. A. and Wallace, M. , "Innovation in Health Care Teams", *European Journal of Psychology*, 1991 (21) 303 –315.

Lisa Troyer. , "Effects of Protocol Differences on the Study of Status and Social Influence", *Current research in social psychology*, 2001, 6 (13): 182 –205.

Mitchell, R. , "The communicative approach to language teaching", In Swarbrick, A. (Ed.), *Teaching Modern Languages*, New York: The Open University, 1994, 33 –42.

尚水利：《团队精神》，时事出版社 2001 年版。

贾砚林、颜寒松等：《团队精神》，上海财经大学出版社 1999 年版，第 281 页。

杨福家：《二十一世纪国际教育发展的大趋势》（http://www. gmdaily. com. cn/2-zhuanti/jinian /2000/vista/rw16. htm）。

马颖：《在教学中对学生"团队精神"的培养》，《辽宁教育研究》2004 年第 5 期。

张德、吴建平：《校园文化与人才培养》，清华大学出版社 2001 年版，第 10—12 页。

钱焕琦：《高等学校教师职业道德概论》，南京师范大学出版社 2006 年版，第 129—130 页。

艺术类学生大学英语
教学的特点和对策

王　勤

摘要：随着艺术类学生规模不断扩大，综合性大学艺术类学生的大学英语学习和教学受到了越来越多的关注，也作了很多改进，但是现状仍然不容乐观。本文作者结合教学实践及问卷调查综合分析了艺术类学生大学英语学习的总体特征和专业差异性特征以及大学英语教学的策略。

关键词：艺术类；大学英语教学；特点；对策

《大学英语课程教学要求》指出要"分类指导，因材施教"，这一点对于艺术类学生尤其重要（本文提到的艺术类学生指综合类大学按艺术类招收的体育、音乐、美术、播音等专业学生）。

随着艺术类学生招生数量逐年增加，艺术类学生作为大学英语教学的一个特殊群体受到了越来越多的关注。他们具有与其他专业不同的特点，如英语基础差、学习动力不强、思维方式独特、学生英语水平差异较大。这些特点使得对他们的大学英语教学面临教材选择、课程设置等诸多难题。在艺术类学生的大学英语实践中，这还不是所有的问题。除了一些大家经常提到的特点，这些学生还具有很多英语学习的特别之处，简单地把他们归结为艺术类，一刀切地处理他们的大学英语教学问题不能满足他们的需要。本文探讨笔者在大学英语教学实践和问卷调查中发现的一些问题，并探讨相应的对策。

一　艺术类学生大学英语学习的特点

在艺术类大学英语教学实践的基础上，笔者通过问卷调查的方法调查了陕西师范大学 2010 级和 2011 级体育学院、音乐学院、美术学院和播音主持专业 7 个自然班学生共 280 人。收回有效问卷 280 份。其中播音主持专业学生 80 人，体育专业学生 120 人，音乐专业学生 40 人，美术专业学生 40

人。通过对问卷的分析，结合教学实践的总结，笔者认为艺术类学生在大学英语学习方面存在如下特点。

（一）英语基础差，先天不足

问卷显示学生前期英语基础差，整体水平低，学生普遍认为自己的词汇量"只有几百个"。这与课堂教学中反映出的情况是一致的。学生在报考艺术类时关注专业课而忽略文化课，部分英语水平很差的学生几乎放弃了英语单科。从专门艺术体育学校等考入大学的学生更是如此。除个别学生英语成绩稍高，大部分学生高考英语成绩远远低于及格线，而且有部分同学在调查中很诚实地反映，高考的成绩是用选择题蒙出来的，如果没有选择题成绩会更差。课堂教学实践也能看出很多学生对基础语法、音标等完全没有掌握，英语水平甚至低于初中毕业的水平。

（二）多数学生对现有英语课程设置不满意

在调查问卷中，超过70%的学生都认为大学英语教材超越他们的水平，无法理解。对他们来说教材的难度太大，使他们完全没有想要跟上去的主动性，因为主观上认为自己完全无法跟上去。特别是听力课，很多学生都认为听力教材"听不懂，超越自己的水平"。62%的学生认为现有大学英语课程设置"不合理"，对英语学习帮助"有限"。81%的学生希望能改进大学英语教材，使教材更接近个人专业发展需求。

（三）内在动力差，没有明确目标，自主学习习惯差

对艺术体育类学生来说，他们的英语学习动力并不明确，少数学生选择"出国"、"考研"、"为了毕业"、"父母要求"、"学校要求"的选项，很少有学生选择"个人兴趣"、"个人发展"等选项。由此可见他们学习的内在动力不强，多为被动学习。在学习目标的选择上少数学生选择"四六级"，极个别学生选择"出国考试"，多数学生选择"无明确目标"或"期末不挂"，说明他们的英语学习并没有合适的目标，因为自身水平的差距，他们不能把四六级或某个考试作为自己的目标，而自己又没有其他与此有关的个人目标，所以很多人会选"期末不挂"，而这实在算不上是个目标。

在调查中，超过80%的学生认为自己"没有自主学习习惯"；95%的学生"没有使用过教材所附光盘进行自主学习"；90%的学生"从不使用英语学习网站"；91%的学生"课后不阅读英语书籍或杂志"。所有这些数据都表明艺术体育类学生整体上自主学习习惯比较差，因为缺乏英语学习的内在驱动力，他们很少自己主动学习英语。

（四）各专业学生存在明显差异

在问卷中各专业学生普遍选择了"愿意了解与本专业相关的英语信息"、"喜欢与专业相关的学习材料"的选项，说明他们都具有对自己专业发展和专业知识的关注意识。这一情况在课堂上也有所反映。音乐专业学生对英语歌曲、音乐等有很高的兴趣，美术专业学生也很愿意阅读与美术相关的文章。

在对自己口语水平的认识一项中，播音主持专业的学生普遍选择"还可以"，而体音美学生普遍选择"很差"。在英语学习意愿上，播音主持学生80%的学生选择"愿意学习"，有超过90%的学生选择"想学好口语"；而体音美学生选择"愿意学习"的比例低于60%，选择"想学好口语"的低于40%。这与教学实践中的情况是一致的。首先，播音主持专业学生的口语水平明显高于其他艺术类专业，2010级和2011级播音主持专业学生的口语水平与接受普通大学英语教学的学生几乎在同一水平线上。而体、音、美专业学生的口语普遍比较差。其次，播音主持专业学生的口语学习意愿明显强于体、音、美专业学生，其他专业学生虽然也有一定的口语学习意愿，但是播音主持专业学生因为自己的专业需要更加渴望良好的口语表达。

（五）学生英语水平差异大、跨度大

大学非艺术类学生班级英语水平常常呈抛物线分布，多数学生水平相近，很好和很差的学生为少数。但艺术类学生却比较特殊，同一个班既有英语入门水平，也有高中毕业水平，差距大，跨度大。在问卷中，部分同学选择"大学英语课程太难"的选项，另有部分同学选择"大学英语课程太简单"的选项，选择"大学英语课适合我的水平"选项的学生并不多。这一情况在体育类学生中更加明显，很可能与体育类学生大学英语教学班级规模偏大有关。针对艺术类学生开设的大学英语课在选材和教学上都定位在照顾艺术类学生的水平，但是艺术类学生水平差异太大，有从未学过英语的，有初中程度的，也有高中程度的，英语水平的跨度和多样性远远超过了其他专业。这就导致了现实教学中对"艺术类学生水平"并没有明确的定位，最终导致大学英语课程无论从教材难度还是讲授方式上对多数学生的水平都不适合。

（六）按专业编排大学英语教学班级形成的班级规模差

综合类大学通常按照专业划分大学英语教学班。在本次进行问卷调查

的学校，体育专业的学生大学英语教学班达到 60 人/班，播音专业为 40 人/班，音乐 30 人/班，美术 20 人/班。在此背景下，班级规模小的班学生课堂满意度明显高于班级规模大的班，在与老师交流、课堂活动等方面感觉也更好。问卷调查显示体育类学生对大学英语课程的满意度和配合度远低于其他专业。过大的班级规模显然不适合语言学习和"学习者为中心"的课堂设计理念，难以进行有效的语言教学和学习。

二　艺术类学生大学英语教学的对策

通过本次问卷调查，艺术类学生的一些特点更加清楚地展现在我们面前。基于以上共有特征和差异性特征，结合大学英语教学实践经验，笔者认为艺术类学生的大学英语教学应尊重学生的特点，采取有效措施，让大学英语教学切实成为学生可以学也能学懂的课程，而不仅仅是一个"提起来就头疼"的考试科目。艺术类学生大学英语课程设置和教学可以考虑以下方面。

（一）精读课分级教学

根据美国语言学家克拉申（Krashen）"i + 1 可理解性输入"理念，学生只有接触到能够理解并高于其现有水平的材料时才有最佳学习效果。在艺术类学生内部实行分级教学，把学生按照水平差异分成不同的班级，最有可能提供给学生"i + 1"标准的学习材料。同时，分级教学不再按照专业分班，这样也可以使教学班级的规模更加合理，避免某些专业班级过大。分级教学在很多综合类大学实施过或正在实施，但常常是包括艺术类专业在内的所有专业一起分级。事实上艺术类学生内部分级教学比全校大分级更加合理，因为他们作为一批特殊的学生整体上水平比较一致，如果大分级，只会有极少数的学生能够纳入正常大学英语教学，其他学生都只能属于另一级，本质上没有区分度。而艺术类学生的内部分级能更好地对艺术类学生进行合理区分。在合理区分的基础上，可以制订符合学生水平的教学计划，更合理地进行课堂教学。

（二）选择难易适中的教材，重视基础教学

除了已有的教材选择和评价标准，在选择教材时还应充分考虑艺术类学生整体水平偏低的情况，应选择重视基础词汇、基础语法、难度合适的教材，不能偏高求新。同时也不宜一味强调艺术类学生的专业，强调英语教材的文章与其专业密切相关。事实上，正是因为体育艺术类学生基础

差，教材更应从根本上帮助他们掌握英语学习最关键和基础的东西，为他们今后的发展奠定基础，而不是热热闹闹地读几篇与专业相关的文章，英语水平没有根本性的提高。要让艺术类学生切实感觉到课本可以懂、可以学、可以有进步，这样才会让他们有更好的内在需求和动力。

（三）合理开设选修课

在综合性大学，当艺术类学生达到一定规模后就可以考虑在精读课的基础上为他们开设选修课。完全可以放弃传统的大班听力课或听说课，改为多样化的选修课。选修课可以是与专业相关的，可以是写作、口语等技能方面的，也可以是文化方面的。选修课也可以更灵活地照顾学生的需要，比如播音主持类学生的口语课可以安排更多实践，音乐专业学生可以开设英文歌曲欣赏等选修课，让学生在他们感兴趣的领域更灵活地学习英语。同时基于学生的英语水平，选修课既可以按专业开设，也可以让不同专业的学生共同选课。灵活多样的课程开设方式和授课方式可以更好地激发艺术类学生内在的学习动力，满足不同程度的学生对英语学习的需求。

（四）进行形成性评价，确立英语学习的可实现目标

布莱克和威廉（Black & William）认为评价应考虑学生进行的各种活动，并以缩小学生的现状与目标的差距为目的。长期以来大学英语教学以四、六级考试作为评价标准，很多学生以此为英语学习的目标，虽然有一定的问题，但它的确是很多学生学习的动力。对很多艺术类学生来说，四、六级是遥不可及的，无法作为一个目标来实现。因此，完全可以在学校内部为艺术类学生确定英语学习的可实现目标，这一目标应该是多数人通过努力可以实现的，才能更好地激发他们的学习动力。另外，对艺术类学生的评价也应从考试和平时学习两个方面综合评价，把更多的部分放在课堂表现、作业完成等方面，督促学生在日常学习中重视英语学习，致力于缩小自己的现状与可实现目标的差距，而不是等到考试再"临时抱佛脚"。

（五）给予人文关怀，增强艺术类学生英语学习的信心

建构主义认为知识是个人建构的，而不是他人传递的，因此学生是合作建构的主体，学生自身才是学习成功与否的根本原因。学生是需要肯定表扬的群体，艺术体育类学生在性格特征上更加感性，活泼好动，想象力丰富。他们常常因为英语基础差而对英语学习失去信心，不愿意主动学习英语。他们的内心对学好英语仍然充满了渴望，只是没有尝试的勇气。面对这样的学生，教师的肯定和鼓励以及正确的引导更具有关键的作用。师生应该处于一种和谐的互动关系中，才能更好地激发学生的学习兴趣和主动性。如果老师仅仅是学生学习的监督者，学生的逆反心理很容易形成。对于艺术类学生，教师应有耐心，宽容学生的错误，安排适合他们水平的课堂活动，培养他们的信心，使他们首先消除畏惧心理，在此基础上才能取得英语学习的长足进步。

三　结语

作为高等教育的重要组成部分，体育、艺术类学生的规模正在日益扩大。作为大学英语教学中的一个特殊群体，他们的特点和教学方式被广泛关注和探讨。本文结合教学实践和问卷调查分析了综合类大学艺术类学生的特点和教学对策。因为教学实践和问卷仅限于笔者工作的学校，因此部分特点可能具有片面性。总体上说，综合类大学艺术类学生大学英语教学存在很多不尽如人意的地方，因材施教的改进当然不是一蹴而就的，如何让这些学生学有所长、学有所乐是值得我们思考的问题。

参考文献

教育部高等教育司：《大学英语课程教学要求》，高等教育出版社 2007 年版。

Tom Hutchinson, Alan Waters, *English for Special Purposes*，上海外语教育出版社 2002 年版。

蔡基刚：《教育国际化背景下的大学英语教学定位研究》，《外国语》2012 年第 1 期。

周福芹、邵国卿：《大学英语学习动因研究》，《外语界》2001 年第 6 期。

李晶、田慧：《艺术体育类院校大学英语现状调查与课程设计》，《北京体育大学学报》2008 年第 1 期。

李海英、田慧：《北京体育大学大学英语教材教学效果的研究》，《北京体育大学学报》2010 年第 7 期。

刘杰：《社会建构主义视角下对体育院校大学英语教学的思考》，《东北师大学报》（哲学社会科学版）2012 年第 2 期。

孙小孟：《高校艺体类学生英语教学现状分析及对策研究》，《重庆文理学院学报》（自然科学版）2006 年第 3 期。

周晓玲：《模块化、个性化、动态化和协作化：基于人文主义和建构主义的大学英语教学平台》，《解放军外国语学院学报》2010 年第 5 期。

从认知心理的角度分析
英语听力的策略应用

雷　震

摘要：英语听力理解是信息输入、处理和综合的过程，其处理方式可采取自下而上或者自上而下两种模式。非英语专业大学生在听力理解过程中常使用的三项认知策略为：推论、归组和联想。教师教学中鼓励学生使用预测、推论、调整、讨论的策略和方法，可最终提高学生的听力水平。

关键词：听力；认知；策略；预测；讨论

近年来，听力理解的研究一直很活跃。不少研究者并非把听力理解仅仅作为一项孤立的语言技能来研究，而是着眼于听力理解在语言学习过程中的作用，学习者对听力材料的理解过程及听力理解过程中涉及的技能和知识，等等。认知心理学认为听力理解过程是一个信息输入、处理、综合应用的过程。在这个复杂的过程中，由于短时记忆的局限性，听者往往要借助各种听力策略来帮助自己利用上下文信息和已有知识进行推测、概括和判断，从而弄清意思，完成听力任务。在听力理解三大类的策略中，认知策略与听力任务直接相关，帮助听者填补信息断档、获得知识和概念，从而完成理解。

对于非英语专业的大学生来说，英语基本能力的听、说、读、写、译五个技能和知识中，最欠缺的当数英语听的能力的提高。在英语会话和听的过程中，由于听的瞬时性以及背景资料的复杂性，学生为了能够有效地提高听的质量和能力，就不得不运用科学的听力策略来帮助自己弄清意思，从而适当地作出反应，进行表达。从这个层面上来说，"听"是"说"的基础，"听"比"说"更重要。认知心理学者认为听的过程是一个信息输入、处理、综合运用的复杂过程。

一 听力理解认知过程

从认知心理学角度来看，听力理解是一个信息的输入、处理和综合运用的过程，它是语言信息解码和意义再构造过程的结合。在这一过程中，听者积极运用语言知识和非语言知识、情景知识和背景知识，对所听信息进行吸收和处理，以达到正确判断说话人意图、获取对话语整体理解的目的。认知心理学家认为听力理解由三个相互关联并循环的过程构成。

1. 知过程。在这一阶段，声音信号进入感觉记忆。听者的注意力有选择地集中于上下文关键的词、短语、停顿、重复等信息，将其筛选后，一部分内容进入短时记忆进行加工。

2. 解析过程。短时记忆中的信息经重组、解码而形成有意义的命题。

3. 应用过程。在第二阶段形成的有意义命题在该阶段同原有知识相互联系。当新输入的信息与已有知识框架相匹配时，理解产生了。

由此看来，理解的实现关键在于输入信息与原有知识的匹配，而在认知心理学看来，已知信息（概念）在大脑中形成信息图式，并被保留下来。图式是一种贮存于大脑的抽象的知识结构。新输入信息进入大脑并与图式相匹配，填充了图式中的空当，理解就实现了。图式的激活可由两种信息处理方式实现。

二 听力理解信息处理方式

1. 自下而上的信息处理方式。当采用了这种信息处理方式时，听者运用听觉、感觉知识在音素、词、句子层次上对听力材料进行辨认和理解，形成自词而句、篇章的信息加工顺序。听者首先获得对部分的理解。这一过程中，图式的激活受到材料的驱动，被称之为 data-driven。而听者更多地将注意力集中于字、词等细节，从而倾向于使用以词为基础的策略。

2. 自上而下的信息处理方式。该模式与自下而上的信息处理方式方向相反。高层次图式首先被激活，用来预测、筛选、吸收或同化新输入的信息。听者没有过多注重单词、句子等具体信息，而是运用背景知识从篇章层次出发，利用已有的抽象概念对听力材料进行自上而下的分析处理，因此被叫做概念驱动（conceptually driven）。

在听力理解这一复杂过程中听者并不单一地自上而下或自下而上地处理信息，而是这两种模式交替或同时出现。研究表明，高效的听者能够熟练地使用两种信息处理方法。而低效或初级的听者更倾向于较多地依赖于孤立的字、词、句。并且，对本族语人士或优秀的二语学习者几乎是自动化的自上而下的信息处理模式在初、中级二语学习者看来却是十分困难的，因为他们认为这种总是要结合原有信息的方法非常消耗时间和注意力，从而加重了记忆力的负担。

如上所述，原有知识与新输入信息的匹配，即图式的激活意味着理解的实现。而在二语听力过程中，新输入信息与原有知识之间经常存在差距。二语听力者所采用的帮助他们实现信息与原有图式结合的方法即为听力理解策略。

听力理解策略的分类建立在语言学习策略基础之上。近年来，有学者将学习策略（包括听力理解策略）分为三类。第一类为元认知策略，用于监督、调节、评估学习者的语言学习行为，第二类为认知策略，涉及对输入信息的处理，是学习者赖以获得知识和概念的策略。第三类为社会/情感策略，涉及语言学习者为促成某一任务的完成而跟别人进行交流和控制自己的情绪、消除不安或疑惑。这三类策略中对语言学习过程直接产生影响，被语言学习者广泛使用并在一定程度上影响其学习效果的是前两种策略。其中元认知策略主要涉及对语言行为的宏观监控和调节。而与具体听力任务直接相关、涉及听力任务积极处理、充分体现听力认知过程的是认知策略。本文着重讨论的是听力理解认知过程中的认知策略的使用情况。

三　听力理解中的认知策略

为了了解非英语专业大学生外语听力理解策略的使用情况，作者以陕西师范大学二年级 60 名不同专业的学生为对象进行了问卷调查。听力理解策略问卷表以奥梅丽（O'Malley）和查莫特（Chamot）的外语学习策略定义及分类表和明义卡丽莎（Ming Yee Carissa Young）的二语听力理解策略量表为理论依据编写。问卷调查结果如下（见表1）。

表 1　　　　　　　　　**听力理解策略问卷表**

策略类别	策略名称	平均分	排序
元认知策略	计划	3.84	3
	引导注意力	3.79	4
	选择注意力	3.12	10
	自我监控	3.53	6
	识别问题	4.20	1
	自我评价	3.40	8
认知策略	重复	2.92	12
	归组	3.59	5
	联想	3.49	7
	总结	2.79	13
	翻译	2.72	14
	推论	3.92	2
	记笔记	3.12	11
社会/情感策略	澄清	2.23	16
	合作	1.74	17
	自言自语	2.48	15
	自我激励	3.39	9

　　调查结果表明，大学生（非英语专业）在英语听力理解过程中最常使用的三项认知策略为：推论、归组和联想，并且在这三个策略中，推论得分最高，这可以从前文提到的听力理解认知过程来进行分析。

　　本次实验的受试为非英语专业二年级的大学生，大都经过小学、中学到大学近十年的英语学习，属于中等水平的外语学习者。在他们的英语学习过程中，绝大多数接受的是中学英语教育中普遍的语法翻译教学法。学生形成了由词而句的思维方式，不擅长从大的篇章层次分析英文材料的思想内容。并且，由于缺乏外语真实交际环境，他们很少接触到真实的听力任务。而为数不多的听力课上的听力内容、题材和范围相当有限，这就导致学生头脑中某些领域的背景知识和图式概念缺乏。此外，传统的学习方法所培养的自下而上的信息处理模式使他们在听力过程中更多地关注于具体的语言信息，如字、词、短语。当出现没有听懂的内容或不了解的词、句，理解会暂时中断。为了填补信息空白，他们会根据上下文信息、句法知识等进行猜测，这就是推论。

而联想和归组两个策略的使用恰好反映了听力理解过程的第三阶段中听者（学生）的心理活动。即在应用阶段，听者形成了对听力材料筛选辨析后形成的命题，这是为了求证新形成的命题是否与原先贮存在长期记忆的图式相关联，听者需将已获取的内容进行集合分类，并回忆相关信息，这就是策略分类中的归组与联想。

在了解了二语学习者听力理解认知过程和所使用的策略后，教师可以相应地调整课堂模式，从而提高学生策略使用的主动性和效率。

如上所述，学生最常使用的三个认知策略为推论、归组和联想，那么如何帮助学生恰当、高效地使用这三个策略应成为教师关注的焦点。笔者认为，教师首先重视听音前的准备工作。鼓励学生根据已知信息对听力内容进行预测，帮助他们依据推理而不是纯粹的猜测形成推论；并提醒学生，听音前推测并非一劳永逸，他们应该在听的过程中，随时根据听到内容作出及时调整。也就是说，他们最初的推论或假设需要不断地被证实或改变。在听力结束后，教师可组织学生进行小组讨论，由一名学生讲述自己在完成听力任务时遇到的困难和解决办法，并对听力内容复述，其他学生补充纠正。该讨论的目的在于通过学生对听力过程的回忆和与其他同学的对比清楚地认识到自己的问题所在，在日后的练习中有意识地弥补和改正，提高听力策略使用的自觉性和效率，最终达到提高听力水平的目标。

四　结论

外语听力训练不仅仅是教师操作放音机器，学生被动收听完成练习，然后由教师检测答案的正确性。高效的听力教学应包括选择适合学生认知能力、外语水平的听力材料，为学习者提供针对性练习，分析了解学习者的潜在困难。而要做到这些，要求教师对外语听力理解的认知过程有全面的了解并大致掌握学生认知策略使用的基本趋势。这样才能改变现有的听力课堂以"测试"学生听力结果为主的教学模式，从了解影响学生听力的困难因素入手，分析学生失误的根本原因，将策略训练融入日常教学，增强学生的策略意识，提高他们的策略使用技巧，从而有效增进英语听力理解的水平和能力。

参考文献

黄子东:《西方二语/外语听力理解策略研究评述》,《外语界》1998 年第 2 期。

朱正才、范开泰:《语言听力理解能力的认知结构与测试》,《外语教学与研究》2001 年第 3 期。

李伟芳:《听力理解认知过程与听力理解认知策略》,《外语教学》2004 年专刊。

学习策略在日语听力教学中的应用

摘要： 在外语学习"听、说、读、写、译"技能中，听被认为是最基本的要求，其他四项能力都是在其基础上获得的。但是，听力也被公认为最难提高的一项技能。本文以学习策略理论为基础，从元认知策略、认知策略和情感策略三个方面阐述了学习策略在日语听力教学中的有效性，并探讨了学习策略框架下的日语听力教学的具体实施。

关键词： 学习策略；元认知策略；认知策略；情感策略；日语听力教学

一　引言

外语教学的主要目的是让学生最大限度地提高听、说、读、写、译的能力。听力水平是衡量学生外语水平高低的重要组成部分。听是获取信息、吸收语言知识的重要渠道，在第二语言习得中起着十分重要的作用。然而纵观现今的日语听力教学，对学生听力能力的培养却不尽如人意，依然沿用着传统的教学方法，解释新单词、播放录音，然后学生根据录音回答问题，如有不懂，反复播放录音直到听懂为止。这种教学方法注重听力量的积累、听的结果，虽然教师围绕教学内容倾心尽力，但由于师生均处于被动地位，方法生硬、枯燥单一，很难激发学生的兴趣，提高学生的听力能力。

20世纪50年代以来，随着认知心理学的发展，人们对听力理解过程的本质有了新的了解。听力理解不再被看成一个被动的、接受性的过程，而是一个听者主动利用音素、句法和语义等信息去辨认声学信号刺激，积极参与"信息重建"的过程。大量的实证研究证明在听力理解中运用各种学习策略，有助于培养学生积极主动的学习意识，从而提高听力理解的能力。然而国内外的相关研究几乎全是关于英语听力教学的，关于日语听力教学的研究论文只有寥寥数篇，而且缺乏理论上的突破。本文试图将学习策略理论运用于日语听力教学实践当中，探讨其在日语听力教学中的帮助作用及具体实施，以期能给日语听力教学一些建议，给日语听力教学研究一点启示。

二　学习策略理论

听力理解策略是以学习策略为理论框架的。所谓学习策略指的是学习者在学习或运用语言的过程中所采取的思维或行为活动。学习策略分为元认知策略（metacognitive strategies）、认知策略（cognitive strategies）和情感策略（affective strategies）（O'Malley & Chamot、Oxford，1990）。外语听力策略就是为提高听力水平而采用的一系列对策、方法和技巧。概括讲，它和其他学习策略一样也可分为元认知策略、认知策略和情感策略三类。

元认知策略是为了成功学习一门外语而采取的管理步骤，如制订学习计划（planning）、监控学习过程（monitoring）、评估学习效果（evaluating）。国内研究界以杨坚定为代表的学者依据（Brown et al）、奥马里和查莫特（O'Malley & Chamot）关于元认知策略的表述把元认知策略分为三类：计划策略、监控策略和评估策略。认知策略则与学习者的学习任务有直接的关系，它涉及对输入信息的处理，包括重述（repetition）、借助上下文（contextualisation）、推理（inferencing）、联想发挥（e-laboration）等策略。社会情感策略涉及语言学习者为促成某一学习任务的完成而跟别人进行交流（interacion），或自己控制情绪，消除不安或疑虑（ibid.）。

三　学习策略在日语听力教学中的应用

1. 元认知策略

（1）计划策略

计划策略是指学习者学习前对学习活动的目标、过程、步骤作出规划与安排。听前教师可给出具体的听力任务，使学生明确听力目的，并协助各个学生根据个人实际情况制订自己的课外听力学习总计划，设立阶段性学习目标，如语音差的学生可以先从听音、辨音、弄懂单词发音开始，每周听辨几个容易混淆的音素、单词，逐渐掌握元音弱化、促音连续、长音等语音技巧，对于听力好的学生可以每周听写2—3条新闻。

教师在这一阶段还应提示学生预先了解听力材料中出现的新词、特殊句式、不常见的习惯用语、相关背景知识等，预测文章题材、主旨大意及细节信息，使学生在听的过程中，不断地估量摄入的信息能否与已知的有效信息合理衔接，重在理解并集中在内容的主要信息上。鼓励学生运用预测、推理及想象等有效的认知策略，熟悉语言理论知识，不断提高听力能力。

（2）监控策略

监控策略是指学习活动进行过程中依据学习的目标对学习计划中的学习进程、学习方法、效果、计划执行情况等方面进行有意识的监控，包括四项：监控自己是否学会了学习内容、监控自己的学习策略是否适当、监控自己的注意力是否集中、监控自己是否按计划进行听力训练等。比如学生在听的过程中遇到了自己不知道的生词时，很多学生会停留于此，而错过了下面的内容，面对此种情况，教师可提醒学生听到不懂的生词时，可先记下发音假名，然后按照读音规则或上下文语境推测其词义。

（3）评估策略

听力活动结束后学生对自己的学习进程进行评估，并根据实际情况对计划、学习进程所采用的策略进行调整。听完录音后教师应鼓励学生记录下自己在听的过程中遇到的难点与问题，检查自己听懂了多少，是否有了进步，进行自我评估。此策略帮助学生及时发现自己听力学习过程中的薄弱环节和存在问题，系统评估自己的听力成绩，以调整听力学习进程。

2. 认知策略

认知策略主要指使用与认知有关，特别是与语言学习有关的策略，如怎样调动语音、词汇与句法及社会文化背景知识以正确理解语言的内容等。认知策略包含18项：记笔记、预测、推理、利用关键词、新旧知识联系、总结概括、听觉重现、听真实语料、利用资源、重复、归纳、演绎推理、分析、想象、迁移、重组、翻译、识别和运用固定搭配。本文选取预测、选择要点、推理、记笔记四项策略来进行阐述。

（1）预测策略

现代认知心理学认为预测是一个外部信号激活内部图式，进而产生预期，再经过证实—扩展—修正—再预测—再证实的知觉循环过程。这便要求学生在听前，学会通过快读标题、选项、插图等来激活背景知识或图示，对可能的问题和文章大致内容进行预测。听的过程中在听前预测基础上，运用语音语调、词汇、句法等知识，对文章内容进行预测。

例如：听到听力教材中「レストランで」这一标题时，在一般情况下，可以预测会发生在顾客与服务员之间，内容可能涉及进餐时的用语和付账用语等。这样，可能出现的词汇会是：メニュー、おすすめの料理、どのぐらい、ご注文など，并联想到相关句型，例如：

ウエーター：いらっしゃいませ。何名さまですか。

お客：一人です。

ウエーター：こちらへどうぞ。メニューをどうぞ。

ウエーター：ご注文はお決まりですか。

お客：あ、何か食べたいなあ。

ウエーター：スペシャルランチはいかがですか。

お客：スペシャルランチってどんな内容ですか。

ウエーター：スペシャルランチはスープまたサラダ、コーヒー、ミニデザートつきです。

お客：あのう、コーヒーはお茶に変えることができる？ コーヒーはあまり好きじゃないから。

ウエーター：いいです。

お客：いくら？

ウエーター：平日は980円ですけど、今日は日曜日ですから、100円アップです。

お客：あ、そっか。それじゃ、これ、おねがいします。

ウエーター：ご注文は、以上でよろしいでしょうか。

お客：ええ、とりあえず、それで。

ウエーター：はい、かしこまりました。

经过预测，学生头脑中已经有就餐的图式，便能自上而下和自下而上地理解对话内容。预测不仅可以在听前进行，而且在听的过程中也可以连续不断地进行。听前预测是根据事先获得的相关信息进行的，而预测下文则是在这个基础上，根据听到的前文内容和理解，对后文的说话内容、态度变化和情节发展进行预测。

（2）选择要点（关键词）策略

对于听力理解来说，听者集中注意力是至关重要的。据研究，信息保存在人的感觉记录器的时间仅为1/4秒，然后经过筛选，只留下一小部分进入短时记忆。因此，听者不能简单地、机械地接受信息符号，而应该根据预测选择要点听。听新闻或短文时，听者的注意力应集中到听语篇中的关键词、段首句和过渡性词语。段首句大都是表达段落的中心思想的主题句，它简明扼要地告诉听者段落的内容。而过渡性词语则体现出说话者的思路和语篇的展开方式。关注段首句和过渡性词语有助于听者理解整个语篇。比如：

　　にぎやかな響きとともに作られているのは色鮮やかなカレンダー。織物の町として知られている群馬県桐生市では、早くも、来年のカレンダー作りがピークを迎えています。

　　かつては、ベテランの人たちが絵柄を手作業で作っていましたが、現在は最新のコンピューター制御。

　　来年の干支の豚や浮世絵などの絵柄に、2007年のカレンダーの部分を張り合わせると豪華な織物カレンダーの出来上がりです。

　　桜の花や富士山などの絵柄が海外でも人気が高く、外国向けのプレゼントとしても使われるということです。

　　从这段新闻的段首句就可以听出这则新闻是关于「カレンダー」（日历）的，由此很容易联想到会是什么样的日历（どんな）、在哪里做的日历（どこ）、怎样制作的（どのように）等一系列相关内容，那么在听的过程中，学生的注意力就会集中到关系到这些内容的词汇上，从而提高对内容的理解。

　　（2）推理策略

　　推理策略是指通过已有知识（语言知识、文化背景知识等）对语言形式、语义或说话者意图进行推理，通过交际过程的有关知识，如说话者/听话者、话题、交际场所、语域等进行猜测词义。日语的表达方式中省略语句和暧昧语句是最典型的特点。日本人一般不喜欢把自己的想法和观点说得太直率、太肯定，而是半显半露、留有余地，让听者根据当时的语境、说话的语气等来推测。如：

　　A：今度の日曜日は一緒にコンサートへ行きませんか。

　　B：行きたいんですが、今度の日曜日ははちょっと……

　　像这样的会话体现了日语的省略，以及拒绝别人时日本人很不愿意直接伤害对方的文化心理。这时候，我们需要理解说话者的言外之意，根据对话的内涵的理解，利用自己已有的文化背景知识，辨别说话人的意图、暗示、态度、要求等。

（3）记笔记策略

听对话和短文时，对人名、地名、时间、数字和某些关键的词、内容有必要做一些简单的笔记。教师可教给学生一些具体的记笔记的技巧，如使用缩略词、树形符号等方式做记录，使信息更加条理化、系统化。这样对所听的内容有全面的把握，同时，学生可用文字教材检查自己的理解是否正确，是否抓住了要点，以培养学生发现错误的敏感性，提高自我监察的能力。例：

问题：男の人と女の人が話しています。二人が見る試合は何時から始まりますか。

男：そろそろ2時ですね。でも今日は天気が悪いから、3時からの試合は たぶん無理でしょうね。

女：さっき、2時間遅れて始まるといっていましたよ。

男：ああ、そうですか。じゃあまちましょう。

笔记范例：

見る試合　　何時から

3時から

2時間遅れて始まる＝＞5点

①2時×　　②3時×　　③4時×　　④5

通过记下会话中的关键性词语及数字，我们很快就能得出正确答案。

3. 情感策略

语言教学中，学习者在学习过程中的情感状态会直接影响其学习行为与学习效果。这些情感因素主要包括学习过程中的感情、感觉、情绪与态度等。情感策略的运用是指听的过程中对情感的控制，如提高兴趣、克服焦虑等。面对一些不利的情感问题及影响，如自主学习策略实践的程度不够，对听力过程的误解以及对听力的自我效能低等，教师就应该在教学过程中运用正确的心理情感策略来培养学生的自主学习能力。

四　结语

学习策略越来越备受关注说明外语教学的传统模式正在被不断改革，不再只是教师机械地"教"，学生被动地"学"，而是更加关注学生的学习过程，在传授技能的同时注重学生自主学习能力的培养。日语听力教学是日语教学中的难点和重点。本文试论了学习策略对日语听力教学的帮助作用，学习策略有助于提高学生自主学习的能力，培养学生的自学意识，调动学生的积极情感因素，从而达到提高日语听力水平的目的。当然，本文只是理论上的阐述，今后还需通过大量的实证研究来进一步具体探讨学习策略在日语听力教学中的有效性和可行性。

参考文献

桑凤平、李金玻：《浅析影响日语听力理解的因素》，《外语与外语教学》2006 年第 5 期。

曲延芳、刘向群、王玉芝：《日语专业听力课教学设计研究》，《河北师范大学学报》（教育科学版）2009 年第 10 期。

金燕玲：《谈在日语听力教学中学习策略的运用》，《教育与职业》2010 年第 26 期。

杨坚定：《听力理解策略训练与教师的作用》，《外语研究》2003 年第 3 期。

何祖佳：《英语听力教学中元认知策略培训的实验研究》，《外语电化教学》2005 年第 4 期。

朱湘华：《大学英语听力策略训练模式与效果分析》，《外语研究》2010 年第 2 期。

肖珑：《学习策略视角下的大学英语听力教学》，《中国大学教学》2008 年第 10 期。

外语教学中教育技术的应用

——以陕西师范大学外国语学院为例

郭　丽　田　兵

摘要： 教育技术（Educational Technology），是指利用现代语言技术手段，使教学资源实现优化配置，教学过程、教学方法实现现代化的理论和实践。教育技术研究的重点之一，就是如何运用各种现代化媒体来改革传统的教学手段和教学方法，构建现代教学模式，从而提高学生学习的兴趣和效果。将教育技术引入外语学科教学中，对提高学生的各项外语技能，尤其是对模拟情景教学实现交际能力的培养，大幅提高学习效果，有着更为显著的作用。

关键词： 教育技术；外语教学；教学过程；教学方法

现代化教学模式是随着计算机网络和多媒体技术的普及逐渐发展起来的。基于教育技术的现代教学的核心理念，首先，是强调以学生为中心。学生作为认知的主体，其学习过程应当是一个主动的知识获取过程，需要在一定情景下通过协作、讨论、交流等来实现。其次，是强调情景、环境等因素对学习过程的影响。最后，是强调学习是外部环境与学习者内部心理相互作用的结果。以此为理论基础的教学模式是：教师是教学过程的组织者、指导者、帮助者和促进者，而学生是学习过程的主体。因此，它有利于学生的主动探索、主动发现，有利于创新人才的培养。这一学习理论为教育技术的推广和应用提供了理论基础，而教育技术在外语教学中的应用则是极其必要和有意义的。

一　现代教育技术引入外语教学的必要性

（一）教育技术的引进，是当今外语课程改革的实际要求

语言的运用是一种多感官的体验，而不同的媒体可以通过不同的感官渠道传输语言信息，因此有必要在外语教学中充分利用现代的技术。多媒

体技术运用于英语教学，其目的是为了提高教学质量、教学效率和教学效益。教育部在《基础教育课程改革纲要》中明确指出，大力推进信息技术在教学过程中的普遍应用，促进信息技术与学科课程的契合和整合，为学生的学习和发展提供丰富的教育环境和学习工具。

现代教育技术的应用，能够切实改变"教学"过程，实现从以"教师"为中心转向以"学生"为中心，从传授知识为主导转向发展学生学习能力为取向的重大转变。学习过程是学习者通过与信息、环境的相互作用获取知识和技能的认知过程，学习资源是学习过程中所要利用的各种信息和环境条件。新的教学理论要求学生由外部刺激的被动接受者转变为能积极进行信息处理的主动学习者，而教师要提供能帮助和促进学生学习的信息资源和学习环境。从 21 世纪社会发展和人类发展的需求出发，建造一个能支持全面学习、自主学习、协作学习、创造学习、终身学习的社会教育大系统。

引进先进的教育技术，对于解决外语教学中的长期存在的诸多弊端，提高外语教学的质量和效果，极具针对性。

（二）教育技术的应用是外语教学走向现代化的必由之路

教育技术不是一般的某种教学方法的应用，它包含了三种概念（学习者为中心、依靠资源、运用系统方法）综合应用于教育、教学的理论与实践。教育技术重视分析、研究学习者的特点（诸如行为水平、能力、知识基础、年龄特征等），因为学习者的情况对于选择目标、确定步调、确定评价性质等许多教育决策都产生直接影响。在教育技术中，解决问题的表现形式是依靠开发、使用学习资源与促进个别化学习来提高人的学习质量。学习资源包括信息、人员、材料（教学媒体软件）、设备（硬件）、技巧和环境，是一个复杂的系统。要使它们在学习中产生整体功能、发挥优良作用，就必须通过进行系统的设计实现优化组合。因此涉及进行一系列的教育开发工作，进行有效的教学资源开发和有效的教学过程设计。

教育技术重视所有学习资源或称为人类的学习媒体的开发、应用、管理、设计，以及学习者的学习经验，强调用科学的系统方法来分析和整合"教、学"过程。

外语教学首先以母语与外语的系统比较研究为前提。教育技术是现代信息和语言技术手段的直接应用，能够实现对大量语料（包括书面语料和口语语料）的存储、加工、分析和再现，实现对两种语言的系统对比和研究。其次，外语教学涉及的教学资源量十分庞大，种类繁多，教育技术可以利用最新的计算机和网络技术，实现资源的开发、利用和共享。最后，外语教学特别强调语言资料的更新，因为语言是有生命的，其使用是鲜活的和变化的。现代教育技术为语料的不断更新提供了可能，人们可以进一步加强当代外语的学习和使用，不用再担心一开口就说出"书卷气"很浓的英语（bookish English）。教育技术在外语教育中的应用是大势所趋，我们必须牢牢抓住这个历史的机遇。

二　教育技术在我校外语教学中的实际应用

长期以来，我国高校由于课程设置以课堂教学为主，特别是外语教学情况更严重，导致学生知识面窄，听说能力差，有的学生已经学了十年外语还听不懂外国人讲话，更谈不上张嘴说外语了。针对这一问题，我们语言语音教学中心更新了大部分高配置的语言实验室，同时语言语音教学中心的技术人员和任课的外语教师一起利用教育技术手段制作了音频资源库、视频资源库、外语教学广播电台、英文名著 1000 部等上传到我校的外语学习网站上。这些措施大大地解决了教材信息量不足、不鲜的问题。老师和学生可以根据自己的需要选择合适的内容，进行自主学习。

（一）语言实验室发挥现代语言技术优势

外语学习的过程是一个反复模仿和练习，不断加深记忆，达到巩固和掌握的过程。以往英语教学中，仅凭课堂上教师对学生进行授课和灌输，由于时间有限，很难达到预期的效果。语言实验室是训练和发展学生听说能力和语言交际能力的有力工具，是培养学生独立学习语言的重要场所。

先进的电教设备为我们组织形式多样的听说课堂教学提供了便利，使教师能利用多种手段，多方面训练学生。学生上课时不但眼看、耳听、口说，还需积极用脑思考，使听说能力得到训练和强化。

在整个多媒体教学的过程中，如果说音像资料和电教设备是语言实验室教学成败的关键，那么教师的主导作用则是关键的核心，因为音像资料的收集、编制和运用是否恰当，对电教设备技术性能的了解和使用，完全取决于任课教师本人，那些认为语言实验室教学只是揿揿按键、放放录音、看看录像的想法，重则可以说是对教学的不负责任，轻则可以说是对视听说课、对语言实验室缺乏认识。其实，对使用语言实验室的教师来说，要求是很高的，除业务上的要求外，还应了解语言实验室的各种功能，掌握它的操作和运用。教师在备课时还需要大量的时间进行选材，编练习，需要打印讲义，准备有声资料，如录音带、录像带，需要设计教学程序。授课时，更要注意因材施教，由浅入深，循序渐进，有的放矢，只有通过进行大量强化训练，技能的形成才能得以保证。

　　总之，听说能力的迅速提高取决于在语言实验室大量的实践和严格的训练。多媒体语言实验室为视听说课提供了现代教学手段，是学生掌握语言的理想之地。

（二）外语调频广播电台营造良好听说氛围

　　高等学校学生英语水平考试是由国家考试中心统一命题、统一考试、统一评分。历年来，在英语听力考试中，一直采用教师携带录音机，到考场播放录音带的方法。由于录音机性能的差异，收听位置及环境噪音等因素的影响，往往影响考生的成绩。特别对参加全国英语四、六级统考的学生听力分数影响更大。我校 2006 年开始筹建用于提高外语教学质量的调频广播电台，2006 年 9 月正式开始播出节目。每天播出时间为 8 小时，受到师生的好评。利用此套系统，我们每晚安排播出内容为与教学同步的听力磁带，在一年两次的四、六级考试前，利用它对考生作考前辅导。期中、期末的听力考试，利用此套系统均获得满意效果。由于外语广播电台对学生英语学习的提高有很大帮助，几年来为我校全国大学英语四、六级考试通过率大幅度提高，发挥了独特的作用。

（三）多媒体教学加强了直观效果，培养了学生外语交际与思维能力

　　多媒体课件提供的图像、动画、活动影像等图文、音像并茂的情境，代替了课本上的静止画面，更容易引起学生的兴趣，因此有助于培养学生观察事物的能力，也更容易激发与培养学生的想象力。利用多媒体软件的友好交互界面和多媒体的超文本结构，教师可以针对学生的实际情况，按照由表及里、由浅入深、由个别到一般、由具体到抽象的认识规律，采用不同的观察方式，有效地指导学生进行观察，以提高学生观察事物、分析事物的能力。例如：把幻灯片做成覆盖式，对幻灯片内容进行增减，逐一分步展示教学内容。教育家赞可夫曾指出：只懂得传授知识，不懂得发展学生思维能力的教师是不完全的教师。因此运用幻灯片等多媒体教学，帮助学生掌握大量内容丰富、印象深刻的感性知识，这是加强学生抽象逻辑思维必不可少的条件。为此，我们着力于教育技术的开发和利用。多媒体辅助英语教学为学生提供了个别辅导的优越环境。在班级授课制条件下，

学生的英语水平与能力的差异是客观存在的，因材施教比较困难，把多媒体引入课堂，就能为不同层次的学生提供必要的材料和条件，使学生在共同的学习时间里，有不同的学习状态，有各自发挥的天地。设计对话时，把书中现成的场景用扫描仪、Authorware 和 Flash 等工具软件进行处理，让静止的画面动起来，同时出现和显示人物对话的声音和文字材料，给学生一个完整的视听感受，这样多媒体的文字、声音、动画和图像的一体化得到展现，为学生提供了丰富的视觉刺激。

（四）英语学习网站满足个性化需求和自主学习

语言语音教学中心的英语网站上，有大量的音频资料、视频资料，学生可以根据自己的需要挑选自己所需的听力资料、视频资料和英文阅读资料。多年以来，我们有计划地利用教育技术手段检索、加工、整理、完善有针对性的内容，为学生检索各类外语教学片，例如美国人在中国西藏拍摄的《美丽的中国》，学生可随录像场景走遍美丽壮观的中国。既看到了美景，又学到了地道的英语。音频资料库里有：经典英国英语教材《新概念英语》；现代美国口语教材《走遍美国》；经典英文演讲，如尼克松（Richard M. Nixon）的 Checkers，约翰·肯尼迪（John F. Kennedy）Inaugural Address，美国黑人民权领袖马丁·路德金（Marti Luther King）I Have a Dream，等等。视频资料有经典电影《乱世佳人》、《阿甘正传》、《罗马假日》、《茶花女》、《魂断蓝桥》、《雾都孤儿》，等等。世界名著有《羊脂球》、《茶花女》、《包法利夫人》、《安娜卡列尼娜》，等等。

语言语音教学中心还专门建立了卫星节目直播平台。学生可以通过 BBC 节目学习地道的英音英语。BBC 节目是 BBC 公司面向伦敦及其周围地区进行广播的电视新闻节目，作为本站标准英语多主题材料版唯一的英音听写节目，其特点是：面向英国 Native Speakers 播放，是地道的伦敦口音，语速适中，内容撷选其新闻或专题报道，涵盖各种主题：生活、历史、地理、生物、商业、科技、时事，等等。

学生通过 HBO 观看每天播放的未经配音的原汁、原味的英语电影，这使学生在欣赏世界电影精品的同时，也提高了英语水平，由于声音、动作、实物相配合，语言变得生动形象、直观，从而使学生印象深刻。

NGC 卫星直播美国国家地理频道，是一个全球的电视网，它秉承了国家地理学会的核心价值，致力于探索历险、保护环境及教育方面的推广工作，并将国家地理丰富的资讯及精练的内容呈现给观众。激情冒险、品味探险、权威性的现场经验使得国家地理频道的节目在探险和冒险，自然历史，科学和野生动物及人文各方面成为世界上无与伦比的精良之作。丰富的资源、高品质的追求和崇高的信念，使国家地理频道的节目风格迥异、精彩纷呈。学生看了这些节目有耳目一新的感觉，可以大大拓宽了学生的视野。

三　结束语

通过多年的实践，我们深深地感到，语言实验室、外语调频广播电台、多媒体教学和英语学习网站的先进作用，对于外语教学的独到之处在于：

1. 便于进行个性化教学；
2. 提高了课时利用效率；
3. 创造了良好的自学条件；
4. 提供了极为有利的语言训练条件；
5. 造成了一个良好的语言环境。

实践已证明，教育技术在外语教学中的运用，信息的交互性，可以使学生在离开老师和课堂后根据个人的兴趣爱好和任务要求自由地选择、控制外语学习内容，调整外语学习方式，选择学习的途径和学习进度，使学生的主动性和自主性得到最大限度的体现和发挥。这对教改和外语教学质量的提高都能发挥出积极的作用。

参考文献

何克抗、李文光：《教育技术学》，北京师范大学出版社 2007 年版。

王立非：《现代外语教学论》，上海教育出版社 2001 年版。

文和平：《利用多媒体辅助英语听力教学》，《外语电化教学》2000 年第 1 期。

B. 西尔斯、R. 里齐：《教学技术：领域的定义和范畴》，乌美娜等译，中央广播电视大学出版社 1999 年版。